普通高等教育“十一五”国家级规划教材

社会调查研究方法

Shehui diaochao yanjiu fangfa

宋林飞 著

凤凰出版传媒集团
江蘇教育出版社
JIANGSU EDUCATION PUBLISHING HOUSE

图书在版编目(CIP)数据

社会调查研究方法/宋林飞著.—南京:江苏教育出版社,2009.9

ISBN 978-7-5343-9036-4

Ⅰ.社… Ⅱ.宋… Ⅲ.社会调查—研究方法 Ⅳ.C915-3

中国版本图书馆 CIP 数据核字(2009)第 157063 号

书　　名	**社会调查研究方法**
作　　者	宋林飞
责任编辑	孙兴春
装帧设计	刘小地
出版发行	凤凰出版传媒集团 江苏教育出版社(南京市湖南路 1 号 A 楼　邮编:210009)
网　　址	http://www.1088.com.cn
集团网址	凤凰出版传媒网 http://www.ppm.cn
经　　销	江苏省新华发行集团有限公司
照　　排	南京前锦排版服务有限公司
印　　刷	南通印刷总厂有限公司
厂　　址	南通市通州经济开发区朝霞路 180 号(邮编 226300)
电　　话	0513-80237871
开　　本	787×1092 毫米　1/16
印　　张	26
插　　页	1
版　　次	2009 年 9 月第 1 版 2009 年 9 月第 1 次印刷
书　　号	ISBN 978-7-5343-9036-4
定　　价	45.00 元
批发电话	025-83657708,83658558,83658511
邮购电话	025-85400774,8008289797
短信咨询	02585420909
E-mail	jsep@vip.163.com
盗版举报	025-83658551

苏教版图书若有印装错误可向承印厂调换
提供盗版线索者给予重奖

目　录

第二编 初始方法

第三编 中间方法

第四编　终程方法

序

本书初版由上海人民出版社于1990年出版，以后被全国一批高校采用为教材。“本书是为大学生与干部写的。”这是我在初版序言中说的第一句话，在高校教学与社会发行过程中，本书也取得了一定的实际效果。有个书评说：“我国高等院校普遍开始对大学生进行调查研究的训练，各级党政部门也正加强对在职干部调查研究的培训。本书就是为适应这种需要，供大学生、干部阅读的论述调查研究方法的著作。本书的特点是：一、联系大量国内外调查研究的实例，有很强的实际感。二、实用性、操作性强。”

本书初版在高校、学界与社会上的评价是好的，曾获国家教委全国高等院校优秀教材二等奖、江苏省哲学社会科学优秀成果一等奖，现由江苏教育出版社修订再版，并入选普通高等教育“十一五”国家级规划教材。

当年我在写作本书的时候，学习与应用的现代社会调查研究方法与技术已经比较先进、相对成熟，但是也在不断发展，中外实际应用与研究成果也越来越丰富。因此，经过十多年的使用以后，本书需要面对新的社会情况、运用新的方法技术、吸取新的研究成果，因此，再版是必须的了。

新版全书仍然保留原有的基本结构与内容，重点说明社会调查研究三个基本阶段使用的方法与技术。第一个阶段，是选择课题、提出假设、概念操作化、变项测量，以及调查对象的确定方法，包括普遍调查、抽样调查、典型调查与个案调查；第二个阶段，是定量或定性地收集调查研究对象有关情况的资料，包括访谈法、问卷法、观察法、实验法、文献法、痕迹法与网络法等；第三个阶段，是整理与分析资料，通过描述、解释、预测与规范四种视角,形成结论、建构理论与寻找对策,由此把社会调查研究报告分为单视角、复视角与全视角三种类型。其中,第一阶段使用的方法称之为初始方法,第二阶段使用的方法称之为中间方法,第三阶段使用的方法称之为终程方法。这样分类有新意,也便于了解与掌握十分复杂的社会调查研究方法。

新版本增补了较多的内容,目的是为了反映社会调查研究方法的最新发展和应用成果。总论的社会研究方法论部分从一节增加至三节,分别说明社会研究的基本主张、主要原则与西方社会学方法论评析,防止将社会研究方法教学降低为单纯技术传授的倾向;增加了一章专门阐述中国社会研究的数量化趋势;还补充了费孝通的小城镇与区域发展模式研究方法。中间方法增加了网络调查法一章,反映互联网日益普及带来的调查方法发展;电话调查部分增加了手机与互联网使用以后面临的若干挑战。终程方法增加了计算机统计分析软件的应用一章,介绍了当前在国际上比较流行的六种统计分析软件的使用方法。同时,反映国内社会调查研究方法的最新应用情况,选择一批成果进行了概括与介绍,加强有关方法的阐述;更新了一些例题与数据,与时俱进,增加时代感。

没有调查就没有发言权,调查研究是学术研究与做好决策与管理工作的一项基本功。正如我在初版序言所说的那样:现在的问题,不仅是有些同志忽视调查研究,还在于许多同志不善于调查研究。下级不科学的调查研究,可能会影响上级的决策。基于不科学的调查研究而作出的决策,则会贻害下级以至广大民众。难怪有的领导同志忧心忡忡地说,现在下级的汇报不是基于认真与科学的社会调查研究,而是拍脑袋、凭经验,真真假假,稍不注意就会上当受骗。这话特别引人深思。只有通过社会调查研究方法的普及,加强调查研究,坚持实事求是,上述现象才可能得到有效的纠正与避免。

胡锦涛同志强调,要加强对重大问题的调查研究和理论研究。调查研究是我们的谋事之基、成事之道。要深入基层、深入群众、深入实际,通过开展广泛深入的调查研究,切实提高思想认识水平,切实提高政策水平，切实提高工作水平。2005 年 2 月 21 日，他从构建社会主义和谐社会的角度，将当前需要加强调查研究的内容概括为以下三个方面：第一，社会结构发展变化的调查研究，深入认识和分析阶层结构、城乡结构、区域结构、人口结构、就业结构、社会组织结构等方面情况的发展变化和发展趋势，以利于深入认识在发展社会主义市场经济和对外开放的条件下我国社会发展的特点和规律，更好地推进社会建设和管理；第二，社会利益关系发展变化的调查研究，深入认识和分析我国社会利益结构、利益关系等方面情况的发展变化和发展趋势，以利于完善政策措施，更好地统筹各方面的利益关系和利益要求；第三，对维护社会稳定工作的调查研究，深入认识和分析公共安全、社会治安等方面情况的发展变化和发展趋势，以利于健全维护社会稳定的有效机制，保证广大人民群众安居乐业。这里提出了许多重要课题，需要我们开展社会调查研究，要把我们祖国的明天建设得更加美好，需要一份份令群众满意、令学术界得到启发、令党和政府采纳的研究成果与科学合理的答案。

宏大的建筑需要借助一个个脚手架去搭建，希望本书在社会建设进程中发挥辅助工具的作用，帮助勇于探索社会奥秘的人们不断达到新的境界。

宋林飞

2009 年 8 月

第一编

总论

第一章 社会调查研究

第一节 社会调查研究的对象

让大学生进入城市社区、农村家庭，深入了解市民、农民的生活质量，称之为社会调查；让机关干部到基层走访群众，搜集具体反映，摸清民情民意，也称之为社会调查。在我国，“社会调查”这个词很流行，而且往往是社会调查研究的简称。

其实，并非所有的外出走访与观察都能称得上是社会调查研究。社会调查研究具有特定的含义，有两种情况不能称做社会调查研究：一是对个别人的特殊现象的了解，而不是对发生在一部分人中具有一定普遍性质的社会现象的调查；二是只了解表面现象而不做深入的剖析与解释。

第一种情况属于调查研究对象的偏离。社会调查研究的对象即是社会事实。社会事实是许多人共同参与和发生的活动，是群体性的外在现象，是在现实中存在或已经完成了的事物。第二种情况属于缺乏研究，往往掩盖或扭曲现象和背后的内在属性与实质。

作为社会调查研究对象的“社会事实”具有三种特性：

一、客观性

社会事实是正在发生或已经发生的、实际上存在或存在过的事物。这样，社会调查研究的对象就排除了主观思想与想象中的“存在”。例如，少数人先富起来是改革开放以来我国的一种社会事实，许多农民离开土地进城务工，以及刚刚中学毕业走向社会的“新生代农民工”群体，也是一种社会事实。因此，它们都可以成为社会调查研究的对象。如果把那些实际上不存在的现象作为社会调查研究的对象，就会犯主观、先验的错误，就会失去意义。

二、社会性

社会事实是集体性的现象，而不是个体活动的简单累加。把社会中发生的一切事情都看做是社会事实，是一种常识。社会调查研究作为一种科学活动，其对象有确定的意义，即只表示一种综合的现象。这种现象已经具备不同于各个组成部分的新性质。例如，不正之风是一种社会性的现象。在现阶段，它不再是有些人“开后门”搞什么紧缺商品，而是一些人缺乏诚信，卖官买官，急功近利，并且形成了一种新的社会压力。这样，它就或多或少地带有一定的“强制性”。实际上，我们在社会生活中经常会碰到类似的“社会事实”。例如，婚、丧、喜、庆要给亲友送礼，不但不送不行，人家送得多，自己得跟着“多出手”。“送人情”与“人情涨价”之风“强制”着人们的行动。“不正之风”是负面的社会事实，“送人情”是具有两面性的社会事实。正面的社会事实，我们也是经常碰到的。例如，越来越多的人成为社区志愿者，主动热情地为老弱病残提供义务服务；社会慈善事业大发展，2008 年 5 月的汶川大地震发生后，全国人民积极捐款捐物支持灾区重建。这些正面的社会事实既出于许多个人善良的愿望，也受到日益高涨的社会文明潮流的推动。

三、可观察性

社会事实不是人们内在的心理过程，而是外显的社会行为。同其他科学一样，社会调查研究的科学化也是奠定在观察基础之上的。社会事实可观察的特性，排除了描述社会事实时的主观随意性。例如，2009 年 1 月，法国各地爆发工会组织的罢工和示威游行活动，抗议政府在经济危机背景下推行的经济政策。一百多万工人参加全国大罢工，要求政府在经济危机时期推行保护职位和工资的政策。在巴黎，示威演变成骚乱，示威者在商业大街掷玻璃樽和放火，与警察发生冲突，警方施放催泪气体驱散群众。罢工、游行示威以及骚乱，这些都是可供观察的社会事实。

社会调查研究的对象是社会调查研究客体可观察到的外部特征的某些表现。也就是说，对象是客体被直接调查与研究的一个侧面。例如，对当前大学生学习、生活与思想政治表现的调查，它的客体就是高等院校这样的组合体系，它的对象就是这些组合体系中某些正式成员的表现。改革开放以后，费孝通教授努力推动的小城镇调查，则以县城、乡镇等社区为客体，其研究对象是这些客体的某些特征。2000 年全国第五次人口普查，则以中国这一巨型社区为调查客体，以其中的人口要素为调查对象。可见，社会调查研究的客体是社会组织、非正式群体、准群体与社区等。社区包括乡村、都市、国家等；社会组织包括企业、政府、学校等；非正式群体包括邻里、朋友、亲属、团伙等；准群体包括阶级、阶层以及其他社会集团。因此，社会调查研究的客体具有超个体的性质。

从社会调查研究客体中选取出来的对象与课题，也明显地社会学化了。社会学研究课题有三种主要类型：(1)社会结构与秩序；(2)社会变迁与过程；(3)社会问题。如果能够经常思考这些问题，那么对我们正确选择社会调查研究的对象与课题，具有重要的意义。

第二节 社会调查研究的认识功能

社会调查研究的认识活动具有梯级结构及相应的认识功能。

一、第一梯级为经验认识活动

经验认识活动主要是回答“社会事实是怎样的”问题，即描述特定的调查研究对象“是什么”。具体包含以下三方面的内容：(1)运用各种工具与手段针对研究对象的观察、实验、测量与了解。(2)记录那些通过观察、实验、测量、了解而得到的反映研究对象的材料。(3)对调查材料进行鉴别、分类与加工。经验认识活动不仅仅停留在感觉阶段，还包括一定的思维活动，如分类就是一种重要的科学思维活动。

经验是有关现实的直接知识。一切知识都开始于经验，我们关于社会的知识，也毫无例外地起源于社会调查及其获得的经验。社会调查研究报告一般以经验命题为主体，即往往重点叙述经验认识。例如，2007 年，我们在江苏组织了一次社会阶层调查，调查对象包括新社会阶层人士 2 599 人，结果发现个人收入超过 10 万元的占 7.6 %，5～10 万元的占 12.5%，3～5 万元的占 20.1%，1～3 万元的占 38.9%，1 万元以下的占 20.9%。可见，中等以上收入者比例明显高于整个社会结构，但新社会阶层也不等于富裕阶层，其中也有一批较低收入者。[1]

经验认识活动主要在“调查”的范围内发生与发展。调查包括三个要素：调查者、被调查者、社会事实。这三个要素都可能对经验认识活动产生实际的影响。

---

〔1〕 宋林飞、周和平主编：《社会阶层的和谐关系》，河海大学出版社 2008 年版，第 20～21 页。

调查者是调查的第一要素。调查者已有的知识、价值观念、思维方式与寻找社会事实的方法，均会渗入调查过程而产生一定的作用。其中，个人偏见、粗疏的工作作风、不科学的方法等，这些是客观、正确、深入地反映社会事实的主要障碍。因此，要正确地描述社会事实，首先要求调查者必须摆脱同情感与由经验而产生的个人偏见，做到客观、公正；克服马虎、飘浮、低标准等粗疏作风，做到认真、踏实与严格要求；防止非科学手段与工具的使用，提高调查手段与工具的科学程度。

被调查者是调查的第二要素。被调查者往往是特定社会事实的参与者，也可能是特定社会事实的目击者、知情者。如果他们在调查者面前停止或改变某些作为，隐瞒或歪曲某些内容，那么就会使调查者难以获得真实的信息。因此，调查者必须争取被调查者的合作，使被调查者一如既往地表现他们的行为，真实地反映他们所知道的有关信息。

社会事实是调查的第三要素。社会事实越是复杂与隐蔽，那么正确地描述它就越是困难。克服这种困难的途径是：(1)对作为研究对象的特定社会事实进行界定，把它与其他社会现象和社会事实区分开来。(2)对特定的社会事实进行分类，使它从杂乱状态转为有序状态。(3)找出特定的社会事实同外部社会事实的相互联系。从而，就具备了正确描述社会事实的前提条件。

二、第二梯级为理论认识活动

科学认识必须超越经验水平而达到理论水平。只有达到理论水平的认识才能为经验认识提供依据与说明。理论认识活动主要是回答"社会事实为什么这样"的问题，即解释特定的调查研究对象"为什么"如此存在与发展。例如，我们曾对一个县的农村劳动力的剩余度作了测量与计算，并对该县农村劳动力剩余的季节性等具体特点作了描述。在此基础上，再提出一些理论认识，指出当时我国农村劳动力剩余的主要原因是：(1)人均耕地面积少，传统农业容纳不了那么多劳动力。(2)生育高峰后移(就业高峰)所带来的冲击。(3)农业生产家庭承包制提高了生产效率，解放了一部分劳动力。[1]

理论认识活动以某种同现实的间接联系为特征，包括对特定的社会事实进行间接认识与反映的各个阶段、步骤和梯级，理论认识本身也存在各种面向与水平。2000年，中国城市有1.23亿非正规就业人员，其中1.13亿来自农村。有的学者通过社会调查发现，居住边缘化、生活"孤独化"、社会舆论"妖魔化"、社会心

---

〔1〕 宋林飞：《农村劳动力的剩余及其出路》(调查报告)，载《中国社会科学》1982年第5期。

理"内卷化",导致了农村流动人口"半城市化"的问题。[1] 我们在调查中发现,农民工融入城市遇到不少困难,首先是制度供应不足,许多人缺乏城市社会保障、子女受教育、医疗等市民待遇。因此,应通过改革与制度建设,促进进城农民工的市民化进程。理论认识的多层次、多梯级,是与社会事实的多级本质相一致的。

理论认识活动的功能,是掌握对象的必然或几率的规律,掌握对象运行、发展的本质属性。因此,理论认识的功能往往是人们追求的基本目的。毛泽东同志通过大量的社会调查得出了一个结论:中国革命必须走农村包围城市的道路。"农村包围城市"是中国革命运动这一社会事实的发展规律之一。这一理论认识来自经验事实,并且后来又为经验事实所证实。我国改革开放以来,城市带动农村,城市反哺农村,是建设时期新的社会发展规律。只有不断对新情况、新问题与新实践进行大量概括的基础上才能看到社会的趋向和规律。

理论认识的功能不仅在于解释已知的社会事实,而且还在于能够预言新的社会事实。理论认识的预测功能,在于指明现在尚未出现,但在一定的条件下可能出现的事实,在过去与现在的趋势的基础上预测将来的情况。将来是现代的延续,但不是一成不变的历史重演。新的社会因素的出现或原有因素的演变,都会破坏社会过程的连续性。因而,发挥预测功能是比较困难的。

第三节 社会调查研究的实践目的

马克思主义有一个基本原理:我们不仅要认识世界,更重要的是要改造世界。在社会调查研究活动中遵循这一基本原理,就是要善于应用经验认识与理论认识,促进我国的各项社会主义建设事业。社会调查研究的实践目的,主要在于如下四个方面:

一、摸清问题,促进社会改造与建设

这是社会调查活动最初被人们所强调的一个目的。从社会学视野看,社会调查是对特定社会各种成分的考察,其目标在于创造合理的计划,实行建设性的社会改造。社会调查就是要把社会事实开一个清单,将社会里面所有的社会状况,如人口、卫生、教育、犯罪、经济、文化等,详细地开一笔账目。在这个账目内,

[1] 王春光:《农村流动人口的"半城市化"问题研究》,载《社会学研究》2006年第5期,第109~119页。

可以找出一切社会现象的优点和缺点、形成因果以及改良的途径，以此作为实施社会建设的根据。社会调查是应用客观的态度、科学的方法与合理的步骤，对某种社会情况或问题，在确定范围内进行实地考察，搜集资料并统计分析，以搞清楚与改进该情况或问题为目的。

社会问题是许多人共同活动而引起的公众问题，而不是个人困扰。西方发达国家有社会问题，有些西方社会学家称之为社会病态，如社会的不安状态、公众的冷漠态度、居高不下的离婚率、日益增多的白领犯罪、金钱渗透的人际关系，等等。这是资本主义危机的具体表现或伴生现象。西方社会学家的调查研究与政府的针对性措施，正在为缓和这些矛盾作出贡献，但无法最终消除这些弊病。我国也有社会问题，现阶段有不少社会问题需要搞清楚，需要逐步加以解决，如犯罪率升高、群体性事件增多、超前消费膨胀、非劳动致富扩散、城市“盲流”增加，等等。

社会调查研究的重要任务之一，就是寻找与确定这些社会问题的现状、成因、趋势与对策。例如，跨地域经济案件在法院调解与判决过程中执行往往受阻。一些调查发现，受阻原因主要有：(1)地方保护主义，如借故拖延、顶着不办、分庭抗礼等。(2)法制观念淡薄，如以权代法、公然抗法、徇情枉法等。(3)三角债务干扰。针对这些原因，我们可以寻找解决的办法。

社会调查正在成为公共权力正常运行的基础。近年来，最高人民检察院根据《刑事诉讼法》和《未成年人保护法》等法律规定，为加强对未成年犯罪人员的教育、感化、挽救，建立了社会调查、亲情会见等特殊办案制度。其中，社会调查制度是指人民检察院审查起诉未成年人犯罪案件时，可以通过学校、社区、家庭等有关组织和人员，调查了解未成年犯罪嫌疑人的成长经历、家庭环境、个性特点、社会活动等情况，为办案提供参考，并在开庭前通过随案移送社会调查材料，协助人民法院进行法庭教育工作。

二、了解现实，正确制定与执行政策

正确的决策活动必须以调查研究为先导与基础。列宁指出：“马克思主义的政策是以现实的东西，而不是以可能的东西为依据的。”[1]通过调查研究，就能够获得“现实的东西”。毛泽东同志也说过：“实际政策的决定，一定要根据具体情况，坐在房子里面想象的东西和看到的粗枝大叶的书面报告上写着的东西，绝不

[1] 《列宁全集》第35卷，人民出版社1959年版，第256页。

是具体的情况。倘若根据‘想当然’或不合实际的报告来决定政策，那是危险的。”[1]陈云同志指出，决策过程要把主要精力花在调查研究上，他曾经说过，领导机关制定政策，要用百分之九十以上的时间作调查研究工作，最后讨论决定，用不到百分之十的时间就够了。在社会转型时期，调查研究具有更突出的意义。

当前，中国社会已步入改革攻坚阶段。对于改革问题，过去经常听到的回答是："摸着石头过河"。这句话包含两方面的意义：首先，是强调要了解情况，要小心谨慎，不能盲目行动。其次，是强调试验比较，从"试错"中汲取经验教训。在这里，应该充分发挥调查研究的经验认识与理论认识的功能。其中有几个方面的调查研究任务：其一，调查研究那些已经实施的改革政策与措施的得失。哪些是成功的，哪些是失败的，都应该通过调查研究加以确定，并且发扬成功之处，纠正失败之处。其二，调查研究其他社会主义国家的改革政策与措施的得失。特别是从东欧国家的改革实践中，可以看到许多深刻的教训以及有益的启示。其三，调查研究社会各阶层的情况，了解他们各自的现实条件、利益与需求。这是改革政策与措施的最基本的出发点。其四，某一项改革与措施出台之前，都必须有充分的理论准备，即通过调查研究，提出决策的理论依据，进行政策的可行性论证，最大限度地减少失误。

社会调查研究不仅是制定正确政策的基础，而且是正确执行政策的基础。政策的基本依据是社会主体与条件的普遍性质，而执行政策必须把这种普遍性同本地区、本部门与本单位的特殊性结合起来。"不根据实际情况进行讨论和审察，一味盲目执行，这种单纯建立在‘上级’观念上的形式主义的态度是很不对的。为什么党的策略路线总是不能深入群众，就是这种形式主义在那里作怪。盲目地表面上完全无异议地执行上级指示，这不是真正在执行上级的指示，这是反对上级指示或者对上级指示怠工的最妙方法。"[2]而认真调查研究本单位的实际情况，因地制宜，才能把政策的普遍性同本地区、本部门与本单位的特殊性紧密地结合起来，才能找出适当途径把政策落到实处。

三、全面检测，推动社会计划与管理

从 1982 年开始，我国把全国国民经济计划改为社会经济发展计划。这标志着，社会计划工作在整个社会以及各个部门、地区、劳动集体中的作用将日益增

〔1〕《毛泽东农村调查文集》，人民出版社 1982 年版，第 182 页。
〔2〕 同上书，第 3 页。

强。正是由于社会计划工作的发展，社会调查活动势必出现新的局面，社会学研究也才可能在全国得到广泛的发展。苏联的实践已经证明了这一点。苏联从20世纪60年代下半期开始的编制劳动集体社会发展计划的运动，有力地促进了社会学与社会调查事业的发展。同时，社会计划成为各级领导实行管理的杠杆。由于对计划执行情况进行了认真的监督，这些计划对于更充分地满足工作者的需要和提高劳动生产率起着促进作用。在我国，制定社会计划，是为了把解决经济任务与社会任务结合起来，完善社会关系，为经济发展与个人成长创造良好的社会环境。长期以来，社会计划一直是经济计划的附属物，没有受到应有的重视。一旦重视以后，人们就发现编制社会计划的基础性数据与分析十分缺乏。因此，在今后相当长的一段时间内，调查研究有十分繁重的任务与广阔的前景。

编制社会计划首先要科学地设置若干社会指标。这些指标不能凭空编造，也不能从国外简单地搬来，而是要根据我国社会的现状以及社会主义社会的基本特征，在充分调查研究的基础上进行设置。

现阶段社会计划工作的主要目标，是改善社会关系、提高生活质量、缩小城乡之间的社会差别等。为实现这些目标，需要调查研究我国目前社会关系的类型、结构、冲突、先进面与不良现象等；需要调查研究我国目前各阶层、各地区人们的生活条件、舒适与愉快程度、周围环境、闲暇支配、生命保健、社会安全、道德风貌、价值观念；需要调查研究城乡居民的社会地位、所有制形式的社会差别、公用事业的发展、人口的流动，等等。及时地获取、处理与使用社会情报，有利于计划与管理社会过程。现代社会越来越复杂，管理与控制社会也相应地越来越困难，只有迅速、准确、系统、全面地反映社会现实情况，检测社会变动趋向，才能有科学的社会管理与有效的社会控制。例如，2000年第五次全国人口普查发现，人口出生率为13.71‰，自然增长率为7.00‰；至2005年全国1%人口抽样调查，全国人口与第五次普查相比，增长了3.2%，年平均增长0.63%。[1] 这表明，近年来我国人口增长速度得到了控制，然而流动人口、老龄化、出生性别比失衡等问题必须加以重视。

四、深入实际，转变作风与学风

党风中的一个突出问题是官僚主义。官僚主义的毛病是不了解下情，或者对下情熟视无睹、麻木不仁。毛泽东同志早就批评说：“有一部分同志是安于现状，不求甚解，空洞乐观……饱食终日，坐在机关里面打瞌睡，从不肯伸只脚到社

---

〔1〕 中华人民共和国国家统计局公报，www.stats.gov.cn

会群众中去调查调查。”[1]有些领导下是下去了，但下乡不到村，下村不到户，下户则只看富裕户，满足于听汇报，走不出下级干部的“包围圈”，还是不太可能了解真实与全面的情况的。真正深入实际的调查研究，是既了解下情，又重视下情的表现。大兴调查研究之风，有利于克服干部中存在的形形色色的官僚主义。因此，毛泽东同志说："在全党推行调查研究计划，是转变党的作风的基础一环。”

学风中突出的问题是教条主义。以为上了书的就是对的，在一些人中至今还一定程度地存在这种心理。不论是学术争论，还是政治讨论，总还有人开口闭口“拿本本来”。毛泽东同志说得好：“马克思主义的‘本本’是要学习的，但是必须同我国的实际情况相结合。我们需要‘本本’，但是一定要纠正脱离实际情况的本本主义。怎样纠正这种本本主义？只有向实际情况作调查。”[2]有些人往往从书本出发，把现实过分理想化。面对真正的现实时，或悲观失望，或心怀不满以至发展到过激行为。因此，开展社会调查活动，到工厂、农村去看看，是认识社会与进行自我教育的有效途径。

调查研究是我们的谋事之基、成事之道。2005 年 2 月 21 日，胡锦涛同志强调，要加强对构建社会主义和谐社会重大问题的调查研究和理论研究，着力提高构建社会主义和谐社会的本领，把社会主义和谐社会建设的各项工作落到实处。要切实加强对本地区本部门和谐社会建设有关情况和工作的调查研究，全面分析和把握社会建设和管理的发展趋势，为制定政策、开展工作奠定坚实的基础。要加强对社会结构发展变化的调查研究，深入认识和分析阶层结构、城乡结构、区域结构、人口结构、就业结构、社会组织结构等方面情况的发展变化和发展趋势，以利于深入认识在发展社会主义市场经济和对外开放的条件下我国社会发展的特点和规律，更好地推进社会建设和管理。要加强对社会利益关系发展变化的调查研究，深入认识和分析我国社会利益结构、利益关系等方面情况的发展变化和发展趋势，以利于完善政策措施，更好地统筹各方面的利益关系和利益要求。要加强对维护社会稳定工作的调查研究，深入认识和分析公共安全、社会治安等方面情况的发展变化和发展趋势，以利于健全维护社会稳定的有效机制，保证广大人民群众安居乐业。各级领导干部要深入基层、深入群众、深入实际，通过开展广泛深入的调查研究，切实提高思想认识水平，切实提高政策水平，切实提高工作水平，努力把构建社会主义和谐社会的各项工作落实好。

---

〔1〕《毛泽东农村调查文集》，人民出版社 1982 年版，第 8 页。

〔2〕 同上书，第 4 页。

第二章 社会研究方法论与具体方法

社会调查研究的任务是探索人们共同生活与社会发展的规律。做任何事情都需要一定的方法，探索纷繁复杂的现代社会的规律更需要有特别严格与正确无误的方法。社会调查研究特有的方法是达到社会规律性认识之彼岸的“桥”或“船”，有了正确的方法，不仅有助于调查研究项目的顺利完成，而且有利于调查研究者智慧与才能的发挥。初期的障碍，乃在于缺乏研究法，科学是随着研究法所获得的新成就而不断前进的。研究法每前进一步，我们认识社会的能力就提高一步，随之在我们面前也就开拓了一个充满着种种新鲜事物的、更辽阔的研究领域。因此，我们头等重要的任务乃是掌握科学的社会研究方法。

社会研究方法包括方法论与具体方法。社会研究方法论是科学的社会研究视角、从经验上升到理论、得出客观科学认识的基本主张与主要原则。社会研究具体方法是科学的社会学研究程序、搜集分析资料、描述与解释社会的路径和手段，包括定性研究方法与定量研究方法。

第一节 社会研究的基本主张

社会研究的科学化，首先是要解决方法论问题。社会研究必须坚持实践的观点、实事求是的观点、具体问题具体分析的观点和透视的观点等基本主张。

一、实践的观点

实践是社会研究最基本的范畴，实践的观点是社会研究的理论基础。社会研究的科学性与合理性，在于推进社会研究手段的现代化，在于保证社会研究结论与实际一致，在于社会研究主题由“仅仅解释世界”到“不仅解释世界，还要改变世界”的转换，而改变世界的最终落脚点就是实践。实践的观点是贯穿于社会研究方法论全部内容的根本主张。

科学的社会研究方法论认为，社会的主体是人，而人与人类社会都是实践的产物，实践是人与人类社会得以存在和发展的基础，人的社会生活本质上是实践的。同时，实践既是认识的来源、动力和目的，又是检验认识是否具有真理性的惟一标准。人是实践的主体，这是科学实践观的首要原则，即承认并重视人在实践和认识活动中的地位。实践的决定因素是人不是物，人力资源是第一资源，也就是邓小平同志所说的“关键在人”。社会研究坚持“以人为本”的理念，就是从人的因素入手开展社会调查研究，关注和解释人的生存与发展问题，探索社会进步与繁荣的路径问题。

实践的观点把实践理解为人们改造客观世界的物质活动，并把实践观点推广到社会生活与各项社会活动的研究中去。同时，把实践观点引入认识论，科学地阐明了实践在认识中的地位与作用，解决了主观与客观、认识与实践的辩证统一关系。马克思和恩格斯不仅把实践引入认识论，而且也把认识论引入历史观，确立了实践在社会历史中的基础地位。实践是社会认识的前提和目的，社会研究必须以实践为目的，研究不能停留在对经验材料的描述、分类等层次，要从实际中抽象出理论，并应用于实践中去检验。

在理论与实践的关系上，马克思论述了理论对实践的依赖，指出真正的实践是“现实的和实证的理论的条件”；“理论的对立本身的解决，只有通过实践的方式，只有借助于人的实践力量，才是可能的。”〔1〕列宁也认为：“实践高于(理论的)认识，因为它不仅有着普遍性的品格，并且还具有直接现实性的品格。”〔2〕因此，在马克思看来，研究世界的正确视角，是把事物、现实和感性都“当做人的感性活动，当做实践去理解”。〔3〕

毛泽东曾指出：“理论与实践的统一，是马克思主义的一个最基本原则，按照辩证唯物主义，思想必须反映客观实际，并且在客观实践中得到检验，证明是真理，这才算真理，不然就不算。”〔4〕社会研究必须从社会实践出发，挖掘丰富的经验材料，并从中得到关于社会结构与社会运行的正确认识，而不是凭空构造概念与命题，不是在空想中推导理论。

实践观对社会研究具有重要的指导意义。实践观提供的不是现成的教条，而是进一步研究社会的出发点和供这种研究使用的方法论。实践既具有客观实

〔1〕《马克思恩格斯全集》第 3 卷，人民出版社 1995 年版，第 306 页。
〔2〕《列宁全集》第 55 卷，人民出版社 1988 年版，第 183 页。
〔3〕《马克思恩格斯选集》第 1 卷，人民出版社 1997 年版，第 54 页。
〔4〕《毛泽东选集》第 5 卷，人民出版社 1977 年版，第 297 页。

在性，也是主体有目的的创造性活动。马克思指出，人的实践活动固然是能动的，但绝不是脱离现实的人的抽象精神活动。现实的人都带着利益、意志和价值判断等投入实践活动，实践的目的是指通过改善或转变外部环境与条件，以达到自身的目的和需求。

事实证明，只有从人的实践出发，尊重人的实践，才能正确认识社会与正确改造世界，促进社会发展；反之，则会阻碍社会的进步，甚至会导致社会建设的破坏。在当代国际形势下，如何加快中华民族的振兴，没有现成的模式可以搬用。邓小平认识到"社会生活在本质上是实践的"，于是从中国社会的实际出发，适时地提出了发展的生产力标准以及小康社会目标。这是对实践标准的进一步具体和深化，是实践标准和价值标准的统一。

20 世纪中叶以来，不合理的实践活动在全球范围内加剧了人口激增、自然资源短缺、环境污染、生态破坏等问题，威胁到人类的生存和发展。这是违背马克思主义关于人类实践活动要正确处理人与自然关系的结果。科学发展观追求全面、协调、可持续发展，要求人们正视人类实践可能带来的负面效应，要求人们不能局限于眼前的实践结果，而应该在历史长河中全面把握实践的客观效应。

二、实事求是的观点

科学的社会研究方法论认为，认识过程必须从社会事实出发，研究过程也必须从社会事实出发；反对从主观概念、理性原则出发剪裁、套用客观社会事实，主张立足社会实际，从经验现象分析中揭开社会结构、关系与运行机制。但人们往往习惯于从本本出发，局限于传统思维方式。为此，邓小平提出"解放思想，实事求是""一切从实际出发"。

社会发展变化的经验事实首先是社会关系，而社会关系的基础是生产关系，形形色色的社会关系实质上都是一定的生产关系的反映。因此，应从特定的生产关系出发来解释社会关系，看到社会关系的发展变化及其原因。同时，科学的社会研究重视对经验事实的综合与抽象。在详尽分析资料之后，将各种有相关关系的资料予以综合，通过主观逻辑的判断，揭示出资料背后所隐含的本质特点，以形成对社会的理论认识。通过现象看到本质，是科学的社会研究方法论的一个基本观点。仅仅停留在对经验材料的简单描述层次上，是无法解释真正作用于社会的规律的。

马克思主义传入中国以后，共产党人特别重视深入到群众与基层进行调查研究。毛泽东曾对"实事求是"作过一个著名的解说："'实事'就是客观存在着的一切事物，'是'就是客观事物的内部联系，即规律性，'求'就是我们去研究。"[1]"实事求是"的观点充分体现了物质观、客观规律性以及认识论三者的有机结合。"实事"表明了一切事物都是客观存在的这一马克思主义的根本观点；"是"则指出一切事物之间都是普遍联系的，并且事物具有不以人的意志为转移、物质运动所固有的规律；而"求"将二者联系起来，体现在认识论中，一切从实际出发，在实践中认识事物的本质规律以及通过对事物的理性认识指导实践的观点。"实事求是"的整个过程实质就是从客观到主观，再从主观到客观的过程，也就是从实践到认识，再从认识到实践的辩证过程。马克思主义是认识世界和改造世界的理论体系，是对历史、现在和未来社会本质和规律的认识。对于人类社会研究，实事求是可以帮助我们在历史的客观事实中发现社会发展的历史规律，在历史规律和客观现实中发现当前社会发展的规律，在历史和现实特点与规律的基础上，寻求人类未来发展走向的规律。

毛泽东说过："没有调查就没有发言权。"[2]邓小平还引用过毛泽东的另外一句话："中央领导机关是一个制造思想产品的工厂，如果不了解下情，没有原料，也没有半成品，怎么能够制造出产品？"[3]实地调查所收集的经验资料，是获得正确的社会认识与制定政策的依据。这种深入群众、从调查研究中获得社会认识的方法，具有重要的马克思主义社会学方法论意义。胡锦涛指出："领导干部要到基层调查研究，尤其是到矛盾多的地方、困难大的地方、条件差的地方，了解群众想什么、盼什么。要坚持察实情、说实话、办实事、求实效，不要提那些脱离实际的高指标，也不要喊那种哗众取宠的空口号，更不能搞劳民伤财的假政绩；不追求虚荣，不掩盖矛盾，不回避问题。"[4]

在社会研究中做到实事求是，是很不容易的，经常会遇到许多干扰与障碍：有时按照书本上的结论，就得抛弃或隐蔽某些活生生的现实；有时按照指定的意图，就得任意取舍或歪曲客观事实；有时按照一些人的看法，就得无视真实情况。因此，坚持实事求是，不仅仅是一个科学问题，还有一个人的世界观与品质问题。合理地分析和揭露一些社会问题，提出有效的改进策略，以积极的态度研究某些揭露性主题，是社会学研究的任务之一。研究社会问题，必须正确判断问题的性质，防止夸大或缩小问题的严重性；必须正确估计问题的普遍性，防止以偏概全，

---

〔1〕《毛泽东选集》第3卷，人民出版社1991年版，第801页。
〔2〕《毛泽东选集》第5卷，人民出版社1977年版，第91页。
〔3〕《毛泽东选集》第3卷，人民出版社1991年版，第839页。
〔4〕人民网，2004年3月10日。

把少量类似的问题当成普遍问题；必须正确对待揭露出来的问题，防止在问题面前消极悲观。研究关系到群众切身利益的现实问题，揭示社会生活中深层次的矛盾，并寻找解决问题与矛盾的具体途径，是为了引起公众与政府的关注，改善社会生活环境与社会秩序。

社会研究全过程要始终做到实事求是。不深入、非参与的调查研究，有时会遇到被调查者有意无意地欺骗，作为调查研究者来说要能采取适当的方法及时识破假象。从我国目前调查研究的情况来看，深入而周密的调查比较少；许多调查报告是在没有充分占有材料，仅仅观察了解事物十分有限的情况下，就进行概括与推论，结果往往对事物的深层次本质缺乏真知灼见。只有坚持实事求是，才能克服与避免上述弊端和不足。

三、具体问题具体分析的观点

具体问题具体分析是科学的社会研究方法论的又一个基本主张，是马克思主义活的灵魂。矛盾存在于一切事物发展变化的过程之中，世界上不存在不包含矛盾的事物，在旧过程不断地向新过程的转化中无例外地都存在着矛盾。具体事物的矛盾特殊性是在一定的时间、地点与条件下形成的，时间、地点与条件变化了，矛盾的性质也会发生变化。只有注意分析和掌握不同时间、地点、条件下矛盾的不同特点，具体问题具体分析，把握事物发展的过程及其规律性，才能真正做到一切从实际出发、实事求是。

具体问题具体分析，首先是要认识社会现象的普遍性和特殊性、共性和个性、绝对和相对关系。任何事物都是具体的，都有自己的特殊性。事物本身固有的矛盾特殊性，是决定一事物区别于其他事物的特殊本质，因此，认识矛盾的特殊性，具体地分析具体的情况，是认识事物的基础。认识矛盾的特殊性，具体地分析具体情况，这是解决现实问题的前提。不同质的矛盾必须用不同质的方法去解决。每个不同事物都有其自身矛盾的特殊性，认识矛盾的特殊性，具有重要的意义。矛盾的特殊性是科学分类的依据，各门科学的划分是以研究对象的矛盾的特殊性为依据的，认识社会矛盾的特殊性是科学地认识社会的基础。

科学的社会研究重视问题观察与矛盾分析。在社会研究中，要求对具体的社会情况进行具体分析，认识社会的真实情况，用不同方法解决不同的矛盾。社会研究应勇于开拓与进取，尤其在社会不断变化的过程中，只有解放思想才能抓住稍纵即逝的机遇，获得正确的与更多的社会认识，更新知识和观念。邓小平在我国改革开放初期总是鼓励我们要勇于改革，勇于开拓，不怕担风险。当经济振兴的重大机遇到来的时候，很需要这种马克思主义的胆识和勇气。同样，社会研究也需要这种马克思主义的胆识和勇气。江泽民指出："对于一些重大的敏感的理论问题可不可以研究呢？我认为，理论研究不应该有禁区，应该让理论工作者畅所欲言、言无不尽。当然，理论研究与理论教育和宣传是有区别的。在宣传上，我们要慎重，要注意一定的范围，特别要注意社会效果。有些不宜公开的理论研究，可先在内部刊物上进行讨论。正如允许改革实践有失误一样，我们同样也应该允许理论探索有失误。"〔1〕这是对马克思主义社会学方法论的一种正确阐释。只有解放思想，勇于探索，才能实现社会理论不断创新，推动社会认识不断深化。

在社会研究过程中，要敢于面对新问题，要积极面对新生事物。早在党的十一届三中全会前夕的中央工作会议上，邓小平就指出："要向前看，就要及时地研究新情况和解决新问题，否则我们就不可能顺利前进。各方面的新情况都要研究，各方面的新问题都要解决……"〔2〕马克思主义者对于新生事物非常重视，因为新事物的潜在力量是巨大的，可能引起矛盾性质的根本变化。改革开放没有现成的路可以走，新生事物层出不穷，因此中国的社会学研究必须敢于面对新问题。当前，我国正处在建设社会主义和谐社会的新阶段。和谐社会怎样建设、有哪些影响因素、建设过程中出现了什么新情况，都需要进行社会学研究。要不拘于旧的框框，敢于探索，敢于突破。一旦研究主题跟不上时代发展，必然缺乏对社会建设的理论支持作用。江泽民指出："总结我们党领导中国革命和建设正反两方面的经验，可以得出这样一个结论：什么时候思想比较解放，理论上有重大突破，我们的事业就充满生机和活力，就能从胜利走向胜利；反之，什么时候思想路线不对头，理论上出现重大失误，我们的事业就会遭受挫折。"〔3〕马克思主义社会学要求理论研究坚持向前看，敢于探索，为社会主义事业服务。

四、透视的观点

透视的观点，主张透过肯定性主题来研究某些揭露性主题。肯定性主题是我们社会调查研究的重要主题，往往有较多的人能够抓住它。揭露性主题则不那么容易被人重视，但它对于社会发展可能构成一定的威胁。有人说，社会主义国家似乎不欢迎人讲缺点，不欢迎揭露问题。我们说，即使在过去，也并不完全

〔1〕《江泽民文选》第1卷，人民出版社2006年版，第32页。
〔2〕《邓小平文选》第2卷，人民出版社1994年版，第149页。
〔3〕《江泽民文选》第1卷，人民出版社2006年版，第21页。

是这个样子,党与政府对于合理的社会批评与建议,有许多采纳的例子。在今后决策科学化的进程中,这种好的作风将会进一步弘扬。因此,透过肯定性主题而研究某些否定性与揭露性主题,作为社会调查研究方法论的一个组成部分,在我国具有现实的应用前景。

研究揭露性主题,要解决三个方法论问题:(1)正确判断问题的性质,防止夸大或缩小问题的严重性。例如,调查研究经济领域的犯罪现象——假定你发现一些犯罪者是领导干部,于是就断定经济领域的犯罪现象是制度性的问题,那就夸大了问题的严重性,因为我国现阶段干部犯罪属于个别性质,犯罪干部是"坏苹果""害群之马",而绝不是社会主义制度哺育出来的。(2)正确估计问题的普遍性,防止以偏概全,把少量类似的问题当成普遍情况。例如,调查研究某些企业中的"怠工"现象——假定你找到几个当事人,恰恰都有相同的原因,于是便推论其余的怠工者也都出于同样的原因,那就会犯以偏概全的错误。(3)正确对待揭露出来的问题,防止在问题面前消极悲观,更不允许把问题作为否定民族文化、民族精神以至社会主义制度的依据。例如,调查研究中国目前的落后文化——假如你在一个偏僻的乡村,在高粱地里,看到一些农民愚昧的举动,便伤感起来,要抛掉整个民族的"黄土文化",要把西方"蔚蓝色的文明"搬过来,那就大错特错了。我国文艺界曾经有过当"歌德派"还是当"暴露派"的争论。作为一个从事社会调查研究的工作者,这两个派同时都是要当的。研究肯定性主题时,一般是考察社会运行的积极成果;研究揭露性主题时,则是考察社会运行的消极后果。为了鉴别与调整社会运行的机制,两方面的研究都需要,缺一不可。

在现代资本主义社会,研究揭露性主题被称之为社会学特有的视角。1963年,美国社会学家彼得·L.伯克曾经系统地论述了这种视角。他指出,社会学应研究四个主题:(1)暴露性主题,旨在观看社会内幕。他写道:"某个具有既得利益的集团总要提出一些观点和看法来粉饰自己,来说明其既得利益的合理性……社会学的暴露性主题就在于穿透文字上的烟幕,揭示行为的主要动机——这些动机,行为者自己是不肯承认的;这些动机往往令人不快。"[1](2)不体面性主题,旨在了解社会生活的另一侧面。他写道:"我们可以认真观察官方的体面的美国,它的具体象征是商会、教会、学校以及其他讲究礼仪的大雅之堂。但是在这个体面世界对面的,却有'另一个美国',它遍布任何大小城市,这'另一

〔1〕〔美〕赖特·米尔斯等:《社会学与社会组织》,浙江人民出版社1986年版,第45~46页。

个美国'有其他一些象征，说着另外一种语言。"[1]他指出，说着这种语言的"另一个美国"在这样的地方到处可见，例如酒吧间、妓院、贫民窟、棚户区、"过渡地区"、黑人世界、"边缘分子"的社会，等等。(3)相对性主题，旨在把对于社会秩序的看法相对化，而不是建立在绝对正确的基础之上。(4)世界主义主题，这要求避免狭隘的地方观念，主张不受约束地反思与展望人类生活。研究这些主题是不是意味着抱革命的态度？伯克作了否定的回答，他说："社会学的认识对革命的意识形态不利，这不仅是因为它含有某种保守的倾向，而且也因为它不仅对当前现状的假象透彻洞察且深刻揭露，并且还看透、看穿了对某种未来期望以待的幻想——这一切正是通常革命得以萌生滋长的精神营养。我们要高度评价社会学的这种非革命性的温和稳健的明智态度。"[2]他呼吁："社会学家的心中必须为不体面性留有一定的余地。"[3]这充分暴露了伯克的保守性，也可视为他为西方社会学家在资本主义社会所寻找到的"生存战略"。

西方社会学家研究资本主义社会揭露性主题，同我们研究社会主义社会的揭露性主题，在方法论上有相似之处，即都是试图向公众与政府发出警报，寻找改善社会的办法，都是拥护社会秩序的一种手段，而不是试图否定整个社会制度。但由于研究的对象不一样，便不能说使用相同的方法论在两种制度下都是正确的。运用马克思主义研究资本主义社会病态，科学的方法会引导研究者最终得出革命的结论。马克思的《资本论》研究是最好的例证。

透视的观点要求社会研究者透过假象看到真象。调查研究有时会遇到被调查者有意无意地欺骗：谎报成绩、隐瞒过失、改变行为、装潢门面等。据说，某地曾发生过"贾书记调查记"的故事。某公社党委一位姓贾的书记，平时高高在上，极少下乡调查。有一天，忽然让秘书打电话通知一个大队，说是过两天要去看看。两天后，他来到该大队，只见田头人来人往，号子声声，一派热烈景象。大队长汇报说："大队四个百头猪场、几百亩鱼塘，苹果吃不完，花生堆得像小山。"事后，有人反映这个大队是穷典型。于是，贾书记再去看了一下，这次看到猪场无猪，塘里无鱼，一些社员一天三餐吃稀粥，出工不出力。[4] 下面的人制造假象投其所好是经常发生的。担负一定领导职务的同志下基层调查研究，很容易碰到这类情况。作为调查研究者来说，要能采取适当的方法及时识破假象，获取真象。

---

〔1〕〔美〕赖特·米尔斯等：《社会学与社会组织》，浙江人民出版社 1986 年版，第 47～48 页。

〔2〕同上书，第 51 页。

〔3〕同上书，第 52 页。

〔4〕洪彦林：《论调查研究》，求实出版社 1984 年版，第 16～17 页。

透视的观点要求社会研究者透过现象看到本质。透过窗帘看外边的景观，窗帘越薄越能看清楚；透过社会现象看本质则相反，社会现象越充分越能看清本质。马克思曾经说过，在物质生产中，不是任何原料都能制造出成品，精神生产更是如此。研究社会现象须在矛盾充分暴露、事物发展成熟之后，在充分占有资料的基础上进行思维加工，才能认清事物的本质。马克思在谈到资本主义经济危机时说："因此，必须注视事件的目前进程，直到它们完全成熟，然后才能把它们'消费'到'生产上'，我的意思是'理论上'。"[1]这就告诉我们，一次短暂的观察，或发一次问卷，或搞一项统计，就试图认清某一种社会事实的本质，一般是不可能的。

关于本质，列宁提出过多级本质的思想。他认为，对于事物本质的认识，是"从不甚深刻的本质到更深刻的本质的深化的无限过程"[2]。也就是说，我们可以通过更多地掌握材料，不断突破原有客观条件的限制，进一步进行思维加工，这样对于事物本质的认识就可以进一步上升，这是对本质的纵向认识。可以不可以对本质进行横向认识？当代西方社会学家默顿提出的"显功能""潜功能"的分析概念，对我们很有启发。

默顿指出，"显功能"就是社会过程中自觉而有目的的功能，"潜功能"则是不自觉无目的的功能。例如，反赌博法，它的"显功能"是抑制赌博，但它的"潜功能"却会创造出一个非法的赌博辛迪加王国。又如，在非洲一些地区传播基督教，其"显功能"是设法使非洲人皈依基督教，其"潜功能"却是帮助破坏土著部落文化，因而给社会变革提供一个重要的动力。例如，中国古代封建王朝经常招贤纳士，选拔官吏，其"显功能"是使一些精英升官发财，使统治机器顺利运转，其"潜功能"则是控制人才，让能人为巩固政权服务。我们可以从中概括出一个方法论观点：社会事实有两方面的本质，一方面是显现的，另一方面则是潜在的。"显本质"比较容易被人发现，而"潜本质"则比较难于被人发现。因此，揭示"潜本质"就成为社会调查研究方法应该引导而达到的重要目标。

第二节　社会研究的主要原则

探索现代社会的发展规律，解释纷繁复杂的社会现象，需要坚持和发展科学

---

〔1〕《马克思恩格斯全集》第34卷，人民出版社1972年版，第345页。

〔2〕《列宁全集》第38卷，人民出版社1959年版，第239页。

的社会研究方法论，需要正确分析与总结现代化进程的成功实践，探索社会变迁与和谐发展道路。

一、个体与整体相统一的原则

个人都在一定的群体与社会中生活，个人的行为受一定的群体与社会决定，社会的整体决定其各部分的本质，社会学的研究对象应该是独立于个体之外的社会整体或社会结构，西方社会学者把这种观点称做“方法论整体主义”。一些西方社会学者则自称持“方法论个体主义”。方法论个体主义的实质是还原论，即把社会现象片面地归结为个人的、心理的因素。方法论个体主义强调对行动者社会行动的主观意义的理解，认为个体是这些行动的惟一载体；国家、民族、公司、家庭或类似的集体状态，只是个体实际的或可能的社会行动的某种发展，即是个体之间相互作用的复合体。通过对个体行动的主观意义的理解达到对整体社会现象的因果说明，亦即在研究社会现象时优先考虑个体。例如，当代西方社会交换理论的代表人物之一乔治·霍曼斯认为，人类的社会行为都是交换行为，社会交换行为都基于个人的计算。在他的理论中，看不到社会结构、社会制度等社会性因素。当代西方社会学另一个重要流派——符号互动理论，强调个人理解与定义对于行动的决定作用，认为对于事物采取什么样的行动，主要根据他对事物所赋予的意义。如果到此为止，符号互动理论就会完全陷入“方法论个体主义”错误之中；也应看到，符号互动理论又前进了一步，认为个人赋予事物的意义不是单纯个人的创造物，而是通过人们之间相互交往得到的，这与“方法论个体主义”是矛盾的。

方法论整体主义将独立于行动者的社会现象作为认识对象，认为由于社会现象与自然现象有着基本相同的特征和规律，所以完全可以像自然科学对待自然现象那样将社会现象看做一个客观事物。方法论个体主义认为社会现象和自然现象截然不同，它们不仅有着完全不同的特征，而且各自遵循着自己的规律在运行。这个批评是对的，社会学不能简单地照搬自然科学的研究方法，而应该建立自己的方法论规则。此外，方法论个体主义还反对把作为一种客观事物的社会现象视为社会学的认识对象，主张应该将行动者的社会行动作为社会学的主要认识与理解对象。这个主张显然是片面的。在西方社会学研究中流行的这两种互相对立、截然不同的方法论使社会学陷入了困境。

科学的社会研究方法论坚持个体与整体相统一的原则，认为特定对象系统的各个要素是一个有机整体的组成部分。有机体的各个部分“之所以是它们那样，只是由于它们的统一性，并由于它们的统一性，并由于它们和统一性有联系”。[1] 部分是整体的成分，所以部分的特性存在于部分与整体的联系之中。这样看问题就改变了过去把对象先分割成部分，然后再综合的传统方法，开辟了从整体出发研究问题的新思路。这种思路提供了一种辩证的思维方式。每一个具体的社会现象一旦离开了一定的社会整体，它就不可能被科学地解释，只有了解社会整体本身，才能正确解释社会整体的一个部分。

个体与整体相统一的原则，要求社会学考察研究对象系统内外各种要素之间相互作用而形成的整体效应，对象系统作为一个整体而具有的新的性质。社会现象系统的整体属性，不能归结为它的各个组成部分的特性简单相加。恩格斯说过：“相互作用是事物的真正的终极原因。我们不能追溯到比对这个相互作用的认识更远的地方，因为正是在它背后没有什么要认识的了。”[2]研究社会系统的整体效应对于某一个社会现象的作用，在方法论上就是把整个相互作用作为原因来探究。比如，我们研究青少年成长这个问题时，应把青少年成长与家庭、学校、周围环境、朋友群体等作为一个系统来看，从而研究它们之间的相互作用。个体与整体相统一的目标，是达到系统的总体最佳效果以及最佳途径。各个部分的最优，不一定能达到整体的最优。因此，要使部分的功能与目标服从系统整体的最佳功能与目标。不要封闭式地看问题，某个具体的社会学研究课题中，我们可以在个体和整体之间选择某一特定层次的研究对象，但研究任何对象，都要考察它的内外部环境及其相互关系。任何系统整体都是在与外部环境交流信息、人力、物力的基础上存在和发展的。

二、结构与过程相统一的原则

20 世纪 60 年代初，法国出现了一股人文科学思潮，宣称与现象学和存在主义等“意识”思潮相对立。由于这个思潮的代表者都使用“结构”或与结构相近的概念，因而被称为结构主义。它所理解的结构，是一种解释性概念，更多地与语言、符号相联系。无论在对神话还是在对一般意义上的社会关系的解释中，结构主义都认为应该透过现象表层去捕捉对象深处的东西，特别强调社会整体相对具有至高无上的地位。

结构主义认为，一切社会活动和社会生活中都隐藏着一种内在的、支配表面

---

〔1〕［德］黑格尔：《小逻辑》，商务印书馆 1981 年版，第 405 页。
〔2〕《马克思恩格斯选集》第 3 卷，人民出版社 1972 年版，第 552 页。

现象的结构。单个的社会因素如果不按照一定的结构方式结成一定的关系就不具有独立的意义。但结构主义者通常否认结构的形成和变革与社会行动者主体有直接的关系，他们主张结构是外在于个体活动的实体性存在，个人只能在一定的结构下活动。结构主义忽略了结构与过程的关系，认为具有多样性的历史事件都是不变的社会关系的结构的表现。当社会发生快速变迁或发展时，以结构作为研究切入点，并强调对社会同质性进行研究的结构主义就带有一定的保守性。

在当代西方社会理论与社会学研究方法中，结构与过程已成为主要流派的视角。传统结构功能主义社会学把结构与能动（过程）割裂开来，陷入了二元论。吉登斯的结构化理论（或结构二重性理论）、布尔迪厄的结构生成理论、哈贝马斯的沟通理论等，都为克服与避免二元论而作了努力，但还没有真正解决结构与过程割裂的问题。

马克思主义的社会理论体系中，有许多关于人类社会结构方面的理论和关于人类社会发展过程的理论。对于社会结构，马克思主义关注点包括生产力与生产关系、经济基础与上层建筑、社会生活结构、阶级结构等及其关系；马克思主义者对社会过程的探讨，涵盖了对人类社会发展的一般过程、资本主义社会发展的阶段性过程、人类劳动发展的过程、资本主义社会生产的异化过程等的研究。马克思主义主张结构与过程的统一，坚持把社会的结构与过程结合起来进行分析，从而避免了传统结构功能主义的二元难题。

在马克思的研究思路中，主要强调的是人们在自给的生活和社会生产关系中发生的、不以人的意志为转移的生产关系。马克思认为，这些生产关系的总和构成社会的经济结构，即有法律的和政治的上层建筑竖立其上并有一定的社会意识形式与之相适应的现实基础。在这里，马克思将社会结构看做是人们的物质生活关系和精神生活关系的总和，看成是经济基础和上层建筑所组成的矛盾关系体。并且，社会结构是由经济基础所决定的。这样，在马克思的关于社会结构的表述中，不仅涵盖了客观实体之间的关系，也包括了人为实体（如制度、意识形态、生产方式等）之间的逻辑关系。这些对结构内在组成部分之间关系的科学性表述和对规律性的抽象分析，使得人们对社会结构的认识达到了一个新的高度。而某些后结构主义理论家将历史唯物论解释为简单的技术决定论，但这并不是真正科学的历史唯物论。马克思、恩格斯从来就不是简单的技术决定论者，他们并没有把生产力简单地还原为技术，没有把生产力的发展看做是完全独立的中性的自我发展过程，而是在生产力和生产关系的矛盾作用中考察社会历史的发展过程。

结构是社会相对稳定的组织方式，在一定的内外条件变化的情况下仍能保持自身的性质。任何结构都具有一定的功能，结构变化必然引起功能变化，但功能的变化最终也会引起结构的变化。只有了解研究对象的结构与功能，才有可能正确认识研究对象。因此，研究某一社会现象，必须分析这个社会现象的内在结构及其在社会生活中所具有的功能；必须分析这一现象某些功能保持与增减所需要的结构形式与结构变化；必须分析结构对于过程的制约以及过程对于结构的改造。

三、理论与经验相统一的原则

理论研究是指在已有的客观现实材料及思想理论材料基础上，运用各种逻辑和非逻辑的方法进行加工整理，以思维与知识形式反映社会的客观规律。坚持理论与经验的统一是马克思主义社会学方法论不同于以往传统实证主义的基本特点。马克思主义认为，十分重要的问题，不在于懂得了客观世界的规律性，因而能够解释世界，而在于用这种对于客观规律性的认识去能动地改造世界。受研究者认识能力的局限，容易出现用主观分析代替客观真实的情况，因此，在进行理论研究时应注意与实践相结合，在理论建构与创新的过程中，通过实践进行检验与再认识。

实证主义只承认“实证的”（确实的）事实，经验的事实和现象是由人的主观感觉构成的。它认为人们感觉的世界依赖于经验而存在，否认不依赖于经验而存在的客观实在；认为人类知识无法认识与证明经验以外的世界，科学只是对主观感受、体验的描述，事实的本质在经验以外，是不可知的。实证主义社会学认为一切科学都建立在观察和试验的经验事实基础上，经验是惟一的来源和基础。只有那些可以观察和直接测量的现象、因素才能形成人们可以接受的资料。人的行为是由外部力量引起的，要解释人的行为，必须了解那些可以直接观察的和能够客观测量的外部力量，而探索人的意识是无意义的。因此，实证主义“其实不实证”。在现代西方社会学领域流行的实证主义方法论正好相反，它片面强调社会现象的客观性和外部原因，盲目照搬自然科学的方法，它的缺陷在于忽视“人”的因素及历史、文化因素，从而陷入了“机械唯物论”。实证主义社会学认为，一切科学都建立在观察和试验的经验事实基础上，经验是惟一的来源和基础。只有那些可以观察和直接测量的现象、因素才能形成人们可以接受的资料。人的行为是由外部力量引起的，要解释人的行为，必须了解那些可以直接观察的和客观测量的外部力量，而探索人的意识是无意义的。

有别于传统实证研究，马克思主义社会研究方法论强调以严密的理论体系的方式再现和阐述一定的社会现象及过程，理论研究成果的形成具有一定的逻辑结构，并经过一定的实践检验。马克思以一种历史的、发展的观点取代了传统的静态分析，认为客观世界的各种矛盾与对立的现象，并非是一种静态的关系或属性，而是内在于事物之中的、具有动态特征的认知关系。在马克思看来，实证经验经过抽象上升为理论，才能解释人们的社会活动。知识的发展也是一个辩证过程，因为人类所认识的世界，不一定是真实的世界，而是经过思想加工的文化世界，这种文化世界体现了人类所创造的思想产物，即社会价值、社会制度、社会关系和意识形态等上层建筑。

在马克思看来，实证经验经过抽象上升为理论，才能解释人们的社会活动。马克思将研究过程分为两个阶段：一是分析，即在占有大量资料尤其是历史事实的基础上，对研究对象进行详细、深入的观察与分析，以找出各种因素之间的内在联系和相关关系，尤其重视分析各种社会经济因素以及阶级阶层关系。二是综合，即在详尽分析资料之后，将各种有相互关系的资料予以综合，通过主观逻辑的判断，揭示出资料背后所隐含的本质特点，以形成一定的社会认识，来解释和说明研究对象。理论建构以后，必须进行一定程度实践上和逻辑上的双重确证，对形成的理论体系进行检验。

四、历史与逻辑相统一的原则

历史与逻辑相统一的原则，是社会研究分析历史规律和认识问题的重要方法。历史和逻辑的统一，包含两层含义：一是指逻辑的结构与演化同对象的客观发展史相一致；二是逻辑的结构与演化同人们对这一对象的认识发展史相一致。马克思主义认为，在人们的认识中，理论的逻辑体系应该反映客观实在的历史发展过程，即是说，理论的逻辑体系应该与客观实在的历史发展过程相一致。历史从哪里开始，思想进程也应当从哪里开始，而思想进程的进一步发展不过是历史过程在抽象的、理论上前后一贯的形式的反映。

恩格斯非常强调历史顺序与逻辑顺序的一致性，尽管历史的演进是曲折的，经常会有一些跳跃式的插曲，但纵观历史长河总是沿着闪烁着偶然性的必然走向前行的。“历史常常是跳跃式地和曲折地前进的，如果必须处处跟随着它，那就势必不仅会注意许多无关紧要的材料，而且也会常常打断思想的进程；……因此，逻辑的方式是惟一适用的方式。但是，实际上这种方式无非是历史的研究方式，不过摆脱了历史的形式以及起扰乱作用的偶然性而已。”[1]

历史和逻辑的统一，集中体现了马克思主义客观辩证法与主观辩证法的内在统一性和辩证法、认识论、逻辑学三者的一致性。逻辑的和历史的统一是有差别的统一，逻辑的东西是历史的东西的反映，反映与反映的对象是主观与客观的关系。另一方面，逻辑的东西反映的是历史的规律，抛弃细节和偶然的东西，这是更深刻地反映历史。马克思对于国家问题的研究，首先是对国家的产生和发展进行历史的考察，然后在逻辑上再现国家这一社会现象的基本历史联系，从而揭示出国家的本质及其未来发展的趋势。

我们不仅要学会在实际中运用归纳和演绎、分析和综合、抽象和具体等具体方法，更要把握历史和逻辑相统一的根本原则，在认识和改造世界的过程中不断提高思维能力。在解释特定的社会事实及其变化时，把它放在历史的过程中去，只有研究历史的全部变化才能正确解释某个时期的历史变化。毛泽东曾经用这种历史观点解释过中国红色政权发生与存在的原因，他指出：“中国红色政权首先发生和能够长期存在的地方，不是那种并未经过民主革命影响的地方，例如四川、贵州、云南及北方各省，而是在一九二六和一九二七两年资产阶级民主革命过程中工农兵士群众曾经大大地起来过的地方，例如湖南、广东、湖北、江西等省。这些省份的许多地方，曾经有过很广大的工会和农民协会的组织，有过工农阶级对地方豪绅阶级和资产阶级的许多经济的政治的斗争。”[2]

坚持历史与逻辑相统一的观点，还要求我们不奢谈“一般社会”，而反映现实中的具体社会。许多西方社会学理论家常常在这一点上犯错误，因为他们热衷于谈论“社会一般”，而不讨论社会的具体现实。具体的历史观点反对不顾具体历史条件地生搬硬套现成的结论。马克思曾经这样写道，有人“一定要把我关于西欧资本主义起源的历史概述彻底变成一般发展道路的历史哲学理论，一切民族，不管他们所处的历史环境如何，都注定要走这条道路”，“但是我要请他原谅。他们这样做，会给我过多的荣誉，同时也会给我过多的侮辱。”[3]具体的社会历史观点，反对不顾具体社会历史条件，生搬硬套现成的结论。

建构主义的主要主张，是人类不是静态地认识、发现外在的客观世界，而是经由认识、发现过程本身，不断地构造新的现实世界。在建构主义理论中，所谓的现实只不过是社会互动过程中人们建构出来的，知识同样经历一个建构、维持

---

〔1〕《马克思恩格斯选集》第2卷，人民出版社1997年版，第43页。
〔2〕《毛泽东选集》第1卷，人民出版社1991年版，第49～50页。
〔3〕《马克思恩格斯全集》第3卷，人民出版社1997年版，第342页。

和解构过程；所有这些过程都具有一定的文化和历史特殊性，所有的认知方式和思考方式都要受到文化和历史的影响。同时，建构主义对日常生活中习以为常的知识和实践持质疑态度，并不断反思自己的立场或隐含的价值取向；语言是人类思考和观察社会的最重要的前提条件，故事、谈话和叙事是建构主义文本的核心所在。哈耶克区分了社会科学领域中的两种理性主义：一是建构理性主义，即认为社会秩序是人类主观意识设计的产物；二是进化理性主义，即认为社会秩序是“自发”进化的产物。[1] 哈耶克用“建构”和“进化”来表明自己与马克思的根本区别，他把马克思主义列入建构理性主义的范畴加以批判。显然，这歪曲了马克思的观点。

马克思主张：“社会经济形态的发展是一种自然历史过程”，“一个社会即使探索到了本身运动的自然规律……它还是既不能跳过也不能用法令取消自然的发展阶段”；[2]“不是人们的意识决定人们的存在，相反，是人们的社会存在决定人们的意识”。[3] 把社会秩序及其建构看成是“自然”的过程，这是马克思与哈耶克的相同之处；二者的区别在于，马克思认为这个自然（自发）过程的规律是能够被人们认识和把握的，而哈耶克却认为历史规律是不可知的。马克思主义社会学研究方法既不是建构理性主义，也不是进化理性主义，而是坚持二者统一的方法论理论。

第三节　西方社会研究方法论评析

西方国家社会调查的兴起与发展，与资本主义社会贫富差距日益扩大、社会失范行为增多、社会秩序混乱等社会问题的出现和日益严重有着密切的关系。因此，欧美国家的社会学者多是针对具体的社会问题开展调查活动，希望能找出这些问题的成因和解决办法。这种传统一直延续到当代。应借鉴这种传统中的合理成分，将社会调查的主要精力放在对社会问题的关怀上面，力图通过社会调查反映社会状况，寻求解决问题与促进社会改善的措施。现代西方社会学者创造与使用的社会学研究方法，尽管范式不同，但主要的研究方法具有社会学方法论的特征。

〔1〕［英］哈耶克：《自由秩序原理》上册，生活·读书·新知三联书店 1998 年版，第 61～81 页。
〔2〕《资本论》第 1 卷，人民出版社 2004 年版，第 9～10 页。
〔3〕《马克思恩格斯选集》第 2 卷，人民出版社 1995 年版，第 32 页。

一、社会事实因果分析法

西方社会学者较多信奉科学主义，认为社会科学应像自然科学那样，对所研究的对象给予因果性的说明，获得规律性的认识。社会现象对于个人来说，是待发现的客观事物，包括信仰体系、社会习俗和社会制度等现象都是外在于个人的客观的社会事实；这些社会事实就是社会学研究的对象。社会的事实具有强制性，因为它们是超越个人意识之外的强制力量。这种力量可以通过别人的强制，也可以通过法律、道德、习惯等制度体系来强制，还可以通过团体的力量来实现。很多社会学家以社会事实为核心，研究社会事实的因果关系。

法国社会学家埃米尔·迪尔凯姆(Emile Durkheim，1858—1917)，对自杀行为的研究至今仍是社会学研究的典范之作，体现了实证主义的精神。迪尔凯姆在他的《社会学研究方法论》一书中，系统阐述了社会事实因果分析的方法。他认为，必须在科学研究中排除所有的成见，客观地搜集资料，才能获得真实的结论。他在研究时将社会现象区分为常态和病态。认为一项社会事实是否常态，与当时社会发展的阶段有关，如果一项社会事实发生依赖于社会生活的普遍条件，或者在社会中必不可少，则是常态现象。

在建构自己的理论时，迪尔凯姆常常要对社会现象进行分类，如果能够对社会现象准确地分类，就可以确认它的真正含义，由此人们就能对这类事实做出解释。迪尔凯姆主张用社会事实解释另一种社会事实，建立社会现象的因果关系，可以通过考察两个社会现象的发展是否有“共变”关系，比较它们同时出现或者不同时出现的情况，考察它们在不同结合中的变化迹象，从而观察它们之间是否有依赖关系。

迪尔凯姆自己对这套方法的应用，主要体现在《自杀论》的研究中。迪尔凯姆把自杀定义为受害者本人也知道必然会产生死亡这种后果。认为自杀并不完全是社会的病态，它有可能是某项社会事实作用的必然结果。传统研究对自杀的解释，往往着眼于人的心理因素，这其中有很多无法解释之处。为了研究自杀的真正原因，他将自杀区分为自利式自杀、利他式自杀、失范式自杀和宿命式自杀。通过对欧洲各国统计数据的比较，发现有关自杀现象的社会规律。他认为，自杀看似个人行为，但其原因并不在于个人的心理、个人生活境遇等因素，而是取决于社会的原因。宗教所带来的集体道德观念、宗教团体的凝聚力等社会因素都会对个人的自杀行为产生影响。

一种社会事实要用另外的社会事实来说明。这是一种因果解释的方法，这种方法论原则具有普遍的客观性依据。一种社会事实的发生总是由另外的社会事实引起或制约着的，而且另外的社会事实不是一种，往往是有多种的。对社会生活进行一般性研究时，必须注意到以下三种决定因素：(1)社会关系存在的一般条件；(2)形成部分人的意识和心理的特殊条件；(3)人们在社会中的主动性行为。在诸多条件因素中，经常起作用的是经济事实。马克思、恩格斯主张，"从基本经济事实中引出政治的、法的和其他意识形态的观念以及以这些观念为中介的行动"。[1] 同时，社会学还要从非经济事实中探索人们某些观念与动机的产生，及其导致的社会性行动。

迪尔凯姆通过对自杀的研究指出，个人的行为是社会事实的产物，而不是个人动机的产物。自杀似乎是一种纯粹的个人行动，它的起因却在于社会群体的性质，在于个人之外并作用个人的社会力量。这样，迪尔凯姆就把人看做是一种社会存在，人的生存目的与价值观念是由社会所赋予的，可以在社会中找到。迪尔凯姆这种观点被称之为"社会学主义"或"集体主义"的方法论，有其一定的合理性。

二、理想类型分析法

"理想类型"(ideal type)的社会学研究，也具有方法论意义。它是研究者研究社会和解释现实的一种概念工具。任何科学系统都不可能把现实中的所有个别现象都包括进去，因为科学本身在一定意义上说就是一种抽象。理想类型分析的方法来源于社会学人文主义范式的影响，它是结合研究者的理论基础，对经验事实的提炼，得出现实的某种变异形式，与现实本身保持一定的距离，能够最大程度上包含经验事实特性的分类体系。

德国社会学家马克斯·韦伯(Max weber，1864～1920)使用的理想类型分析方法，受到了历史主义流派的影响，因此注重对社会现象的具体意义的理解与解释。他的社会学研究方法被称为方法论的个人主义。他认为社会学研究人的行动，是因为每个人都赋予它一定的"意义"。

在韦伯看来，每个人的具体主观意识不同，对于社会行动意义的理解也不同。这里所说的"意义"，是指行动者主观的认识。虽然深受历史学派的影响，他还是在方法论上避免当时流行的历史学派个别化和特殊化的研究方法的缺陷。他认为人的行为及其意义十分复杂，惯常使用的概念工具常常面临两种困境，即

---

[1] 《马克思恩格斯全集》第4卷，人民出版社1995年版，第726页。

或是由于概念过于宽泛，使其失掉现象的某种具体特征；或是由于概念过于狭窄，无法包容相关的现象，理想类型分析方法有利于解决这个困境。理想类型具有高度的概括性、抽象性，因而不同于经验事实；在对繁多的经验进行整理后，突出了经验事实中具有共性的或规律性的东西，使之成为典型的形式。理想类型在现实中并不存在，它只是各种经验事物的典型。

韦伯根据社会行动的不同意义，把社会行动区分为四种不同的理想类型。所谓工具合理性行动，是把行动指向的人和物看做达成更长远目标的手段，这种行动更多考虑到行动的效率；所谓价值合理性行动，即行为本身就是目的，本身即体现一种终极价值，这种价值可能来自宗教的热忱、对美好事物的追求等方面，所以行动的效率并不是这种行动主要考虑的；所谓情感性行动，来源于情感的冲动或情绪变化；传统性行动来源于对传统习惯的遵从。

从合理性这个角度看，传统性行动和情感性行动都不属于合理的行动，只有工具合理性和价值合理性行动才属于合理的行动，也才是严格意义上的社会行动。情感性行动与传统性行动是合理的社会行动的补充。

现实中的社会现象是具体而复杂的，通过理想类型的方法来描述、解释、抽象这些具体现象，能更好地了解它们的意义，把握社会学的研究对象。

三、社会系统分析法

社会是一个复杂的体系，一些西方社会学者通过构造理论体系模拟现实社会系统，把社会现象看做复杂社会系统的子系统进行研究。美国社会学家塔尔科特·帕森斯（Talcott Parsons，1902～1979）建立了一套社会系统的功能分析方法。他构造理论的方法首先从复杂的经验现实中抽象出某些要素，并使之范畴化。他强调，建立一种概念体系比提出一种抽象命题更为重要，概念应首先被安排到与现实体系同构的分析体系中去。构造理论还要揭示要素之间的相互关系，并把这种联系在概念体系中体现出来。

帕森斯构造理论的另一个重要方法是“整体论”，即把种类繁多的现象联系在一起，把社会作为一个整体系统来研究。他的基本理论背景始终是社会系统理论，即把具体的系统看成是必须依照整合概念体系来分析的问题系统。沿着这种路径，将种种问题与“结构”“功能”“冲突”和“变迁”这些相互有关的范畴联系起来。

帕森斯使用的概念工具就是“模式变项”(pattrern variables)，这是一组可以将个体、文化、社会联系成一体的概念。他认为，个体的互动是在一定的情景下进行的，行动者的动机是有价值性的，是为获取一定的目的而发生的特定的行动。因此，行动者一方面寻求妥当的途径，利用文化规范所允许的范围增加获取一定目的的机会，另一方面也会减少困扰，减少阻碍。他认为行动者有五种可能的行动途径，行动者在完成行动时就已经做了选择，这些可能的途径称之为"模式变项"。"模式变项"有五组基本类型：普遍主义——特殊主义；泛布性——专门性；情感性——情感中立性；自致性——先赋性；自我取向——群体取向。

上面五组行动的抉择，可以用来说明个体体系、文化体系，也可以说明社会体系。在个体层次它们反映的是个体在一定情景内选择某种行动类型的能力和个体的需求；在社会层次它们是人们互动中的角色期待的分类，反映社会的要求；在文化层次它们是价值标准。从个人动机转向价值标准，再转向社会客体，社会行动始终要在模式变项中选择，因此，个人、文化、社会等亚体系整合成一个统一的整体。

四、中轴原理分析法

中轴原理分析是一种概念图式方法，主张从不同的角度来理解社会结构与社会发展，选择不同的轴心，可能造成不同的分类。社会学家托克维尔把国家集权结构看做法国革命前法国社会的中轴结构，而平等是美国社会的中轴原理。最早从方法论角度明确提出"中轴原理"，并应用这种方法进行分析的是当代美国社会学家丹尼尔·贝尔(Daniel Bell，1919～　)。

贝尔选取"社会框架"的概念来分析社会中的"中轴原理"和"轴心结构"的思想。中轴原理"力图说明的不是因果关系，而是趋中性。在寻找社会如何结合在一起这个问题的答案时，设法在概念性图式的范围内说明其他结构环绕在周围的那种组织结构，或者是在一切逻辑中作为首要逻辑的功能原理"。[1]

在《后工业社会的来临》一书中，贝尔"中轴原理"的思想就体现在他以技术为中轴，将社会划分为前工业社会、工业社会和后工业社会三种形态。选取技术为中轴来划分社会，是因为在他看来，在社会的进步过程中，技术已经成为变革的一种主要力量，技术可以改变社会关系和生活方式。

贝尔认为社会是由多个原则支配着的，所以他将社会分成经济、政治、文化三个领域，现代社会中，每个领域都有其轴心原则、轴心构造。经济生活领域，在

〔1〕［美］丹尼尔·贝尔：《后工业社会的来临——对社会预测的一项探索》，新华出版社1997年版，第9页。

现代社会中它的轴心原则是“功能理性”，轴心构造是官僚等级制度，只有这样才能保证社会经济领域的高效率；与之相对，政治的轴心原则是合法性，轴心结构为代表制，这样才能平衡各种利益关系；文化领域则围绕自我表达和自我满足，强调个性与独创，因而，在现代社会中文化与制度之间出现种种矛盾。

贝尔的多领域多轴心的方法，打破了迪尔凯姆和帕森斯等人对社会学研究所持的“整体论”，为社会三大领域分别设计出各自的“轴心”，并归纳出结构差异。[1] 这种研究方法，对于西方传统社会学方法论来说是一个创新。

第四节　社会调查研究具体方法与程序

方法论观点是社会调查研究过程中总的指导原则与理论架构；具体方法是社会调查过程中对于有关认识手段、工具的选择与使用；程序是调查研究过程的合理化与系统化的步骤。这三者构成社会调查研究方法的一个完整的知识体系。

本节重点讲解社会调查研究程序，具体方法在后面的章节中详细介绍。

一、社会调查研究的基本步骤

社会调查研究程序，是调查研究工作实际展开的基本顺序和步骤。这种顺序和步骤能否随意编排？不能，因为这种顺序与步骤是根据人们对于客观事物的认识规律而作出的逻辑安排。各个社会调查研究项目在正式投入运行之后，具体开展的工作阶段可能有所不同，但基本步骤是相同的。例如，使用访谈法有现场记录工作阶段，使用问卷法则有被调查者填写问卷的工作阶段。但这些工作阶段都属于搜集材料的工作范围。也就是说，不同的具体的调查研究项目，具有相同的基本步骤。

社会调查研究包括六个基本步骤：

1. 选择课题

这一基本步骤包括四项工作内容与方法：(1)选择题目；(2)初步探索；(3)形成假设；(4)澄清概念。

2. 确定对象

这一基本步骤包括三项工作内容与方法：(1)确定调查的观察单位；(2)确定

〔1〕 宋林飞：《西方社会学理论》，南京大学出版社1999年版，第550页。

观察单位的总体;(3)抽取样本。

3. 研究设计

这一基本步骤包括四项工作内容与方法:(1)设置指标;(2)设计测量工具,如统计表、问卷表等;(3)制定研究方案;(4)试验性调查。

4. 搜集资料

具体方法有观察法、访谈法、问卷法、实验法、测量法、文献法等。

5. 分析资料

具体方法包括:(1)定量分析方法,如集中趋势测定法、离散趋势测定法、相关系数计算法、多元回归分析法、途径分析法等;(2)定性分析方法,如因果分析法、功能分析法、区位分析法、历史分析法、比较分析法等。

6. 形成结论

这一基本步骤包括:(1)解释结果,或检验假设;(2)提出实际建议;(3)撰写总体报告。

这些基本步骤按先后顺序排列,不能颠倒。具体的社会调查研究工作必须按照这些基本步骤的顺序展开,不能跳跃。这些基本步骤构成一个相关链,如图2-1所示:

这些基本步骤的相关链,是在社会现实与认识构成的二维空间中展开的。课题有三个来源:(1)社会现实;(2)认识;(3)前一次调查研究的结论。结论有三个发展前途:(1)以科学概念命题或命题系统的形式进入认识体系;(2)以具体对策与建议的形式作用于社会现实;(3)成为下一次调查研究的经验认识与理论认识的基础,即成为重复或修正第一次调查研究工作的依据。

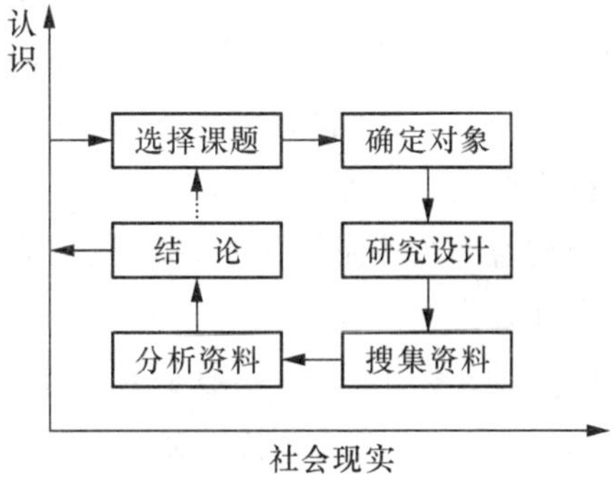

图2-1　社会调查研究程序链

社会调查研究的程序链在下列两种情况下会成为循环的程序圈:第一种情况是研究不成功,即描述与解释缺乏充分的资料,或假设不能得到证实。在这种情况下,原研究者要重新实施调查研究,一般从出错的那一个步骤开始,按照经过改进的方法进行,而不是完全重复原有的方法,如修改假设、修改量表、扩大样本、改变搜集资料的方法,等等。第二种情况是研究成功了,即利用已经占有的资料可以进行正确的描述与解释，或假设得到了证实。在这种情况下，由原研究者或其他研究者对原有的调查研究步骤与方法进行重复。如果重复后获得的结论相同，那么这个结论就是可靠的，西方许多社会学者认为这就是社会学规律。

二、社会调查研究的总体计划

社会调查研究活动是一项有目的、有计划的系统认识活动。制定社会调查研究总体计划，是调查研究顺利而有质量地开展与完成的保证。总体计划包括两个部分：一是调研提纲，相当于建筑物工程设计；二是实施计划，相当于建筑施工安排。

1. 调研提纲

调研提纲首先需要阐明本调查研究项目的基本目的与意义。例如，题为“我国现阶段私营企业主的政治参与”的调查研究项目，其基本目的可以确定为：了解当前我国私营企业主政治参与的现状、产生了哪些社会影响，等等。其现实意义是：回答了当前公众与政府关心的一个问题；认清私营企业主政治参与的现状与性质，有利于全面认识私营企业主这一社会阶层，有利于确定与调整我国现阶段关于私营企业的基本政策。

调查研究提纲需要提出问题或作出假设。仍以“我国现阶段私营企业主的政治参与”调查为例。如果作出假设，它们可能是：(1)当前我国私营企业主的政治参与不符合社会主义原则；(2)当前我国私营企业主的政治参与符合社会主义原则；(3)当前我国私营企业主的政治参与一部分符合社会主义原则，一部分则不符合社会主义原则。也可能是：(1)我国现阶段私营企业主的政治参与以谋求自身利益和企业发展为主；(2)我国现阶段私营企业主的政治参与以积极奉献，回报社会为主。在以上各组假设中，可以分别选择一个假设作为调查研究中使用的假设。提出假设，一般是为了证实或作出解释。如果不提出假设，仅仅提出问题，最后也可能达到描述或解释的目的。如上例，可以提出如下问题：(1)我国目前私营企业主政治参与的目的？(2)动机是否良好？(3)有无不良行为？普遍性如何？等等。

调查研究提纲必须明确调查研究的具体内容与要求。这里仍以“我国现阶段私营企业主的政治参与”调查为例。其具体内容是：(1)我国目前城乡私营企业主的政治状况和基础；(2)政治参与的方式；(3)政治参与的期望。可以调查以上全部内容或设计更多的内容，也可以调查其中一二个部分。其要求是：(1)必须实地调查一定数量的私营企业主；(2)通过直接与间接的方法取得准确数据，不能估猜；(3)获取典型生活镜头，现场描述素材；(4)搜集有关文献资料。

调查研究提纲还需确定搜集资料、分析资料所要使用的工具与方法。仍以上述调查为例，可拟定：(1)使用有控制观察法，即使用观察卡、照相机或摄像机等搜集城乡私营企业主政治参与的状况；使用无控制观察法，获取关于私营企业主政治参与的印象；(2)使用直接与间接访谈法，使用问卷法，了解私营企业主的价值观念、政治参与目的、家庭生活、社会交往等；(3)使用统计法，调查私营企业主经济情况、政治地位等；(4)使用计算机统计分析软件处理与分析调查资料；(5)使用功能分析法研究私营企业主政治参与的特征与发展趋势；等等。

2. 实施计划

实施计划是关于调查研究工作的具体安排。它包括如下项目：

(1) 调查范围与地点。例如，1982 年中国社会科学院社会学所主持的家庭婚姻联合调查，调查范围是北京、天津、上海、南京、成都五个城市；调查地点是这些城市的有关街道办事处。

(2) 调查对象。例如，1983 年天津市人民政府办公厅主持的户卷调查，运用多阶段抽样法，从 36 个街道办事处(调查点)中抽取 1 080 户，作为调查对象。

(3) 调查时间。首先，是总长度，即起止时间。其次，是分进度。调查时间进度，按照基本步骤的顺序编制流程图。还有，是调查展开的适当时点。例如，农村调查，要选择农民休息时间访问他们为宜。农忙季节，农民特别厌烦白天被人访谈。

(4) 调查工具。即编制与修订测量工具、分析程序。

(5) 调查阶段。包括各个基本步骤中具体阶段的划分、各阶段中工作内容的分配、阶段之间的相互衔接。

(6) 人员组织。包括各个步骤投入的人数计划、调查员培训、用工量预算，以及使用不同具体方法而采取的不同活动方式。

(7) 工作制度。即关于参与人员的工作职责、群众纪律、工作作风、职业道德的具体规定。

(8) 经费的筹措与预算。经营预算项目包括调查人员的报酬、住宿费、交通费、有关补助费，调查表格的编制与印刷费用，资料处理费用(如计算机上机费)，等等。

3. 调查申报书

每一项社会调查都涉及社会上一定数量的被调查者，需要使用一定的人员、资金与时间，因而需要履行申报与审批手续，成为一种有组织的活动。向负责部门提出的“调查申报书”，不需要像调查研究提纲与实施计划那么详细，只需要列出主要项目：调查地点、调查对象、调查者人数、起止日期、调查主持人、调查课题、调查目的、研究意义、主要步骤与方法、最终成果的形式、经费来源、经费预算等。

表 2－1　调查申报书

申报人或单位		起止日期	
调查地点		调查对象	
调查者人数		调查主持人	
课题名称			
调查目的			
研究意义			
主要步骤与方法			
最终成果的形式			
经费来源			
经费预算	项　目	金　额	计算依据
总　计			
领导审批意见			

第三章 社会调查及其方法的发展

第一节 中国社会调查及其方法的发展

我国古代的社会调查早在四千多年前就开始了。据《后汉书》记载，在大禹治水时代，我国的人口数是13 533 923人，土地是2 438多万顷，其中定垦者930多万顷。[1] 这说明那时已有大规模的人口与土地调查。春秋时期的《管子》一书提出了60多"问"，即需要进行社会调查的经济、政治、社会、军事等方面的问题。[2] 战国时期的《商君书》写道："强国知十三数：竟内仓、口之数，壮男、壮女之数，老、弱之数，官、士之数，以言说取食者之数，利民之数，马、牛、刍藁之数。"[3] 这些史料表明，我国古代统治者为了治理国家与控制社会，早就开始了由官吏组织的全国性社会调查，其方法可能限于简单的分类、登记、统计汇总。这种情况，一直延续到清朝末年。

20世纪初期，西方社会调查研究方法传入我国，促进了我国社会调查的科学化，使更多的人参与社会调查，逐步兴起了社会调查运动。

一、解放前社会学者的社会调查

20世纪20年代至30年代，一批接受过西方社会学专门培训的中国社会学者，先后在农村、城市开展社会调查，并且开始使用随机抽样、统计等定量调查技术，在大学开创了社会调查的风气。

1. 家庭调查

中国社会学者早期的社会调查开始于家庭生活费统计与分析。例如，1923

---

〔1〕《后汉书》第12册志二，中华书局1965年版，第3387页。

〔2〕赵守正：《管子注释》上册，广西人民出版社1982年版，第248～250页。

〔3〕《商君书》，上海人民出版社1974年版，第20页。

年，陈达组织学生调查了清华大学附近成府村 91 个家庭、安徽省休宁县湖边村 56 个家庭的生活费用。1924 年至 1925 年间，李景汉等社会学者对北京 100 个人力车夫家庭、200 处出赁厂、1 000 个人力车夫进行调查，基本结论是：这些人力车夫入不敷出、生活艰难。1927 年，李景汉组织学生对北京附近 164 个农民家庭进行了调查，使用 100 个调查表了解农民家庭生活状况、收支、家庭规模、婚姻、亲属关系等，最后写成了《北京郊外之乡村家庭》(1929)。1926 年至 1927 年，陶孟和采用记账法在北平对 48 家手工业工人的家庭生活费进行了 6 个月的调查，对 12 家小学教员的家庭生活费进行了 1 个月的调查，比较精确地反映了当时北京手工业工人、小学教员以及相同阶层的人们的生活费用，他因此成为我国现代家庭调查的先驱之一。早期社会学者的家庭调查报告还有：童家埏的《无锡工人家庭研究》(1929)、言心哲的《农村家庭调查》(1935)，等等。

这些调查的最后报告基本上是描述性的，并未对当时中国民众的非人生活明确表示不满与抗议，即使有建议，也是改良主义的，没有革命的要求。例如，陶孟和在《北平生活费之分析》(1930)一书中写道："中国膳食为数千年来中华民族适应环境之结果。历代人民均赖以生存，似不可认为绝对不敷用。中国人民多患营养不足者，吾人诚不能否认。但吾人敢信简单之菜蔬膳食，已足供中国人体质之需要。""我中国人民，感物质之贫乏，陷于贫困之生活。今欲脱离此困难之环境，惟有努力获得近代西洋人之物质文明，徐图改进耳。"[1]

2. 小型社区调查

中国社会学者早期的社区调查，大多是对乡村的调查，少量是对镇的调查。例如，1923 年沪江大学社会调查班的学生张镜予等对上海市附近拥有 360 口人的沈家行村的调查，调查项目包括家庭、宗教生活、地方行政与惩罚制度、教育、农工商业、健康与卫生、娱乐、居住等。[2] 1928 年，杨开道、许仕廉组织燕京大学社会学系的学生，调查了清河镇的人口动态、家庭、集市、村镇组织等情况。1934 年金陵大学乔启明在江宁县淳化镇作了社会调查。1935 年岭南大学任锐麟等发表《旧凤凰村社会调查报告》。

20 世纪 40 年代初期，这种小型社会调查发展成为寻找中国各种典型乡村社区的系列调查。例如，费孝通使用以自然村落为单位的实地观察法，于 1936 年

---

〔1〕 陶孟和：《北平生活费之分析》，见王国荣、曹维劲主编《20 世纪中国学者名著精华》，学林出版社 1998 年版，第 353～358 页。

〔2〕 张镜予：《社会调查(沈家行实况)》，商务印书馆 1924 年版。

调查江苏省吴江县开弦弓村，反映受现代工商业影响较深的农村社区类型的情况(《江村经济》,1939);1938年在昆明附近的禄丰县大白厂村调查，反映受现代工商业影响较浅的农村社区类型的情况(《禄村农田》,1944);之后，费孝通又指导张之毅在内地山区调查，了解农村手工业向现代工业转变的情况(《易村手工业》,1943);费孝通还指导史国衡在昆明一个国营工厂调查农民如何转化为工人的情况(《昆厂劳工》,1946)。

抗日战争爆发以后，许多社会学家来到西南，写出了一批反映少数民族社区的调查报告，如吴泽霖、陈国钧的《铲山黑苗生活》(1940)、林耀华的《凉山夷家》(1947)、徐益棠的《雷波小凉山之儸民》(1944)、田汝康的《芒市边民的摆》(1946),等等。这种小型社区调查的主要缺陷是缺少阶级分析，不反映当时农村社区程度不同的阶级矛盾与冲突，不反映地主阶级对农民的剥削，往往给人造成一种太平盛世的错觉。

3. 区域性社会调查

以县或更大的范围作为调查单位的区域性调查，比较困难，但对于社会政策的影响可能比小型社区调查更大。较早在中国组织区域性调查的社会学者有陈翰笙、李景汉等。

陈翰笙于1929年组织45个人，在江苏省无锡农村进行调查，历时3个月。调查了55个村的概况、22个村的1 204户农民家庭、8个农村市镇的工商业情况，着重反映封建与半封建的土地制度问题。他于1930年又组织68人对河北保定、河南许昌、山东潍县、安徽凤阳等地进行调查，历时2年，调查了127个村的概况、6个村429户农民家庭生活，着重反映外国资本对中国农村经济的影响。他于1933年又组织多人在广东农村调查，历时半年，调查了16个县的社会经济概况、番禺10个村的1 209户农民家庭生活，并同50个县的335个村进行了通信调查。[1] 陈翰笙组织这些调查，是为了认识整个中国的社会经济情况。对于这种试图通过典型区域的调查而认识全国的调查研究方法，他说过："江南、河北和岭南是中国工商业比较发达而农村经济变化得最快的地方。假使我们能够彻底地了解这三个不同的经济区域的生产关系如何在那里演进，认识这些地方的社会结构的本质，对于全国社会经济发展的程序，就不难窥见其梗概；而于挽救中国今日农村的危机，也就不难得到一个有效的设计。研究中国农村经济先从

〔1〕 杨雅彬:《中国社会学史》,山东人民出版社1987年版，第226～227页。

这三个地方入手,才是扼要的办法。”[1]

李景汉从1930年开始,在河北省定县进行了实地调查,期间使用简单随机抽样、机械抽样、分类抽样、个案调查、访问调查等方法,在调查方法的使用方面有一定的贡献。这个调查提供了中国北部农业区域的研究资料。李景汉在调查报告中指出了耕田不均的现象,并深表忧虑。他写道:“总之,我们不能不承认土地问题是农村问题的重心;而土地制度即生产关系,又是土地问题的中心;其次才是生产技术及其他种种的问题,若不在土地私有制度上想出解决的办法,则一切其他的努力终归无效;或有效,也是很微的、一时的、治标的。一个政府是不是一个革命的政府,一个政党是不是一个革命的政党,和一个人是不是一个革命的人,很可能从其对于土地制度的主张来决定。”[2]这些话无疑是很深刻的,但遗憾的是没有再往前走,深入思考土地制度的革命与创新。

二、新中国成立后的社会调查

20世纪50年代至60年代初期,毛泽东同志担任繁重的领导工作以后仍然十分重视社会调查。他亲自组织多次大规模的社会调查研究活动,其中以两次农村调查参加人数最多、时间最长、成果最多。

第一次是1955年至1956年间主要围绕农业合作化的农村社会调查。1955年,毛泽东同志到全国许多农村进行了考察,并发动各级领导撰写农村调查报告。毛泽东两次编辑这些农村调查材料。各省委、市委、自治区党委和地委的负责同志看了毛泽东第一次编辑的调查材料之后,又送来了大量调查材料作为补充,于是毛泽东进行了第二次编辑,共选辑167篇,约90万字。这两次编辑工作,实际成为组织全国性农村社会调查的过程。在这些材料中,有被毛泽东称之为“我们整个国家的形象”的“穷棒子社”艰苦创业的情况;有被毛泽东赞扬为“鸡毛飞上天”的一个合作社年年增产的情况;有乡村劳动力剩余及其找出路的情况;有农村文盲众多以及农民学文化的情况;还有少数干部群众对农业合作化思想不通的情况,等等。由于经过了层层筛选,保留在《中国社会主义高潮》一书中的材料,都是体现加快农村合作化的肯定性主题,而对于加快农村合作化过程中的存在问题,对于如何稳步发展农村合作化,则缺乏充分的描述与冷静的研究。

---

〔1〕 陈翰笙:《广东农村生产关系和生产力》,中山文化教育馆1934年版。

〔2〕 李景汉:《定县土地调查》,载《社会科学》1936年第1卷,第2~3期。

第二次是1961年至1962年间主要围绕农村调整工作的农村社会调查。1961年初，毛泽东提出了“要搞个实事求是年”的号召，发动中央、省、市、自治区领导干部深入农村，进行了一年多时间的社会调查研究工作。

1961年5月周恩来到河北省武安县伯延公社，找公社、大队、生产队的干部和社员群众谈话，开了座谈会。通过对食堂问题的调查，他说：“绝大多数甚至于全体社员，包括妇女和单身汉在内，都愿意回家做饭。”并且，他在一个食堂搞了试点，解决如何把食堂解散好和如何安排好社员回家吃饭的问题。在实地调查中，他还发现：“社员不赞成供给制”；“社员群众迫切要求恢复到高级社的评工记分的办法，但是已有发展。办法是：包产到生产队，以产定分，包活到组。这样才能真正实现多劳多得的原则。因此，这个办法势在必行。只有这样，才能提高群众的生产积极性。”[1]

陈云同志1961年8月到上海市青浦县小蒸公社住了15天，进行了农村调查。期间，他召开了10次专题座谈会，还往农民家中跑了若干次，观察他们养猪、种自留地、住房和吃饭情况。他在调查报告中写道：“农民对我们党有赞扬，也有批评。他们的意见和情绪，概括起来有四：一是粮食吃不饱；二是基层干部不顾实际、瞎吹高指标，参加劳动少，生活特殊化；三是干部在生产中瞎指挥，不向群众进行自我批评；四是没有把集体生产组织好，农民的积极性差，相反，对自留地、副业生产积极性高。但是，他们认为在解放后，得到的好处不少……”[2]陈云敢讲真话，他在关于自留地的调查报告中写道：“社队干部的意见，现在这一点自留地，显然满足不了农民各方面的要求。农民的自留地不仅不应该比高级社时期少，还应该多一点。”“农民种自留地，可以种得很好，单位面积产量比生产队高。增加一点自留地，可以使农民的口粮得到一些补充，生活有所改善。再加上包产落实、超产奖励、多劳多得等一系列的措施，农民对集体生产的积极性就容易提高。”[3]这种及时反映群众真实情绪与要求的调查，有利于调整党的政策，有利于改善党与群众的关系。

三、改革开放以来的社会调查

20世纪80年代，我国社会调查出现了新的繁荣。这同强调“实践是检验真

〔1〕周恩来：《关于食堂和评工记分等问题的调查》，载《周恩来选集》下卷，人民出版社1984年版，第315页。

〔2〕陈云：《青浦农村调查》，载《陈云同志文稿选编》(1956～1962)，人民出版社1981年版，第130～131页。

〔3〕同上书，第145页。

理的惟一标准”有关，同社会学等学科的恢复，同社会科学基金制度开始实施有关。在国家、省、市、自治区社会科学基金等资助下，各地社会学者组织了一些较大规模的社会调查。同时，涌现了更多的较小规模的自选课题的社会调查研究报告。从公开发表的社会调查报告来看，较为集中的调查主题是：

1. 家庭婚姻调查

1979 年底，张子毅教授等组织实施了青年生育意愿的调查，该调查采用问卷法，调查对象总体是北京市、四川省 15～30 岁的青年，有效问卷为 3 921 份。该调查结束后，写成《中国青年的生育意愿》一书，着重分析了城乡青年的理想家庭以及影响他们生育意愿的主要因素，较多地使用了统计相关分析方法。1982 年雷洁琼教授指导了北京、天津、上海、南京、成都五城市家庭婚姻调查。该调查在五个城市中选取了 8 个居民点、4 385 个家庭、5 057 名已婚妇女。采用问卷与访问相结合的方法进行调查，形成的调查报告后来整理出版。[1] 1982 年 6 月，美籍华裔社会学家林南教授指导南开大学社会学硕士研究生采用抽样问卷办法对本校 400 多位同学的家庭进行了调查，对影响生育行为的社会因素作了单因素与多因素分析。[2] 1988 年，中国社会科学院社会学所牵头进行了“14 省市农村婚姻与家庭情况调查”。同时，出现了许多关于离婚、恋爱、大龄男女、夫妇关系、独生子女、老年人的调查报告。其中，较注重定量分析方法的调查报告，有边燕杰的《试析我国独生子女家庭生活方式的基本特征》、李银河的《当代中国人的择偶标准》等。

1991 年，林南等在天津市九个市区进行了关于城市居民生活、职业和心理状况的调查，共随机抽取样本 1 080 个，询问了被调查者在调查时点（1991 年 2 月 1 日）前半年内的生活状况，用实证材料分析了中国家庭的纵向性特征。2003 年，杨善华等人组织的“北京市老年人需求调查”，研究城市的家庭养老问题。2004 年中国人口情报中心和南开大学人口与发展研究所组织“农村计划生育夫妇的养老问题与对策研究”入户调查，对黑、鄂、甘、川四省 11 000 多户家庭进行了抽样调查。

2. 民意调查

20 世纪 80 年代以来，社会学者协助各级政府开展了大量民意调查活动。1983 年天津市进行了城市居民千户问卷调查，样本与总体的比例为 1∶1 000，问卷表包括 270 多个问题。该调查在帮助市政府听取居民意见、解决居民关心的

---

〔1〕 雷洁琼：《中国城市家庭——五城市家庭调查报告和资料汇编》，山东人民出版社 1985 年版。
〔2〕 林南：《影响生育行为的社会因素》，载《社会学通讯》1983 年第 4 期。

社会问题等方面，起到了积极作用。以后，每年都进行一次这样的调查，样本数不变，问卷表内容每年都作修订。1985 年中国经济体制改革研究所与《中国青年》杂志社联合举行全国性问卷调查，共收回问卷 74 431 份，在其中等距抽出 3 340份进行了统计分析。样本的职业分布不合理（农民占 4.5%）；性别也偏重于男性（女性占 30.4%）；年龄分布，主要是青年（21～30 岁的占68.2%）。该调查结果的分析表明：人们对各种职业的社会地位的评价较一致，但对各种职业的经济地位的评价则不一致；人们选择职业时优先考虑职业的社会地位；人们对于改革风险持肯定态度；经济需求比社会需求更影响人们的行为，等等。[1] 1988 年中共中央农村政策研究室等单位联合组织了全国性农村问卷调查，在 28 个省、市、自治区的近 300 个固定观察点（村），采取随机抽样方法对10 938个农户进行了问卷调查。结果表明：多数农民对农村改革表示满意，相信农村改革的深化会继续给自己带来好处，对先富起来的农户表示理解，农民负担较重，等等。[2]

2000 年以来，随着互联网的普及，民意调查发展很快。各政府部门、社会科学研究机构、新闻媒体纷纷组建民意调查中心，国内各大网站也都设有专门的民意调查栏目，商业调查机构也不断发布民意调查信息。2006 年中国社会科学院社会学所在全国进行了“社会和谐稳定问题全国抽样调查”，调查显示中国城乡居民认为自身社会经济地位处于社会“中层”的比例为 39.6%，社会经济地位认同普遍偏下。《中国青年报》社会调查中心 2007 年针对收入增长问题组织的民意调查，结果显示 85.4%的人称工资涨幅低于 12%，有 7.1%的人称近年来工资有所下降。零点研究集团 2003 年在调查了 5 613 位城乡居民后，发布了中国县市首长的调查报告，调查显示 13 个城市的全部市长的市民支持率均超过了 50%，但受评的 7 个县长只有 3 个支持率超过 50%。

3. 社区调查

社会学恢复以后，学者们先后对一批解放前的社会调查进行了追踪调查。1980 年，费孝通教授等对江苏省吴江县庙港开弦弓村进行了调查，形成《三访“江村”》（费孝通）、《“江村”农民生活近五十年之变迁》（宋林飞）等调查报告。1984 年，南开大学、河北大学的社会学者对定县进行了调查。

小城镇调查与研究是我国社会学恢复以后，规模较大的一次社会调查活动。在费孝通教授的指导下，由王淮冰主编出版了《小城镇大问题》《小城镇区域分

---

〔1〕《问卷调查结果分析》，载《中国青年》1985 年第 9、10、11、12 期。

〔2〕刘福合、孙中华：《万户农民问卷调查》，载《人民日报》1988 年 4 月 12 日。

析》等书。在中山大学社会学系何肇发教授指导下，一批研究生对鹭江村、蛇口工业区等城乡社区进行了调查研究。[1]

1996年曹锦清通过对河南农村半年的实地调查，以日记形式记录农民生存与发展的基本状况和社会问题，在此基础上撰写了《黄河边的中国》一书。2003年底，王春光等采用访谈法和观察法对山东省淄博市八个行政村的失地农民情况进行实地调查。《南风窗》杂志社于2005年开始，鼓励在校大学生开展以社区实地调查为主的社会实践，先后资助了“天津市天穆镇——一个东部回族聚居区的社会阶层研究”“社区精英与底层社会秩序的建构——以长春市东占十委和崇智社区为重点个案的调研”“地下六合彩对农村经济社会秩序影响的实证研究”等一批社区调查课题。

4. 社会结构调查

对社会结构的调查也有很多，如1983年，北京社会科学研究所社会学研究室出版了《首都社会结构调查与研究》一书；北京、上海、武汉、兰州、广州、深圳、沈阳等城市的社会学者联合对青年职工状况的调查；武汉地区中年知识分子状况调查，等等。

随着政府对社会科学研究的重视程度的加强，一些大型的社会结构调查得以实施。2000年以后，中国社会科学院陆学艺研究员组织的中国社会阶层调查，先后对中国的社会阶层结构现状和社会流动状况进行了研究；宋林飞组织了新社会阶层状况系列调查；郑杭生、李强等组织城市社会结构调查，有不少调查成果出版。2003年开始，中国人民大学社会学系与香港科技大学调查研究中心、南开大学社会学系、南京大学社会学系、上海社会科学院社会学研究所等多家学术单位合作，组织了大型综合性社会调查（GSS2003），对5 900位城镇居民进行了入户问卷调查，实际完成问卷5 894份。

四、毛泽东的典型调查方法

中国共产党诞生以后，对中国农村各个阶级、城市工人阶级的状况进行了广泛的社会调查。这些调查为中国共产党在领导新民主主义革命的过程中选择战略道路、制定具体政策，提供了可靠的依据；并且为教育、鼓舞、动员大众参加革命斗争起了重要的作用。同时，在调查方法方面也作出了许多创造性的贡献。其中，毛泽东同志在1926年至1934年间所作的农村社会调查，成果尤其丰富。

---

〔1〕 中山大学社会学系编：《社区研究论文集》，1985年。

毛泽东同志最擅长典型调查。首先,他创造了"一般化"典型调查法。例如,1926年,毛泽东同志在湖南湘潭西乡把佃农张连初一家选做典型,进行了细致的调查。他在叙述调查材料时,从特殊上升为一般,不用真实姓名,而以"假定事实"的方法,描述了一个有一妻一子的佃农的家庭支出与收入情况:年收入147.72元,支出167.36元,透支19.64元。并且指出,要保证147.72元的年收入,还须假定具备六个条件:(1)绝无水、旱、风、雹、虫、病各种灾害;(2)身体熬练,绝无妨碍工作之疾病;(3)精明会算计;(4)所养的猪不病不死;(5)冬季整晴不雨;(6)终年勤劳,全无休息。进而指出,这六个条件几乎是不可能具备的。"这就是中国佃农比世界上无论何国之佃农为苦,而许多佃农被挤离开土地变为兵匪游民之真正原因。"〔1〕在社会调查报告中,毛泽东常使用一般化的概念,如"地主""富农""贫农""农会"等,而不用特称概念"地主某某""富农某某""贫农某某""某某农会"等。比如:"'我出十块钱,请你们准我进农民协会。'小劣绅说。'嘻!谁要你的臭钱!'农民说。"〔2〕"在第一时期内,农会的人拿了册子,进了中农的门,对着中农说:'请你加入农民协会!'中农回答道:'莫性急啦!'"〔3〕"有了农会,可以不客气地发命令强迫地主修塘坝了。地主不修时,农会却很和气地对地主说道:'好!你们不修,你们出谷吧,斗谷一工!'"〔4〕"农民说:'上头命令,你们分半田。'工人说:'分半田就要涨工价。'……贫农说:'好,你们就分全田,不要涨工价。'"〔5〕这种方法就是把调查中发现的有关情况确定为某一类事实的典型,从而推及一般。毛泽东以相当规模的社会考察为基础,因而这种从典型情况推及一般的描述的方法是可行的。

同时,毛泽东同志使用了专题性典型调查法。例如,为了搞清楚中国的富农问题、农村商业问题,他在1930年5月作了寻乌县调查;为了搞清楚各阶级在土地斗争中的表现,他在1930年10月作了兴国调查;为了搞清楚村、乡两级苏维埃在土地斗争中的组织与活动情况,他在1930年11月对吉安县同坊区李家坊乡、吉水县同水区第十五乡东塘村等地作了调查;为了搞清楚乡、县苏维埃机关的政权建设与工作情况,他在1933年11月对江西省兴国县的长岗乡、福建上杭县的才溪乡进行了调查。毛泽东同志在残酷的战争环境下,利用各种机会随时

---

〔1〕《毛泽东农村调查文集》,人民出版社1982年版,第33页。
〔2〕《毛泽东选集》一卷本,人民出版社1964年版,第14页。
〔3〕同上书,第20页。
〔4〕同上书,第41页。
〔5〕《毛泽东农村调查文集》,人民出版社1982年版,第226页。

随地进行实地考察，或找一些人座谈调查。毛泽东同志把这些典型调查作为制定政策、检查政策偏差的基础，从而使这些调查一经结束便很快产生实践意义，推动中国革命运动健康地发展。

毛泽东同志的典型调查始终贯彻阶级观察与分析的方法。毛泽东同志的阶级分析观点与方法，在 1926 年就已基本确立。那年他在调查研究的基础上，对中国的社会结构进行了宏观的阶级划分。这种划分，是马克思主义中国化的一座里程碑。从此，阶级分析观点与方法成为毛泽东同志在社会调查研究中一直自觉运用的最基本的观点与方法。正如毛泽东同志自己所说的那样："我们调查工作的主要方法是解剖各种社会阶级，我们的终极目的是要明了各种阶级的相互关系，得到正确的阶级估量，然后定出我们正确的斗争策略。"〔1〕即在毛泽东同志那里，阶级分析既是指导社会调查研究的方法论，又是开展实际社会调查研究的具体方法。现举几例为证。

例 1：毛泽东同志在 1927 年的湖南五县调查中指出："据长沙的调查：乡村人口中，贫农占百分之七十，中农占百分之二十，地主和富农占百分之十。"〔2〕这是对农村各阶级的观察。同时，毛泽东同志在一次调查中，还就各阶级或阶层对农民运动的看法，分别作了观察：地主阶级、国民党右派说农民运动"糟得很"；富农的态度始终是消极的；中农的态度是游移的；贫农一直在那里积极奋斗。〔3〕

例 2：毛泽东同志在 1930 年的寻乌调查中，以生产资料与食物为标准，对寻乌地区的贫农作了分层观察与研究。他指出，贫农中第一个阶层是半自耕农，他们有牛、犁耙，多少有些活动本钱，从地主那里租来一部分土地，完了租自己却不够食了。这个阶层占农村全人口 10.5%，在贫农全数中则占 15%。第二个阶层是佃农中之较好的。他们有牛、犁耙，也多少有些活动本钱，但没有一点土地，比半自耕农更不够食。这个阶层占农村全人口 42%，占贫农人口的 60%。第三个阶层是佃农中之更穷困的。他们虽有犁耙，但多窳败；虽有几个本钱，但很少；无土地，几家共一头牛，并且是地主托养的；比上两个阶层更不够食。这个阶层占全人口 10.5%，占贫农全人口 15%。第四个阶层是佃农中最穷的。他们没有土地，没有牛力，还没有一点本钱，连耙也买不起，借米借盐是常事。这个阶层占农村人口 7%，占贫农全人口 10%。〔4〕 这是通过典型调查而获得的对贫农阶级的

---

〔1〕《毛泽东农村调查文集》，人民出版社 1982 年版，第 6 页。

〔2〕《毛泽东选集》一卷本，人民出版社 1964 年版，第 20～21 页。

〔3〕 同上书，第 19～20 页。

〔4〕《毛泽东农村调查文集》，人民出版社 1982 年版，第 132～133 页。

基本估计。这种定量的基本估计,可能不十分精确,但少量误差不影响宏观的决策活动。

例3:毛泽东曾经写道:“地主是以收租为主;富农是以雇工为主,自己参加劳动;中农是以不出卖劳动力为主,经营自己的土地;贫农是一定要出卖劳动力,靠自己的土地不够生活;雇农完全出卖劳动力,没有土地。”〔1〕毛泽东同志认为,这样分析了农村中各个阶级、阶层及其生活概况,才能对农村有正确的全面的了解。〔2〕这就是说,阶级观察与分析是全面认识社会的必要途径与手段。

毛泽东同志在典型调查中还使用了预测方法。

例1:1927年1月24日至2月5日,毛泽东同志到湖南实地考察了湘潭、湘乡、衡山、醴陵、长沙五县农民运动的情况,同农民与从事农运工作的同志座谈,满腔热情地肯定了农民运动的情况,回答了党内外关于农民革命斗争“过火”“糟得很”等责难,并且预言说:“很短的时间内,将有几万万农民从中国中部、南部和北部各省起来,其势如暴风骤雨,迅猛异常,无论什么大的力量都将压抑不住。他们将冲决一切束缚他们的罗网,朝着解放的路上迅跑”〔3〕。实践证明,毛泽东同志的这一预言是正确的。

例2:毛泽东同志通过1930年的兴国调查,发现地主占有土地达40%,富农占有土地达30%,地主与富农所共有的土地占10%,总计地主、富农占有土地80%;中农、贫农只占有土地20%。而地主人口不过1%,富农人口不过5%,贫农、中农人口则占80%。在这些实证材料的基础上,毛泽东同志得出了“革命”的结论,因为只有通过革命才能改变这种不合理的土地占有状况。同时,毛泽东同志还作了一个基本预测:革命必定胜利,因为这个革命将获得80%以上的人民的拥护与赞助。〔4〕

毛泽东同志还倡导红军以及解放区的各级干部进行社会调查。红军第四军按照毛泽东的意见,把社会调查规定为工作制度,并由红军政治部制定了详细的调查表,包括群众斗争状况、反动派状况、经济生活情况和农村各阶级占有土地的情况等项目。红军每到一个地方,都首先要弄清楚当地的阶级关系状况,然后再提出切合群众需要的口号。1941年,在毛泽东同志和党中央的倡导下,全党以延安整风为起点,广泛开展调查研究活动,写出了一大批调查报告。

---

〔1〕《毛泽东农村调查文集》,人民出版社1982年版,第24页。
〔2〕同上书,第25页。
〔3〕《毛泽东选集》一卷本,人民出版社1964年版,第13页。
〔4〕《毛泽东农村调查文集》,人民出版社1982年版,第26页。

四、费孝通的小城镇与发展模式调查方法

1. 小城镇调查方法

20世纪80年代以来，中国农村的城镇化步伐加快。费孝通教授坚持实地调查的传统，走遍了全国各地，对小城镇的穿梭访问考察从未间断。他的小城镇调查，"在一定意义上可以说是江村调查的延伸、扩大。小城镇调查研究，是农村调查的新开拓、新高度"[1]。他"跑一趟，写一篇"，笔耕不辍，著述丰硕。他思维敏捷，善于小中见大、由此及彼，注重应用与服务社会，提出了一系列极有价值的政策性建议。

从已有的研究基础上做起，这是费孝通教授从事小城镇研究的基本方法。关于小城镇的研究方法，他曾作以下介绍："从已有的基础上做起，然后由点及面，找典型、立模式，逐步勾画出比较全面的轮廓。"[2]他的家乡是江苏省吴江县，他20世纪30年代调查的村子是这个县里庙港乡的开弦弓村，即"江村"。"江村调查"是他已有的研究基础。

"从已有的研究基础上做起"的研究方法，首先反映了费孝通教授严谨的治学态度。没有坚实的基础就建不了高楼大厦，从熟悉的领域与地方入手，容易正确地反映客观实际。同时，从已有的基础上开始新的研究也反映了费孝通教授不断进取的精神。那时，我曾随他访问"江村"。从吴江县城松陵镇去"江村"是坐船的，在"扑扑"的水声中航行数小时。"江村"要改变比较落后的面貌，需要外面力量的拉动。费孝通教授一定想到，这个力量首先是同它有种种经济与社会交往的周边小城镇。1981年他"三访江村"时想到要更上一层楼，进入"小城镇"的调查，而且决定从吴江县开始。

费孝通教授的"已有的研究基础"是通过实地调查奠定的，因而他的小城镇研究一开始就摆脱了在概念中兜圈子、从书本到书本的经院式研究方法，而注重实地调查，力求在对小城镇的实际考察中形成与深化认识。崇尚实地调查，是费孝通教授治学方法的鲜明特征。他最初在燕京大学提出以实地研究来替代仅仅靠地方志资料、历史考据来研究风俗和文化的方法[3]，1937年他提出以实地研究开拓中国学术的"求学之道"。[4]

---

〔1〕 费孝通：《学术自述与反思》，生活·读书·新知三联书店1996年版，第36页。
〔2〕 费孝通：《行行重行行》，宁夏人民出版社1992年版，第2页。
〔3〕 费孝通：《亲迎婚俗分布之研究》，载《社会学界》1934年第8期。
〔4〕 费孝通：《伦市寄言—关于实地研究》，载《益世报》1937年3月10日。

选择典型是费孝通教授最擅长的方法。20世纪三四十年代他曾选择不同类型的农村进行调查，起名“江村”“禄村”“易村”“玉村”等。其中“江村”是靠近都市，深受现代工商业影响的农村，相对而言是先进农村典型。“江村”具有三种类型学上的意义：(1)开弦弓“能够通过典型来研究依靠水上运输的集镇系统”；(2)“开弦弓一带，由于自然资源极佳，农业发展到很高水平。有关土地占有制度在这里也有特殊的细节。开弦弓将为研究中国土地问题提供一个很好实地调查的场所”；(3)开弦弓是中国国内蚕丝业的重要中心之一，因此，“可以把这个村子作为中国工业变迁过程中有代表性的例子”。[1] 禄村则是一个农业之外副业很少、根本没有手工业的自给自足的农村典型。[2] 费孝通指导张之毅进行调查的“易村”，是一个以手工业为基础的内地农村的典型。“玉村”是以农业为主的传统农村的典型。费孝通的小城镇研究，首先选择的也是先进典型。吴江县地处全国经济最发达地区之一的苏南，费孝通教授以吴江小城镇为调查点进行深入分析，触到了小城镇问题的塔尖。“所谓塔尖是指吴江县小城镇建设的今天有可能是其他地区发展的明天；现在在这里出现的问题有可能将来在别的地方也会碰到。”[3]这样看问题是有道理的。吴江邻县张家港的小城镇建设后来蜚声中外，他们碰到与解决的问题，当年费孝通教授在吴江小城镇研究中已经有所涉及与论述。

多点实地考察是费孝通教授小城镇研究方法的一个重要特点。1984年他走出江苏省，分两路穿梭行进：一路是走边区，一路是走沿海各省。边区这一路从内蒙古西走宁夏和甘肃，1991年又走进大西南的山区。沿海的一路从浙江、福建、广州到香港，可以说是从江苏向南延伸。[4] 从小城镇研究而言，费孝通教授从两个方向推进：一是横向扩展，即江苏省本身的深入研究进一步发展到全国性的比较研究；二是纵深发展，即从农村—小城镇—中等城市—大城市，以至整个城乡关系的综合研究。作为一个学者，他不畏辛苦“行万里路”，是为了获得更接近真实的认识。作为全国政协副主席、全国人大副委员长，他踏遍祖国山山水水，是为了寻求治国之道。

定性分析是费孝通教授进行小城镇研究的主要方法。他一开始就提出了“类别、层次、兴衰、布局、发展”的十字研究提纲。他开展小城镇研究的第一步，

---

〔1〕 费孝通：《江村经济》，江苏人民出版社1987年版。

〔2〕 费孝通：《禄村农田》，商务印书馆1943年版。

〔3〕 费孝通：《行行重行行》，宁夏人民出版社1992年版，第4页。

〔4〕 同上书，第3页。

是从调查具体的小城镇入手,对小城镇这一总体概念作定性的分析,即对不同的小城镇进行分类。吴江县有五种不同类型的小城镇:第一种类型的一个镇叫震泽镇,是以农副产品和工业品集散为主要特点的农村经济中心。当地人把这一片滋养着震泽镇同时又受到震泽镇反哺的农村称之为“乡脚”。没有“乡脚”,镇的经济就会因营养无源而枯竭;没有镇,“乡脚”经济也就会因流通阻塞而呆滞。第二种类型的一个镇是盛泽镇,是具有专业化工业的小城镇。第三种类型的一个镇是松陵镇,是吴江县的政治中心。第四种类型的一个镇是同里镇,过去可以说是一个消费、享乐型的小城镇,现在正在改造成为一个富有水乡景色的游览区。第五种类型的一个镇是平望镇,是水陆交通干线的交叉点。小城镇具有共同的性质,[1]这种定性分析有利于从总体上把握小城镇的状况。

类型比较法是费孝通从个别认识整体的基本方法。费孝通试图在分析各个类型的基础上,“用比较方法把中国农村的各种类型一个一个地描述出来”。[2]他始终相信,“通过类型比较法是有可能从个别逐渐接近整体的”。[3] 他指出,从《江村经济》到《云南三村》,还可以说一直到80年代城乡关系和边区开发的研究,中间贯穿着一条理论的线索。《云南三村》在这条线索的重要环节上,而且在使用类型比较法上表现得最为清楚。[4] 费孝通教授在昆明从事内地农村调查的一段时间里,使用的调查方法就是类型比较法。“这个方法我至今认为是有价值的,但是也已经看到它的不足。”[5]他对这种方法的不足,曾作过以下阐述:美国芝加哥社会学派的代表人物之一雷德菲尔德(Redfild)教授也主张微型分析,但是他后来也感到研究一个文化较高的农民社区,应当注意到这个社区在经济上和意识形态上与城镇的联系。“这就对我过去的方法指出了不足之处了。对中国农村的调查不能限于农村,因为在经济上它是城乡网络的基础,离开了上层的结构就不容易看清它的面貌。在意识形态上,更受到经济文化中心洗练过用来维持一定时期的整个中国社会的观念体系所控制。这里存在着一个立体的上下关系,基础和上层建筑的关系,但是怎样在微型分析的基础上来进行这方面的调查研究,当时我并没有真正解决。”[6]费孝通教授在小城镇研究中使用类型比较

〔1〕 刘卫民:《江村经济六十年—费孝通教授访谈录》,载《战略与管理》1995年第2期。
〔2〕 费孝通:《旧燕归来》,江苏人民出版社1991年版。
〔3〕 同上书。
〔4〕 费孝通:《云南三村》,天津人民出版社1990年版。
〔5〕 费孝通:《学术自述与反思》,生活·读书·新知三联书店1996年版,第35页。
〔6〕 同上书,第35页。

法时，有意识地为克服这种不足之处作了努力。从他纵横交叉的分析中可以清楚地看到他敏锐与远大的眼光，而不拘泥于个别微观社区的观察。

真实地描述对象是费孝通教授小城镇研究中的又一个方法特点。他指出，只要能自觉地、不留情面地把一切不符合实际的成分筛选掉，那么我们的文章就成为现实小城镇面貌的素描。它是历史的真实记录，过了几十年甚至几百年人们还是要翻看，仍然具有价值。价值就在于它是未来的起步；而今后的变化则是它的延续。[1] 先打腹稿口述，然后整理成稿，是费孝通教授多年来常用的一种方法。他说："按照我过去的习惯，每访问一个地方，总是把在当地各种场合讲的话，尽可能地存放在录音机里，请人代为整理后，凭稿动笔改写成准备发表的文章。"[2]这种方法提高了他的研究效率，并且保证了他在繁忙的公务中仍能持续不断地发表闪烁着智慧光彩的见解。

2. 区域经济发展模式

从20世纪80年代初开始，费孝通教授经常深入基层，"到农村里、城镇里去观察，去思考"，追踪中国城乡改革开放与建设的实践，总结与概括各地富有特色的经济发展道路。

1983年，费孝通教授在《小城镇·再探索》一文中，提出了"经济发展模式"的概念。"模式"是指在一定地区、一定历史条件下具有特色的经济发展过程。[3] 对区域经济发展模式的探讨把费孝通教授的研究工作向前推进了一步，即要从整体出发，探索每个地区的发展背景、条件和在此基础上形成的与其他地区相区别的发展特色，促使他进入不同地区经济社会发展道路的比较研究。

1984年，费孝通教授首先提出了"苏南模式"的概念，指苏州、无锡、常州和南通大体相同的经济发展背景和现实发展路子。苏、锡、常、通都位于长江下游，都是由于乡镇工业的兴起而进入工业化时期的。20世纪80年代初，农村实行家庭联产承包责任制，苏南农民没有把社队企业分掉，反而更有精力、更加努力地发展社队企业。[4] 他曾对苏南一位领导说："你是做'模式'的，我是写'模式'的。""苏南模式"最初的含义，是指苏南地区农民办工业、发展乡镇企业的农村经济现象。改革开放以后，苏南经济增长快速，是我国率先发展的地区之一。对于苏南等地区乡镇企业的发展，邓小平同志称之为异军突起。江泽民同志也给予了充

[1] 费孝通：《行行重行行》，宁夏人民出版社1992年版，第3页。

[2] 费孝通：《行行重行行续集》，群言出版社1997年版。

[3] 费孝通：《行行重行行》，宁夏人民出版社1992年版，第539页。

[4] 同上书，第55页。

分的肯定，正如他在十四大报告中所说，“是中国农民的又一伟大创造。”因此，总结苏南发展经验并进行理论概括，是必要的。

费孝通教授提出的“苏南模式”在我国具有普遍意义。当时，我国人多地少的矛盾越来越突出。怎样把大量的农村剩余劳动力转化为生产力，是经济发展的关键问题。实行家庭承包责任制，“这就大大地调动了农民发展经济的积极性，他们千方百计地去开辟种种生财之道，农民常称它为‘找活路’。各地农民处境不同，条件有别，所找到的活路多种多样，因而形成了农村经济发展的各种发展模式”。费孝通教授对苏南的调查总结了四条：无农不稳，即没有农业，经济站不稳；无工不富，即没有工业富不起来；无商不活，即没有商业经济活不起来；无才不兴，即没有教育和科学文化就不能继续前进。（费孝通，1998）实际上，这就是“苏南模式”。实践证明，他的这一主张与苏南20世纪80年代乡镇工业的异军突起是一致的。

“温州模式”是费孝通教授提出的又一种区域经济发展模式。1986年，费孝通教授在温州调查时发现，“在外流动的手艺工人已达22万，其中经商的约10万。这是构成‘温州模式’的骨干。”（费孝通，1992）温州农民大批到外地去打零工，卖手艺，如木匠、裁缝、修鞋、弹棉花等。这些人省吃俭用，把在外地挣得的钱寄回家乡积累起来，成了后来在温州一带发展家庭工厂的启动资金，然后通过广大的运销网络出售家庭作坊的产品。“温州经济发展的基本特点是以商带工的‘小商品，大市场’。”[1]“温州模式”的重要特色之一，是个体私营经济发展快、比重大。费孝通教授用“个体所有制”“家庭所有制”界定了温州模式的特征，而区别于苏南模式的“社区所有制”。他认为：“苏南模式中的社区所有制在一定意义上也是家庭所有制的发展。社队企业的发生，它的经营方式、招工和分配原则，无处不能从传统的大家庭模式里找到对应，新生事物似乎都不能和传统模式相脱节，而且常常是脱坯于传统模式的。”[2]

“珠江模式”是费孝通教授提出的另一个有影响的区域经济发展模式。珠江三角洲借助邻近香港的地缘优势普遍发展“三来一补”企业，与香港形成前店后厂的格局，香港工业扩散到珠江三角洲。珠江三角洲的企业不仅两头在外，而且可以说是主体也部分在外，利润主要部分也是要吸收到外在的中心里去的。[3]

费孝通教授还提出了其他一些区域经济发展模式。他到淮阴、盐城、徐州等

〔1〕 费孝通：《行行重行行》，宁夏人民出版社1992年版，第282页。
〔2〕 同上书，第541～542页。
〔3〕 费孝通：《学术自述与反思》，生活·读书·新知三联书店1996年版，第93～95页。

地区都做过调查，十分关心苏北的发展。1986年，他在苏北地区的一次调查就达20多天。他指出，苏北乡镇工业发展得迟，个体专业户发展得快，因此很想搞清楚专业户对发展乡镇工业所起的作用。他在淮阴总结了“耿车模式”，认为这是一条有利于提高农民收入，采取简单加工的方式来发展家庭工业副业的路子。他还对“耿车模式”的创新提出了以下建议：一是要有现代技术，二是能人多一些，三是建设商品市场，四是对外开放。显然，这些建议都是正确的，至今仍然具有现实意义。他在河南民权县庭院经济发展中发现两条“龙”：一是果农专业，以农户为单位种葡萄，乡镇企业榨汁发酵，县里的国营酒厂最终制成果酒；另一条龙是纺织品抽纱，一根针、一根线，不用油、不用电，老人小孩都能干。初成品分散在千家万户，县工艺厂集中收去修整、漂白、包装出口。这种利用千家万户的劳动力，让他们不出院不出村就能增加收入、脱贫致富的路子，他称之为“民权模式”。[1] 徐州的农民组成建筑队，到外地承包工程。大庆油田的厂房建筑，多年来几乎全是由苏北农村的建筑队承包的，依靠这种劳务输出挣回的钱，成了苏北农村工业化的启动资金。林县也有“10万大军出太行”。这种专业性劳务输出的富民路子，费孝通教授也把它看做是一种模式。福清县由侨胞投资兴办各种企业，甚至成为开发工业小区的发展方式。这些用现代设备和先进技术建立起来的企业，和国际市场密切相连，奠定了更为宽广的发展前途，为农村经济的发展开出了一条新路。费孝通教授之为“侨乡模式”。

费孝通教授研究经济发展模式，是注意防止简单化、样板化倾向的。他通过对苏南模式的再认识，认为中国农村的发展就是避免强制不同条件的农村仿效一个样板。费孝通教授以发展的观点，分别对区域经济发展模式的初步认识进行过反思。1992年，他通过实地调查对苏南模式提出再认识，提出“因地制宜，不同模式”的主张。并对珠江模式有了新的认识，他指出：“发展的速度快，原有的模式变化较大，新的特点正在突出，以致过去的概念已有部分过了时。”费孝通教授还指出：“过去似乎太着重了各个模式的‘特色’，也就是它们的个性，而相对地轻视了各种模式之间交相作用、相互学习而趋同的一面。”无论是“苏南模式”还是“珠江模式”，都处于不断变动之中。如果一成不变地看待这些“模式”，就会远离各地经济发展的实际。我们是要防止简单化的倾向，但不应因此拒绝使用“模式”概念。“模式”也不是“样板”，并不要求其他地区简单地去模仿与照搬照抄。我认为，费孝通教授研究经济发展模式，是为了倡导人们关注与总结各地发展经

〔1〕 费孝通：《学术自术与反思》，生活·读书·新知三联书店1996年版，第296页。

济的实践，学习与推广各地经济发展的经验，因而，是十分有益的。

第二节　国外社会调查及其方法的发展

一、马克思主义创始人的社会调查

毛泽东同志指出："马克思、恩格斯努力终生，作了许多调查研究工作，才完成了科学的共产主义。"[1]社会调查与研究不是马克思、恩格斯一时一地所为，而是他们毕生的事业，是他们创立科学社会主义理论学说的基础。

1839年，恩格斯发表第一篇调查报告——《乌培河谷来信》。他使用观察与访问得来的材料，描述了当地无产者非人的生活状况和有产阶级的剥削行径。他指出，工人颓废沮丧是由工厂劳动造成的：在低矮的厂房中工作，吸进的煤烟和灰尘多于氧气，而且从6岁起就是这样，势必要失掉全部力量与朝气；单干的织工从早到晚躬腰曲背地坐在织机旁，在炎热的大炉旁烤着自己的脊髓；大多数人因肺结核死去。在可怕的贫困境地中，工人们不是信仰神秘主义就是酗酒。"如果不是厂主这样胡作非为，如果神秘主义不是像现在这样流行并且不会更广泛地流行的话，这一切也不会达到这样骇人听闻的程度。"[2]

1842年11月至1844年8月，恩格斯在英国纺织工业城曼彻斯特进行了21个月的社会调查。他说："我抛弃了社交活动和宴会，抛弃了资产阶级的葡萄牙红葡萄酒和香槟酒，把自己的空闲时间几乎都用来和普通的工人交往。"[3]这次调查的主要方法是亲身观察与亲身交往，同时又以必要的可靠的材料补充自己的观察。在调查报告中，恩格斯首先揭示了把工人投入肮脏、饥饿、劳动条件恶劣、过早死亡等境地的"社会谋杀"现象。他写道："曼彻斯特及其郊区的35万工人几乎全部是住在恶劣、潮湿而肮脏的小宅子里，而这些小宅子所在的街道又多半是极其糟糕极不清洁的，建造时一点也没有考虑到空气是否流通，所考虑的只是业主的巨额利润。"[4]"社会知道这种状况对工人的健康和生命是怎样有害，知道它所建立的制度有什么后果，可是一点也不设法来改善，因而它的行为就不单

〔1〕《毛泽东农村调查文集》，人民出版社1982年版，第21页。

〔2〕《马克思恩格斯全集》第1卷，人民出版社1956年版，第498页。

〔3〕《马克思恩格斯全集》第2卷，人民出版社1957年版，第273页。

〔4〕同上书，第345页。

纯是杀人，而且是谋杀。”[1]

恩格斯接着指出，资产阶级制造了工人之间的竞争；工人由于害怕成为“多余的人”而进行展开彼此间的竞争，争取工作，从而使每一个工人都拼命干，使他们的劳动生产率都达到最大限度。“多余的人”对于资产阶级向自己进行隐蔽战争的回答，不是公开反抗，就是去偷窃、抢劫、杀人。恩格斯预言：“被逼到绝望地步的无产者将要像斯提芬斯向他们宣传过的那样去放火。”[2]“现在已经间接地以个别小冲突的形式进行着的穷人反对富人的战争，将在英国成为全面的和公开的战争”。[3] 他告诉英国工人阶级，他们除了社会主义之外，再也没有别的出路。

曼彻斯特调查，使恩格斯的世界观开始发生根本的转变。恩格斯曾经写道：“我在曼彻斯特时异常清晰地观察到，迄今为止在历史著作中根本不起作用或者只起极小作用的经济事实，至少在现代世界中是一个决定性的历史力量，这些经济事实形成了现代阶级对立所由产生的基础……又是政党形成的基础，党派斗争的基础，因而也是全部政治历史的基础。”[4]

1842 年至 1843 年，马克思任《莱茵报》主编期间，利用采访深入到社会各个角落，获得了大量实际材料。当《莱茵报》发表摩塞尔地区农民悲惨情况的报道以后，引起了当局的不满，被指责为歪曲事实、诽谤政府。马克思利用自己搜集的材料，发表了《摩塞尔记者的辩护》一文，尖锐地抨击了普鲁士的社会政治制度。离开《莱茵报》以后，马克思来到英国，在恩格斯的帮助下，扩大了同工人的接触，亲身调查英国工人阶级的状况。那年恩格斯开始注意与使用个人文献。例如，《晨报》1843 年 12 月发表了亨克莱的一个针织工人的几封信。恩格斯使用了这几封信和这个工人关于他和同事们痛苦状态的见解。这个针织工人写道：“从来没有一个人看到过，没有一个人听到过，也没有一个人能够理解这些可怜的人们所忍受的苦难的一半。”[5]

1848 年，恩格斯在法国的达姆比尔，访问了 300 多个参加建筑防洪坝的工人。之后，在被迫流亡的过程中又访问了许多工人、医生、警察、牧师等，最后写成社会走访调查报告《从巴黎到伯尔尼》。

---

〔1〕《马克思恩格斯全集》第 2 卷，人民出版社 1957 年版，第 380 页。
〔2〕同上书，第 585 页。
〔3〕同上书，第 587 页。
〔4〕《马克思恩格斯选集》第 4 卷，人民出版社 1972 年版，第 192 页。
〔5〕《马克思恩格斯全集》第 2 卷，人民出版社 1957 年版，第 477 页。

1866年，马克思建议开展国际性的工人阶级状况调查，并且提出了如下调查大纲："(1)行业名称；(2)从业工人的年龄和性别；(3)从业工人的人数；(4)雇用的条件和工资……(5)工厂中工作日的长短……(6)吃饭的时间和对工人的态度；(7)劳动场所的情况和劳动条件……(8)工种；(9)劳动对身体的影响；(10)道德状况，教育；(11)生产情况……"[1]

1880年，马克思又一次建议对西方国家的工人阶级状况组织一次调查。这次调查的计划在第一国际的各个分部和小组中讨论过，并在第一国际关于法国工人阶级调查的会议上专门进行了讨论。然后，马克思亲自编制了一份工人阶级状况问卷调查表。同年4月，应《社会主义评论》杂志之约，这份调查表公开发表，并印成单行本发行。马克思共提出四大类100个问题，内容简明扼要，文字通俗易懂。这些问题主要是关于工人职业、工作场所、工伤事故、劳动保护条件、工作时间、工资、生活费用、工人运动等。这份调查表的设计是科学与合理的，至今仍有参考的意义。

马克思一生使用较多的是文献法，大量搜集反映当时各国社会经济情况的调查材料。他说过："我在笔记本中利用各种来源收集了一切可能收集到的统计资料。"[2]马克思正是在大量搜集社会调查资料的基础上，写出了《资本论》。恩格斯回忆说："要不是有那么多美国和俄国的材料(单是俄国统计学方面的书籍就有两个多立方米)，第二卷早就印出来了。这样详细的研究工作使第二卷的进展耽误了许多年。他向来这样，总是要把直到最后一天的所有材料都搜集齐全。"[3]这种求实的研究方法与精神，永远值得我们学习。

列宁为了把马克思主义同本国的实际情况结合起来，从青年时期起就一直重视社会调查。1893年，列宁写成了《农民生活中的新的经济变动》，这篇农村调查报告是他的第一部著作。1894年，列宁在工人中进行了调查。他使用的方法很特殊：他在一个星期夜校给工人上课，前一半上课时间用来讲马克思的《资本论》，后一半上课时间则用来详细了解工人的工作和劳动条件。列宁夫人娜·康·克鲁普斯卡娅在回忆列宁的这一段经历时写道："这个星期夜校是广泛了解工人群众的日常生活、劳动条件和情绪的最好的场所。"[4]列宁经常使用访

---

〔1〕《马克思恩格斯全集》第44卷，人民出版社1982年版，第509～510页。

〔2〕《马克思恩格斯全集》第28卷，人民出版社1973年版，第621页。

〔3〕《马克思恩格斯全集》第36卷，人民出版社1975年版，第47页。

〔4〕〔苏〕娜·康·克鲁普斯卡娅：《列宁回忆录》，人民出版社1960年版，第7页。

谈法。他对托伦顿工人的访问，确实进行得很巧妙。他有针对性地提出问题并获得了他所需要的情况；当时他立即用铅笔把这些情况写在他面前桌子上的纸上。

1897 年，列宁被流放到西伯利亚以后，通过当地两个农民朋友调查了西伯利亚的农村。同时，做了其他社会经济调查，并收集了 583 本文献资料，结果于 1899 年写成《俄国资本主义的发展》。列宁自己认为，本书是根据调查与统计资料而对俄国社会经济制度、俄国阶级结构所作的分析。列宁用事实论证说，俄国存在资本主义并有所发展；无产阶级在革命运动中的力量远较它在人口总数中所占的比例为大；革命日益显露出农村的两重地位和两重作用；生产力在资本主义基础上，在工人和农民群众处于最好的境况下最迅速地发展；在这种基础上，俄国革命只能是资产阶级的性质，无产阶级和农民群众在革命中资产阶级中立的情况下起主要作用。这份调查研究报告，为列宁认识俄国社会、制定革命战略奠定了事实与理论基础。

1900～1916 年，列宁在被迫侨居国外的困境中对西欧社会特别是工人阶级的状况进行了广泛的调查研究，于 1916 年写成《帝国主义是资本主义的最高阶段》。这是继《资本论》之后，马克思主义发展史上又一重要文献。在此书中，列宁指出："帝国主义有一种趋势，就是在工人中间也造成一些特权阶层，并且使他们脱离广大的无产阶级群众。"[1]"很明显，从这样巨量的超额利润(因为这种利润超出了资本家从'自己'国家的工人身上榨取的利润)中，可以拿出一部分来收买工人领袖和工人贵族这个上层。而各'先进'国家的资本家也正是在收买他们，用千百种方法，用直接的和间接的、公开的和隐蔽的方法在收买他们。"[2]"帝国主义的意识形态也渗透到工人阶级里面去了。"[3]列宁的这些论断的正确性，已被以后的工人运动实践所证明。现代发达资本主义国家中工人运动确实出现了暂时衰落的趋势，许多工人十分安然地同资产阶级共享殖民地垄断权和在世界市场上的垄断权。

列宁肯定抽样调查的意义。他曾对平兹省地方自治局的农户抽样调查作过评价。这个局的统计人员对全省农户进行了五种详细程度不同的统计调查，根据最低计划对所有农户进行调查，然后根据详细程度的提高，每 3 户、9 户、27 户中调查 1 户，最后按照最详细的专项收支表，在整个县内调查了 27 户。列宁指

〔1〕《列宁选集》第 2 卷，人民出版社 1960 年版，第 824～825 页。

〔2〕同上书，第 736 页。

〔3〕同上书，第 827 页。

出:“如果平兹省统计人员按上述计划对全省进行调查,那就可以毫不夸张地说,收集到的资料将是接近理想的。”[1]

列宁在调查研究中,经常使用计算平均数的方法。列宁根据统计分类法,将大量材料分成若干同类组,认为这是确定社会关系与社会现象类型的基础。列宁认为,按同类组计算出来的平均数可以显示同类现象的一致性,反映社会的性质,并恰恰揭示出是平均数把总和的各个单位结合为一个整体。但平均数能消除个别的区别,并以此掩盖所研究现象中新的、为数甚微的东西增长的可能性。但是,列宁反对在资料未分类划组前就计算平均数,他批评了地方自治局统计人员的村社、乡、县、省的总平均数。列宁举例说:“将大小作坊混合在一起而得出的‘平均’数字是完全荒谬的,这些数字丝毫不能说明情况,抹杀了最根本的差别,并将种类不同成分各异的东西描述为同类的东西。”[2]列宁的这些思想对于我们把握社会现象的一般趋势和新的因素有着重要的意义。

列宁在十月革命胜利之后,把社会调查列为全党的一项基本工作。1918 年他写道:“当前的首要任务之一,是进行一系列的社会调查研究。”[3]他通过接待普通工人与农民,深入工厂与农村,亲自进行社会调查。根据列宁的要求,苏共中央组织了大规模的全国性调查,其中农村调查尤为突出。例如,1924 年至 1925 年,仅在平扎一省就调查了 32 730 个农民。在实地调查的基础上,形成了一批调查研究报告:《革命时期的农户》(1923)、《农村的生活和疾病》(1924)、《乌克兰农村是怎样生活的》(1924),等等。这些调查研究报告并不回避问题,敢于描述暴露性主题。农村的阴暗面在这些报告中比正面的更突出。他们正视现实,无论这些缺点有多么丑恶,因为他们确信,只有认清并克服了缺点,才能真正前进。

二、苏联与俄罗斯的社会调查

列宁逝世后不久,以至在整个斯大林领导苏共中央的 20 世纪 30 年代中期至 50 年代中期,社会学专业训练与研究被认为是资产阶级伪科学而停止了,社会调查活动也从繁荣走向衰落。赫鲁晓夫时期,社会学与社会调查开始逐步解冻。到了 20 世纪 60 年代,才开始正式成立社会调查研究机构,组织较大规模的社会调查活动。

---

〔1〕《列宁全集》第 20 卷,人民出版社 1958 年版,第 70 页。

〔2〕《列宁全集》第 2 卷,人民出版社 1956 年版,第 356～357 页。

〔3〕《列宁全集》第 27 卷,人民出版社 1958 年版,第 378 页。

1960年，列宁格勒日丹诺夫大学建立了社会学实验室，开始对列宁格勒的城市社会生活进行广泛的调查研究。1961年，《共青团真理报》报社成立的民意测验所对苏联青年的价值观念与思想状态进行了几次大规模调查，并公开发布了调查结果，引起很大反响。1962年，苏联科学院哲学研究所的社会学者对高尔基城14 000多名工人生活与工作状况进行了调查研究。1963年出版了一本社会调查研究报告集，西方社会学者称之为“最早一本完全关于实际社会学研究的书”。苏联一位评论者写道：“该书的出版这一事实本身，就证明了面向现实，并与生活相结合，这些方面都是我们整个社会学所感受到的。此外，这本书还标志着整个社会对了解社会问题的兴趣在加强。”〔1〕

苏联社会学者从20世纪60年代开始对一些历史上的调查报告进行追踪调查，如1960年和1967年在韦谢贡斯克地区对列宁曾经赞扬过的《持枪扶犁的一年》(1918)一书涉及的内容进行再调查；1964～1965年，在阿鲁丘尼扬的指导下对乌克兰的美利托波尔地区的农村进行了重复调查，后写成《农村社会学研究经验》一书。在普鲁坚斯基的指导下，对关于时间支配问题的一些调查也进行了重复调查。〔2〕1967年、1972年、1979年，在托斯拉夫斯卡亚的指导下，进行了农村社会重复调查。1977年列宁格勒的社会学者对60年代的《人及其工作》的课题进行重复调查。这些对于同一对象使用同样方法进行的重复调查，为比较社会研究开辟了实证的科学道路。

70年代，苏联社会学者写出了一大批社会调查报告与方法研究著作，出现了40年来从未有过的活跃局面。列宁格勒社会学者出版的著作有：《人及其工作》(1967)、《社会学研究的方法论与程序》(1969)、《工业企业集体的社会发展计划的制定方法》(1970)、《社会学家眼中的电视》(1971)等；西伯利亚社会学者出版的著作有：《当代西伯利亚农村》1～11部分(1975)、《新西伯利亚》(1975)等；乌拉尔社会学者出版的著作有：《电影和观众》(1968)、《苏联工人精神文明的提高》(1966)、《工人干部的技术进步与活动》(1972)等；白俄罗斯社会学者出版的著作有：《农村居民结构中的知识分子》(1971)、《科学技术的进步与农村的社会变化》(1972)、《农村结构中的工人阶级》(1975)、《农村的家庭》(1976)、《新型居民点的形成》(1977)、《大学生及其活动》(1978)；莫斯科的社会学者出版的著作有：《具体社会研究纲要——具体社会研究方法讲义》(1972)、《苏联社会的社会结构》

---

〔1〕〔英〕默文·马修斯：《苏联社会学》，载《文摘》1980年第4期。

〔2〕〔苏〕Г. Б. 里亚布什金、Г. Б. 奥西波夫主编：《苏联社会学》，中国社会科学出版社1986年版，第277～279页。

(1975),等等。

80年代,社会调查活动与方法研究进一步发展。1988年,苏共中央作出关于提高马克思列宁主义社会学在解决苏联社会的复杂社会问题中的作用的决议。这一决议使苏联的社会学者深受鼓舞,从而引导更多的人投入苏联社会发展所遇到的最迫切的、最复杂的问题的调查研究活动中去。有一个著名的社会调查表明,苏联共产党不能代表普通工人、农民,也不能代表苏联共产党的普通党员,只能代表少数官僚特权者。从而,预示了苏联共产党失败的命运。

近年来,俄罗斯的社会调查比较活跃,反映了俄罗斯社会许多新的情况。2005年10月,俄罗斯的一项社会调查发现,88%的俄罗斯人从来不上网。只有5%的人有机会每天上网或每周光顾几次网吧,3%的人每周大约上网1次,1%~2%的人每月上网1次左右。俄罗斯首都莫斯科的网民数量位居全国首位,网民在该市总人口中的比重达到30%。调查还显示,16%的俄罗斯人拥有个人计算机,在莫斯科这一比例达到38%。每天都使用计算机或每周使用几次计算机的人占俄总人口的比例为16%,超过70%的俄罗斯人从来不使用计算机。41%的俄罗斯人拥有手机,其中莫斯科的手机普及率达到62%。

2007年8月,俄罗斯著名民意调查机构列瓦达分析中心的一项社会调查表明,普京执政10年来,既没能真正解决腐败问题,也没能明显改善民众的生活水平,俄罗斯的贫富差距甚至比叶利钦时代还扩大了15%。有半数受访者认为,普京执政期间俄政府的官僚作风同叶利钦时代相比,没什么差别。莫斯科是俄罗斯腐败程度最严重的城市。差不多有一半的莫斯科受访民众承认曾经向公职人员行贿,而小商人更是经常碰到索贿的事情。有近1/3的俄罗斯人曾被迫行贿;而在那些从未行贿过的人中,还有一半有向公职人员行贿以求得便利的意图。不过,多数俄罗斯民众仍在等待,希望这些问题将来能够解决。

三、西方国家的社会调查

西方社会调查最初主要的激发因素,是资本主义制度下日趋严重的社会问题,以及资产阶级中有识之士的改良愿望。在西方社会,英国是第一个确立资本主义制度的国家,因而以改良社会问题为目的而展开的社会调查,也首先在英国兴起。

英国早期资产阶级的社会调查在18世纪末取得了一些重要成果。约翰·霍华特在18世纪下半期,亲自到监狱观察,直接访问囚徒,并对欧洲其他国家的监狱进行对比研究,后出版了《英伦和威尔士的监狱情况以及外国监狱的初步观察和报告》。有人称赞他是英国第一个采用直接观察和访谈法进行社会调查的人。1795年前后,弗里德里克·默顿·伊登访问了许多地方,搜集了人口、房屋、租金、工资、食品价格等方面的情况与数据,以及43份各类工人的详细家庭生活费材料,以后出版了《贫民的情况》(1795)。1791年至1799年,约翰·辛克列尔编制了关于农村生活和农民问题的调查表,共116个项目,涉及广泛的社会生活内容。期间他出版了二十一卷本的《苏格兰统计报告》。伊登与辛克列尔的社会调查方法,对西方社会调查活动产生过很大的影响。查尔斯·布思从1886年起,对伦敦各阶级特别是工人阶级的状况,进行了18年的长期调查。他根据收入多少、稳定程度,把城市家庭分为8类,把伦敦分为50个区,然后根据这些不同类型的家庭在全城的分布情况,绘制成一幅社会地图,揭示了资本主义社会贫富两极分化的实际状态。1889～1891年他发表了三卷本的《伦敦人民的生活与劳动》。他初创了绘制社会地图的方法,在社区研究方面作了一些开拓性的工作。

法国早期资产阶级的社会调查,在19世纪取得了一些著名的成果。帕兰·杜沙特列在19世纪初期,采用访问、观察与文献法,调查了巴黎的妓女情况,1834年发表了两卷本的《巴黎城里的卖淫现象》。他描述了妓女的人口特征、人数、季节性变化及其社会根源。弗雷德里克·勒·普累从1835年起用了20年时间先后调查了英、法、德、匈、俄、土等国数千名城市工人家庭的收支情况。他较早使用了家计调查的方法。他认为,收支内容可以反映工人的生活方式和那个社会的性质。伙食开支比重大,说明生活窘迫;饮酒与无益娱乐开支多,说明精神颓丧和对教育文化的轻视;从家庭情况可说明社会的安定与动乱等特点。他根据调查结果发表了六卷本的《欧洲工人》(1855)。

美国早期资产阶级的社会调查,是在20世纪初繁荣起来的。繁荣的主要动因是民众与政府对社会问题的关注。1890年,贾谷·里斯出版了《另一半如何生活》一书,描述了纽约城的贫民窟中人们生活的悲惨情况。1898年,罗伯特·A.伍兹出版了《城市荒野》;1901年,罗伯特·亨特出版了《芝加哥公共住宅状况报告》。这两份调查报告,揭露了波士顿与芝加哥城区的污秽、贫穷、低工资、失业等情况及其社会影响。

美国社会调查在20世纪初期的发展,还受到了调查方法研究的推动。1894年芝加哥大学的查理斯·汉德逊主编出版了《社会观察问答教授法》一书,介绍了社会调查研究的具体技术。1920年F.S.查平出版了《实地调查和社会研究》一书。不久以后,随着抽样理论的确立,抽样方法也开始推广使用。

美国社会学者20世纪以来进行了大量的社会调查，早期涌现了一些较为著名的成果。

例1：匹茨堡调查。时间：1907年。课题：都市化的社会结果。主持人：保尔·凯洛葛。方法特点：使用社区系统调查研究法。西方学者公认，匹茨堡调查中第一次使用了社区系统研究方法。参加这次调查的社会学者，使用个案调查法、区域划分法、图示描写法、实地观察法、访问法、调查表法等。从多种角度对匹茨堡城作了调查研究。其中，马格里特·伯音顿调查了工厂区的家庭，成功地说服与指导许多家庭持续不断地记载收入账目。其他人分别调查警察与犯罪、妇女与职业、劳工灾害、钢铁工人等。最终成果：1909年至1914年出版了六卷本社会调查报告。

例2：春田调查。时间：1914年。课题：小城市的社会状况。主持人：哈瑞生。方法特点：使用宣传公众法。在实地调查开始前进行新闻发布，以引起公众的注意。实地调查开始后，再进行新闻发布，以得到调查对象等各方面的配合。调查结束时，举办展览，呈现全市社会情况与问题的全貌，并在各种集会上鼓励、组织市民对调查结果展开讨论。参加这次调查工作的有900多人，他们分别使用问卷、访谈、统计等方法，搜集春田市的公共卫生、居住条件、学校教育、治安等多方面的情况，并对改善当地的市政管理、社区生活等提出了具体建议。最终成果：《美国城市社会状况》(1920)。

例3：密苏里调查。课题：密苏里州的犯罪情况。时间：1925年。主持人：雷蒙特·莫利。方法特点：大量个案法。这次调查动员了28位调查员，抄录了一万多名犯罪分子的案情；并采用问卷与表格法、现场观察法，对法官、罪犯与监狱进行了调查。最终成果：1926年写成11本调查报告。

例4：芝大调查。课题：美国的外来移民及其问题。时间：1925～1929年。主持人：芝加哥大学社会学系派克教授。方法特点：个人文件法、控制观察法。其中，托马斯与兹纳涅茨基使用了搜集波兰移民个人信件的文献法，把移居美国的波兰农民的生活同仍在家乡的波兰农民的生活进行比较的方法，在西方经验社会学研究中有一定的影响。最终成果：《在欧洲和美洲的波兰农民》等。

例5：加州调查。课题：失业的原因与救助。时间：1931～1932年。方法特点：统计法。通过对于失业和支付工资的指数、季节性失业指数、劳工移动指数、劳动力生产所需工时的指数等的统计分析，研究失业的原因与影响等。最终成果：《加利福尼亚州失业委员会的报告与建议》等。

当代西方社会学调查比较发达，在数理方法方面，成果尤为显著。民意调查与网络调查越来越发达，社会实际状况和社会发展趋势能够及时通过社会调查研究反映出来。

2009年2月，美国调研机构哈利斯互动（Harris Interactive）为就业服务机构Adecco所作的调查显示，受访的全职者和个体经营者中，有56%希望转行，有78%表示对自己工作的热衷程度与一年前相仿或更高，90%的受访者表示对公司管理团队的信心受到了当前经济形势的负面影响，对有份工作怀有感恩之心的人占41%，对上班感到恐惧的人占9%，有26%的人表示没什么特别感受。在开始一周工作的时候，对上班怀有感恩心的女性多于男性，比例分别为46%和38%。这次网上调查涵盖2 158名美国成年人，其中三分之二是全职、兼职或个体经营者，其余包括失业者、退休人员、学生及家庭主妇等。

美国社会学家调查发现，邻居影响运动量，街坊四邻会从多个方面影响一个人的运动量和运动效果。2008年，美国俄亥俄州大学的研究人员对芝加哥市373个社区的8 782位居民进行了调查，访问了他们对邻里关系的评价，同时记录了这些人平时的运动量，并且对他们的运动水平进行了测试。结果发现，人们的运动习惯与居住地区、生活水平和受教育程度都有一定的关系，但其中邻里关系是一个非常突出的影响因素。俄亥俄州大学社会学教授克里斯多佛·布朗宁分析，一些影响锻炼水平的因素与邻居密切相关，这些因素包括：对街坊四邻的信任度是否很高；社区环境是否安全，有没有暴力现象；邻里之间是否能相互帮助。"这几个因素的答案越肯定，那么人们的运动量就越多。"研究还发现，与男性相比，女性在锻炼时更容易受到街坊四邻的影响。"这是因为女性与邻居的交往更多，对事物的判断更容易受到周围人的影响。"研究者表示，邻居不仅是你生活上的好伙伴，更是你运动时的动力。与邻里和睦相处，能让你爱上运动。

英国国家统计局2009年4月15日发布的《社会趋势》报告显示，受金融危机和就业压力的影响，越来越多的年轻人选择与父母同住，传统家庭模式日受冷落。报告总结出英国家庭、子女和住房等社会问题的最新趋势。其中家庭模式的变更最为明显。调查结果显示，2008年，近200万年龄在20岁至34岁的英国男性仍然和父母同住，而这一数目为同一年龄段女性的2倍。与2001年相比，新增约30万年轻人不愿离家或无法自力更生。如果按照百分比计算，2008年29%年龄在20岁至34岁男性尚未离家，相比2001年时上升2%，约52%的20岁至24岁之间的男性仍与父母同住，这一比例在各年龄段中为最高。统计还显示，2006年结婚人数降至1895年以来最低。种种迹象表明，英国传统家庭模式正日益瓦解。过去30年来，家庭生活的性质发生了显著变化。父母养育平均

2.4个子女的传统核心家庭模式衰退了。《社会趋势》报告分析，金融危机使人们难以负担独立成家的高昂费用，加之就业压力大，众多年轻人因此选择继续留在家中。英国房产市场受经济危机打击严重，2008年第四季度个人获得贷款额锐减至1992年以来最低；2008年英国房产交易量与2007年峰值相比减少一半以上，从16万笔骤降至5万笔。但房价仍然居高不下，甚至有所攀升。调查显示，1997年平均房价为平均家庭年收入的3.5倍，而这一数目截至2007年已经翻倍。近40%的受访年轻人表示他们无力承担高额的离家自住费用，同时近半数受访者表示房价太高使得他们心有余而力不足，只能留在家中。

2007年10月，英国一项社会调查表明，英国小学中充斥着"反社会行为、物质至上主义和明星崇拜"，许多小学生感到压力重重，郁郁不乐。许多受访孩子表示，在校内，层出不穷的考试让他们感到压力和"恐慌"；在校外，交通、不够安全的游乐场所、垃圾、乱涂乱画和高年级同学的欺侮，让他们感到畏惧。许多受访孩子还表示，刀具、毒品和枪支的大量存在，也让他们感到担心。调查报告说："普遍的感觉是，今天的孩子被迫要快快长大，而社会和他们生活于其中的世界看上去越来越危险。"英国沃里克大学教授罗宾·亚历山大领导的这项调查是英国40年来同类调查中最深入的。在过去的一年中，调查人员对英国父母、老师和学生进行了750次采访。联合国儿童基金会早些时候的调查显示，英国孩子是西方国家中最不快乐的，原因是国家缺少凝聚力，社会关系紧张。

2008年7月，法国一项社会调查显示，法国社会贫富差距呈扩大趋势。2006年，最富裕的10%的法国人年人均可支配收入为33 190欧元，最贫穷的10%人口的年人均可支配收入为9 720欧元，双方收入比为3.41比1。2004年和2005年，双方收入比分别为3.14比1和3.37比1。2006年法国年人均可支配收入为17 600欧元，比2005年增加了1.7%。生活在贫困线以下的法国人达到790万，占总人口的13.2%，其月人均可支配收入低于880欧元。另外，生活在单亲家庭的法国人在贫困人口中的比例明显偏高，有30.3%的贫困人口生活在单亲家庭，这一比例是其他人群的2.3倍。

第四章 中国社会研究的数量化趋势

改革开放以来，我国社会科学工作者使用现代社会研究方法的经验研究成果不断增加，出现了明显的数量化趋势。社会研究定量方法的应用水平同欧美国家相比，差距也大大缩小。这是我国社会研究方法科学性增强、研究成果质量提高的重要标志之一。尽管现在从中西方社会科学经验研究成果的累积与反思中可以发现，定量研究与定性研究之间的分野正逐渐淡化，两者出现交互发展趋势。但数量化研究方法仍将是社会研究的主流方向，且定量方法使用的规范性、科学性、深度与效度等方面均存在一些不足之处，仍有很大的发展空间。正如阿德里安·E.拉夫特里(Adrian. E. Raftery)所言，"我们现在正处于一个比几十年前更加学科交叉化的学术世界，所有的社会科学学科都面临着突破学科阈限，并将各自的定量方法向前推进的宝贵机会。"[1]

第一节 我国现代社会研究方法应用概况

我们对《中国社会科学》(1980～2008)、《社会学研究》(1986～2008)刊载的社会调查研究报告进行了统计分析与评估，试图考察改革开放以来现代社会研究方法在中国的应用及其进展。主要对社会调查研究的行动方案六要素进行了系统分析，对描述统计、推论统计、模型建构等社会调查终程方法的应用水平进行了评价，并探讨了主要社会指标体系及其建构方法。

一、研究对象选择方法的使用情况

我在本书的第一版中，把研究对象的选择方法分为抽样、典型、个案与普遍调查四种方法。依据这一划分，1980～2008 年，刊于《中国社会科学》与《社会学

[1] Adrian E. Raftery. (2001). Statistics in Sociology, 1950～2000: A Selective Review. *Sociological Methodology*. 31, 1～45.

研究》上的社会调查研究报告，较多地使用了抽样方法，占51.5%；使用个案、典型等其他方法的占48.5%，比重相对较小(详见表4-1)。

表4-1 研究对象选择方法的使用情况 (单位:篇;%)

杂志	方法	1980～1990年*		1991～1998年		1999～2008年		1980～2008年	
		篇数	比例	篇数	比例	篇数	比例	篇数	比例
中国社会科学	抽样	19	61.3	13	61.9	31	51.7	63	56.3
	其他	12	38.7	8	38.1	29	48.3	49	43.7
社会学研究	抽样	50	54.3	62	52.1	108	47.8	220	50.3
	其他	42	45.7	57	47.9	119	52.2	218	49.7
两刊汇总	抽样	69	56.1	75	53.6	139	48.6	283	51.5
	其他	54	43.9	65	46.4	148	51.4	267	48.5

* 1980～1990年数据,《社会学研究》为1986～1990年,下同。

二、资料搜集方法的使用情况

资料搜集方法可分为实地调查、问卷调查、文献研究等类别。我国学者在社会研究中越来越多地使用问卷调查。《中国社会科学》上使用问卷调查的社会研究报告20世纪80年代占25.8%，90年代上升为42.9%，增长幅度比较明显；《社会学研究》上使用问卷调查的社会研究报告，20世纪90年代也比80年代增加较多，从37.0%上升为51.3%。这表明，我国社会学者较早较快地接受与使用了西方发展起来的问卷调查方法。不过随着学术界对研究方法的不断反思和总结，在最近十年，经验研究中的其他资料搜集方式也不断增长，但问卷搜集资料的方法依然占据主导地位(《中国社会科学》上的问卷调查报告依然呈现增长趋势，而《社会学研究》上的问卷调查报告数量略有下降)。从两种期刊所发表的全部社会调查研究报告来看，使用问卷调查的研究占46.2%；使用实地调查与文献研究方法分别占36.1%与17.7%(详见表4-2)。

表4-2 资料收集方法的使用情况 (单位:篇;%)

杂志	方法	1980～1990年		1991～1998年		1999～2008年		1980～2008年	
		篇数	比例	篇数	比例	篇数	比例	篇数	比例
中国社会科学	实地	10	32.3	5	23.8	16	26.7	31	27.7
	问卷	8	25.8	9	42.9	32	53.3	49	43.8

续 表

杂志	方法	1980～1990 年		1991～1998 年		1999～2008 年		1980～2008 年	
		篇数	比例	篇数	比例	篇数	比例	篇数	比例
中国社会科学	文献	8	25.8	7	33.3	12	20.0	27	24.1
	其他	5	16.1	0	—	0	—	5	4.4
社会学研究	实地	22	23.9	31	26.1	87	38.6	140	32.0
	问卷	34	37.0	61	51.3	101	44.3	196	44.7
	文献	30	32.6	19	15.9	39	17.1	88	20.1
	其他	6	6.5	8	6.7	0	—	14	3.2
两刊汇总	实地	32	26.0	36	25.7	103	36.1	171	31.1
	问卷	42	34.1	70	50.0	133	46.2	245	44.5
	文献	38	30.9	26	18.6	51	17.7	115	20.9
	其他	11	9.0	8	5.7	0	—	19	3.5

三、资料分析方法的使用情况

20 世纪 80 年代以前，我国社会研究中较流行的方法是社会人类学方法与例示法。社会人类学方法较多地表现在对微观社会结构与社区的描述，例示法较多地表现为用事例与数据论证某一观点或描述某一研究对象。20 世纪 80 年代以来，社会人类学方法在小城镇、城乡社区、社会群体等方面继续得到使用与发展，例示法使用数据所占比重明显增加。

20 世纪 80 年代以来，我国社会研究的数量化主要表现为统计分析方法的逐步普及与深化。首先是描述统计日益普遍地被用来分析资料、概括社会现象。1980～2008 年，刊载于《中国社会科学》与《社会学研究》上的研究报告中，以使用描述统计方法为主的占 39.0%，使用推论统计与模型建构方法的比重较小，分别占 10.7%与 17.5%，但上升趋势明显。20 世纪 80 年代，推论统计与模型建构型量化研究分别占 4.9%与 5.7%；90 年代上升为 13.6%与 9.3%；最近十年模型建构上升至 26.5%，推论统计与模型建构型量化研究共占到经验研究的38.3%，研究质量有了明显提高(详见表 4－3)。

表 4-3 资料分析方法的使用情况[1] （单位：篇；%）

期刊	方法	1980～1990 年		1991～1998 年		1999～2008 年		1980～2008 年	
		篇数	比例	篇数	比例	篇数	比例	篇数	比例
中国社会科学	例示法	10	32.3	3	14.3	4	6.7	17	15.2
	描述统计	13	41.9	11	52.4	10	16.7	34	30.4
	推论统计	2	6.5	2	9.5	7	11.7	11	9.8
	模型建构	4	12.8	3	14.3	23	38.3	30	26.8
	其他	2	6.5	2	9.5	16	26.6	20	17.8
社会学研究	例示法	6	6.5	17	14.3	34	14.9	57	12.9
	描述统计	79	85.9	59	49.6	43	19.3	181	41.5
	推论统计	4	4.3	17	14.3	27	11.8	48	10.9
	模型建构	3	3.3	10	8.4	53	23.2	66	15.0
	其他	0	—	16	13.4	70	30.7	86	19.6
两刊汇总	例示法	16	13.0	20	14.3	38	13.2	74	13.5
	描述统计	92	74.8	70	50.0	53	18.5	215	39.0
	推论统计	6	4.9	19	13.6	34	11.8	59	10.7
	模型建构	7	5.7	13	9.3	76	26.5	96	17.5
	其他	2	1.6	18	12.8	86	30.0	106	19.3

第二节　社会调查研究报告中行动方案的要素分析

所谓行动方案就是实际调查研究中的行动计划、执行程序和方向指南。它是一项经验研究的前期必备工作，但一般不在调查研究报告中具体呈现出来，在具体的研究报告中，通常只呈现行动方案的一些具体要素。如果我们把调查研究方法分为初始方法、中间方法和终程方法，那么行动方案的要素主要就是初始

〔1〕 在实际的研究中，这几类分析方法有可能同时出现。此处为便于分析，依据研究报告分析的主题内容和核心方法进行归类。这并非表明该项研究仅仅是做了这几种类型中的某一类分析。

方法和中间方法涵盖的内容。它包括资料搜集方式、分析单位、变量与研究假设、抽样方式、样本容量及样本评估等几个方面。

改革开放以来，我国社会调查报告中量化方法的进展，首先表现为行动方案的规范化与要素水平的提高，也即初始方法和中间方法的发展和完善。为此，可尝试对一些较有代表性的社会调查报告进行行动方案的系统分析。系统分析的内容包括以下六个要素：资料搜集方式、分析单位、变量〔1〕、抽样方式、样本容量及样本评估。这一分析方式虽然有一定的局限性，却能比较简洁、清晰地呈现研究报告的质量。

例 1：《农村劳动力的剩余及其出路》（宋林飞，1982）〔2〕

资料搜集方式：统计调查。分析单位：个人。变量：农村劳动力剩余、农田耕作需要的劳动力、每个农业劳动力全年所能耕作的土地面积、农作物复种指数、每亩耕地全年需要的劳动日、每个农业劳动力全年所能完成的劳动日数、农村剩余劳动力转移（社队工业、建筑业、副业）等。抽样方式：分类抽样（按人均耕地把全县 61 个公社分成 8 类；然后在每一类中各随机抽出一个公社，共抽出 8 个公社；然后再在 8 个公社内随机抽一二个大队；然后进行饱和调查）。样本容量：9 174 人。样本评估：样本与总体比较。样本“农业劳动力”比例为 71. 9%，总体（南通县）“农业劳动力”比例为 71. 1%，二者相近。另外，该县县委书记黄冰当时调查的通海区“农业劳动力”比例为 71. 45%。

例 2：《生活质量的结构与指标》（林南、王玲、潘允康、袁国华，1987）〔3〕

资料搜集方式：访谈。分析单位：个人（天津市居民）。变量：生活质量、工作、家庭及环境。用因素分析和结构方程的方法把群众对具体生活 22 个方面的感受概括为由低到高的 3 个结构层次。抽样方式：分类随机抽样。分类标准为职业。样本容量：1 000 人，一半为户主，一半为户主配偶。样本评估：样本与总体比较。作者认为：“样本的各项主要指标基本上与天津市人口普查各项主要相应的指标接近，说明样本颇具代表性。”

例 3：《中国农村“职业—身份”声望研究》（折晓叶、陈婴婴，1995）〔4〕

资料搜集方式：问卷调查。分析单位：个人。变量：职业、声望、身份、年龄、

---

〔1〕 考虑到研究报告可能分属于不同目标类型（描述型、解释型和预测型等），报告中的研究假设问题在此便不作分析，仅将变量作为讨论要素。

〔2〕《中国社会科学》，1982 年第 5 期。

〔3〕《社会学研究》，1987 年第 6 期。

〔4〕《中国社会科学》，1995 年第 6 期。

性别、民族、教育、收入、户籍、单位所有制、行业、社区。抽样方式:多阶段抽样(在10个县(市)进行)。样本容量:3 012人。样本评估:无。

例4:《单位组织中的资源获得》(李路路、李汉林,1999)[1]

资料搜集方式:问卷调查。分析单位:个人(单位员工)。变量:政治面貌、个人行政级别、工龄、教育水平、行动方式、权力、资源、依赖等。样本容量:4 000人。抽样方式:此次调查采用多阶段整群与简单随机的抽样方法,在全国抽取了10个"样本城市"、100个"样本单位"和4 000个"样本个体"。样本评估:无。

例5:《中国城市教育分层研究(1949～2003)》(郝大海,2007)[2]

资料搜集方式:问卷调查。分析单位:个人(18～69岁的城镇住户)。变量:性别、受教育程度、职业、所居住城市的等级。抽样方式:"研究数据来自2003年度全国综合社会调查"(CGSS),多段随机抽样。样本容量:5 894人。样本评估:无。

例6:《当前中国中产阶层的政治态度》(张翼,2008)[3]

资料搜集方式:问卷调查。分析单位:个人(18～69岁的城镇住户)。变量:中产阶层、政治态度、教育程度、年龄、性别。抽样方式:分析所使用的数据,来自于中国社会科学院2006年实施的CGSS调查。该调查以第五次人口普查所提供的统计资料为基础进行抽样框设计,采用分层多阶段抽样方法,共采集到了覆盖全国28个省(直辖市、自治区)的130个县(市、区)的260个乡(镇、街道)的520个村(居委会)的7 100余家庭户,然后通过家庭内抽样的办法采集到了有效问卷7 063份。样本容量:7 063人。样本评估:"调查误差小于2%","以2005年1%人口抽样数据进行了加权。"

从这些研究报告中的行动方案要素来看,我国社会调查研究整体上趋于规范,程序相对比较合理,不过仍然存在要素短缺的问题。改革开放以来,严格进行随机抽样并作样本代表性评估的社会调查报告,其数量增长并不明显,多数往往缺乏样本评估。一般情况下,使用样本与总体比较法评估样本的代表性是可行的,尽管精确性无法界定,但有必要且有一定价值。样本误差的计量对于推论总体具有重要的意义,但困难较大,这方面的工作很少有人做。

一项实际的社会调查,抽取多少样本为适当是一个十分重要的问题,样本单位过多会造成浪费;样本过少又会使调查结果发生较大的误差。应取一个规模

---

〔1〕《中国社会科学》,1999年第6期。

〔2〕《中国社会科学》,2007年第6期。

〔3〕《中国社会科学》,2008年第2期。

有限、可以精确地反映总体的必要的样本数目。由于社会调查报告很少定量地反映总体各单位之间的差异程度，又不确定允许误差，也不重视抽样方式的影响，因而，必要的样本数目也不能定量确定。有一些社会调查抽取的样本数目较少，又不明确样本允许误差，使样本推论总体的价值甚小。

我们还看到一些社会调查报告把非随机抽取、数量又少的样本的调查资料作单变量显示，列出一连串的百分比等数据，作者往往具有推论总体的潜在要求，而实际上并没有推论的统计学意义，因而科学价值无法确定。

另外，随着社会调查研究方法的发展，我们开始建立了一些数据库，有了一些可以直接利用的数据和资料。但我们对自己利用这些数据和资料的推论总体要有清醒的认识和评估，明确自己根据这部分数据得出的结论所能推论的范围。在自己研究报告的撰写中也需要明确告诉读者自己样本的选择方式和容量，以及样本的代表性问题。

第三节　社会调查报告的终程方法分析

社会调查研究的终程方法主要是资料的分析方法。一篇社会调查报告的核心部分是资料的分析。在对资料总体进行审核、分类整理与汇总之后，可以根据既定的研究目标选择适当的分析方法。资料的量化分析方法很多，但并不是分析方法越复杂越高级越好，而是要根据自己所获取的数据类型和研究目标的需要选择相应的分析方法。从研究目标来看，我们可以将量化分析方法分为两大类，即描述统计和推论统计。后者在前者的基础上，可以更好地满足解释和预测的需要。但为了呈现我国改革开放以来社会调查报告分析方法发展的特征，我们可以将模型建构的分析方法从推论统计中单列出来。

一、描述统计

描述统计是终程方法中的基础方法，也是定量分析的基本环节。描述统计目前已经发展得比较完善，并仍是我国社会学者与经济学者使用最多的手段之一。不过在对部分社会调查报告的分析中发现，描述统计比较多地停留在简单的交互分类比较上。有些调查报告没有选择好适当的标准对变量进行分类，指标交叉混乱，交互统计表的分析效用不明显，统计数据缺乏解释度，甚至招致误解；还有一些调查报告只将问卷中所有问题列入表格，没考虑到交互分类表的局限性，导致分析缺乏价值；在对数据的处理上，使用百分比、比率及频次的较多，使用方差等描述方法的较少，对差异的显著性检验相对不足。

比较好的描述统计体现在对指标的简单处理（如归类），以及对差异的显著性检验上，如石秀印的《对十二所大学学生需要动机的研究》[1]一文中，使用多变量统计表，并对每一标志进行差异显著性检验，另外使用人次分布曲线图，清晰直观地对资料进行描述；卢淑华在《城市生态环境问题的社会学研究——本溪市的环境污染与居民的区位分析》[2]一文中，使用量表进行描述，也对标志差异进行了显著性检验。

二、推论统计

推论统计主要用于对假设的检验，方法有双变量回归分析、多元回归分析、相关系数矩阵以及判别检验等。规范地使用推论统计的调查报告，应该首先有理论假设，然后进行检验。改革开放以来我国的社会调查报告，从最初较少提出理论假设，即使有假设，检验方式也往往比较简单，到现在多数能比较规范地提出明确的研究假设，并利用数据分析推断变量关系，检验假设。这一方面的发展集中表现为具体推论统计方法的多样化发展。

推论统计方法从最初较多地使用简单的相关系数计算或相关系数矩阵来确定变量之间的关系，到现在较多地使用多元回归分析与方差分析等方法，已经有了比较长足的进步，如潘绥铭在《对于性交易的分析与预警》[3]一文中，从假设中具体化为 41 项指标，对 41 项指标先进行双因素分析，后进行全局分析，对假设进行检验，确立与性交易相关的因素，其中使用了卡方检验、判别检验等方法；刘欣在《中国城市的阶层结构与中产阶层的定位》[4]一文中，使用卡方检验与多元线性回归分析等方法，分析了其提出的阶层框架对收入、家庭住房面积、阶层地位认同、幸福感等生活机遇和主观社会态度变量的方差的消减，从而验证了自己的阶层分析框架对当前中国城市的社会阶层富有分析力。

三、模型建构

模型建构一般也归入推论统计方法。由于近年来对模型建构方法的使用明

〔1〕《社会学研究》，1988 年第 4 期。
〔2〕《社会学研究》，1994 年第 6 期。
〔3〕《社会学研究》，1995 年第 2 期。
〔4〕《社会学研究》，2007 年第 6 期。

显增多，我将它另列分析。此处的模型分析主要指在线性回归基础上拓展起来的分析方法，包括 Logistic 回归分析、路径分析、结构方程模型，以及事件史分析、对数线性模型、多层次模型等。

1. Logistic 回归分析(Logistic Regression Analysis)

例如，陆益龙在《户口还起作用吗——户籍制度与社会分层和流动》[1]一文中，利用 2003 年的全国调查数据，通过对党员身份、收入水平、职业层次和户口因素的回归分析，验证了中国社会分层中城乡差别的普遍存在，以及经济收入和职业层次方面存在的户口等级制或社会空间等级现象的存在；同时也验证了个人和家庭户口因素对个人职业和地位流动的影响确实存在。又如，张翼于《当前中国中产阶层的政治态度》[2]一文中，根据 2006 年的全国调查数据，利用 Logistic 回归分析了中产阶层的政治态度，认为中产阶层并非必然是社会的稳定器。中产阶层的社会批判意识渐趋显化，其政治态度也并不保守；在中产阶层内部，“新中产阶级”比“老中产阶级”更具“社会改造”风险。

2. 路径分析(Path Analysis)

例如，马戎、潘乃谷在《居住形式、社会交往与蒙汉民族关系——从赤峰调查看影响民族关系的因素》[3]一文中，首先建立了 1 个蒙汉居住与交友情况因果分析模型，这个模型有 2 个因变量(邻居与交友状况)和 5 个自变量；然后通过路径系数计算检验模型，反映自变量与因变量之间、自变量内部相互之间的作用关系，反映这些关系的作用方向和影响程度；而后确定模型对变量的解释能力与统计学意义。

3. 结构方程模型(Structural Equation Model)

例如，林南等人在《生活质量的结构与指标——1985 年天津千户问卷调查资料分析》[4]一文中，以 5 个因素(工作的经济特征、工作的社会特征、家庭之外的关系、家庭以及环境与业余生活)为隐性变量，以 22 个因素为显性变量，通过三次归类，建立结构方程模型，把群众对具体生活中 22 个方面的感受概括成由低到高的三个层次。这使我们对生活质量的结构与指标有了一个初步的概括性认识，并从中发现了工作或职业对人们生活质量的重要影响。

---

〔1〕《中国社会科学》，2008 年第 1 期。
〔2〕《中国社会科学》，2008 年第 2 期。
〔3〕《中国社会科学》，1989 年第 3 期。
〔4〕《社会学研究》，1987 年第 6 期。

4. 事件史分析(Event History Analysis)

例如，刘精明在《“文革”事件对入学、升学模式的影响》[1]一文中，将性别和城乡作为控制变量，以经济资本、社会和政治资本(父亲职位、亲友中的干部数量、家庭出身、政治面貌)、文化资本和个人的上学年龄、所在学校等级(是否重点)等为自变量，采用Cox比例风险模型来分析这些具有不同社会背景的个体面对重大“事件”时的入学、升学概率的变化。郑路在《改革的阶段性效应与跨体制职业流动》[2]一文中，将性别、时期、出生组和地区等作为控制变量，以人力资本(教育程度)、政治资本(党员、干部身份，家庭出身等)和单位类型与级别为自变量，利用事件史分析方法中的离散时间Logit模型，分析了1978年以后从国有部门向非国有部门转换工作的风险率。

5. 对数线性模型(Log-linear Model)

例如，孙秀林在《村庄民主及其影响因素：一项基于400个村庄的实证分析》[3]一文中，根据2005年全国调查的农村数据，以经济、政治与组织因素3个方面为自变量，以村庄规模(人口)、村庄地理位置(距离县城公里数)、村庄种植业结构(水田比例)、村庄自然资源禀赋(人均占有土地)、村庄人力资源(教育水平)等为控制变量，利用Logit模型，检验村庄民主(村民代表是否由民选产生)状况究竟有无受到自变量的影响。研究结果发现，从经济结构来看，人均村民收入并不会影响村庄民主，但人均集体收入对村庄民主状况成曲线形影响；村庄社区内的组织因素会显著影响村庄民主；但政治因素对村庄民主的影响并未呈现出来。

6. 多层次模型(Multilevel Models)

例如，郝大海、李路路在《区域差异改革中的国家垄断与收入不平等——基于2003年全国综合社会调查资料》[4]一文中，为“同时在个人和区域两个层次上估计包括国家垄断部门在内的变量对个人收入的不同效用”，采用了多层线性模型。他们将教育年限、政治身份(党员)和性别等变量纳入个人层次，选择地级以上城市中的区、县级市或县为区域层次的单位，分析了在区域差异改革和国家政治权威变化背景中的个人收入变化情况。

---

[1] 《社会学研究》，1999年第6期。
[2] 同上。
[3] 《社会学研究》，2008年第6期。
[4] 《中国社会科学》，2006年第2期。

从上述这些量化研究报告可以发现，我国的定量研究水平这些年有了明显的提高，量化分析手段更趋多样化和规范化。不过，为了能够将各种统计方法更加有效地运用于实际研究中，我们仍然有一些需要提高的地方，如实际研究中关于缺省数据处理情况的汇报，对选择某种分析方法的简要说明。另外值得注意的是，每种数量统计方法有其自身的长处，但也有不足之处和使用范围限制。我们在量化研究中，一方面要积极地、创造性地使用好的统计方法，另一方面也要意识到并非统计模型越复杂、统计方法越高级，研究质量就越高。实际使用中应该注重分析方法是否与数据的类型契合，是否满足验证研究假设的需要，合理使用数量分析方法。

除了以上定量资料分析方法，经常使用的还有一种含有某种量化倾向的例示法。例示法中经常出现的问题是简单的举例说明或引用数据，解释力不强。也有一些使用例示法较好的社会调查报告，如罗涵先在《温州农村乡镇经济的面面观——浙南农村小城镇调查》[1]一文中，使用许多温州专业市场的具体描述，运用一些数据说明了温州模式。定性描述也是一种分析方法，使用定性描述方法，需要对研究对象有全面了解，进行深入描述，如时宪民在《北京市个体户的发展历程及类别分化》[2]一文中，对北京市个体户进行了细致分类，较好地使用了类型描述方法。

田野考察方法是社会人类学者使用较多的方法，如费孝通在《重访云南三村》[3]一文中，在 20 世纪 30 年代调查的基础上跨越半个世纪进行追踪调查，描述了禄村、易村、玉村改革开放以来社会经济状况的变化；再如景军在《知识、组织与象征资本》[4]一文中，反映了他对中国北方两座孔庙的实地调查印象；郑晓云在《社会变迁中的傣族文化》[5]一文中，对曼飞龙村的文化变迁作了记叙与描述。

第四节　社会指标的量化方法

我国从 20 世纪 80 年代初开始了对社会指标的研究。社会指标研究发端于

〔1〕《社会学研究》，1986 年第 6 期。
〔2〕《中国社会科学》，1992 年第 5 期。
〔3〕《中国社会科学》，1991 年第 1 期。
〔4〕《社会学研究》，1998 年第 1 期。
〔5〕《中国社会科学》，1997 年第 5 期。

20世纪60年代美国的社会指标运动,来自于用社会统计方法认识社会发展水平的传统。社会指标体系的建立、投入运行与评价,对于客观地认识、科学地把握与合理地规范社会发展的实际进程,有着十分重要的价值。

我国社会学者在借鉴国外社会学者指标体系研究的基础上,结合我国社会的实际情况,运用了较为科学合理的方法进行社会指标体系建构,在社会描述、解释、评估、监测及预测等方面发挥了一定的作用。

一、指标选择方法

社会指标是衡量和监测社会发展数量关系的"指示器",是研究社会发展各要素的现状、发展趋势和发现社会问题的一种量化手段。因此,指标的选择对于指标体系的科学化建构具有重要的意义。

1. 首先对指标选择方法进行界定

指标的选择应遵循四项原则,即可测性、可靠性、充分性及最小性,然后通过两个步骤评分选择指标。第一步初选(粗过滤),主要选择标准在于可靠性与可测性;第二步精选(最终选定),主要选择标准在于充分性与最小性;备选指标在四项选择原则中的权数;再配以研究小组内部与外部专家的两方面评分法,最终选定指标。举例如下:[1]

表4-4 指标选择权重例示

选择原则	初选权重	精选权重
可测性	30%	10%
可靠性	40%	20%
充分性	20%	40%
最小性	10%	30%

2. 参照已有的社会指标体系,确定预选指标集

通过对指标值分布的离散程度分析得出指标鉴别力,并将预选指标集制成咨询问卷征询专家意见,综合得到各指标隶属度系数。然后,再根据各指标的鉴别力和隶属度系数,进行指标分析与筛选。[2]

〔1〕 宋林飞:《社会风险指标体系与社会波动机制》,载《社会学研究》1995年第6期。

〔2〕 王地宁、唐钧:《社会发展指标体系的建构与应用》,载《中国社会科学》1991年第1期。

3. 通过经验预选和专家咨询两个步骤进行指标筛选确定

凭借实践经验，参考国内外社会指标理论框架与应用的成果，从现有的统计资料中预选出符合建构原则和层次要求的一定数量的指标，一般比确定的入选指标多50%至1倍组成预选指标集。将预选指标集制成咨询问卷，征求熟悉社会指标的专家的意见，请他们对预选指标集中的指标进行限量的选择，通过差额筛选，汇总分析，确定入选指标。

4. 以理论推演确定指标

例如，在设置"以人为中心"的社会发展指标体系时，根据一定的社会理论，结合一定的社会目标进行系统性的理论推演，确定相关的定量指标。

5. 以调查分析为基础确定指标

例如，以县情调查为背景进行指标的选择，对农民生活水平的分析不应只凭经验的估计和统计数字的直观结论，而要在调查分析的基础上，建立一个较为完备的衡量指标体系。

二、社会指标体系的建构与运行

1. 社会发展指标体系

(1) 社会发展综合指标体系（朱庆芳，1987）[1]

包括社会结构、人口素质、生活质量三大类28项指标。

(2) 社会发展评价指标体系（王地宁、唐钧，1991）[2]

包括人口结构与素质、基本生活需求、精神文化需求、社会安全需求、经济效益与劳动效率五大类42项指标。

(3) 社会发展水平评估指标体系（宋林飞，1998）[3]

包括人力资源、劳动就业、收入分配、生活质量、城市化、社会稳定六大类30项指标。

(4) 人的全面发展指标体系（郑杭生、李路路、李强，1988）[4]

包括人口与家庭、社会劳动、社会分层与流动、社会参与、社会秩序与安全五大类22项指标。

---

〔1〕《中国社会科学》，1987年第4期。

〔2〕《中国社会科学》，1991年第1期。

〔3〕《南京社会科学》，1998年第4期。

〔4〕《社会学研究》，1988年第5期。

2. 生活质量指标体系

(1) 生活总体满意度指标(卢淑华,1992)[1]

包括家庭收入、吃的方面、健康、家庭生活四个指标。

(2) 生活质量指标体系(林南,1987)[2]

包括以下五大类22项指标:工作的社会特征(工作、劳动形式和强度、工作环境和条件、职业的社会声望、工作的社会贡献、工作技术的复杂性、工作单位地点远近、工作给予您的权力)、工作的经济特征(工资收入、工作的福利待遇、工作晋级和提升的机会、身体状况、家庭经济状况)、家庭以外的关系(同事关系、和领导的关系、朋友交往)、家庭(家庭生活、家庭成员间的关系)、环境和业余生活(住房情况、居住环境、业余生活、邻里关系)。

(3) 生活质量指标体系(李强,1986)[3]

包括四大类12项指标:经济生活(工作与职业、居民收入与消费、住房交通与生活服务)、政治生活(社会风气、社会秩序、社会参与)、社会与家庭生活(社会保障与社会福利、教育、卫生与健康、家庭生活)、精神生活(文化生活、思想道德)。

3. 小康社会指标体系[4]

例如,我们设置的小康社会建设评估指标体系,包括五大类36项指标:经济发展、生活水平、社会发展、社会结构、生态环境等。

4. 现代化指标体系

胡福明等提出的现代化指标体系包括大类20项指标:经济发展(人均国内生产总值、科技进步在经济增长中的贡献、进出口贸易总额与GDP之比、农业劳动者人均农业产值)、社会结构(第三产业增加值占国内生产总值比重、非农业劳动者占社会劳动者比重、城市化水平)、人民生活与人口素质(人均年纯收入、人均预期寿命、恩格尔系数、人均居住面积、每千人拥有医生数、每万人拥有大专以上文化程度人数)、社会公平与社会稳定(社会保障覆盖率、失业率、贫富差距)、社会环境质量(人口自然增长率、城市人均拥有道路、"三废"处理率、每万人刑事案件发案率)。[5]

---

[1] 《中国社会科学》,1992年第1期。

[2] 《社会学研究》,1987年第6期。

[3] 《社会学研究》,1986年第6期。

[4] 宋林飞:《小康社会的来临》,东南大学出版社2007年版,第293～294页。

[5] 胡福明、贾轸、严英龙:《苏南现代化》,江苏人民出社1996年版,第228～229页。

5. 社会风险预警综合指标体系[1]

包括五大类50项指标：经济（失业率、抢购风、集体上访等）、政治（干部贪污、牢骚、行政诉讼等）、社会（犯罪率、小道消息、恶性侵犯事件等）、自然环境（严重灾害、农业食品短缺、生命损失等）、国际环境（世界经济衰退、经济摩擦、经济制裁等）。

三、指标体系评价方法

指标值与指标关系的确定方法，对于社会指标体系能否科学合理地发挥其社会功能具有关键性的意义。指标值与指标关系的数量化操作，是突破社会学领域某些模糊特征的重要途径。

1. 指标值确定方法

(1) 宋林飞在《社会风险指标体系与社会波动机制》[2]一文中使用的方法是：简单综合评分法、加权综合评分法、简单分类评分法、综合评分与评级法。

(2) 朱庆芳在《小康社会指标体系及2000年目标的综合评价》[3]一文中使用的方法是：综合指数法、综合评分法。

(3) 社会发展指标及评价方法课题组在《首都社会发展指标及评价方法》[4]一文中使用的方法是：综合指数法。

各种方法均有各自的优缺点，如综合指数法适用于综合社会发展水平的历年动态比较，但常因某些指标增减速度过快或慢而影响综合指数的准确性。一般认为，综合评分法操作简便，计算结果也比较符合实际，适用范围更为广泛。

2. 指标关系计量方法

(1) 林南等在《生活质量的结构与指标——1985年天津千户问卷调查资料分析》一文中，使用因子分析与结构方程分析的方法，测定了三层次结构各变量关系的系数。

(2) 卢淑华、韦鲁英在《生活质量主客观指标作用机制研究》[5]一文中，使用参照标准对指标相关关系计量分析后，进行指标简化，确定最有效的指标。

---

[1] 宋林飞：《社会风险指标体系与社会波动机制》，载《社会学研究》1995年第6期。
[2] 《社会学研究》，1995年第6期。
[3] 《中国社会科学》，1992年第1期。
[4] 《社会学研究》，1987年第4期。
[5] 《中国社会科学》，1992年第1期。

第二编

初始方法

第五章 概念与命题的建构方法

第一节 概念的建构方法

一、概念的意义

社会调查研究中对于特定社会现象的描述、解释或预测都属于科学认识活动。科学认识活动最基本的工具是概念。例如,研究青少年犯罪问题时,需要使用“青少年”“犯罪”“偷窃”“抢劫”“流氓”“团伙”“社会骚扰”等概念。例如,研究农民工问题时,需要使用“农村劳动力剩余”“离土不离乡”“离土又离乡”“城市融合”“留守儿童”“农民工权益”“市民化”等概念;又如,研究社会分层问题时,需要使用“社会分化”“贫富差距”“社会结构失衡”“地位获得”“中等收入者比重”“先富群体”等概念。概念是社会调查研究中概括与说明特定社会事实的基础。

社会调查研究中使用的概念,是作为科学要素之一的概念,也即科学概念。科学概念不同于日常语言,当一门科学处于早期阶段,往往使用日常语言。也就是说,以日常语言为概念,是一门科学不成熟的标志。而且,社会调查研究作为一种科学活动,如果所使用的概念均采自日常语言,那么就难于提高调查研究的科学水平。直接采自日常语言的概念,一般缺乏精确性,缺乏解释与预测能力。

社会调查研究中使用的概念,是建构的概念。建构的概念是人们按照一定的原则界定与引入科学的语言。描述与解释任何特定的社会现象,都需要两类词汇来构成若干句子。第一类是逻辑词语,如“和”“所有”“一些”“一点儿也不”“或者”等。逻辑词语不反映世界上任何经验对象,只是作为陈述词语之间的联结词。第二类是指涉词语,即指涉事物的词语,如“大众”“骚动”“黑人”“白人”“家庭”等。指涉词语有两种,一种指某一事物,如“雷锋”“特区”;另一种指某一类事物,如“乡镇企业工人”“城市”。社会调查研究者往往对后一种指涉词语更感兴趣,这并不意味着社会调查研究者不使用指涉某一特定事物的词语。而是说，社会调查研究者更倾向于通过若干特定事物的考察，研究某一类社会现象的特征与内在规律。

社会调查研究概念指涉的对象，大多是可以直接观察的，如人口、家庭、住宅、游行、暴动等；少量是不能直接观察，而可以间接观察的事物，如态度、意见、意识形态、社会舆论等；也有不可观察的对象，如保守性、开放性等，保守性、开放性是人们特定态度与意见的性质，这种性质是不能观察的，但却是可以度量的。

二、社会调查研究概念的来源

社会调查研究的概念通过四条途径而形成。第一条途径，是从日常词语中引进；第二条途径，是从其他学科中移植；第三条途径，是从他人文献中吸收；第四条途径，是独立地创造。第一、第二条途径，在科学发展早期较多地被采用，但以后则逐步被吸收与创造的概念所取代。作为科学语言的社会调查研究概念，不管是通过引进或移植，还是通过吸收或创造而形成，实质都是一种建构的过程，区别仅仅在于建构的程度不同而已。

1. 引进

把日常词语引进社会调查研究，引进的方式不是原封不动地搬用，而要进行一定的加工与改造，可能消除某些原来的含义，也可能赋予某些新的意义。例如，“小城镇”原先是一个日常用语，1983 年社会学者开始把它引入调查研究。[1]引入的时候，许多人发现日常用语中的“小城镇”含义模糊。于是，有人主张把县城、建制镇、不设镇建制的乡镇划入“小城镇”范畴，把更小的“日中为市”的集划入“乡村”范畴。有人则认为，小城镇应包括大城市的卫星城、城市郊区的市属镇、县属镇、乡属镇、村镇。这表明，从日常用语引入科学语言的概念，起初人们可能赋予它不同的意义，但毕竟比日常用语的含义更为精确。

“搭便车”是指日常生活中就便免费乘坐别人汽车的行为。1965 年，美国学者曼柯·奥尔逊在《集体行动的逻辑：公共利益和团体理论》一书中，将“搭便车”引伸为不付成本而坐享他人之利的意义。随着社会学对集体行为和理性选择研究的兴起，更多的社会学家开始使用这个概念。“搭便车”理论指出，社会上的公共物品或一项公益活动具有非排他的特点，每个社会成员不管是否对这一物品的产生做过贡献，都能享受这一物品所带来的好处。所以当一群理性的人聚在一起想为获取某一公共物品而奋斗时，其中的每一个人都可能想让别人去为达到

---

〔1〕 江苏小城镇研究课题组：《小城镇大问题》第一集，江苏人民出版社 1984 年版。

该目标而努力，而自己则坐享其成。我们可以用这个概念来分析国有企业转制前搭“大锅饭”的便车，及转制中搭利益重新分配的便车的现象，寻找如何在改革发展中走出“搭便车困境”的路径。

“小道消息”是人们经常使用的一个日常用语。人们在使用这一日常用语时，有一种大致相似的理解。一般是指所传内容的事实根据模糊且又没有得到官方确认和公开，并通过非组织的连锁性传播通道在民间所流传的一种信息及对这种信息的议论。“小道消息”既不同于正常渠道中传播的新闻，又不全等同于谣言。把这个词引入社会研究，对于群体性突发事件有一定的解释力。

2. 移植

从自然科学、人文学科等移植到社会调查研究中来的概念，往往比从日常词语中引进的概念更多。由于许多社会研究者试图建立像自然科学那样严格意义上的科学，因而自然科学中的概念、理论与方法，特别是其最新成果，经常被移植到社会研究中来。

例如，“参照系”原来是一个物理学概念，指在对物体及其运动进行观察之前确定的一个相对固定的观察点，并以此为基点建立一定的坐标系，以观察物体的相对位置。后来，我国学者开始把参照系这一概念引进对社会领域的研究。有人把社会主义社会之前的社会价值参照系划分为四种类型：(1)血缘参照系，即社会以其成员的血缘来划分人的贵贱。(2)等级参照系，即社会以其成员的社会地位等级金字塔来确定他们的社会价值。(3)官本位参照系，即社会以官职为标准来衡量人们的社会价值。(4)金钱参照系，即社会以金钱为标准衡量人们的社会价值。在我国现阶段，首先必须破除官本位参照系(“局级作家”“处级和尚”等)，而应确立以社会贡献为基点评价人们社会价值的参照系。[1]

当人文学科中的概念移植到社会科学领域来的时候，一般都经过重新界定与引申。例如，“角色”本来是戏剧等文学形式中使用的名词。忠贞爱情的哈姆雷特、感叹黄金的泰门是莎士比亚戏剧中的角色。影视中各种各样的人物，表现的并不是演员自身，而是一种角色。社会学家首先把“角色”引入科学语言，指社会生活舞台上某一类人物共同的行动模式，也即社会对一个群体内或社会中具有特定身份的个人所期待的行动。社会学的角色理论认为，人们期待有特定身份的人依照与之相符合的角色去行动。占有一种身份，就得扮演一种角色。例如，父、母、医生、教师、总统等，都是一种身份，符合这些身份的行动，就是扮演相

〔1〕 吴志铭:《建立合理的社会价值参照系》，载《政治学研究》1989年第2期。

应的角色。美国社会学家戴维·波普诺指出:“对结构严密的社会交往来说,社会有一个‘剧本’,它全面地规定了各种成员要扮演的角色。学习一个角色就要了解一个特殊身份所期待和要求的行为是什么。”[1]当多种社会期待集中到一个人身上时,社会学者就使用“角色丛”概念。这个概念是社会学者创造的。在今天的中国社会中,有哪些角色?这些角色被扮演得如何?有哪些主要的角色冲突形式,以及它们产生的原因是什么?此类问题都可以成为我们社会调查研究的课题。

3. 创造

一门学科或一种理论之所以能够独立存在,条件之一是具有自己特殊的概念。独立的一门学科或一种理论的特殊概念,是指那些由本学科或本理论的学者首次提出的概念。在这里,我们狭义地讨论概念的创造问题。从现代社会科学已有概念的状况与来源来看,能够表现其学科与理论特点、经常使用的概念,主要还是本学科、本理论的学者首次提出的概念。

创造性建构的概念,一方面来源于理论思维。例如,英国工业化兴起之后,出现了“羊吃人”的圈地运动,大量农民失去土地而纷纷进城务工谋生,但面临失业、贫困等严重问题。这些“社会阵痛”引起学术界的关注和长期研究的兴趣。我们由此得到启发,于 20 世纪 90 年代中期提出“社会承受力”的概念,用来研究改革发展中的成本与代价的适度问题,研究各个社会阶层承担成本与代价的合理性以及实际承受能力。

另一方面,创造性建构的概念来源于经验观察,如我国现阶段有一部分人际关系形式隐匿、互利性强。面对这一现实,有人提出了“社会隐关系”的概念。有人认为,社会隐关系有三类:一是平等关系中的不平等关系,如同事、同学、朋友关系中的隐私胁迫关系、赃赌债务关系等;二是不平等关系中的平等关系,如上下级关系中不讲原则的老乡、同学、战友关系;三是正常关系中的颠倒关系,如表面上是甲领导乙,实际上是乙控制甲。[2]

当代社会科学研究者提出的新概念层出不穷。例如,20 世纪 70 年代,西方社会学者普遍使用“老龄社会”的概念;进入 80 年代,开始流行“高龄化社会”的概念;目前,又出现了“长寿社会”的概念。[3] 后来,我国对于“老龄化”问题的研

---

〔1〕〔美〕戴维·波普诺:《社会学》,辽宁人民出版社 1987 年版,第 153 页。

〔2〕曾中辉:《社会隐关系初探》,载《理论教育》1989 年第 9 期。

〔3〕〔日〕江见康一:《何为真正的福利》,载《公明》(日本)1985 年第 9 期。

究也日趋发展。又如,20 世纪 50 年代的社会学文献中开始经常出现"社会支持"的概念,并且推论:随着工人移居城市地区,个人与家庭、教会、较大的集体之间联系中断,这种社会支持的中断现象对人的健康是有害的。1974 年,医生、流行病学家约翰·卡塞尔证明了社会学的假设,说明人与人的关系对健康是有影响的。近年来,我国也有人开始对"社会支持"进行调查研究,从不同角度描述"社会支持"对身体健康和精神健康的直接与间接的影响。

4. 吸收

从某一学科的角度来说,吸收就是从前人那里寻找适合于研究问题的概念,所以吸收是创造的延续。例如,美国社会学家库利(C.H. Cooley)在几十年前首先创造与运用"初级群体"这一概念,旨在描述人类某些基本结合形式,如家庭、邻里、游玩群体。他认为,"初级群体"有如下特征:它是个人最初参与的团体,参与者的关系最亲密,人数比较少,对人性和人格的发展影响最大,因而是"人性的养育所"。与"初级群体"相对的,是金布尔·扬提出的"次级群体",意指人数比较多、私人接触比较少甚至完全没有,以及人际关系不密切的团体,如国家、政党、教会、工会,以及各种专门职业或学术机构团体等。当代社会学者普遍吸收了这两个概念。在社会化研究中,"初级群体"的概念更受人重视。

"差序格局"一词是费孝通先生用来描述中国人亲疏远近的人际关系格局的概念,如同水面上泛开的涟漪一般,由自己延伸开去,一圈一圈,按离自己距离的远近来划分亲疏。费孝通先生认为中国人传统文化讲究"人伦",而"人伦"根本上就是人与人之间的差别、次序。由"己"出发根据人伦观念向外推广出人际关系模式,形成了差序格局。与中国人的差序格局不同,西方人及其关系是"团体格局"的,也就是人是相对于团体的,同一团体中的个体在人格上是平等的。我们可以用差序格局的概念进行中西方社会比较,分析非体制因素对社会生活与公共权力的作用,研究它对"官场生态"的影响。

另外,转译也是社会调查研究概念的一种来源。现代社会科学国际间的学术交流日益频繁。在学术成果的交流中,转译其他国家社会科学工作者的新概念,有利于丰富与发展本国社会科学的概念。一个概念从一种文字转译为另一种文字,必然经过另一种文化与社会背景下的人们的理解,在这一过程中概念本来含有的意义可能会部分地失去;同时,也可能增加部分新的含义。

三、概念的界定方法

不管概念是从日常语言中引进,还是从其他学科中移植,或者由社会调查研究中独立地创造出来，或者从文献中吸收，都需要使用相同的一些方法。把概念引入科学认识活动需要界定，即发现与赋予它一定的意义。

根据传统逻辑分类，概念有两种界定方法：第一类是真实界定法，即对某一事物的“本质”作一个陈述。例如，把社会主义社会界定为“人人平等的社会”，把暴徒界定为“反社会的人”等。事物的本质是被发现的，而不是被赋予的；真实界定的概念，其意义也是被发现的，而不是人为制造的。第二类是名义界定法，即对某一特定词句的意义由使用者作决定，即作一个“制定”。这样界定没有真与伪，只有何者更佳或更有用。“制定”的第一种方式，是在报道别人的实际使用中选择一种“界”说，作为概念的界定。例如，有人把三千至二十万居民的聚居地定义为“小城市”，有人则把三万至二十万的居民聚居地称为“小城市”。我们可以选择其中一种定义在调查研究中使用。第二种是自行规定一种意义，作为概念的界定。例如，界定“社会公正”时，我们可以假定当按劳分配、选贤任能、论功行赏等普遍实行时，“社会公正”即存在。

根据概念与它们反映的对象的关系分类，概念的界定有三种方法：

1. 直接性界定

直接性界定，即通过描述事物可观察的特征而对概念下定义。凡是与可以直接观察到的事物相对应的概念，都可以用这种方式引入社会调查研究。例如，“边际人”概念，一般的直接性定义是指未充分参与任何社会团体的个人。狭义的直接性定义，是指同时参与对立的两个以上团体，而且行为模式捉摸不定的个人。作如此界定，“边际人”的概念就与可以直接观察到的某些个人相对应。又如，“核心家庭”这一概念，同可以直接观察到的事物相联系，可以按照直接性界定方法来下定义：一对夫妇与未婚子女共同生活的单位。

2. 操作性界定

操作性界定，即把概念与可观察的特征联结起来的一种定义方法。当我们面对一个无法直接观察的事物，并且要确定一个指涉该事物的概念时，我们就可以考虑使用操作性界定，如“权力”“城市化”“工业化”“社会整合”等。对于这些概念可以通过可观察的事物的特征间接地推断其意义，也即进行操作性界定。在自然科学中，操作定义的古典结构如下：假如我们在某物上采用某动作〔O〕，产生了某个特定结果〔R〕，那么我们就说某物有某种特征〔D〕，这个特征就是操作概念。对“权力”可以下这样的操作定义：当A能够使B做本来他不愿做的事情时，那么A就对B拥有权力。对“城市化”可以下这样的操作定义：当城市数量增加、城市人口在总人口中比重增加或达到某一比例以上，则该社会出现了城市化现象。

3. 理论性界定

理论性界定，即从理论体系中获得自身意义的一种概念定义方法。通过直接性界定、操作性界定的概念不管在何种理论体系中，或者把它们从使用它们的理论体系中抽出来，它们都能保持原有的意义。而通过理论性界定引入社会研究的概念，离开一定的理论体系就会失去意义，变得含糊不清。例如，“戴假面具的人”“舞台”“剧本作者”等概念，在美国社会学家伊·戈夫曼等人的戏剧理论体系中，都有明确的意义。但如果离开这一理论体系，这些概念特定的意义就不能保持了。一个理论概念的意义依赖于理论中其他概念及它们之间的相互关系；一个理论概念不能孤立地而必须放在一个理论体系中加以界定。

我国有些学者运用“社会网”理论调查研究一些社会关系状态。在“社会网”理论中，社会网是一个社会结构的概念，指个体间相对稳定的关系体系。“趋同性”是指社会网的中心人物与其他成员在各个社会特征方面的相似性，如相近的年龄、教育程度、职业、政治面貌、性别等。[1]

四、概念的功能

概念可以对社会调查研究对象进行分类、比较与度量等。社会调查研究概念之所以有这些功能，是因为社会学概念存在着几种重要类型，其中每一种类型都具有自身独特的作用。

1. 分类

社会调查研究中使用的一部分概念，是对社会机构、过程或现象等进行分类而产生的，因此这部分概念中的任何一个概念，都分别把一定类别的社会机构、过程或现象置于自身之中。任何社会调查研究项目在其初始阶段，都必须将研究对象进行分类、安排与整理，这种分类性工作是认识社会的基础。也就是说，通过一定的概念将研究对象进行分类，是社会调查研究起步的科学方法。例如，我们研究青年的价值观时，可能会使用“务农青年”“青年工人”“城市失业青年”“青年军人”“青年知识分子”等分类概念。这些分类概念可以把青年划分为若干社会集团。

---

〔1〕 阮丹青、周路等：《天津市居民社会网初析》，载《中国社会科学》1990年第2期。

社会研究概念的分类功能，最简单的是两分分类。两分分类法，是把研究对象中所有具有某一特征的对象全部划归一类，而不具有此特征的对象（也即剩下的全部对象）划归另一类。例如，“内团体”与“外团体”这两个概念，就属于两分分类概念。“内团体”是指当事人自己所属的团体，人们对“内团体”有忠诚、亲密、合作等特殊的情感。除此以外的人们，都属于“外团体”。忠诚、亲密、合作等情感特征是划分“内团体”与“外团体”的依据，也是把世界分成团体的成员的“我们”和外部人的“他们”的界线。又如，“垂直流动”与“水平流动”是现代社会研究者们有特殊兴趣的两个概念，它们反映个人社会地位的变动。在同一水平的社会地位中流动，属“水平流动”；在非同一水平的社会地位中流动，属“垂直流动”。托马斯·福克斯和S.M.米勒研究不同国家中向上流动的社会因素是：先进的工业发展和大规模的教育普及。同时，也有不少社会学者研究向上流动的个人因素，如家庭背景、努力干、拍马屁等行为的“秘密”。

社会研究概念的分类功能，在现代越来越多地表现为将对象总体进行多重分类的作用。例如，一位社会学家把苏联社会划分为如下阶层：（1）工人阶级中在专业熟练程度方面和社会政治方面居于先进地位的阶层，（2）具有中等熟练程度、掌握普通劳动技能的基本工人阶层（人数最多），（3）由于长期拿钱不出力，养成游手好闲习气和惯于少劳多得的工人阶层，（4）集体农庄农民，（5）科技知识分子（国民经济专家、自然技术学科方面的学者），（6）物质生产部门的经济领导人，（7）商业和居民日常生活服务部门的负责工作人员，（8）社会主义的小业主，（9）社会科学和人文科学知识分子（教师、医生、记者、作家、艺术家以及社会科学和人文科学各个学科方面的学者），（10）政治管理机关，即党、国家和社会机关的相关工作人员，（11）社会的政治领导人。此外，还存在着有组织的犯罪群体，其中包括被收买的管理机关干部、影子经济商人和商业、日常生活服务部门的负责干部，以及职工中的贪污腐化分子。另外，还根据人们对改革的态度，把苏联社会划分为如下社会集团：（1）改革的思想家和倡议者，（2）改革的拥护者，（3）改革的社会同盟者，（4）假改革派，（5）观望派，（6）“中立派”，（7）保守派，（8）反动派。〔1〕

在社会主义初级阶段，不安定因素甚多，如贫富差距拉大、收入分配不公、就业矛盾突出、医疗教育费用过高、环境污染加剧、腐败现象严重、文化观念冲突等。当我们把“社会不安定因素”作为研究对象的时候，就需要发挥概念的分类

〔1〕〔苏〕T.扎斯拉夫斯卡娅：《对改革中社会各阶层的分析》，载《经济社会体制比较》1989年第2期。

功能。

2. 比较

分类概念划分对象总体的形式,是“或者……或者……”比较概念划分的形式,是“或多或少”等。例如,按照“一致性程度”划分出来的完全一致、部分一致、不一致、排它性等四种社会集团,不属于分类概念,而属于比较概念。比较概念也有分类功能,但其主要的功能不在于分类方面,而在于把对象总体的分子按照它们所拥有的某种特性的程度进行顺序。日本社会学者丸山真男在《日本的思想》(1961)中,用“捕鱼罐子型”[1]称呼并列的不连贯的思维形式;用“竹刷子型”称呼从共同根底里派生出种种思想的思维形式。借用这两个称呼,比较概念是相似于“竹刷子型”的概念,分类概念则是相似于“捕鱼罐子型”的概念。

比较概念可以显示所含分子的序列,可以更清晰地描述对象世界。比较概念的比较功能,既可以通过多个序列概念去实现,同时也可以通过一个序列概念去实现。例如,“现代化”作为现代社会发达程度的比较概念,可以比较各个国家,分析的结果是各国在“现代化”方向的排列顺序。这种比较的结果,比“大陆国家”“沿海国家”与“岛屿国家”的分类结果,能够更多与更深入地告诉人们一些知识和信息。

3. 计量

序数概念与比例概念具有计量功能。社会调查研究中使用的序数概念包括若干不同数值的连续统,如“年龄”(1 岁、2 岁、3 岁……)、“人口密度”(1 人/平方公里、2 人/平方公里……)等。在社会调查研究中,“年收入”也是一个序数概念,它可以对个人、家庭、集团等进行经济所得的计量。例如,把年收入 5～10 万元以下的家庭,划入下下层;把年收入 1～3 万元的家庭,划入下上层;把年收入 3～5 万元的家庭,划入中下层;把年收入 5～10 万元的家庭,划入中上层;把年收入 10 万元以上的家庭,划入富裕阶层。如果仅仅从年收入这一标准来看,以上五个社会阶层也成了量化概念,它们分别同一定的经济所得值相对应。

社会调查研究中使用的比例概念,表示某特定事物在总体中所占的份额,如“离婚率”“犯罪率”“自杀率”,等等。比例概念不一定都以“××率”的形式出现。例如,“城市化程度”这一概念,当我们在调查研究中使用它时,目的往往是为了发挥该概念的比例性计量功能。一个国家的城市人口在总人口中的比重,可以

[1] “捕鱼罐子”在日本是指捕章鱼的陶罐。诱捕章鱼时,渔民把一个个罐子系在浮木上沉入海中。

作为这个国家城市化程度的计量指标。

4. 建模

社会研究中还使用一种特殊的概念，这种概念不同社会实际事物相对应与符合，而是社会研究者进行特殊抽象所建构的理论概念。这种概念叫“理想型”概念。有两位外国学者曾经指出，理想型概念是“藉片面地强调某种观点与综合许多分散的、互不相关的、多多少少存在的与偶尔不存在的具体个别现象而形成。这些现象皆按片面地强调的观点，安排成一个统一的分析建构”[1]。理想型概念不是凭空编造的，也依据某些真实的成分建构，同时又与具体真实的社会存在不完全相符合，它比具体真实的社会存在更集中、更典型。因而，它是理论研究中一种为了与真实相比较而设置的模型。

理想型概念有三种：(1)某些社会过程部分特征的抽象形式。例如“科学社会主义”这一概念，舍弃了社会主义在不同国家和不同历史时期的许多特点。它的功能是为现实的社会主义建设活动提供方向与目标。(2)社会实体部分要素的抽象形式。例如“科层组织”这一概念，揭示了现在社会组织一些共同特征，但没有一个社会组织完全符合这个概念。(3)纯粹的行为方式。例如，“社会人”“经济人”概念，指涉在纯粹社会或经济动机支配下的行为方式。我国改革开放以来区域发展过程中出现的“苏南模式”“温州模式”等，都具有理想型概念的功能。

五、概念的评估

概念建构以后，应给予评估，即对概念的优劣作出确定。概念评估的标准有三个：

1. 逻辑意义

在这方面，主要是检查概念的定义是否存在逻辑矛盾，以及逻辑严密性的程度。比较容易出现逻辑矛盾的概念，是分类概念。评估一个分类概念，要看它在建构过程中是否遵循下述两条逻辑原则：第一，是穷尽性原则，即对象总体中所有分子都能归类。例如，对我国人民的政治面貌进行分类时，如果只设“共产党”“其他政党”两个概念，则不参加任何党派的人就没有归属了；如果再加上“无党派”，那么上述三个概念就把人们的政治身份的归属穷尽了。第二，是排他性原

〔1〕〔美〕爱德华特·雪尔斯、亨利·芬奇：《马克思·韦伯的社会科学方法论》，纽约，1949年版，第90页。

则，即对象总体中任何一个分子都不能同时归属于两个或更多的类别。例如，“就业”“待业”“失业”三个概念，在常识中是有交叉的。一个大学生毕业后没有找到正式工作，但他已在一个单位做临时工，这时人们都认为他是待业人员，而实际上他已成为就业者。因此，我们在定义这三个概念时，不能使一个人同时具有两种属性。从未工作过，现在又没有工作的人，是待业者；有过工作，但现在失去了工作，则是失业者；现在有工作的人，不管是固定工，还是临时工，都是就业者。这样定义，才能实现分类概念内涵的排他性原则。

2. 经验意义

在这方面，主要是检查概念是否指涉客观事物，以及反映真实的程度。缺乏经验意义的概念，应该抛弃。如果别人已经使用，并且甚为流行，那么为了对话的需要，须经过重塑与再建构才能把它引入社会调查研究。社会调查研究中实际使用的概念，大多直接指涉客观事物，因此评估概念也就侧重于评估概念反映真实的程度方面。

3. 系统意义

在这方面，主要是判断概念在某一理论中的意义。也就是，概念的优劣是在某一理论中区别出来的。例如，研究我国社会稳定机制时，使用“传统人”“超前人”“边际人”概念，是优是劣？这一方面要看通过这些概念建构起来的理论整体是优是劣，另一方面要看这些概念在该理论中的系统意义。显然，这样评估就比经验意义的评估困难多了。因为，评估者很难排除自己对于该理论的态度。

第二节　命题的建构方法

命题是关于一个概念或更多概念关系的陈述。任何对于社会现象的描述、解释与预测，至少需要一个命题。命题是经验研究与理论建构必要的材料。

一、概念关系的界定

概念关系的界定，是概念建构以后最基本的一项工作。社会调查研究过程中不孤零零地使用一个个概念，而是在概念的某些关系中度量与分析社会实际状况。

单概念关系界定，是一种特殊的概念陈述方法。一个概念怎么构成命题？

当我们说"一个概念"时，这个概念仅仅是指研究概念。一个研究概念同逻辑词汇与一般名词形成一定的关系，即可建构为一个命题。例如，"社会主义制度是优越的"。在这个命题中，只有一个科学概念，即"社会主义制度"，其余文字均是逻辑类词汇。又如，"我国相当多的大学生心理脆弱"。在这一命题中，"心理脆弱"是一个研究概念，其余的可划入逻辑词汇与一般名词。可见，单概念命题在社会研究中有一定的应用意义。

两个概念之间的关系的界定，是社会研究中最普遍的一种概念陈述方法。例如，"心理脆弱与缺乏社会磨炼有关"。在这一命题中，"心理脆弱"与"社会磨炼"均是研究概念。又如，"抢购风与人们的通货膨胀承受力有关"。在这一命题中，"抢购风"与"通货膨胀承受力"是两个研究概念。双概念命题，在社会调查研究中应用最为广泛。

两个以上概念之间的关系的界定，有两种方法，一种是统一界定，另一种是组合界定。统一界定，即把两个以上的概念，界定在一个陈述句中。例如，"大学毕业生的社会适应性取决于学校、社会的理想塑型与现实解析"。其中，"社会适应性""理想塑型""现实解析"是三个研究概念。组合界定，即把两个以上的概念界定在两个或更多的陈述句中。例如，研究"贫穷"与"文盲率""人口出生率"的关系时，可界定为：(1)越是贫穷，文盲率越高；(2)越是贫穷，人口出生率越高。组合界定有利于多概念命题的检验。发现一部分命题不能成立，就否定整个命题，显然是不合适的。但在统一界定的命题的检验中，可能会发生这种现象。而在组合界定的命题组中，可以否定部分命题而不否定另外的命题。

二、概念关系的类型

1. 相关关系

相关关系是两个或更多概念按一定方向相应变化的关系。如果概念 A 与概念 B 处于相关关系之中，即表示它们一起变化，A 变化 B 也变化。这种关系也可称之为"伴随变异"或"相关变异"。假如，我们发现一个地区的贫富不均程度增高，犯罪率也随之增高，则我们可以说，贫富不均程度与犯罪率相关。假如，我们发现夫妇的教育水平愈高，其理想子女的数目愈少，则我们可以说，教育水平与理想子女数目相关。

(1) 正相关与负相关

正相关关系是两个概念在同一方向上变化的关系，用公式来表示即是：A 越大，B 越大；A 越小，B 越小。例如，我们假定，理解能力越强，考试成绩越好；领导形象越佳，群众干劲越高。那么，理解能力与成绩、领导形象与群众干劲，就是构成正相关关系的概念。

负相关关系是两个概念在相反方向上变化的相关，用公式来表示即是：A 越大，B 越小；A 越小，B 越大。例如，我们假定，一个农村地区的商品意识越弱，则这个地区的贫困程度越强；反抗性越强，权力合法性越弱。其中，商品意识与贫困程度、反抗性与权力合法性就是构成负相关关系的概念。

相关关系仅仅指两个或两个以上同时出现或伴随出现的现象，而并不表示哪个是原因，哪个是结果。例如，声望与权力正相关，则表示享有很高声望的人一定也有很大的权力。

(2) 线性相关与曲线相关

发生相关关系的概念，大多有一定的值。仅有单一的、永远不变的值的概念叫常数。凡有一个以上连续统的值的概念，叫变数，如受教育程度、人口密度、电视收看率等概念，都有一个以上连续统的值。

两个变数以相同比率发生变化，属于线性相关，或直线相关。两个变数以不同的比率发生变化，属于非线性相关，或曲线相关。严格地讲，线性相关只存在于理论分析中。在社会现实生活中，普遍存在的是非线性相关的现象。例如，一个人的教育程度与收入的关系，就是一种非线性相关关系。受教育的年数增多，会增加获得较高收入的机会，但受教育的年数增多有一定的范围，这个范围就是从上学到专业学校毕业。一个人一直上学并不能成为百万富翁。受教育对于增加收入的价值具有“边际效用”，体现在相关关系的曲线上。

(3) 相关关系的强度

变数之间的相关程度有强有弱。一般以相关关系数值来表示强弱程度，0 代表无相关，1 代表全相关，介于 0 与 1 之间的数值越大，所代表的相关程度就越强。

(4) 对称关系与不对称关系

对称关系是两个在一定方向上的变化具有可逆性的概念之间的相关关系，表示任一概念内容的变化都伴随另一概念内容的变化。对称相关的公式是：A 越大，B 越大；反之亦然，B 越大，A 也越大。或者，A 越大，B 越小；反之亦然，B 越小，A 越大。例如，我们假定：一地区人们的文化水平越低，则该地区的经济发展水平越低；反之亦然，一个地区的经济发展水平越低，则该地区人们的文化水平越低。人们的文化水平与经济发展的对称相关性，是客观存在的。

不对称相关是不可逆的相关关系，表示一概念内容的变化伴随另一概念的变化，但反过来并不如此。不对称相关的公式是：A 越大，B 越大；反之不然。A 越大，B 越小；反之不然。例如，我们假定：一个人抽烟越多，患癌的可能性也就越大。这是一个不对称相关，因为不能反过来说，一个人患癌的可能性越大，抽烟也就越多。

2. 因果关系

一种社会现象的变化引起了另一种社会现象的变化，表明这两种社会现象之间存在因果关系。概念之间的因果关系，可用下面的公式来表示：原因 A 的变化导致了 B 的变化。A 与 B 之间存在因果关系必须符合三个条件：(1)A 与 B 之间有关系；(2)A 与 B 之间的关系不是由于其他因素形成的；(3)A 的变化先于 B 的变化。如果 A 与 B 是变数，那么原因 A 是自变数，结果 B 就是因变数。

我们常用不对称关系界定因果关系：A 导致 B，反之不然。例如，我们假定：暴力小说的流传会增高青少年犯罪率。其中，暴力小说流传是原因，青少年犯罪率增高是结果。同时，我们还可以用对称关系来界定因果关系：A 导致 B；B 也导致 A。这种互为因果的关系，是在一个时间连续统中存在的；而在一定的时间，因果关系是不对称的，原因先于结果，反之不然。

因果关系有三种主要类型：

第一种，是单因果关系。其界定公式为：A ⟶ B。A 是因，B 是果；并且 A 是 B 的全部原因与惟一原因。

第二种，是双因果关系。其界定图式如图 5－1 所示：

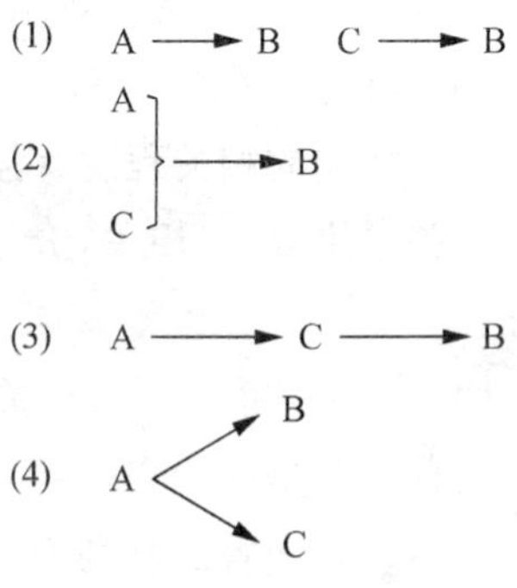

图 5－1 双因果关系图式

图式(1)表示，A、C 分别是 B 的原因，A 或 C 都是 B 的充分条件，但不是必要条件。例如，我们假定：一个人贪图享乐会导致犯罪；一个人盲目讲义气也会导致犯罪。

图式(2)表示，A 与 C 一起构成 B 的原因。仅仅 A 不足以导致 B；A 发生，同时还要有一个因素 C 发生，B 才发生。这时，A 或 C 都是 B 的必要条件，但不是充分条件。例如，我们假定，青少年受团伙不良影响又缺乏家庭管教，会导致犯罪。受团伙不良影响，不一定导致犯罪，加上缺乏家庭管教的因素才会导致犯罪。

图式(3)表示，C 是 B 的直接原因，A 是 B 的间接原因。例如，我们假定：工业化⟶生活方式⟶家庭结构，即一个国家的工业化导致了人们生活方式的变化，人们生活方式的变化导致了家庭结构变化，核心家庭增多。其中，生活方式C是中介变数。

图式(4)表示，一个原因A导致了两个结果B、C。例如，我们假定：社会风气不正导致市场秩序紊乱，也导致政治热情下降。

第三种，是多因果关系。其界定图式如图5－2所示：

图式(1)、(2)、(3)均表示多因一果。其中，图式(1)表示：A、C、D均可单独导致B。例如，我们假定：高人口密度会导致犯罪；失业会导致犯罪；贪图享乐也会导致犯罪。在这个命题组中，“高人口密度”“失业”“贪图享乐”均是犯罪发生的充分条件。图式(2)表示，只有当A、C、D同时发生，才导致B。图式(3)表示，A既是B的直接原因，又是B的间接原因。例如，我们假定：一个人的教育水平决定该人的职业与个人现代化，同时职业也决定个人现代化。

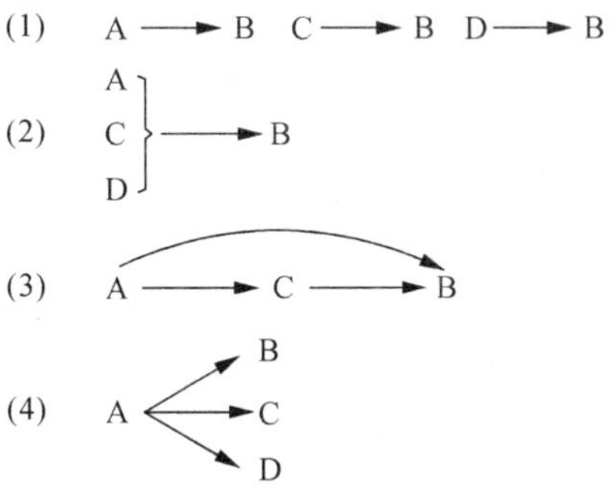

图5－2　多因果关系图式

图式(4)表示一因多果。例如，我们假定：农村家庭承包制一方面促使了农村劳动力的解放，另一方面带来了土地利用率的提高，同时还引起了农业劳动实际强度的下降。

3. 假相关

有些概念之间初看上去有一种相关关系，进一步分析会发现它们并不互相影响，不存在相关性。如果A与B似乎相关是由其他因素引起的，那么A与B之间的关系就不是相关关系，而是一种假相关。如图5－3所示：

图5－3　假相关图式

图(1)表示，A、B都是C引起的，但它们互相之间并不存在相关关系。例如，美国城市动物园里动物的数目与居民犯罪率之间似乎相关。其实，动物园里动物的数目与居民犯罪率一起变化，是由于第三种因素导致的。可能是由于城市人口规模同动物园大小与居民犯罪率高低都相关，从而使人们看起来后二者相关。

图(2)表示,结果B是由C引起的,而与A不存在相关关系。例如,有人比较了18个欧洲国家的自杀情况,发现夏季的自杀率最高。于是,他们得出了一个结论:气温对自杀倾向有直接影响。他们说,一方面,热能增加神经系统的兴奋能力;另一方面,在温暖的季节里生物体不需要消耗那样多的物质就可以保持必要的体温,消耗不完的能量需要在暴力行动中得以发泄。自杀就是其中一种表现形式。因此,这种自愿杀身行为在这个易于滋生暴行的季节增加了。[1] 其实,气温与自杀并没有关系。迪尔凯姆指出,与自杀有关的因素是社会活动紧张。[2]

三、通则

社会调查研究中使用的命题,有些是关于个别事物特性的陈述,有些是关于某一类事物共同属性的陈述。陈述某一类事物共同属性的命题,属于通则。在社会研究中,通则常常被用于解释与预测。描述则使用关于个别事物特性的陈述,同时也需要通则。因此,建构通则是社会研究者的一个重要目标。

通则有两种形式。第一种形式是假设,假设是没有经过检验与证实的通则。假设含有目前已获得的证据不充分的意思,因而只是一种尝试性的解释。第二种形式是定律,定律是经过检验并已被证实的通则。

1. 普遍性通则

普遍性通则,是关于对象总体所有分子的共同属性没有例外的陈述句。普遍性通则的基本形式是:“一切A是B,则如果X是A,则X是B。”假定我们能证实一切A是B,则每一个A的个案a,都可说是B或B的个案b了。普遍性通则是最有力的通则。如果我们能够证实“一切拥有财富的人都拥有特权”这一命题是一个普遍性通则(也即普遍性定律),那么,不管美国纽约华尔街的银行家,还是沙特阿拉伯产油区的酋长,只要我们发现有财富的人,就可以说他(们)有特权。如果我们能够证实“一切等级制度都限制下层阶级的发展与自由”这一命题是一个普遍性通则,那么,不管是哪一个国家的等级制度,也不管是哪一种等级制度,我们都可以断定它是下层阶级不平等地位与困境的根源。

“普遍性”是一个相对的概念。整个人类社会是一种普遍性,资本主义社会

〔1〕〔法〕E.迪尔凯姆:《自杀论》,浙江人民出版社1988年版,第60页。

〔2〕同上书,第74页。

与社会主义社会分别也是一种普遍性；所有社会阶层是一种普遍性，某一社会阶层也是一种普遍性。一个定律的重要性程度，主要取决于它的涵盖性，也即能说明现象的多寡。例如，美国社会学家 R. 米歇尔斯研究德国社会民主党时，他最后的结论(假设)不是“德国社会民主党(或者 20 世纪 20 年代的德国社会民主党)的组织是一群寡头控制的”，而是西方社会“一切组织都是寡头控制的”。[1]如果他的结论是前者，则不会引起多少人的注意；但因为他的结论是后者，故他的结论引起了人们的重视。如果能够证实西方社会的“一切组织都是寡头控制的”，那么，这一定律就很有意义，因为它揭示了西方社会组织的一种机制。

普遍性通则的界定，往往需要从个别或部分具体的经验事实出发，但又超越个别或部分的经验事实，从而上升为普遍性概念，然后再建构两个或多个普遍性概念之间的关系。例如，美国的天主教徒在大选中投民主党票的人比例较大，而基督新教徒在大选中投共和党票的人比例较大。这是一种社会事实。M. 罗森伯把天主教徒界定为“低地位者”的指标，把基督新教徒界定为“高地位者”的指标；民主党被界定为求变主张的指标，共和党被界定为保守主张的指标，从而形成了一个普遍性假设：“低地位的人，较不满现实，支持求变的主张；高地位的人，从现有制度中获利，支持保守的主张”。如果能够在西方社会或者全世界证实，所有低地位的人都支持求变的主张，所有高地位的人都支持保守的主张，没有例外情况，那么上述通则就成为一个普遍性定律。这种定律的解释力相当强。但是，在具体的社会研究中，验证这样的通则是十分困难的。许多被人们称之为“放之四海而皆准”的“普遍性定律”，其实仅仅是一种假设，并没有完全被证实，往往存在例外的情况。

2. 概然性通则

关于人类社会的普遍性通则，不包容任何例外的因素。这样，现实社会中具有例外现象的事实，就不可能使用普遍性定律来发现与解释。反映具有例外现象事实的通则，其客观依据不是普遍性，而是统计性规律。

概然性通则的形式是：“A 为 B 的概率是百分之××左右”。左右是指误差区间。社会现象实际的发生与发展，往往不是按照单因因果长链的方式进行的，而是有许多随机的因素发生作用，即存在一定的“可能性空间”。概率命题是通过数理统计，把社会随机变量与实数值中的某一值建立联系而形成的。它的意义在于精确地预测某一社会现象发生的可能性程度。在社会科学领域，建构盖

[1] 〔美〕R. 米歇尔斯：《政党：现代民主政治寡头趋势的社会学研究》，纽约，1959 年版。

然性通则比在自然科学领域要困难得多。社会现象发生的概率,往往要通过若干经验事实才能确定。假如,我们通过历史资料的分析发现,社会不安定局面相隔7年发生的次数占40%;相隔8年发生的次数占30%;相隔5年发生的占10%;相隔9年或更长时间发生的次数占20%。那么,我们就可以建构一个概率性通则:"社会不稳定局面每隔七八年又来一次的概率是70%"。这个通则虽然是从历史资料中概括出来的,但仍然是一个假设,因为它以后需要继续接受事实的检验。

3. 趋向性通则

这是一种准通则,即不如普遍性通则与概然性通则那样严格与精确,它反映事物的大致倾向,也容忍例外的情况。因此,它的解释力就较弱。

趋向性通则的主要界定公式是:(1)假如没有其他因素发生,则所有A将是B。(2)多数A是B。(3)有些A是B。

界定公式(1),是一个加上附加条件的普遍性通则。只因为加上了附加条件,公式(1)就不再是普遍性通则。"其他因素"可能发生,从而就不可能存在"所有A将是B"。"其他因素"发生的可能性有多大?通则中没有明确,因而它又不如概然性通则那样严格与精确,解释力也就较弱。这种通则在社会研究中应用较广。许多普遍性通则建构以后,由于发现了例外情况而转化为这种准通则。例如,我们假定:所有的乡镇企业都搞不正之风。显然,这经不起检验,有例外情况。我们再假定:如果其他条件相等,则所有乡镇企业都搞不正之风。这个假设容易被证实,因为所有乡镇企业的"其他条件"不可能相等,有的乡镇企业可能就地取材,不需要通过开后门、拉关系等形式获取原材料;有的乡镇企业的产品深受市场欢迎,不需要用"回扣"等形式打开销售渠道。

界定公式(2)(3),是模糊命题。"有些"究竟是指多少?"多数"究竟是百分之几?在这类模糊命题中,都找不到准确的答案。在社会调查研究中,这类准通则,往往出现在定性描述或结论之中。例如,从近年来西方社会学者的调查材料中[1],可以概括出这样的准通则:"西方国家多数青年人在政治上持消极态度"[2]。又如,也有许多社会学者认为,在竞争社会中,依靠个人奋斗而成功的人占多数,只靠学历获得成功的人占少数。模糊命题可以超越同类事物的数值的有限差别,概括同类事物的某种共性。例如,据调查,在日本,赞成通过学历去提高待遇和收

〔1〕 例如,1982年法国《新观察家》杂志公布了一份调查材料,调查题目是"法国人相信什么和不相信什么",调查结果表明,18~24岁和25~34岁的青年中,不相信军人的占54%,不相信司法机关的占55%,不相信政治理想的占58%。

〔2〕 K.罗伯茨:《八十年代的青年:一种新的生活方式》,载《联合国科教文组织杂志》1985年第37期。

入的人仅占13%，而对此持反对态度的人则占79%；依靠个人奋斗而成功的人占73.9%，而只靠学历获得成功的不足7.8%。在美国，靠个人奋斗获得成功者占63.4%，而靠学历获得成功者则达到48.3%。[1]

第三节　理论的建构方法

一、理论的形态与特征

理论的建构，是以概念的建构与命题的建构为基础的。有了科学的概念与命题，就有可能形成一个好的理论。

理论是一组有逻辑联系的假设或定律。理论有三种形态：(1)全部由定律构成的理论。这种理论十分罕见。(2)假设与定律二者共同构成的理论。这种理论则较为常见。(3)全部由假设构成的理论。这种理论也是存在的。第一种形态的理论，由于其中的命题都已经过检验与证实，因而是成熟的理论。第二种形态的理论，由于还有未经检验的命题存在，因而是不成熟的理论。第三种形态的理论，由于所有的命题都未经证实，因而只是理论的雏形。提高理论的成熟程度，追求理论的"全证性"，即全部命题的被证实性，是值得鼓励的，但不能轻视理论雏形的过渡意义，以及不成熟理论的应用意义。

社会具体研究初期建构与使用的理论，一般是由假设构成的。如果研究者对某一社会事实或反映该事实的资料发生了兴趣，就可能发展出一组假设，作为研究设计、观察、测量的基本依据，以及检验的对象。

理论具有如下基本特征：

(1) 两个或两个以上相互联系的命题。理论是一群概念体系，是一组相互联系的命题。

(2) 关于客观规律的陈述。理论的意义，是概括一类事物或一群事件的本质与共同属性。陈述一类事物或一群事物的本质与共同属性，就是陈述一定的客观规律。

(3) 可经验检验性。社会调查研究中使用的理论，属于科学理论。科学理论可以接受经验事实的检验与再检验，至少最终是可以检验的。

---

〔1〕〔日〕隅谷三喜男：《日本并非学历社会》，载《世界》（日本）1985年第12期。

二、理论的建构方法

建构理论主要是解决两个问题：(1)如何形成可检验的关于客观规律的陈述？(2)如何建立命题之间的相互联系？解决这两个问题的主要方法是演绎与归纳。

1. 演绎方法

理论建构的演绎方法，简单地讲，就是先设立若干基本假定项，然后从这些假定项中再引申出若干命题。基本假定项即是“公设”或“公理”，从基本假定项中引申出来的命题，即是“定理”。“公设”是被定义为真实的和概括性较强的命题，不可直接检验。“公理”是被假定为真实的和概括性较弱的命题，不可直接检验。“定理”是从公设或公理中引申出来的经验性命题，则可以直接检验。

通过演绎建构理论，起点是假定项。假定项一般以普遍性定律方式表示；它是“自明之理”，不必验证，可视做定律直接使用，但它不必验证，完全是出于建构理论的需要，而不是由于它一定是“真理”。

通过演绎建构理论，就是从一定已知的命题出发推论出若干未知的命题。这种建构理论的方法以演绎三段论为基本格式：

命题1：若A，则B；

命题2：若B，则C；

因此，命题3：若A，则C。

社会研究中实际使用的建构理论的演绎格式，往往比简单的演绎三段论复杂。

在实际的理论建构中，假定项不一定只是一个命题，有时是几个命题。那样，理论建构就更为复杂。不管假定项与经过演绎的命题多或寡，只要假定项是真实的，则从假定项演绎出来的命题也都是真实的。如果假定项未经过检验，不知是否真实，那么将假定项演绎出来的命题当做假设进行检验，并把这种检验作为检验整个理论的方法。假定项是抽象水平上的命题，从中引申与推演出来的是经验水平上的命题。抽象水平上的命题表示抽象概念之间的关系，经验水平上的命题表示变数之间的关系。

例1：迪尔凯姆关于自杀理论的演绎

假设：

命题1：缺乏社会整合性(A)会导致精神沮丧(B)。

命题2：精神沮丧(B)导致偏差行为(C)。

命题 3：基督教(a_1)比天主教(a_2)更缺乏整合性。

命题 4：偏差行为(C)与自杀率(c)有直接关系。

推论：

命题 5：基督教徒的自杀率(a_1c_1)高于天主教徒的自杀率(a_2c_2)。

例 2：兰斯福德关于暴乱理论的检验

1965 年夏天，洛杉矶市郊华兹黑人居住区发生暴乱，在将近一周的时间内造成了 35 人死亡，2 亿美元的损失。暴乱的参加者是什么人？他们为什么参加暴乱？社会学家兰斯福德(H. E. Ransford)首先研究了有关极端政治行为的理论文献，发现过去学者们曾指出，社会隔离和权力丧失感往往与政治暴力相联系。根据华兹暴乱的情况，兰斯福德发现有理由认为这两个方面是暴乱的原因。从而，关于两个方面的关系的命题就成为他建构演绎理论的“假定项”。他从当地黑人居民中选了一个样本来进行调查。关于社会隔离程度，他询问研究对象在工作地点、居住区域、社会团体及其他场合同白人接触的情况。关于权力丧失感则用另一些问题来测量。如他给出一些断言，诸如“世界掌握在少数有权力的人手中，小人物是无能为力的”，然后要求调查对象回答是否同意这个说法。根据调查对象的回答确定他们在社会隔离和权力丧失感方面的程度。由于人们害怕遭刑事起诉而不敢承认是否参加过暴乱，兰斯福德便转而向他们询问两个问题：(1)“为争取黑人权力你是否愿意使用暴力？”约 1/4 的调查对象给了肯定的回答。(2)问：“你是否已经这样做了？”只有 5%的人说做过。如果假定项是正确的，兰斯福德应当发现社会隔离和权力丧失感严重的人，更倾向于表示愿意使用暴力以及承认已经这样做过。结果确实如此，他的理论的假定项为事实所证实。[1]

2. 归纳方法

毛泽东同志说过：“一切结论产生于调查情况的末尾，而不是在它的先头。”[2]从建构理论的角度来看，使用演绎法的调查研究的结论，实际上是对演绎项，或者通过演绎项的检验对假定项作出的是否真实的陈述；使用归纳法的调查研究所得出的结论，则是从社会实际情况中直接上升而构成的经验命题或抽象命题。

通过归纳建构理论，第一步是从实际调查、观察、研究对象的材料中形成若

〔1〕〔美〕艾尔·巴比：《社会研究方法》，四川人民出版社 1987 年版，第 36～37 页。

〔2〕 毛泽东：《反对本本主义》，载《毛泽东农村调查文集》，人民出版社 1982 年版，第 2 页。

干经验命题；第二步是从若干经验命题中概括出涵盖面更宽、概念更抽象的命题。我国传统的调查研究，开始之前往往不建构演绎理论，而是带着一些问题，到实际中去寻找答案，从而作出归纳性的结论。

归纳是从个别到一般的推理。完全归纳法的基本公式是：

根据：

S_1 具有 P 属性，

S_2 具有 P 属性，

S_3 具有 P 属性，

……

S_n 具有 P 属性，

S_1、S_2、S_3……S_a 都是 S。

推论：

所有 S 都具有 P 属性。

在社会具体研究中，由于调查考察的范围有限，因此采用完全归纳法是很困难的。研究者往往更多地采用不完全归纳法：根据对某一类事物中部分对象的共同属性的认识，概括出这一类事物都具有某种属性的一般性结论。不完全归纳法的基本公式是：

根据：S_1 具有 P 属性，S_2 具有 P 属性，S_3 具有 P 属性……S_1、S_2、S_3……都是 S 的典型。

推论：所有 S 都具有 P 属性。

例 1：

1967 年，美国人格洛克(Charles Glock)及其同事们进行了一次大规模的调查。调查资料所显示的情况与研究结论，反映在下面的理论建构过程之中。

根据：

命题 1：女人比男人宗教信仰强烈；

命题 2：老人比青年宗教信仰强烈；

命题 3：穷人比富人宗教信仰强烈；

命题 4：单身者比有家庭的人宗教信仰强烈；

命题 5：女人、老人、穷人、单身者都是低地位社会集团。

推论：低地位社会集团的宗教信仰都强烈。

这个推论也可阐述为每一种同笃信宗教相关的社会阶层，其价值在美国社会中都是被贬低的。那些在世俗生活中被最大限度地剥夺了满足感和成功感的人，求助于教堂以获得慰藉与补偿。这些阐述就是所谓“宗教的社会剥夺理论”[1]。

例 2：

根据：

现象 1：在一个纺织厂里面的一个“问题”很多的部门里，当那儿的工人彼此之间有了互相理解和合作的机会以后，他们的工作效率就从不足 70% 提高到 80% 以上，工人的转业率也从 25% 降到 5%。[2]（内含命题 1：在工作条件不变的情况下，工人之间关系的改善也能提高工作效率）

现象 2：在西方电气公司实验计划的进行中，管理者将要采取什么变动事前都同工人协商，工人对管理者也能自由地表达意见和感情。一共安排了 12 项实验上的变动，然后回复到原来的工作条件——没有休息时间，没有上午的加餐，没有较短的工作日或工作周。这样持续实验，工人的产量没有下降的倾向。[3]（内含命题 2：工人与管理者关系的改善比工作条件改善更能提高工作效率）

现象 3：工人们不愿被“提升”，因为“提升”就意味着离开他们原来的团体，而他们喜欢原来的团体，在那里他们具有非正式的成员关系。[4]（内含命题 3：工人们对保持伙伴关系比提升更重视）

命题：工人与工人、工人与管理者的关系都是人际关系。

推论：人际关系比物质利益更吸引人。

这个推论可阐述为：人对人际关系的反应比对经济诱因等更为强烈。同伙伴搞好关系的愿望，即人类社会结合的本能，很容易胜过单纯的个人利益和逻辑思考。这就是所谓“社会人理论”。

3. 类比方法

类比方法是从比较出发，寻找两类对象相同点或相似点的一种推理方法。使用类比方法建构理论，就是把已知的关于某类事物的知识与结论，推广到研究对象上去，从而形成相同或相似的理论。类比法的基本公式是：

根据：

A 类对象具有 a、b、c、d 属性；

B 类对象具有 a′、b′、c′属性；

---

〔1〕〔美〕艾尔·巴比：《社会研究方法》，四川人民出版社 1987 年版，第 38～39 页。

〔2〕〔美〕梅奥：《工业文明的社会问题》，商务印书馆 1964 年版，第 14 页。

〔3〕同上书，第 83 页。

〔4〕同上书，第 92 页。

a′、b′、c′分别与 a、b、c 相同(或相似)。

推论:

B 类对象也具有 d 属性(或相似的属性)。

使用类比方法建构社会理论的起点,首先是宇宙体系、生物有机体与自动机械系统及其已经建构的理论。现代自然科学的发展推动社会科学工作者使用更多的类比方法建构理论。社会研究者把社会体系同自动体系类比,建构系统理论、协同理论、非平衡理论、良性循环理论、信息理论、自组织理论等。在这些方面,近年来我国经济学与社会学者表现了相当高的热情。

使用类比方法建构社会理论的起点,还有其他社会体系。一些社会研究者在一个领域、一个国家建构的理论,常常被另一些社会研究者推论到另一个领域、另一个国家。关于经济领域的知识与结论,往往有人尝试推广到政治领域或社会领域。同时,关于社会领域的知识与结论,也往往有人尝试推广到经济领域、政治领域。发达国家的道路,可能被推论为发展中国家的必由之路。

美国社会学家乔治·霍曼斯将斯金纳关于动物心理的五个命题用于解释人类的交换行为。也就是说,他相信对于动物行为的理解可以产生对于人类行为的理解。霍曼斯使用类比方法建构了社会交换理论。其中,成功命题的建构方式如下:

根据:

命题 1:鸽子啄一个特定的目标时,就给它一些食物作为报酬。该动物得到的报酬越经常,它就越会重复该动作。

命题 2:人发生一个行为,都是为了得到报酬。

命题 3:人与鸽子的心理是相似的。

推论:一个人的某种活动得到的报酬越经常,这个人就越愿意从事这种活动。

这个命题对于说明人类行为只有部分合理的意义。热情帮助别人将得到社会赞同,考试前努力学习会得到好成绩;但是,并不是每一个人都为了经常得到社会赞同或好成绩而热情帮助别人或在考试前努力学习。霍曼斯的社会交换理论虽有一定的意义,但指出其缺陷的批评还是经常出现的。

类比推理容易引起谬误,即把不相同或不相似事物说成是相同或相似的事物,把不相同或不相似的属性说成是相同或相似的属性。然而,谨慎使用这种方法,在开拓新的理论构造领域方面,也有它不可替代的重要意义。

4. 联结方法

联结是把若干准通则汇合在一起而建构理论的方法。单个准通则解释力较弱，因为不能包含相当一部分例外情况。将解释同一研究对象的若干个准通则联系起来，就会减少例外情况，形成比单个准通则更有解释力的理论。

使用联结方法建构理论的基本形式如图 5－4 所示：

范例：

根据：

命题 1：通货膨胀可能引起社会骚动。

命题 2：政治腐败可能引起社会骚动。

命题 3：分配不公可能引起社会骚动。

推论：通货膨胀、政治腐败、分配不公现象均发生时，就有社会骚动的可能性。

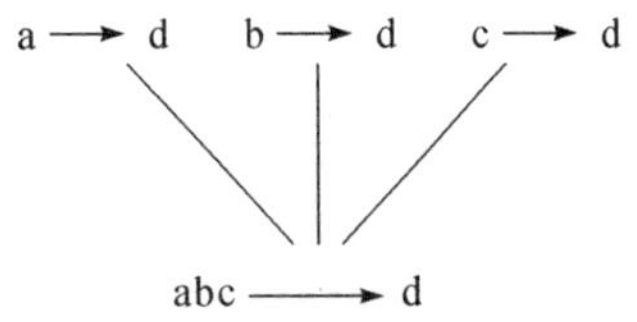

图 5－4　理论的联结建构图

三、社会学理论的类型与功能

社会学理论是一种特殊的知识体系。美国社会学家塔尔柯德·帕森斯等人认为，把零星的知识整合或编集并予以解释，可以形成理论；理论是知识的组织与系统化；理论有助于控制研究者观察与解释方面的偏见，这种偏见是分工过分精细所难免的，一个涵盖性较广的理论在某种限度内可减轻学科分工过细的弊病。[1] 社会学理论组织与综合关于社会的什么样的知识呢？有如下四种形式：(1)假如知识要告诉我们在经验世界中应该有什么东西，并且暗示不应发生什么东西，则它就是意识形态的知识。(2)假如它告诉我们应该是什么，但并不与可观察事件相一致，则它就是宗教的知识，或关于另一王国的力量与存在的知识。(3)假如它既非经验的也非评价的，则它是一种逻辑的形式系统。(4)假如它是关于经验事件的又不带价值判断，则它就是科学。当代西方社会学家大多主张社会学理论属于第四种知识，即一门关于经验事件的又不带价值判断的科学。其实，任何一个社会学者都不可能完全避开价值判断。社会学者不是要回避价值判断，而是要回避价值判断的错误依据，例如个人偏见、个人私利等。马克思主义社会学理论既要解决社会主义社会与资本主义社会"是怎样"、"为什么这样"的问题，也要在揭示社会发展客观规律的基础上，指出人们应该如何遵循客观规律，顺应历史潮流，这无疑也是一种科学知识。

〔1〕〔美〕塔尔柯德·帕森斯等：《行动一般理论》，纽约，1951 年英文版，第 3～4 页。

归纳起来，社会学理论的主要类型有如下四种：

1. 公理理论

公理理论是一种从公理出发向经验现实演绎的命题系统。这个系统具有等级秩序，等级的顶端是公理，是高度抽象的陈述，所有其他理论陈述均由公理逻辑地推演而来。同时，其中包含一组直接反映社会事实的命题，这些命题构成理论对于社会现实的具体描述与解释域。公理理论要求概念的定义精确，概念之间关系的陈述客观，概括研究对象的命题没有例外，控制所有可能的外生变量。要做到这几点是十分困难的。有些理论虽然采用公理、定理、定律的逻辑演绎结构，但"公理"未经证实或不能证实，那么这些理论只是一种公理理论架构，最终并不能成为公理理论。公理理论架构在社会研究中少量存在，真正的公理理论则更为少见。

2. 形式理论

形式理论也有一定的等级秩序，但等级的顶端不是公理，而是若干定律。这些定律由抽象概念，而不是以经验变量构成。所谓"形式"，是相对于具体的经验事实来说的，主要是指概念的抽象性与命题同经验事实具有一定距离的特性。形式理论是从若干定律出发，向经验事实演绎的命题系统。这种理论，在社会学中较为常见。例如，"群体对外冲突会促进内部团结"，这是社会冲突理论中的一个定律。这个定律可以解释许多经验事件。如我国抗日战争爆发后，中华民族内部团结增强，出现了一定程度的各阶级团结抗日的局面。第二次世界大战中，各国在反法西斯的斗争中，民族主义空前强烈。但这个定律在解释经验事件时，也出现过例外情况，如 20 世纪 60 年代美国侵略越南时，美国国内不仅没有加强团结，反而出现了大量示威游行等反越战活动。如果添上附加条件，把上述定律修改为："当对外冲突威胁一群体的利益时，则会促进该群体的内部团结"，效果就大不一样了。

如果作为演绎起点的定律未经证实，那么以形式理论结构出现的理论，则是形式理论架构。

3. 经验理论

经验理论是直接概括经验事实的命题系统。在社会调查研究中，这种理论架构使用频率也许最高。我国社会学者建构的理论，以经验理论居多。例如，有人提出："社会异质性产生利益群体"。其中，社会异质性是指收入、职业、文化程度、生产资料所有权等方面的差别；利益群体指高级干部、中层干部、一般干部、专业知识分子、企业家群体、正式工、合同工、临时工、业主、城市待(无)业者、军人、宗教职业者、城乡独立劳动者、城市农民工、乡镇企业工人、农村专业户、私人雇工、农民(包括村、牧、渔民)、游民等社会集团。[1]

经验理论架构对于社会调查研究者有特殊的意义。一则建构容易,二则应用方便。例如,“社会流动速度过快会引起社会振荡”、“农业剩余劳动力就地转移为主会促进社会安定”等,均属经验性命题。由这类命题建构的经验理论、架构及其检验,对于寻找与发挥我国社会发展的机制,具有重要的作用。

4. 思辨理论

这种理论并不解释具体事件,而是解释形成理论必须解决的基本问题:第一,人类活动的基本性质是什么?对此我们可以发展出一套理论。例如,人类的本性是什么?社会的本性是什么?把人们彼此联系起来并把个人与社会联系起来的契约的基本性质是什么?第二,什么是发展理论的适当方法?什么样的理论是可能的?例如,我们能否建立高度形式化的抽象定律体系?我们能否以精确的测量程序有力地检验理论?第三,社会学理论应该集中讨论什么问题?例如,究竟是专注于社会整合过程还是社会冲突?专注于个体间社会行动的本性,还是组织结构?是强调价值与信仰等,还是强调人们生存的物质条件?[2] 社会调查不直接使用这种理论,但可能会受它的影响。在建构反映社会现实的理论的过程中,往往蕴涵了对社会作什么基本假定等思辨性思考。思辨理论对社会调查研究具有双重作用。在某些场合,对于某些人,可能会激发他们致力解释社会事实、建构现实理论的热情;在某些场合对于某些人,可能会导致他们忽视现实理论的建构而总是停留在思辨理论之中。

依据不同的标准,理论的类型可以作不同的划分。有一种观点认为理论可以划分为如下九组:(1)实证理论与人本理论。实证理论注重揭示社会现象及其过程的客观规律;人本理论注重“理解”人的社会行为的主观意义。(2)非正式理论与正式理论。非正式理论是指结构松散与不完整的几个命题;正式理论则是具有完整与严密逻辑结构的命题系统。(3)描述性理论与解释性理论。描述性的理论重点在于详细描述特定事物或现象的形态与特征;解释性理论则注重各因素间的相互关系,说明特定事物或现象存在与变迁的原因。(4)理念性理论与

[1] 于真、谭明方:《社会利益群体理论与马克思主义社会结构观的发展》,载《上海社会科学院学术季刊》1988年第4期。

[2] 〔美〕乔纳森·H.特纳:《社会学理论的结构》,浙江人民出版社1987年版,第11～12页。

科学性理论。理念性理论以理念意识为指导原则，常含有主观偏见；科学性理论以客观的科学原理为指导，很少有主观偏见在内。(5)直觉性理论与客观性理论。直觉性理论来自研究者的直觉与主观构想；客观性理论来自研究者对研究对象客观的分析和综合。(6)归纳理论与演绎理论。归纳理论是从特殊事件的研究归纳到普遍原则的理论；演绎理论是由普遍原理应用到特殊事件的研究上的理论。(7)小型理论与大型理论。小型理论重视个别的特殊事件，例如小团体的研究；大型理论重视普遍的或整个社会体系的研究，例如研究比较若干社会的现代化程度。(8)结构理论与功能理论。结构理论着重于静态的某一事物或现象的结构的研究；功能理论则注重于某一事物或现象在整个大体系里所担负的功能与动态关系。(9)自然性理论与社会性理论。自然性理论偏重自然现象的说明，例如以气温、生理等因素来说明人的行为；社会性理论则偏重于社会因素方面的说明。

第六章 课题的操作方法

社会调查研究是有意识、有目的地探索社会未知领域的思维与操作活动。社会未知领域就是调查研究的问题。关于社会未知领域的主要命题，就是社会调查研究的课题。提出问题，选择课题，在社会调查研究中具有重要的意义。概念、命题的操作化，是实施社会调查研究的关键环节。

第一节 课题的选择

提出问题，选择课题，是解决“调查什么、研究什么”的问题。如果这些问题不解决，调查研究只能是盲目的；如果这些问题解决得不好，即选题不当，调查研究的对象与范围就难以确定，或难以进行，半途而废，造成人力、物力和时间的浪费。

一、选题的意义

第一，选题为调查研究明确任务、对象与范围。

有的人调查之前不能确定所要研究的问题，认为只要人下去了，深入了实际，就能了解到真实情况。“有什么就调查什么吧！”他们以为这是唯物主义的好方法。其实不然，“研究什么”不明确，容易陷入松散肤浅的调查误区，造成注意力分散、观察面过宽的局面，产生模糊的结果。许多情况都有所了解，但什么也未深入了解，这样的调查，是不能成为科学研究活动的。即使是探索性调查，也需要明确将要调查的问题是什么。探索性调查不同于正式调查的地方，在于它可以只探索一个问题，也可以同时探索两个问题，以便从中选择确定一个问题并提炼为正式调查的课题。有人担心带着问题或课题下去会束缚调查，这种担心是不必要的。调查研究的任务、对象、范围、地点等，都是课题及其要求所决定的。任何一项实际调查研究，开始前都必须明确地提出问题，科学地制定课题。毛泽东同志在《寻乌调查》中写道：“关于中国的富农问题，我还没有全般了解”，“同时，我对于商业状况是完全的门外汉，因此下大力来做这个调查”。[1] 这就是说，毛泽东同志在寻乌县调查时，提出的问题是：“寻乌县的富农与商业状况如何?”明确地提出问题，不仅不是一种束缚，而是把该问题搞清楚的必要前提。毛泽东说过：“我作了寻乌调查，才弄清了富农与地主的问题，提出解决富农问题的办法，……”[2]“贫农与雇农的问题，是在兴国调查之后才弄清楚的，……”[3]

第二，选题体现和影响调查研究的水平与质量。

社会调查研究的水平与质量，主要通过三个环节来体现与决定：一是课题选择，二是资料搜集，三是结论形式。第一个环节属于提出问题，第二、第三个环节则属于解决问题。解决问题容易受到重视，而提出问题往往会受到忽视。为了提醒大家重视“提出问题”在科学研究中的作用，自然科学与社会科学工作者都喜欢引用爱因斯坦的这样一段话：“提出一个问题往往比解决一个问题更重要，因为解决一个问题也许仅仅是一个教学上的或实验上的技能而已。而提出新的问题、新的可能性，从新的角度去看旧的问题，都需要创造性的想象力，而且标志着科学的真正进步”[4]。这个见地是很深刻的。

从近些年来我国社会调查研究的情况来看，有两个缺陷必须引起我们的重视：一是选题平庸、日常化、无甚意义；二是方法简单、一般化、偏误甚多。从而，使相当一部分调查研究项目的科学水平与研究质量不高。如果研究者在选题上多下点功夫，从新的角度提出问题，那么情况就会大不一样。因此，要提高我国调查研究的总体质量，应首先提高选题的水平。不要纠缠于经不起分析、没有多少价值的问题，不要心血来潮，想到什么就去调查什么。

目前，我国政府的社会科学基金资助项目的评定，主要审查评议课题的意义，以及完成该课题的可行性。选题的用处，在这里就表现得十分明显。不仅选题要有意义，而且要有足够的意义。否则，就不能在众多申请课题的竞争中脱颖而出。

第三，选题是人类社会认识发展的阶梯。

一个严格意义上的课题，是从某一问题出发而建构的命题，本身就具有认识的功能。例如，《农村青年传统婚姻家庭观念淡化》《农民消费观念趋向城市化》

[1] 《毛泽东农村调查文集》，人民出版社 1982 年版，第 41 页。
[2] 同上书，第 22 页。
[3] 同上书，第 23 页。
[4] A.爱因斯坦、L.英费尔德：《物理学的进化》，上海科学技术出版社 1962 年版，第 66 页。

《如何看待农民生活差距的扩大》《第二职业的地下发展趋向》《私营经济的社会容忍与社会震荡》等课题调查，可以揭示我国的一些社会事实与社会趋向。

社会调查研究都是在一定的社会历史条件下，研究那些客观上已经趋于成熟、社会生活中又迫切需要解决的问题。提出这些问题，就为这些问题的解决开辟了道路，把人类对于社会的认识推上新的阶梯。正确而适当的选题，不仅可以带来新知，而且还会推动与吸引人们去解决现实问题。我国改革中出现许多新情况、新问题，从中选出的课题，必然导致一些具有应用价值的结论。

二、课题的类型

社会调查研究课题的类型很多，我们应在主客观条件许可的范围内，选择一定类型的课题。根据研究内容与他人研究的关系，课题可分为：

1. 承续性课题

承续性课题是进一步研究他人已经提出的问题，在他人已经取得的成果的基础上而提出的更有深度或广度的课题。假如，他人已经调查研究了我国当前离婚诉讼中原告性别的变化，描述了原告中女性增多的趋势，但对于为什么出现这种趋向解释比较简单。在这种情况下，为了更充分地解释离婚诉讼中女性为什么增多的社会现象而确定的课题，就属于承续性课题。这种类型的课题在实际的社会调查研究中经常被采用。对于初学者来说，这类课题也较易于制定。

2. 再生性课题

为了比较而研究的他人曾经提出与完成过的课题，叫再生性课题。这类课题不是简单地重复他人已经搞清楚了的问题，而是在不同的时间、地点等条件下，对他人已经完成的课题及其规定的同类对象进行再调查与再研究。例如，20世纪40年代有人曾对西欧大学生价值观念的全面分类进行了调查研究。以后，中国也有人以此为题，并且使用几乎相同、稍有修订的问卷在部分中国大学生中进行了调查，比较不同价值观念的分布及其差异。近年来，我国也出现了一些使用他人已做过的课题，在不同于他人的地点进行调查研究的项目。这类课题本身没有创造性，但课题具体展开以后独立得出的结论，同他人研究的结论有比较意义，也使老课题在新的调查研究活动中获得再生。有些社会学家使用再生性课题，使用与他人相同的方法，来检验他人调查研究的结论。

然而，再生性课题研究很容易陷入没有价值的重复的误区。

3. 热门性课题

有人提出后许多人纷纷响应的课题，即是热门性课题。这类课题有许多人几乎同时在采用，一方面容易受人注意，另一方面竞争性强。因此，采用这类课题是“逆水行舟”，容易形成较大的社会影响与效益，也容易相形见绌。例如，关于农村劳动力剩余及其出路、关于小城镇的功能与发展道路、关于城乡生活方式的趋向、关于私营经济的性质与前途、关于社会稳定的因素与机制等，是以前一段时期内的热门性课题。

4. 创见性课题

直接用新观点标示的课题，即是创见性课题。这类课题不以“问题”的形式出现，而往往以通则或准通则性假设的形式出现。也就是说，这类课题本身就是一种关于特定事物及其属性的陈述。著名的研究课题，创见性占的比重较大。创见性课题的主要特点在于课题本身，而不在于对象领域。在他人曾经研究过的领域可以提出崭新的见解，形成新的课题。

5. 开拓性课题

研究从未有人涉足的对象领域的课题，即是开拓性课题。开拓性课题在研究对象与范围方面，具有填补空白的性质。这类课题适用于研究新情况与新问题，以及长期被人忽视的早已存在的情况与问题。

以上五种类型的课题呈金字塔形(见图 6－1)。

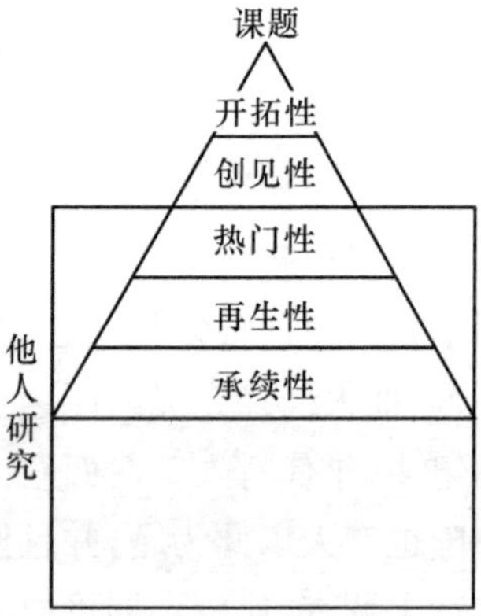

图 6－1 研究课题的结构

根据课题的性质，可以分为：(1)指令性课题，即领导部门下达与布置的课题。(2)委托性课题，即有关部门与单位以一定的契约形式要求研究者完成的课题。(3)招标性课题，即基金会向社会广泛征求申请者并择优录取的课题。(4)自选性课题，即自己发现与提出的课题。

根据研究目的来区分，研究课题有两大类：一是基础性课题，又称理论性课题；二是应用性课题。基础性课题，是以研究社会关系相互作用的过程、揭示其中的基本规律，或者探索新的社会关系领域、发现新的原理等为基本任务，如《非正式群体的社会功能》《我国社会主义社会初级阶段的社会结构》，就是两个基础性课题。应用性课题，是以研究基础理论实际应用的途径、寻找某些社会现象的解决方案为基本任务的课题。例如城乡一体化背景下农民工权益保障研究、校园青少年自杀风险预警与防治模式研究、城乡居民最低生活保障制度研究，就是应用性的课题。应用性课题的时代性最强。

三、选题的原则

选择与确定研究课题应遵循如下原则：

1. 价值原则

研究课题的价值在于理论上与实践上的社会意义。衡量研究课题是否具有价值主要有三个标准：首先，是社会需要程度。凡社会需要解决的，就是有价值的；凡社会迫切需要解决的，就是有突出价值的。总的原则是，在我国社会主义事业进程中迫切需要说明与解决的问题中，选择社会调查研究的课题。因此，一方面要踏勘，即实地作一些了解，找一些人谈谈：究竟现实向我们提出了哪些问题？尤其是新的问题。究竟哪些现实问题受到人们的普遍关注？把这些问题搞清楚了，就可以防止钻牛角尖及先验论的发生。另一方面要征询意见，一般是向有关部门与单位，向实际工作者与专家征求意见。第二，是发展前途。凡课题完成以后将会对社会发展产生一定的积极影响，或促使一系列相关问题解决的，就是有发展前途的课题。第三，是科学性。要以已经过经验检验的理论为指导，不能违背已知的科学原理。正如自然科学研究不能以“永动机”作为选题那样，社会调查研究不能以违背辩证唯物主义和历史唯物主义基本原理的内容为课题。科学研究的生命力在于创造性。因此，要认真查阅文献资料，充分掌握现有情报，即了解前人已经研究过哪些问题、已经研究到什么程度，从而避免重复劳动，保证课题研究的一定深度。同时，努力提炼出新的课题。

2. 可行原则

完成一项课题研究任务需要多种条件。必须在调查研究正式展开时所需要的各种条件能够具备的范围内选择课题，即是选题的可行原则。社会调查研究所需要的条件主要有三类：一是能够投入调查研究的人力、物力与财力的大小；二是客观事物成熟的程度、社会环境的制约因素、被研究对象的回答能力与合作意愿；三是研究人员的理论、方法、资料的掌握程度。不具备必要的条件，就不宜选择与这些条件相应的课题。如果缺乏必要的条件，但研究者有志于研究有关的课题，那么应积极准备或创造所缺乏的条件。有些条件通过主观努力能够拥有，如补充有关知识，争取被调查对象的配合等；有些条件并不是主观努力所能达到的，如客观事物成熟的程度、被调查对象的回答能力等。只有具备了一定的条件之后，才能选择有关课题。不然，就不能研究出成果来。当然，如果选题太窄、过易，不经过多少努力或只需使用条件的一小部分即可完成，也是一种浪费。因此，要在可能的范围内，充分发挥各种条件的作用，有多大力，办多大事。

3. 优势原则

对于研究者本身来说，其优势可能在于两个方面：一是知识专长或经验较多之处，二是熟悉的社会领域。科学研究是以已知为基础、探索新知的过程。既然已有的知识是调查研究的基础，那么研究人员与有关辅助人员的实际知识与能力，就成为选题的一个依据。研究者应调查研究与自己基础比较扎实的知识相应的课题。扬长避短，从研究比较熟悉的对象、知识准备比较充分的方面起步，容易取得成功。

除了研究者本身的因素之外，优势还在于客观方面，即研究者所在部门、地区的自然与社会条件。应充分利用本地区、本部门、本单位的优势条件，选择恰当的课题。

四、选题的起点

从何选择课题？这是选题的起点问题。孕育与产生社会调查研究课题的土壤与温床是很多的，我们现作如下归类：

(1) 现实的社会事实、社会问题与社会动向。社会调查研究的课题，主要是从社会实际存在及实践经验或教训中提出来。例如，费孝通教授从农民致富渠道不畅通的弊病中发现了必须重视小城镇建设的课题。他说："由于落实了正确的政策，农村的农业、副业和工业都出现了新的起点。可是我们发现农村的富裕不那么稳固。如农民的养兔事业，就随着海外兔毛市场的涨落而波动，一时间家家户户都养起了长毛兔，没过多久又纷纷杀兔吃肉。看来农村地区没有一个相当稳定的经济中心，农民的命运就只能操纵在别人手中，这就提出了小城镇建设的问题。由此见，社会调查的题目，从根本上说是来自社会实践的发展。"[1]又如，近年来，社会主义国家内部的冲突事件频繁爆发。面对这一现实情况，我们开展了《社会风险与早期警报》的课题研究，探讨社会风险理论创新与群体性突发事件处理策略。

(2) 马克思主义理论。马克思主义关于社会主义社会的论述，不断地接受着社会实践的检验。我们从中可以发现与提出许多课题，进行调查研究，丰富与发展马克思主义。例如，从 20 世纪 30 年代开始，马克思主义者普遍认为社会主义

---

[1] 费孝通：《社会调查自白》，知识出版社 1985 年版，第 9 页。

国家存在三个主要的社会集团，即工人阶级、农民阶级与知识分子阶层。这种理论是否需要发展？如何发展？又如，列宁认为，社会主义就是消灭商品经济。这种观点如何理解？社会主义初级阶段如何发展商品经济？市场经济的发展带来了哪些社会问题？诸如此类的问题，在马克思主义经典著作中找不到现成的答案，而必须在调查研究中解决它们。这些课题的理论意义与现实意义都十分重要，并且迫切需要人们依照事实来研究，而不是客厅式的空谈。

(3) 社会调查研究文献。前人与同时代的人已经完成的社会调查研究成果，也是我们发现与提出课题的源泉。社会调查研究文献，能够直接给人启发。例如，农民工问题是我国工业化、城市化进程中具有本国特色的问题。围绕农民工问题，广大社会学学者进行了大量的社会调查。许多调查报告表明，农民工正在发生三大转变：一是由亦工亦农向全职非农转变。据统计，2004 年外出务工 6 个月以上的农民工占 81.3%，比 2003 年提高了 3.7 个百分点，比 2002 年提高 6.4 个百分点。二是由城乡流动向融入城市转变。据统计，近年来举家外出的农民工持续增加，2004 年达到 2 470 万人。三是由谋求生存向追求平等转变。新一代的农民工进城务工，不仅是为了挣钱，他们更向往现代化的生活方式，对尊重、平等和社会承认有更多的企盼。这些新特点，预示着未来在城市定居的农民工人数将会逐渐增多。这就启示我们，研究农民工市民化已迫在眉睫。

(4) 其他学科的研究文献。自然现象与社会现象、社会现象与社会现象，处于普遍的联系之中。在此基础上建立起来的自然科学与社会科学之间、社会科学各个学科之间，都有一定的联系。我们在调查研究中，不仅要了解本学科的发展情况，同时也要了解其他学科的成果，尽量多从别的学科中汲取新的养料。在学科日益分化与发达的今天，注意从其他学科的文献中获得启示，提出研究课题，显得十分重要。

第二节　课题的操作化

课题一旦确定之后，就要开始把课题逐步同社会实际联系起来，通过一定的概念来搜集社会事物的有关信息，通过一定的命题来反映社会事物之间的相互关系。把课题变成可以测量的概念和可以用经验检验的命题的过程，即是课题的操作化。也就是说，课题的操作化，主要是概念的操作化与命题的操作化。

一、概念的操作性定义

概念的操作性定义来源于概念的形象感受。例如,“权威”这一概念,指的是什么呢?领导干部有没有权威?当人们发现,两个单位的主要领导,一个说话众人听,号召力强,另一个说话众人不听,号召力弱;一个单位年终评优多,一个单位年终评优少。又如,“廉洁”这一概念,指的是什么?当人们发现,两个工资、职务、家庭负担相当的干部,一个家中陈设豪华,另一个则家庭设备简陋;一个主动索贿,另一个则拒绝受礼。在这种情况下,人们对“权威”“廉洁”的概念就有了形象感受。概念的形象感受不一定精确,但通过有意识、反复地对概念进行形象感受,最终可以获得精确的认识,从而为下操作性定义奠定基础。

概念操作性定义的过程,也是明确与澄清概念的过程。课题的名称本身包含的若干概念,是初始概念。这些概念必须首先加以澄清。例如,课题《私营企业中雇主与雇工的关系》,其中“私营企业”“雇主”“雇工”均是初始概念。什么样的企业是“私营企业”?学术界的观点不一致,在调查研究正式实施之前,我们有两种选择:一是从他人的观点中选择一种观点作为定义,二是自己另外提出一个定义。假如我们这样界定:使用8个或8个以上非家庭成员的劳动力、生产资料私人占有的企业,即是私营企业。下了这样的操作性定义,我们就可以统计一个地区以至全国的私营企业的数目,就可以对其中一部分单位进行调查分析。

概念的操作性定义同调查研究的目标有关。也就是说,要根据调查研究的目标来界定概念。例如,在课题《现代家庭的结构及其变迁》中,“家庭”是一个初始概念。“家庭”这个概念大家都是熟悉的,实际上却往往在不同的意义上加以使用。如果要研究家庭结构的类型,则宜采用较宽的定义;如果要研究家庭内部的亲子关系,则宜采用较窄的定义。“家庭”是“两个或两个以上的人由于婚姻、血缘或收养关系而生活在一起的群体”。这是一个社会学者经常采用的操作性定义。按照这个定义,长期单独生活的个人就不构成家庭,而只能成为一个户籍单位。所以,中国的社会学者一般都主张把“家庭”与“户”严格区分开来。还有更窄的定义。例如:“家庭是由父亲、母亲和孩子所组成的一种社会单位”。按照这个定义,据说美国只有35%的户籍单位可称为家庭。

社会调查研究不仅仅需要操作性定义,而且需要正确、合适的操作性定义。下操作性定义,是为了便于确定调查研究的对象总体。例如,调查研究“流动人口”,就需要对“流动人口”作操作性定义。流动人口概念繁多,不同学者由于研究角度与目的不同,赋予了流动人口不同的含义,主要有以下几种:(1) 从人口经济学的角度，依据流动人口产生的根本原因来给流动人口下定义，将流动人口理解为不改变常住户口进入某一地区从事社会经济活动的人口，一般称为民工、农民工、外来务工经商人员等。[1] (2)从人口地理学的角度，将流动人口看成是人口空间迁移变动的一种特殊形式，即在一定地域范围内发生短暂流动行为的那部分居民，他们并没有改变常住地，一般被称为短期迁移人口、暂时性迁移人口等。[2] (3)从行政管理的角度出发，依据是否有某一地常住户口为指标来确定流动人口，认为流动人口是指在某一行政范围内滞留但没有常住户口的那部分人口，一般被称为暂住人口、人户分离人口等。[3] 这是国内学者从不同的角度对流动人口下的定义，国际上与流动人口有关的一些概念与定义主要有：(1)人口移动，指人口在空间或地域位置上的一切移动。依据这个定义，只要空间位置发生变动，不论人们出于何种原因发生移动，均属于移动人口，这与我国从人口地理学的角度定义流动人口相类似。(2)人口迁移，指为改变居住地而进行的跨一定区域界限的人口移动，以一定的时间作为人口迁移的标准，一般以移入某地一年以上为准。而我国是以改变户籍为准。综合以上国内外学者对流动人口下的定义，界定流动人口有三条标准。第一，人口的空间位置是否发生改变，并以跨越一定界限为标准，如省际、市际、县际间的流动等；第二，户籍是否发生改变；第三，在流入地滞留的时间界限，如半年以上、三个月以上，有的研究规定只要三天以上就算。因此，对流动人口进行操作性定义时，就需要根据研究目的明确空间位移的界限、流动的时间以及户籍是否改变。

在调查研究正式实施之前，对于初始概念以及其他基本概念一般都要比较几种定义域，然后决定采用某一种正确并且最合适的定义域。合适的标准来自两个方面：(1)调查研究中对于实际事物的指向性，即要描述与解释哪些方面。(2)调查研究中实际操作的可能性，即是否方便与可能。

二、从概念中引申出指示项

有些概念通过操作性定义，即可在调查研究中直接搜集相应的社会实际情况。例如“私营企业”“中层干部”“贫困户”等。有些概念的抽象程度较高，指涉不能直接观察，则需要通过引申为若干变量与指标，并用这些变量与指标来搜集反映相应的社会实际情况，如“高消费”“工业化”“富裕病”“为人民服务”“腐败”

---

〔1〕 李荣时：《对当前我国流动人口的认识和思考》，载《人口研究》1996年第1期。

〔2〕 吴瑞君：《关于流动人口涵义的探索》，载《人口与经济》1990年第3期。

〔3〕 段成荣：《关于当前人口流动和人口流动研究的几个问题》，载《人口研究》1999年第2期。

“廉洁”等概念，就需要引申。

(1) 选择一定的指示项来代表概念。例如，“为人民服务”这一概念，可以用“整修公共道路”“去医院看望生病的下级”“建立退休职工俱乐部”“让住房困难户搬进新居”等作为指示项。如果设计出 15 个指示项，通过调查统计发现同一部门甲单位领导成员平均每人具备 9.3 个，乙单位的领导成员平均每人具备 11.2 个，则可以做出结论：乙单位领导班子比甲单位领导班子更有为人民服务的意识。例如，从“腐败”中，可以引申出下述指示项：“接受礼物”“接受金钱”“挪用公款”“用手中权力办私事”“用非法收入兴建房屋”，等等。

德国社会学家特奥多尔·阿多诺等人在《专横性格》一书中，有一个主要的假设：反犹太主义以及广而言之种族中心主义是性格综合征的构成部分。为此，作者组成了综合征变项，并以“独裁”的名称称之。通过采访与分析，作者找到了 9 个方面来代表这一概念：坚持惯例；服从上级的原则；专横粗暴(具有排斥不遵从惯例的人的倾向)；反对内向观念(谴责主观性和想象力的过分发展)；倾向于迷信和老一套；强调权力与服从的对立；破坏精神；悲观主义(倾向于相信灾难正威胁世界)；遵循性道德。接着，作者定出一些可以将观察到的项目归入以上各个方面的指示标志。例如，衡量“服从上级”的指示标志是：“谁对自己的双亲不表示孝心、感激和尊敬，那是可鄙的”；“为了教学或工作取得成效，教师或上级提出任务时必须有明确的指示”；“大家都应该相信至高无上的超自然力量”；“医学、物理学、化学等科学取得了重大的进展，但还有许多问题人类的智力无法回答”；“服从和尊敬是主要的品德，应当教给孩子们”，等等。回答者应对上述命题表示自己同意或不同意。[1]

(2) 把概念转化为若干指示项有两种策略：第一种叫“经验策略”。这种策略不强调解释概念的含义，只是通过粗略地理解概念便选择出若干指示项。这些指示项有些能界定概念，有些则只能表面上界定概念。研究者依据这些指示项收集资料，概念的内涵藉由资料决定。这种方法的特点是研究者无法判断他所采用的指示项是否穷尽概念的含义。第二种叫“理性策略”。这种方法首先从理论文献中找出特定概念的一切意义，然后找出各种指示项，并用实证技术改进这些指示项。有人又把“理性策略”分为两种：“全面的理性策略”，即使用可穷尽概念的全面意义的指标；“分立的理性策略”，抽象的概念大多是多层面的，因此先把概念的含义分立成若干层面，每一层面都引申出若干指示项。

---

〔1〕〔法〕雷蒙·布东、保罗·拉扎斯菲尔德：《社会科学词汇》，(巴黎)冒通出版公司 1965 年版。

(3) 指示项与概念存在多种关系。指示项与它所代表的概念，可能有四种关系：反映概念的一小部分内容；反映概念的大部分内容；反映概念的一小部分内容，同时又反映另一概念的一小部分内容；不反映概念的任何内容。如下图示：

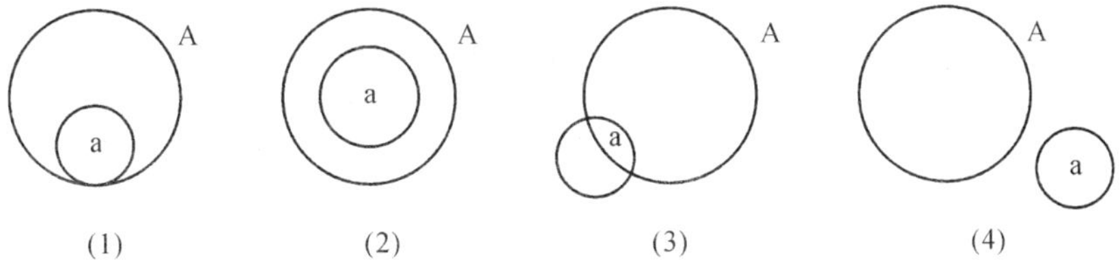

图 6-2　概念 A 与指示项 a 的关系

第一、第二种关系表示指示项只代表某一概念，因而是好的指示项。如果采用较少的指示项，第二种关系中的指示项为优；如果采用较多的指示项，第一种关系中的指示项也能发挥较全面地代表概念的作用。第四种关系不能采用。第三种关系有时可以在第一种关系的意义上使用，即只采用代表概念的那一部分含义。当然，识别与限制这种指示项代表另一概念的内容，有时是很困难的。

(4) 对引申出来的指示项进行经验观察，选择代表性较强与合适的指示项。假如用“辱骂下级”“打击向自己提出意见的人”“盛气凌人”等作为“腐败”的指示项，来研究我国目前干部队伍中的腐败现象不太合适，即对于代表“腐败”这一概念来说不足够重要。而我们在前面提到的“接受金钱”(贿赂)等指示项，则代表性较强。但用于实际的调查时，仍难于操作，因为这些指示项指涉的行为十分隐蔽，往往要在当事人被揭露与处罚之后才能发挥作用。因此，选择指示项时，既要比较各指示项代表概念的强度，又要在调查研究目标能够达成的前提下，挑选最可能获取准确资料的指示项。同时，对于部分重叠或相互矛盾的指示项进行评估，删除不适当的指示项。

三、依据指示项设置指标

从概念引申出的指示项，即是变项。变项主要有三种类型：第一种变项是指称性的，如性别，指称男、女；第二种变项是序列性的，如文化程度，包括文盲、小学、中学、大学等序列；第三种变项是数量的，如年龄，包括 1、2、3 等数值。从概念引申出若干指示项之后，需要对其进行评估、比较与综合。对于重叠、部分交叉、不同层次或相互矛盾的指示项，作出删除、修改或分类。

例如，调查有关社会风气的问题时，可以用“是否害怕夜间单独行走”“对法院处理犯罪案件持何态度”等指示项代表“社会风气”概念。这些指示项转化为主观指标，即是害怕夜间单独行走的心理原因，对法院处理犯罪案件的态度（太严、正确、不够严厉）等。又如，“健康”概念可转化为如下主观指标：健康的自我评价（极好、好、尚好、弱）、对卫生条件的满意程度（不满意、满意）等。同时，“社会风气”“健康”也可转化为若干客观指标。例如，健康的人数及其在总人数中的比重。

一个概念可以分成多种层面，每个层面都可以引申出若干指示项。因此，代表一个概念的若干指示项可能属于不同的层面。同一层面的若干指示项可以构成一个或若干指标，指标也是多层面的。例如，将“不正之风”这一概念分解为五个方面，每个方面选定十个指示项。这五个方面可以成为指标，每个方面的指示项也可以构成指标。

社会指标是反映社会生活的主要方面及其条件的指标。从宏观的角度讲，社会指标包括四大类：政治生活，包括政治活动和社会活动参与，社会秩序与安全；精神生活，包括生活时间分配、文化与体育、科学研究、教育与培训；物质生活，包括社会福利和社会保障、住房和生活服务、保健和卫生、居民收入和消费；社会生活条件，包括社会劳动资源、婚姻家庭与计划生育、人口、环境。实际的社会调查研究课题，一般只需要使用其中少数方面的少量指标。

第三节　变项的测量

马克思说过：“一种科学只有在成功地运用了数学时，才达到了真正完善的地步。”[1]现代社会的调查研究越来越广泛地运用数学方法。测量是社会调查研究运用数学方法的基础。

一、分析单位与测量

调查研究一定的社会事实，首先要明确分析单位。分析单位是社会事实发生与发展的承担者。社会调查研究的分析单位一般是群体与组织，也可以是个人。例如，研究一个县的农民收入的分层情况，就需要对不同收入的人们进行比较，因而分析单位不是个人，而是群体。又如，研究政治家与某一社会事件的关

---

〔1〕 保尔·拉法格：《回忆马克思》，载《回忆马克思恩格斯》，人民出版社1957年版，第73页。

系，则可以个人为分析单位，研究两三个或稍多一些的政治家。

现代的社会调查研究，基础是测量。测量的对象往往不是分析单位的全部内容，而是分析单位的某一种或若干种特征。例如，调查研究的分析单位是参加骚动的一批人，测量的对象则是这些人的性别、年龄、职业、文化水平、价值观念、行动等特征。分析单位的特征，有些是外显的，如性别、肤色、行动等；有些则是隐蔽的，如价值、偏见、爱憎、理想等。

测量是从研究对象中获得数据资料的一种方法。这种方法的具体步骤是：(1)给变项指派数字。例如，“性别”这一变项的“男”为1，“女”为2。“态度”这一变项的“满意”为3，“无所谓”为2，“不满意”为1。(2)明确这些数字的含义。数字一般表示事物的状态、性质、等级等。(3)建立一定的函数关系。例如，测量某研究对象总体的性别，则性别 f = {1,2}，1 = 女，2 = 男。

二、测量尺度的制定

测量需要使用一定的尺度。在自然科学中，测量尺度一般是物质性的仪器，例如温度计、卷尺等。在社会调查研究中，测量尺度一般是量表与指标体系。制定具体的测量尺度，需要做三项工作：

1. 确定测量的角度

测量的对象是变项某方面的内容。究竟以变项哪一方面为测量对象，即是测量的角度问题。制定具体的测量尺度，首先要明确测量的角度。测量角度不是任意确定的，而是根据课题的需要。例如，我们要研究人们对政策的态度，可能的研究角度有：是否赞成承包、租赁、特区政策等。赞成与不赞成的比重、赞成或不赞成的两极态度发展到了什么程度，劳动报酬是否合理、有什么意见与建议，等等。

2. 界定变项的差异范围

一项具体的调查研究，测量变项之前需要先对变项的取值进行合理分组，界定变项的差异范围。例如，调查研究我国目前城市家庭平均每人全部年收入情况，年收入几十万元以上的家庭有没有？肯定会有，但没有必要把高收入组的数值定得太高。2007年，我国城镇家庭平均每人全部年收入为14 908.61元，最低收入户(10%)为4 604.09元，最高收入户(10%)为40 019.22元。因此，低收入组可定为4 000元以下，最高收入组可定为4万元以上。

变项的取值分组，既要防止过于扩大差异范围，又要防止过于缩小差异范围。缩小差异范围可能导致有关信息的遗漏。例如，我们想了解人们对"只生一胎"的计划生育政策的态度，把备选答案的差异范围界定为"非常喜欢"和"非常不喜欢"。实际上，有些人可能对此抱无所谓态度，也有些人可能不是"非常不喜欢"，而是强烈反对(并往往付之行动)。比较合适的界定为：非常喜欢、喜欢、无所谓、反对、强烈反对。又如，对农民的人均年收入分组，假定最低收入组为1 000元以下，则就不合理。因为目前我国农村的贫困线在此之下，所以应把最低收入组的起点界定得更低一些。

3. 确定测量的精确度

测量的精确度是根据研究目的来确定的。例如，研究青少年犯罪问题时，是搞清楚某人是否在青少年这一年龄组之内就行了，还是必须要搞清楚某人是多少岁？如果要研究犯罪的低龄化趋势，精确度一般要达到岁；如果要研究青少年犯罪类型，则只要精确到一定年龄组就可以了。又如，研究大学生价值观念的转变时，其家庭背景是区别为城、乡就可以了，还是要区分为大城市、中等城市、小城镇、山区农村、平原农村、其他农村等？或者以父亲的职业，区分为若干类型？这些问题的答案并无固定的模式，依研究目的不同而不同。有的社会学者指出，当不确切知道度量应当详细到什么程度时，详细比简单好。因为在数据分析过程中，我们可以把细致的分类合并成粗略的分类，却不能把观察和度量时混在一起的内容再作细致的分类了。[1]

三、测量的等级

测量的尺度在不同标准下的运用，可以形成不同的测量级。一个测量级，就是按照一种测量标准，对分析单位的相应特征进行计量的法则。测量包括定类、定序、定距、定比四个层次。

1. 定类测量级

定类测量就是确定研究对象的类别归属，从性质上对研究对象进行分类。所有定性的测量都属于定类测量级。定类测量级是一种对分析单位特征的分类体系。分类是任何一门科学中最基本与最简单的操作。定类尺度就是用名称来表示类别。例如，共产党、民革、民盟、民建、民进、农工党、致公党、九三学社、台盟与无党派是政治派别的定类尺度。佛教、基督教、伊斯兰教等是宗教派别的定类尺度。

---

〔1〕〔美〕艾尔·巴比：《社会研究方法》，四川人民出版社1987年版，第103页。

定类尺度又称定名尺度，类别可以用数字来表示，如性别：男为1，女为2；文化程度：小学为1，中学为2，大学为3。这些数字是一种标签，只是给每一类别定一个编号。这些数字只能计算每一类别的出现率、百分率等，不能进行其他运算。

定类变量仅仅具有尽含与互斥的性质。定类变量所有的值，即每个测量的项目都可以而且只能在某一个类别中存在。换言之，就是每个测量的项目能够而且必须仅仅能够由这些类别中的一个来表示。实际研究中都要把分析单位区分为若干定性类别。常用的定类测量变数是性别、民族、职业、宗教信仰等。

表6-1　一个定类变项的测量表

性　　别	人　　数
男	
女	

表6-2　两个定类变项的测量表

毕业分配志愿	性　　别	
	男	女
政府部门		
工厂企业		
高　　校		
科研机构		
军　　队		

2. 定序测量级

定序测量级是使用定量尺度的第一个测量层次，是以定类测量级为基础建立起来的。它像定类测量级一样，由互相排斥与包罗无遗的种类所组成；同时，它又加上自己的属性：所有的种类并不都在同一层次、同一值上，而是根据它们属性的值依次排列等级，如老年、中年、青年、少年等，是按年龄对人们进行的分类排列；小学、初中、高中、大学等，是按文化程度对人们进行的分类排列。还有干部级别、工人技术级别等，都属于定序变项。定序变项反映被测量的社会现象的顺序性。定序量表就是观察值有顺序关系的量表，如“我们用于改善住房条件的钱是否合适”，对于这一问题的备选答案“太少、正合适、太多”就是一种定序变项。

定序变量组间的距离是无关紧要的。例如，月工资800元以下为第1组，800～1 000元为第2组，1 000～1 500元为第3组，1 500～2 000元为第4组，2 000～3 000元为第5组，3 000～4 000元为第6组，4 000～5 000元为第7组，5 000元以上为第8组。8个收入组分组的意义，在于高低顺序。组间不同的距离在定序测量中不赋予意义。

在设计与使用定序量表时，会发现有些分类次序是互相交错的。例如，对一些人提问："你对自己的专业满意吗?"答案有五种，其中 a_1："非常不满意"；a_2："不满意"；a_3："无所谓"；a_4："满意"；a_5："完全满意"。在这种情况下，答案 a_5 与 a_4、a_4 与 a_3、a_2 与 a_1 之间彼此没有太大差别。

这种定序变项测量表明，如果研究对象的分类次序是相互交错的，那么测量这些对象分类时，应使用半次序级测量方法。[1] 半次序级是社会态度测量中一种典型的测量级。

表6－3　一个定序变项的测量表

态　度（您是否赞成公共场所禁止吸烟?）	人　数
赞　成	
无所谓	
反　对	

表6－4　两个定序变项的测量表

文化程度	收　入			人　数
	高	中	低	
小　学				
中　学				
大　学				
人　数				

3. 定距测量级

定距测量级是使用定量尺度的第二个测量层次，是以定名测量级与定序测

〔1〕 苏联科学院社会学研究所：《社会学手册》，浙江人民出版社1983年版，第190页。

量级为双重基础而建立起来的。它不仅可以测量被研究对象的类别与顺序，而且还可以测量被研究对象的类别之间相差的数值。定距测量级除了具有定序测量级的特征之外，还具有相同的测量单位。有了相同的测量单位，类别间的距离就具有实际的意义。假如定序测量四个特征 a、b、c、d，测量结果 a>b>c>d。a 与 b 的距离(a－b)、c 与 d 的距离(c－d)，在定序测量中不作测量，也不作比较。在定距测量中，则要测量 a 与 b、b 与 c、c 与 d 之间具有多少测量单位的差别，即精确地测量间距。

定距测量以对被研究对象的差别单位的了解与确定为前提。例如，对不同年龄的人来说，其差别单位可以规定为岁；对不同收入的人来说，其差别单位可以规定为元。只有坚持对同样的对象使用同样的测量单位，才能形成定距测量。定距量表中相同的单位差，不管在哪一个序列中，意义都是一样的。80 岁与 79 岁之间的一岁之差，同 20 岁与 19 岁之间的一岁之差，意义是相同的。

表 6－5　一个定距变项的测量表

育龄妇女	理想子女数(人)	
	1　2　3　4　5	
A		
B		
C		
D		
E		
F		
⋮		
总　　数		

表 6－6　两个定距变项的测量表

家庭人均年收入(万元)	理想子女数(人)	总　　数
	1　2　3　4　5	
1～1.5		
1.5～2		
2～2.5		

续表

家庭人均年收入(万元)	理想子女数(人)	总数
	1 2 3 4 5	
2.5～3		
3～3.5		
3.5～4		
4以上		
总数		

4. 定比测量级

定比测量级是进行定量测量的第三个测量级，是以定类、定序、定距测量级为三重基础而建立起来的。它不仅可以计算研究对象的值、比较不同距离的大小并对有关数值进行加减运算，而且还能进一步对有关值作乘除运算。一个定比量表除了具有定类、定序、定距量表的全部规定之外，还有一个有意义的零点。零也是变数的一个类别，是绝对的、固定的而不是任意选定的。判定一种测量是否是定比的测量，应根据其零点是否是绝对的。例如，家庭的孩子数目、年龄等，有一个零点，表示“一无所有”。甲家庭有2个孩子，乙家庭有1个孩子，则前者的孩子数是后者的2倍。2倍就是一种定比测量结果。又如，甲的年收入为1万元，乙的年收入为2万元，丙的年收入为3万元，则乙的年收入是甲的2倍，丙的年收入是甲的3倍。

定类测量是定性测量；定序、定距、定比测量是定量测量。同时，测量也可以划分为离散测量与连续测量。离散测量只可能测量确定的值，且这些确定的值是整数。例如，家庭的人口是离散变项，其值只能是2、3、4、5等整数，不可能是2.3或5.1等小数。连续测量可能测量几乎无限的数字，连续的意思是两个整数之间有大量可能的值。例如，收入与年龄，就是连续的变项，38.5、91.7对于以岁与元为单位的测量有实际意义。定性资料一般是离散的，定名测量是离散测量。定量资料既可能是连续的，也可能是离散的。因而，定序、定距、定比测量既可能是离散测量，也可能是连续测量。

四、测量的准确性

测量是使用一定的尺度确定被研究对象某种属性的数值。“概念→变数→计量”，是概念操作化并进行测量的必要过程。对变数实施计量，中介是题器设计。例如，测定变数“性别”时，需要设计用以测量的项目“男”与“女”；在美国测定变数“种族”时，需要设计用以计量的项目“白种人”“黑种人”“波多黎各人”“东方人”和“美洲土著人”。其中，可用以计量的项目就是“题器”（instrumentation）。“题器”是同可观察的世界直接联系的经验层次的概念。前面一节提到的“指示项”，包括以经验层次的概念形式出现的题器，也包括可以直接观察的陈述句与经验命题。测量符合一定的标准，才能成为一个好的测量。衡量测量优劣的标准，主要是准确性与可靠性。

测量的准确性，也即测量的效度，它有两层含义：(1)测量对象是否是所要测量的变项；(2)测量结果是否接近真实值。如果两方面均一致与接近，则该计量的效度较高。

效度有三个层次：

(1) 表面效度。评价者使用逻辑判断来确定测量是否有效，就是在评价测量的表面效度。评价一个具体测量的表面效度，首先要知道测量概念(变项)的定义，其次是判断所搜集的信息是否与概念(变项)相符。例如，有人使用“领导是否由群众推选产生”“群众能否随时随地找领导提意见与要求”等作为“民主”概念的计量项目。显然，这两个计量项目具有一定的表面效度。而如果用“群众是否随时随地向领导提意见与要求”作为“劳动积极性”的计量项目，则表面效度往往不高；如果用“领导是否由群众推选产生”作为“劳动积极性”的计量项目，则没有表面效度。

(2) 标准效度。以概念的第一次测量为标准来检验第二次测量的效度，即是评价测量的标准效度。概念的第一次测量至少具有表面效度，才能作为评价新测量的效度的标准。

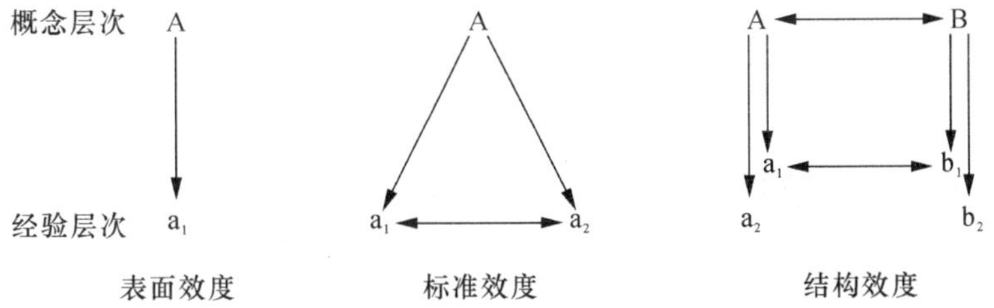

图 6-3　三种类型的效度

(3) 结构效度。当两种测量工具对同一命题进行测量，第一种测量工具至少具有表面效度时，第二种测量工具的测量结果同第一种测量工具测量的结果相同，则表明第二种测量工具具有结构效度。否则，就没有结构效度。

一个计量是不是准确的，有两种证实的方法：

（1）经验证实法。它是一种将计量结果与实际存在作比较而识别准确性的方法。假如在我国作一次人口性别分布的调查，发现样本中52%的人是男性，48%的人是女性。这一计量结果的准确度有多少，要将该统计结果与我国人口普查所收集的全国资料（假定该资料是准确的）作对比。

（2）概念证实法。它是一种从变数之间相互关联的紧密程度中寻找准确性证明的方法。概念证实法又分为两类，第一类是内含证实法。在一个概念下设若干计量而不能直接检验其准确性时，采用的内含证实法是一种辐合检验法。辐合检验，是依据各题器计量结果的相似性评价计量的准确性。例如，调查人们对小学生乘公共汽车上学的态度，可以直接询问调查对象是否赞成孩子乘公共汽车上学；也可以通过他人询问调查对象对孩子乘公共汽车上学的态度；还可以发给调查对象一份反对孩子乘公共汽车上学的呼吁书，看其是否愿意在上面签字；或者到学校里去调查，了解在校学生是否乘公共汽车上学。然后，比较这些调查的结果。通过不同的题器计量收集来的数据，如果彼此有一个相似的分布，这说明调查对象对于孩子乘公共汽车上学的态度，在不同计量中的回答是一致的。对于不能通过经验证实的概念，所作计量的次数越多，它的准确性越可能通过概念本身得到证实，收集资料的方法越多，其计量的准确性就越可能通过概念证实法得到鉴别。

在同一个理论结构中检验某一概念的变数的计量结果之准确性，可通过某一概念的变数与其余概念的变数之间的关系进行准确性判断。这是内含证实法中的另一种方法，有些西方社会学家称之为“辨别检验”[1]。例如，有一个理论结构：职业声望与受教育程度和收入水平相关。这表明，这三个概念之间存在一种关系。为了间接地证实职业声望所属计量的准确性，研究者就要调查受教育程度和收入水平是不是积极地影响着职业声望。也就是说，研究者要考察的那些职业声望高的人，受教育程度与收入水平在其计量上是不是也很高。如果研究结果表明这一关系确实存在，那么职业声望计量的准确性用其他概念的变数关系的推理方法得到了证实。这种方法的一般形式如下图示：[2]

---

〔1〕〔美〕林南：《社会研究方法》，1976年英文版，第173页。

〔2〕同上书，第174页。

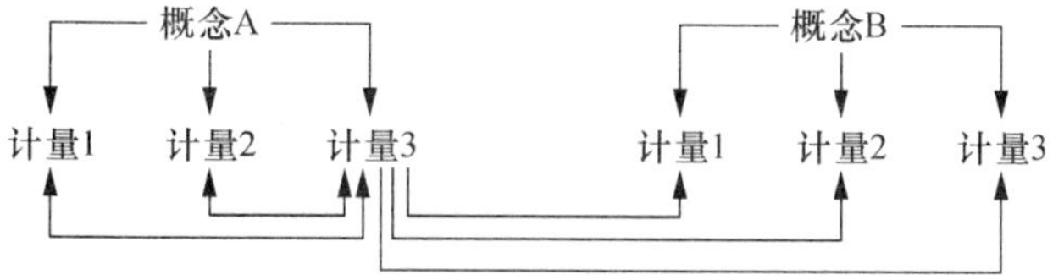

图 6－4　概念 A 的三个变数的内含检验法的两个类型

上图显示了内含法的两个类型。其中跨变数证实法，即是辐合检验法。使用这种方法检验概念 A 的第三个计量的准确性时，研究者要把概念 A 的另两个计量拿来与第三个计量比较。其中跨概念证实法，即是辨别检验法。使用这种方法检验概念 A 的第三个计量的准确性时，研究者要将概念 B 的三个计量拿来，分别与概念 A 的第三个计量作比较（概念 A 与概念 B 存在于同一理论结构中）。

概念证实法的第二种方法是外延证实法。这是一种对较大总体或理论结构中的变数之间关系的普遍意义进行检验的方法。外延证实法能从总体或理论结构中归纳出调查结果，还能够概括出某一变数与给定理论结构中变数的关系。总体越大，理论结构的种类越多，计量的外延检验就越容易进行。例如，研究职业声望时，研究者不局限于“职业声望与受教育程度和收入水平有关”的命题，不仅仅以此来收集资料。研究者如果发现收集来的资料表明，职业声望与性别和种族也是相关的，男子比女子有更高的职业声望，白人比其他种族有更高的声望，那么职业声望的计量的准确性就得到了证实。

五、测量的可靠性

计量优劣的第二个标准，是可靠性。计量的可靠性是指重复使用同一计量能产生相同的结果。检验计量可靠性的常用方法，是当一个计量在同一调查对象中使用时，研究其前后结果的一致程度。如果一致程度比较高，那么这一计量是可靠的。例如，使用一个计量询问一些大学生的就业意愿。如果对于同样一批大学生进行前后两次计量，结果相同，则表明该计量是可靠的。计量重复使用，需要一定的时间长度。而随着时间的推移，事物可能发生某些变化，这给计量的可靠性检验带来了困难。因此，研究者在确定自己使用的计量是不是可靠之前，必须考虑到较长时期使用同一计量的可行性。同一计量重复使用而其结果的一致性较低时，可能是受时间与变化因素的影响，也可能计量本身不可靠。检验计量可靠性有如下几种主要的方法：

（1）重复检验方法，即反复使用相同计量对同一群人进行长期调查。其中常用的方法是稳定系数法。根据稳定系数法，同一计量在对同一群人计量的多次结果之间的差值(绝对值加总)越小，表明该计量越稳定；或者用若干计量对同一群人多次计量，哪一个计量结果的差值(绝对值加总)越小，哪一个计量越稳定，也即越好。例如，测定市区与郊区居民对禁止农民在城市非商业区销售农产品的决定的态度，用两个计量分别作若干次测量后，计量1多次测量的差值(绝对值加总)大于计量2多次测量的差值(绝对值加总)；如果资料收集期间没有发生足以影响人们的意见的大的社会事件，则计量2比计量1相对稳定，也即是较好的计量。

(2) 形式选择方法，即对同一群人调查时，一个计量用不同的形式表示出来，或同一个计量被不同的研究者用于计量不同的对象。其中常用的方法是折半相等系数法。如果一个计量有若干个项目，那么可以随便把这些项目分成两组，然后把每组中半数项目的结果值加在一起。这样，每个计量的项目数只有原来的一半了。换言之，原来的一个计量就变成了两个计量。假如两组项目的结果的总值相等或相近，那么这两个计量是相等的，原先计量的折半可靠性也是高的。

(3) 复查方法，即把原计量的对象分成若干组，然后用第一次用过的计量对各组进行复查，根据复查结果评价计量的可靠性。其常用的方法之一是"折刀"估计法。这个方法首先计算全部调查对象计量的总体标准差，然后从中抽出一部分调查对象作为复查样本，并计算这些复查样本计量的标准差、平均数和方差，从而确定各个复查样本对某一计量结果的稳定性，以及评价对调查对象使用的那个计量的可靠性程度。

六、测量的误差

当使用一定的测量工具确定调查对象的特征时，可能产生误差。社会调查中测量误差有两种形式，一是工作性误差，二是代表性误差。

工作性误差是在调查过程中发生的误差。通常产生工作性误差的原因有：

(1) 测量工具的设计有缺点。包括概念界定不清、指标口径模糊或过于单一、提问时用词错误或备选答案有歧义，等等。例如，仅仅用"工作期间发牢骚的次数"来测量工人的"劳动积极性"，就容易产生误差。因为发牢骚只是反映"劳动积极性"的一个指标，它同其他指标一起使用时才较为有效。而且有些工人虽然爱发牢骚，工作仍然比较积极。

(2) 调查人员理解与掌握测量工具有偏差。

(3) 调查人员作风不踏实，了解情况不深入、不准确；或者有意弄虚作假，如有的调查员为了赶进度，有些调查项目未经调查就自己填上。

（4）遗漏或重复调查单位。

（5）被调查人理解指标与问题有错误或偏差。

（6）被调查人提供的情况不符合事实，或有意隐瞒某些真实情况。

（7）登记、汇总、计算、抄写中的差错。

（8）调查手段有缺点，如录音、录像设备失灵等。

代表性误差是调查单位与总体的差别，即通过部分单位的调查来推论总体时产生的误差。部分不能完全代表全体，只能近似地代表全体。这种近似性就是代表性误差的反映。如果调查部分单位以后仅仅对这部分单位进行描述与解释，则不存在代表性误差问题。如果调查部分单位以后还要推论总体，就会产生代表性误差的问题。一个好的推论，必须建立在尽可能小的代表性误差的基础上。

第七章 对象的选择方法

确定调查对象，是社会调查研究中一项重要的初始工作。社会调查研究的对象，通常是一定数量的人。这些人怎么寻找呢？要解决这个问题，需要使用一定的确定调查对象的方法。

首先，根据课题确定调查对象的总体；然后，确定调查总体中的单位。确定调查对象的方法，有两大类：一是全面调查，即对调查对象总体的所有单位进行的调查；二是非全面调查，即对调查对象总体的一部分单位进行的调查，包括抽样调查、典型调查与个案调查。

第一节 普遍调查

一、普遍调查的意义与基本原则

普遍调查，又称普查，是对研究对象的全部单位逐一进行的调查，是为了解一定时间点（简称时点）的社会现象而专门组织的一次性调查。普遍调查是了解对象总体的基本情况的重要方法，可以为认识事物全貌与整体规划提供可靠的依据。1920 年，列宁在倡议进行全俄人口普查时指出："我再一次提醒你们，全俄普查乃是一件非常重要的国家大事。"[1]"普查资料是共和国有计划地组织生产和苏维埃工作所必须的。"[2]普查对于理论研究和社会实践都有重要的意义。

普查的基本原则是：

1. 对象总体与调查单位总数等同

例如，一个省的县镇、乡镇与村镇构成一项调查研究的对象总体；实际的调查单位是该省所有的县镇、乡镇和村镇。这种调查，就是普遍调查。从理论上

〔1〕《列宁论苏维埃统计》，统计出版社 1958 年版，第 14 页。
〔2〕《列宁全集》第 23 卷，人民出版社 1958 年版，第 404 页。

讲，对象总体与实际调查单位总数在数量上是完全相等的。假如该省的县、乡、村镇共计 3 000 个，则普遍调查的单位也应是 3 000 个。但是，在实际的调查操作过程中，可能会无意地遗漏个别单位。当然，也可能一个也不遗漏。从已完成的普查结果来看，遗漏的可能性比不遗漏的可能性大得多。

2. 调查同一时点的社会现象

任何普查项目都统一规定调查登记的资料所属的标准时点，以避免时点不同而发生的重复与遗漏现象。实际登记的时间一般是标准时点之后，而在标准时点到实际登记这一段时间中出现的任何变动，都一律不登记。例如，我国 2000 年的全国人口普查统一规定以 11 月 1 日零时作为标准时点。在实际登记人口时，对于 11 月 1 日零时以后死亡的人必须登记上，而对于 11 月 1 日零时以后出生的人，则不予登记，即只登记 11 月 1 日零时的人口状态。

3. 调查指标简明

普查所涉及的被调查者人数众多，调查人员的队伍也十分庞大，调查指标不宜复杂与众多，应简单明了。指标越多，调查的难度和工作量就越大。我国 1953 年第一次全国人口普查，只有姓名、与户主的关系、性别、年龄、民族、住址 6 个指标。1964 年增加了 3 个指标。1982 年第三次人口普查，按户登记的项目 6 个，按人口登记的项目 13 个，共 19 个指标。1990 年增加了 2 个指标。2000 年人口普查比 1996 年增加了 27 个项目，增加了外来人口和住房的指标。调查指标一经统一，不能随意改变或增减。

4. 各调查点须同时进行，并在尽可能短的时间内完成

在实际的组织过程中，各个调查点是在同一段时间内开始与完成的，也即各单位几乎同时被调查，即使有先后之别，其间隔的时间也很短，以数小时或数天计。

5. 尽可能按一定的周期进行

普查花费大，周期性进行普查有利于普查资料的对比分析，提高普查资料的利用率与价值。例如各国的人口普查，都是周期性进行的。英国、美国人口普查的周期是 10 年，德国、法国人口普查的周期是 5 年。联合国建议在逢“零”或接近“零”的年份举行人口普查，其目的是为了便于进行国际性的人口资料的汇总与比较。

二、普遍调查的方法与步骤

普遍调查的组织方法有两种：(1)组织专门的普查机构，由专门的普查员对

各单位进行调查，如我国1953年、1964年、1982年、1990年全国人口普查；1954年全国个体手工业和10个职工以上私营工业企业调查；1955年的私营商业及饮食业普查；1977年全民所有制和集体所有制单位实际用工人数普查；1997年第一次全国农业普查；1998年第一次全国基本单位普查；2001年第二次全国基本单位普查；2004年全国经济普查都属于此类情况。(2)制定普查表，由各单位根据已有资料填报，如1990年第四次全国人口普查表(见表7-1)。

普遍调查的搜集资料的方法有三种：(1)颁发统一制定的调查表，由各地区各单位自行填报。统一制定的调查表按其分发方式，可分为邮寄书面报表与电讯报表。(2)派调查人员询问被调查者，搜集有关资料。(3)由调查人员直接对调查单位进行观察与计量。

普遍调查的主要步骤如下：(1)课题选择与操作化；(2)建立统一的领导与工作机构；(3)制定与颁发普查方案、调查表及其说明；(4)选择与训练调查员；(5)普查试点，修订普查方法、工作细则、工作流程；(6)宣传普查的意义；(7)调查登记有关资料；(8)汇总与分析普查资料；(9)普查结果与建议。

普遍调查实例：1982年全国人口普查。

第一阶段(准备阶段)，从1979年底至1982年6月。期间，国务院，各省、直辖市、自治区政府，地区行署、市、县、市辖区政府，都设置了人口普查领导小组及办公室；公社、镇、城市街道办事处设置人口普查办公室；大队和居委会设置人口普查小组。中央在江苏省无锡市与无锡县进行了普查试点工作，省、地区、县级也各自进行了试点工作，制定和修订了普查方案，训练了50万名普查骨干。下达了《人口普查工作进度图》《人口普查工作统筹示意图》《人口普查各主要环节工作流程图》《普查员和普查指导员选调及训练细则》《县市所辖行政区域地址编码细则》《人口普查登记和复查工作细则》《人口普查登记质量抽查细则》《人口普查资料手工汇总细则》《人口普查编码工作细则》《人口普查资料装订、包装、运输和管理细则》《行政区划代码》(国家标准)《民族分类标准》(国家标准)、《国民经济行业分类标准》《职业分类标准》，等等一系列规范化操作的文件。

第二阶段(登记阶段)，从1982年7月1日～10日。居民以户为单位申报，调查员登记。

第三阶段(复查阶段)，从1982年7月11日～11月。根据《人口逻辑检查规则》对于登记中可识别的差错，如夫妇双方性别一致，9岁的孩子为大学文化程度等，由调查员分组复查。对于不可识别的错误，采用发动熟悉本地情况的人议查的方法来发现。接着，手工汇总主要数据，并在1982年10月公布。

表 7－1　第四次全国人口普查表(部分)

一、本户编号	二、户别	三、本户人数	四、本户出生人数		
			1989 年上半年	1989 年下半年	1990 年上半年
	1. 家庭户 2. 集体户	合计____ 男____女____	合计____ 男____女____	合计____ 男____女____	合计____ 男____女____

五、本户死亡人数			六、本户户籍人口中离开本县市一年以上的人数
1989 年上半年	1989 年下半年	1990 年上半年	
合计____ 男____女____	合计____ 男____女____	合计____ 男____女____	合计____ 男____女____

续　表

每个人都填报							五岁及五岁以上的人填报	
一、姓名	二、与户主关系	三、性别	四、年龄	五、民族	六、户口状况和性质		七、1985 年 7 月 1 日常住地状况	八、迁来本地的原因（有迁移的人填报）
	1. 户主 2. 配偶 3. 子女 4. 孙子女 5. 父母 6. 祖父母 7. 其他亲属 8. 非亲属	1. 男 2. 女	(____周岁) 生于____年__月	族	1. 常住本县、市，户口在本县、市 2. 常住本县、市一年以上，户口在外县、市 3. 人住本县、市不满一年，离开户口登记地一年以上 4. 人住本县、市，户口待定 5. 原住本县、市，现在国外工作或学习，暂无户口	1. 农业户口 2. 非农业户口	常住地 01. 本县、市 02. 本县、其他县、市 省外 ________省 常住地类型 1. 城市街道 2. 镇 3. 乡	1. 工作调动 2. 分配录用 3. 务工经商 4. 学习培训 5. 投亲靠友 6. 退休退职 7. 随迁家属 8. 婚姻迁入 9. 其他

六岁及六岁以上的人填报	十五岁及十五岁以上的人填报				十五岁至六十四岁的妇女填报	十五岁及五十岁的妇女填报
九、文化程度	十、在业人口的行业	十一、在业人口的职业	十二、不在业人口状况	十三、婚姻状况	十四、妇女生育、存活子女数	十五、1989 年 1 月 1 日以来的生育状况
1. 不识字或识字很少 2. 小　学 3. 初　中 4. 高　中 5. 中　专 6. 大学专科 7. 大学本科 1. 在校 2. 毕业 3. 肄业 4. 其他	工作单位名称	做什么具体工作	1. 在校学生 2. 料理家务 3. 待升学 4. 市镇待业 5. 离休退休退职 6. 丧失劳动能力 7. 其他	1. 未婚 2. 有配偶 3. 丧偶 4. 离婚	生育过（活产） 男____女____ 现在存活 男____女____	0. 未生　0 89 年上半年生 1. 男孩　1 2. 女孩　2 89 年下半年生 3. 男孩　3 4. 女孩　4 90 年上半年生 5. 男孩　5 6. 女孩　6

第四阶段(汇总阶段),从 1982 年 12 月至 1985 年 11 月。由电子计算机汇总数据,仅编码输入就需要 4 000 多名录入人员昼夜四班不停地工作一年半。

三、普遍调查的特点

普遍调查的特点既包括它的优点,也包括它的缺点。

1. 资料全面、准确

普查是对总体所有单位的调查,因此汇总的情况就是总体的情况,不需要推论总体。普查同其他形式的调查相比较,搜集的资料最全面、误差最小,因而普查是了解对象总体情况的基本方法。对象总体规模较小时,普查资料容易完整无缺,不发生遗漏与重复现象;但对象总体规模较大时,则往往会发生遗漏与重复现象,需要进行抽样检查,用抽样的结果来补充与修正普查资料。例如,1953 年我国人口普查,全国总人口公布数字是 6. 019 380 35 亿人,其中直接调查登记的人口是 5. 742 059 40 亿人,用其他办法调查的(包括台湾省、海外华侨和留学生)2 773. 209 5 万人。这个公布出来的全国总人口数,就是通过在各个地区抽选若干居民点(共计 5 295 万多人口,约占直接调查登记人口的 9%),进行抽样复查后的修正数字。修正的办法是:根据对 5 295 万多人口的抽样复查,重复的人口为直接调查登记人口的 1. 39‰,遗漏人口为 2. 55‰。两个比例相减(2. 55‰～1. 39‰),求出差错比率为 1. 16‰,用(1 + 1. 16‰)乘直接调查登记的人口数,即得修正数字。

2. 工作量大,代价高

普遍调查需要耗费大量的人力、时间与资金。仅 1982 年我国的人口普查就组织了 518 万普查员、109 万普查指导员、13 万编码员等,花费人民币约 4 亿元以上。大规模的普查只有政府才能承担,个人与组织为了科学研究或工作目的而组织的普查,一般都是小规模的。

3. 调查内容有限

普查所使用的指标比较少,而且只反映基本情况。因而,普查的调查内容都比较少,而且不够深入。因此,普查一般适用于对总体基本情况的调查。

第二节　抽样调查

对于同样的对象的总体,非全面性调查比全面性调查节省时间与经费。正因为这个原因，对大规模对象总体很少进行普遍调查，而更多地采用非全面性调查的形式。在非全面性调查的多种形式中，只有抽样调查可以对总体进行推论。一个成功的抽样调查，可以相当精确地推论总体。抽样调查既具有普遍调查了解总体的优点，又具有其他非全面性调查节省时间与经费的优点。从而，抽样调查是现代社会调查研究中越来越广泛地被采用的调查形式。

一、抽样调查的意义与基本概念

抽样调查是从被调查的总体中抽取一部分单位作为样本进行观察，并以这部分样本的特征值推算总体的特征值的一种方法。广义地讲，抽样调查包括概率抽样（或称随机抽样）与非概率抽样。狭义地讲，抽样调查就是概率抽样。我们采用广义的抽样调查概念，在着重介绍概率抽样方法的同时，也介绍某些非概率抽样方法。

抽样调查的有关基本概念：

1. 总体

调查研究的全部事物，叫全及总体，简称总体。例如，我们要调查研究某省农民的收入情况，那么该省的所有农民，就是一个总体。总体可分为人工总体与自然总体。人工总体是人为地把单位组合起来的总体。例如，我们把全国各个大学中相同专业的大学生组合起来成为一个总体，就是人工总体。自然总体是原来就结合在一起的总体。例如，一个大学的全部学生、一个城市的全部居民，都是自然总体。

2. 样本

在总体中被抽取出来的一部分单位，叫做样本。样本中的单位，叫样本单位。样本中含有单位的数目，叫样本容量。例如，我们从某市户口中抽取 3 000 户来进行家庭关系调查，这 3 000 户就是样本，3 000 户中的某一户，就是样本单位，3 000 就是样本容量。

3. 综合指标

抽样调查的主要任务是用抽样所得的资料来求出综合指标，然后再用这些指标来推断总体的相应的综合指标。常用的综合指标包括平均指标（平均数）、相对指标（相对数）、总量指标（总数或总和）、频数。其中，应用最广泛的是平均数与频数。

4. 样本平均数

利用样本中各单位的数量标识所计算出来的算术平均数，叫做样本平均数

（又称抽样平均数）。样本平均数的计算公式：

$$\bar{x}=\frac{x_1+x_2+\cdots+x_n}{n}=\frac{\sum_{i=1}^{n}x_i}{n}$$

假如，1998 年，某城市被抽取出来的 3 000 户居民的月总收入为 4 500 000 元，则样本平均数为 $\bar{x}=\frac{4\,500\,000}{3\,000}=1\,500$（元）。

5. 总体平均数

总体中各单位的数量标识的算术平均数，叫做总体平均数。例如，某城市所有居民构成我们研究的总体；这些居民的平均收入，就是总体平均数。在抽样调查中，总体平均数一般是从样本平均数推断而来的。

6. 样本频率

在样本中具有某种属性的单位数目所占样本数目的比重，叫做样本频率。样本频率的计算公式：$P_i=\frac{n_i}{n}\times 100\%$ 。

假如，某地区抽取 1 000 名干部作为样本，发现其中有 80 个干部程度不同地存在受贿等腐败行为，则有腐败行为的干部的样本频率为：$P=\frac{80}{1\,000}\times 100\%=8\%$ 。

7. 总体频率

在总体中具有某种属性的单位数目所占的比重，叫做总体频率。假如，某地区年收入在 10 万元以上的户占该地区总户数的 3%，则这个 3%就是 10 万元户的总体频率。在抽样调查中总体频率一般是从样本频率中推断而来的。

8. 抽样框

在抽取样本前，把总体各单位区别开来并作出一览表，每个单位只列入一次，这一览表就叫抽样框。对于规模较大的总体，容易制作严格的抽样框；但对于规模较小的总体，则难于制作严格的抽样框。例如，国外社会学者利用电话号簿或汽车号簿抽样，进行民意测验。这电话号簿、汽车号簿就是近似的抽样框。为什么说它们是近似的抽样框呢？因为有些公民并没有电话或汽车，这样的抽样框并不包含他们。如果这部分人很少很少，则不包含他们的抽样框是有效的，即样本代表性误差较小；如果这部分人占相当大的比重，则不包含他们的抽样框是无效的，即样本的代表性误差较大。

9. 大样本

所谓样本大小是指样本中所含单位的数目的多少。一般说来，单位数在30个或30个以上，就是大样本。单位数在30个以下，就是小样本。抽样调查的特点之一，是使用大样本。从进行统计分析的角度来看，样本数目最低限度不能少于30个。许多社会研究者则认为，100个样本单位是最低限度。也就是说，样本再少就不能科学地对总体进行推论。对于同一总体，对推论要求的精确度愈高，则样本数目就相对需要愈多。

10. 重复抽样与不重复抽样

重复抽样是从总体中随机抽取一个单位之后，把它又放回总体之中，然后再从总体全部单位中抽取单位的方法。重复抽样每次抽取样本时总体单位数都不变，同一单位有多次被抽的可能。不重复抽样是从总体中抽取一个单位之后，不再把它放回总体之中，而在剩下的其他单位中继续抽取样本的方法。不重复抽样每次抽取样本时总体单位数都不同，同一单位只有一次被抽取的可能。

11. 样本误差

样本综合指标的值与相应的总体综合指标的值可能相差的范围，叫做抽样误差。样本可能代表总体的真实性越大，或者说，样本对于总体的代表性越大，则抽样误差越小；反之，样本可能代表总体的真实性越小，则抽样误差越大。抽样误差是指由于抽样的随机性而产生的代表性误差。代表性误差的大小，取决于下列因素：总体各单位之间的差异程度、抽样数目、抽样的组织方式。

按简单随机重复抽样方法，代表性平均误差（也即抽样平均误差）的计算公式是：

$$\mu=\sqrt{\frac{\sigma^2}{n}}\text{ 或 }\mu=\sqrt{\frac{P(1-P)}{n}}$$

按简单随机不重复抽样方法，代表性平均误差（也即抽样平均误差）的计算公式是：

$$\mu=\sqrt{\frac{\sigma^2}{n}\left(1-\frac{n}{N}\right)}\text{ 或 }\mu=\sqrt{\frac{P(1-P)}{n}\left(1-\frac{n}{N}\right)}$$

上述两公式中的 N 表示总体中的单位数目；n 表示样本中的单位数目；P 为总体频率；σ^2 表示总体各单位之间指标值的差异程度，即方差。

$$\sigma^2 = \frac{\sum (X - \overline{X})^2}{N} \text{ 或 } \sigma^2 = \frac{\sum (X - \overline{X})^2 f}{\sum f}$$

σ 为标准差，其计算公式为：

$$\sigma = \sqrt{\frac{\sum (X - \overline{X})^2}{N}} \text{ 或 } \sigma = \sqrt{\frac{\sum (X - \overline{X})^2 f}{\sum f}}$$

12. 样本容量

即必要的样本数目。一项实际的社会调查，抽取多少样本适当，是一个十分重要的问题。样本单位过多，会造成浪费；样本单位过少，又会使调查结果产生较大的误差。抽样方法的一个基本原则，是获得一个规模有限、尽可能精确地反映总体特征的样本容量。在实际操作中，研究者也都希望设计一个样本数最小但完全充分的样本。

必要的样本数目取决于如下因素：(1) 总体各单位之间的差异程度(σ^2)。总体各单位之间差异程度越小，则需要抽取的样本数目就越少。(2) 允许误差，即极限抽样误差，或称最大可能误差。允许误差(△) 同概率度(t)、抽样误差(μ) 有关。$\triangle = t\mu$ 。(3)抽样的组织方式。不重复抽样比重复抽样需要的样本单位数目少；类型抽样与等距抽样比简单随机抽样需要的样本单位少；单个抽样比整群抽样需要的样本少。

二、概率抽样的主要形式

概率抽样就是按照随机原则在总体中选取一部分单位进行调查，并进一步推算总体情况的一种方法。

概率就是机会与可能；概率抽样就是总体中每个单位都有同等被抽取的机会与可能。概率抽样的原则是，必须在完全排除人们的主观意见与判断，用碰着机会的方式在总体中抽取若干单位作为样本。概率抽样原则，也即同等可能性原则，通常称为随机原则。

1. 简单随机抽样

简单随机抽样，是对总体的单位不进行任何组合，仅按照随机原则直接抽取样本的一种方法。简单随机抽样是一种无限制性抽样，又称单纯随机抽样。简单随机抽样方法的步骤：第一步，把研究对象总体的各单位编上数字号码；第二步，随机地抽取必要数目的样本。

随机抽取样本的方法有如下三种：

(1) 随机数表法。具体步骤是:根据总体单位数决定随机数表中多少数字连成一组;随机地决定以某行某列的数字为起点,然后由左向右或由上向下地查出数字;将与查出的数字相同的总体单位编号,即为样本。如果遇到重复的号码,一般不用,而是补其他号码,直到抽满一定数目的样本为止。

表 7-2　随机数字表(部分)

10 09 73 25 33	76 52 01 35 86	34 67 35 48 76	80 95 90 91 17	39 29 27 49 45
37 54 20 48 05	64 89 47 42 96	24 80 52 40 37	20 63 61 04 02	00 82 29 16 65
08 42 26 89 53	19 64 50 93 03	23 20 90 25 60	15 95 33 47 64	35 08 03 36 06
99 01 90 25 29	09 37 67 07 15	38 31 13 11 65	88 67 67 43 97	04 43 62 76 59
12 80 79 99 70	80 15 73 61 47	64 03 23 66 53	98 95 11 68 77	12 17 17 68 33
66 06 57 47 17	34 07 27 68 50	36 69 73 61 70	65 81 33 98 85	11 19 92 91 70
31 06 01 08 05	45 57 18 24 06	35 30 34 26 14	86 79 90 74 39	23 40 30 97 32
85 26 97 76 02	02 05 16 56 92	68 66 57 48 18	73 05 38 52 47	18 62 38 85 79
63 57 33 21 35	05 32 54 70 48	90 55 35 75 48	28 46 82 87 09	83 49 12 56 24
73 79 64 57 53	03 52 96 47 78	35 80 83 42 82	60 93 52 03 43	35 27 38 84 35
		……		

例:某机关有 950 名干部,要求利用随机数字表选出 100 名作为调查样本单位。怎么抽出 100 名干部?具体方法是:将这 950 名干部按 1～950 编号;总体单位数为三位数,因此把随机数字表中三个数字连成一组,即用三位数为抽取单位;随机决定第一行,第四列为起点,即以 376 为起点,顺次由左向右抽取 376、520、135、863、467、354、876、809、590、911、739、292 等为样本单位。

(2) 抽签法。具体方法是:将总体各单位统一编号;将每个编号做成一张签片,然后混合均匀;随机抽签,直到抽满所需样本单位数目为止。

(3) 直接抽选法。即直接从调查对象中随机抽取样本。例如:从每个教室中随机地抽选几名学生进行调查,或从每个学生宿舍中随机地抽 2 名学生进行调查。

简单随机抽样必要的样本数目如何确定?反映具有一个特定变数的总体值所需要的样本数,取决于总体(N) 的大小、该总体内该变数的差异程度(σ^2)、允许误差(△)、置信水平($F[t]$),以及是否重复抽样。

在简单随机重复抽样中,确定必要的样本数目的计算公式是:

$$n=\frac{t^2\sigma^2}{\triangle^2}\text{ 或 }n=\frac{t^2P(1-P)}{\triangle^2}$$

在简单随机不重复抽样中，确定必要的样本数目的计算公式是：

$$n=\frac{t^2\sigma^2N}{\triangle^2N+t^2\sigma^2} \text{ 或 } n=\frac{t^2P(1-P)N}{\triangle^2N+t^2P(1-P)}$$

例 1：已知某市职工人均月收入的标准差为 200 元。如果要求置信水平为 95.45%，允许误差为 10 元，问在简单随机重复抽样中，需要抽取多少人进行调查？

解：查正态分布概率表，$F(t)=95.45\%$，对应的 $t=2$

$\because \sigma=200$ 元

$\triangle=10$ 元

$$\therefore n=\left(\frac{t\sigma}{\triangle}\right)^2=\left(\frac{2\times 200}{10}\right)^2=1\,600(\text{人})$$

答：根据给定的有关条件，在简单随机重复抽样中，需要抽取 1 600 人进行调查。

例 2：在一个拥有 10 万工人的城市进行工人状况调查，已知工人平均月收入的标准差为 200 元，如果要求置信水平为 95.45%，允许误差为 10 元，问在简单随机不重复抽样与重复抽样中，分别需要抽取多少人进行调查？

解：查正态分布概率表，$F(t)=95.45\%$，对应的 $t=2$

$\because \sigma=200$ 元　$\triangle=10$ 元　$N=10$ 万

(1) 在不重复抽样中：

$$n=\frac{t^2\sigma^2N}{\triangle^2N+t^2\sigma^2}=\frac{2^2\times 200^2\times 100\,000}{10^2\times 100\,000+2^2\times 200^2}$$

$$=\frac{16\,000\,000\,000}{10\,160\,000}\approx 1\,575\ (\text{人})$$

(2) 在重复抽样中：

$$n=\frac{t^2\sigma^2}{\triangle^2}=\frac{2^2\times 200^2}{10^2}=1\,600\ (\text{人})$$

答：根据给定的有关条件，在简单随机不重复抽样中，需要抽取 1 575 人进行调查；在随机重复抽样中，需要抽取 1 600 人进行调查。

2. 等距随机抽样

等距随机抽样又称机械随机抽样或系统随机抽样。具体步骤是：(1) 将总体各单位按某一标志顺序排列，编上序号；(2) 用总体单位数除以样本单位数求得抽样间隔，即 $k=\frac{N}{n}$（k 为抽样间隔，N 为总体单位数，n 为样本单位数）。(3) 随机确定起点。一般起点(B) 随机地取在 1 至 k 之间，即 $1 \leqslant B \leqslant k$。也可人为地以 1 到 k 的中心单位（或邻近中心的单位）作为起点；当 k 为奇数时，$B=\frac{k+1}{2}$，当 k 为偶数时，$B=\frac{k+2}{2}$。(4) 按抽样间隔，作等距抽样，直到抽满所需样本数目为止。即抽取序号 B、$(B+k)$ $(B+2k)$ $(B+3k)$、……$(B+[n-1]k)$ 为样本。

例 1：在一个拥有 30 000 人的公司中作职工思想状况的调查，需要抽取 600 人为样本，问如何作等距抽样？

解：$\because N=30\,000$（人）

$n=600$（人）

$\therefore k=\frac{N}{n}=\frac{30\,000}{600}=50$

$B=\frac{k+2}{2}=\frac{50+2}{2}=26$

则抽取职工的序号为：

第 1 样本单位：$B=26$

第 2 样本单位：$B+k=26+50=76$

第 3 样本单位：$B+2k=26+2\times 50=126$

……

第 600 样本单位：$B+(n-1)k=26+599\times 50=29\,976$

答：抽取序号为 26、76、126、176、……、29 976 这 600 名职工为样本。

等距抽样的必要样本数目的确定，可以使用简单随机不重复抽样的必要样本数目计算公式：

$$n=\frac{t^2\sigma^2 N}{\triangle^2 N+t^2\sigma^2}$$

例 2：已知某市职工为 10 万人，人均月收入的标准差为 200 元。如果要求置信水平为 95.45%，允许误差为 10 元，问使用等距抽样需要抽取多少人作为调查对象？

解：查正态分布概率表，$F(t)=95.45\%$，对应的 $t=2$

$\because \sigma=200$ 元

$\triangle=10$ 元

$N=100\,000$（人）

$$\therefore n=\frac{t^2\sigma^2 N}{\triangle^2 N+t^2\sigma^2}=\frac{2^2\times 200^2\times 100\,000}{10^2\times 100\,000+2^2\times 200^2}$$

$$=\frac{16\,000\,000\,000}{10\,160\,000}\approx 1\,575\text{（人）}$$

答:根据给定的有关条件,使用等距抽样需要抽取 1 575 个职工作为样本。

3. 类型随机抽样

类型随机抽样又称分层随机抽样或分类抽样。类型随机抽样是根据某种标志,先将总体中所有单位分成若干类型,再在各个类型中随机抽取必要样本数目的方法。

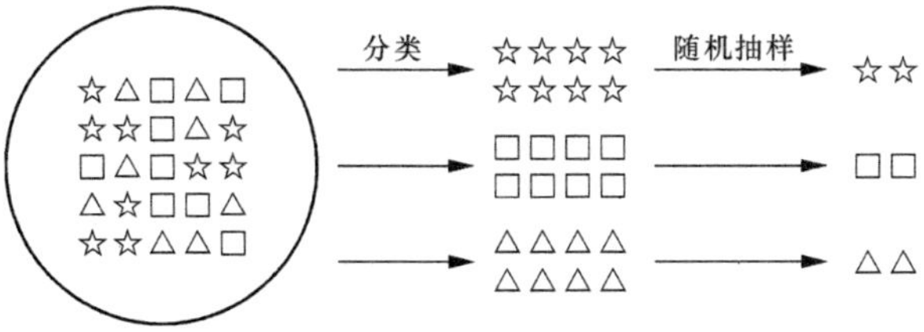

图 7－1　类型抽样过程示意图

在类型随机不重复抽样中,确定必要抽样数目的计算公式是:

$$n=\frac{t^2\,\overline{\sigma^2}N}{\triangle^2 N+t^2\,\overline{\sigma^2}}\ \text{或}\ n=\frac{t^2\,\overline{P(1-P)}N}{\triangle^2 N+t^2\,\overline{P(1-P)}}$$

在类型随机重复抽样中,确定必要抽样数目的计算公式是:

$$n=\frac{t^2\,\overline{\sigma^2}}{\triangle^2}\ \text{或}\ n=\frac{t^2\,\overline{P(1-P)}}{\triangle^2}$$

上述公式中,$\overline{\sigma^2}$ 表示总体中各类型方差(σ_i^2)的平均数,$\overline{\sigma^2}=\frac{\sum n_1\sigma_i^2}{\sum n_i}$,其中 n_i 为各类型内样本单位数。

例 1:假定某公司工人的月基本工资(1990 年)如下表所列,允许误差为 5 元,置信水平为 95.45%,求应抽取多少必要的工人工资的样本单位数目?

表 7－3　某公司工人月基本工资表

月基本工资(元)	工　人　数
525	755
675	1 130
825	1 600

续 表

月基本工资(元)	工人数
975 1 125 1 275	930 205 190
总计	4 810

解:(1) 根据已知条件可求出:

平均月基本工资:$\overline{X}\approx 802$(元)

$$\sigma^2\approx 35\,086.8$$

$$t=2\quad \triangle=5$$

如果使用简单随机不重复抽样方法,则必要的样本数目为:

$$n=\frac{t^2\sigma^2N}{\triangle^2N+t^2\sigma^2}=\frac{2^2\times 35\,086.8\times 4\,810}{(5)^2\times 4\,810+2^2\times 35\,086.8}\approx 2\,590\text{(个)}$$

(2) 如果使用分类随机不重复抽样方法,

则把525,675,825分为较低收入组(第一类)

把975,1125,1275分为较高收入组(第二类)

$\overline{X_1}\approx 711$ 元

$$\sigma_1^2=\frac{\sum(X_1-\overline{X_1})^2f_1}{\sum f_1}$$

$$=\frac{(525-711)^2\times 755+(675-711)^2\times 1\,130+(825-711)^2\times 1\,600}{3\,485}$$

$$=13\,880$$

$\overline{X_2}\approx 1041$(元)

$$\sigma_2^2=\frac{\sum(X_2-\overline{X_2})^2f_2}{\sum f_2}$$

$$=\frac{(975-1041)^2\times 930+(1125-1041)^2\times 205+(1275-1041)^2\times 190}{1\,325}$$

$$=12\,000$$

$$\therefore\ \overline{\sigma^2}=\frac{\sum n_i\sigma_i^2}{\sum n_i}=\frac{3\,485\times 13\,800+1\,325\times 12\,000}{4\,810}$$

$$= \frac{64\,271\,800}{4\,810} = 13\,360$$

$$\therefore n = \frac{t^2 \overline{\sigma^2} N}{\triangle^2 N + t^2 \overline{\sigma^2}}$$

$$= \frac{2^2 \times 13\,360 \times 4\,810}{5^2 \times 4\,810 + 2^2 \times 13\,360}$$

$$= \frac{257\,046\,400}{173\,690} \approx 1\,480\text{（个）}$$

可见，在相同的允许误差、置信水平等条件下，采用分类随机不重复抽样比采用单纯随机不重复抽样，约减少五分之二以上的必要样本数目。

分层抽样还可分成等比例分层抽样与不等比例分层抽样。等比例分层抽样就是把总体分层后，在每个层中抽取样本单位的比例是相同的。不等比例分层抽样就是把总体分层后，在每个层中抽取样本单位的比例是不相同的。不等比例分层抽样一般使用在各层内单位之间的差异程度不同的情况下。因为有的层如果以同其他层相同的比例抽样，则抽得的样本单位代表性不强。

例 2：某县共有农户 30 万户，其中纯务农户 10 万户，兼业户 15 万户，纯务工户 5 万户。问如何使用等比例分层抽样方法抽取 3 000 户进行家庭状况调查？

解：根据已知条件，设总体 $N = 300\,000$ 户，样本单位数目 $n = 3\,000$ 户，三种农户类型分别为：纯农户 $S_1 = 100\,000$ 户；兼业户 $S_2 = 150\,000$ 户；纯工户 $S_3 = 50\,000$ 户。则抽样比例 $P = \frac{n}{N} = \frac{3\,000}{300\,000} = \frac{1}{100}$

从三种农户类型分别抽取样本数：

$$n_1 = S_1 \times P = 100\,000 \times 1\% = 1\,000\text{（户）}$$
$$n_2 = S_2 \times P = 150\,000 \times 1\% = 1\,500\text{（户）}$$
$$n_3 = S_3 \times P = 50\,000 \times 1\% = 500\text{（户）}$$

答：以 1%的相同比例分别从三种类型的农户中抽取 1 000、1 500 与 500 户。

例 3：某县共有农户 30 万户，其中纯农户 25 万户，兼业户 4.5 万户，纯工户 0.5 万户。问如何使用不等比例分层抽样方法抽取 3 000 户进行家庭状况的调查？

解：根据已知条件，设总体 $N = 300\,000$ 户，样本单位数目 $n = 3\,000$ 户，其中纯农户 $S_1 = 250\,000$ 户；兼业户 $S_2 = 45\,000$ 户；纯工户 $S_3 = 5\,000$ 户，因三类农户的家庭状况差异不同，设 $P_1 = 0.6\%$，$P_2 = 2\%$，$P_3 = 12\%$ 。从三种类型农户中抽取样本数：

$$n_1 = S_1 \times P_1 = 250\,000 \times 0.6\% = 1\,500\ (户)$$
$$n_2 = S_2 \times P_2 = 45\,000 \times 2\% = 900\ (户)$$
$$n_3 = S_3 \times P_3 = 5\,000 \times 12\% = 600\ (户)$$

答：以 0.6%的比例从纯农户中抽取 1 500 户，以 2%的比例从兼业户中抽取 900 户，以 12%的比例从纯工户中抽取 600 户。

例 4：美国有 50 个州，各州人口数差异很大，大的州有 2 千万人，小的州只有 50 万人。为了保证抽样结果的可靠性，以及满足对总体不同类型进行单独分析的需要，对各州抽取相同的样本数目。人口少的州以较高的抽样比例抽样，人口多的州则以比较低的抽样比例抽样。

使用不等比例分层抽样方法抽取的各层的样本单位，当它们结合在一起构成综合样本时，就发生了问题，即这种综合不是随机的综合了。为了解决这个问题，需要把来自各层的样本数进行不等同的加权。权数是该层被选比例的倒数。加权处理后，即可得到由相同比例的样本构成的综合样本。

例 5：某校有老年教师 200 人，中年教师 800 人，青年教师 1 000 人。已分别抽得三种随机样本：老年教师 100 人，中年教师 100 人，青年教师 100 人。问如何将这些样本结合在一个综合样本内？

解：根据已知条件，

老年教师抽样比例为：$\frac{n_1}{N_1} = \frac{100}{200} = \frac{1}{2}$

中年教师抽样比例为：$\frac{n_2}{N_2} = \frac{100}{800} = \frac{1}{8}$

青年教师抽样比例为：$\frac{n_3}{N_3} = \frac{100}{1000} = \frac{1}{10}$

老年教师层的权数是 2，中年教师层的权数为 8，青年教师层的权数为 10。

则分层样本结合在一个综合样本内时，同比例样本数目分别为：

老年教师：$100 \times 2 \times \frac{1}{2} = 100$ (人)

中年教师：$100 \times 8 \times \frac{1}{2} = 400$ (人)

青年教师：$100 \times 10 \times \frac{1}{2} = 500$ (人)

这样加权处理的意义是：

(1) 100 个老年教师样本，每人的资料做成一张卡片。

(2) 100 个中年教师样本，每人的资料做成一张卡片；再把每张卡片复印 3 份，则共得 400 张卡片。

(3) 100 个青年教师样本，每人的资料做成一张卡片；再把每张卡片复印 4 份，则共得 500 张卡片。

分类抽样适用于总体单位数量大、单位之间差异大的调查对象。异质总体分成若干同质分总体，然后再随机抽取的单位，一般具有普遍的代表性。在样本数目相同时，它比简单随机抽样和等距随机抽样的抽样误差小；而在抽样误差的要求相同时，它比简单随机抽样和等距随机抽样所需的必要样本数目要少。因此，分类随机抽样是社会调查研究中应用较为广泛的一种抽样方式。

分类随机抽样的前提，是对总体各单位某一标志在调查之前就有了精确的了解，否则就无法进行科学与合理的分类。这一前提有时容易做到，有时则十分困难。

4. 整群抽样

在总体中不是一个一个地抽取个别单位，而是随机地一群一群地抽取集体单位，加以观察和研究，由此推断总体的情况，这种抽样叫整群随机抽样，简称整群抽样。

当总体分布在一个较广的地理区域里，或者难于得到总体分子的全部名单时，就需要采用整群随机抽样。这种方法的第一步，是将总体分成若干小群体。分群的标准是特殊的，社会学者常以自然地理区域或社会组织结构来划分小群体。例如，在一个大城市中抽样，可以街区为标志分群；在一个大学中抽样，可以班级为标志分群。第二步是在若干小群体中随机抽取一定数量的小群体。第三步是对抽取的小群体中每一个单位逐个进行调查。

整群抽样的样本单位相对集中，即样本分布比较集中，便于组织调查，节省人力与财力。例如，派一批调查员到 50 个村去调查 5 000 个农户情况，比调查分散在全国各县、乡的 5 000 个农户，要节省大量的路途往返时间与差旅费。整群抽样的缺点在于样本分布过于集中，一般会降低其代表性。而要克服这个缺点，只有缩小群间差异程度，扩大群内差异程度。因为在群内差异大、群间差异小的情况下，抽样误差就不会大。群内差异大的群体对总体更有代表性。由于整群抽样所抽取的群的数目较少，如果群间差异大，就会遗漏某些有差异的群，降低样本的代表性。这就不同于分类抽样。在分类抽样中，抽样误差涉及每个层内的差异性，因此我们希望每一层尽可能均质，而层与层之间的差别越大越好，毕竟每层都要抽取一定数量的样本。

我们在估计整群抽样的精确性时，通常把一个整群作为一个平均单位来看待。这样，由于整群抽样一般抽取的数目不大，那么就只能作为少量单位来看了。在这种情况下，要保证与其他随机抽样方式相同或相似的精确度，整群抽样就要抽取更多的单位。

不重复整群抽样的必要样本群数目计算公式为：

$$n = \frac{t^2 {\sigma_R}^2 N_R}{\triangle^2 N_R + t^2 {\sigma_R}^2}$$

其中 n 为群的数目；${\sigma_R}^2$ 为群间方差；N_R 为群的总数。

例 1：某县有 600 个村，各村间农户收入的标准差为 200 元，抽样平均误差为 $\mu = \pm 20$ 元，问要求置信水平达到 95.45%时，使用不重复整群抽样方法需要必要的样本群的数目是多少？

解：根据已知条件，

$N = 600$ 村，${\sigma_R}^2 = 40\,000$ 元，

$\mu = \pm 20$ 元

∵置信水平 95.45%对应的概率度 $t = 2$，则

$\triangle = t\mu = \pm 40$（元）

$$\therefore\ n = \frac{t^2 {\sigma_R}^2 N_R}{\triangle^2 N_R + t^2 {\sigma_R}^2} = \frac{4 \times 40\,000 \times 600}{1\,600 \times 600 + 4 \times 40\,000} = \frac{96\,000\,000}{1\,120\,000}$$

≈ 85.7（村）

根据四舍五入，n 取值为 86 村。

答：需要抽取 86 个村进行普遍调查。

例 2：某县有 600 个村，各村农户收入（以元为单位）的方差为 60 000，抽样平均误差为 $\mu = \pm 20$ 元，问要求置信水平达到 95.45%时，使用不重复整群抽样方法需要必要的样本群的数目是多少？

解：根据已知条件，$N = 600$ 村，${\sigma_R}^2 = 60\,000$ 元，$\mu = \pm 20$ 元，

∵置信水平 95%对应的概率度 $t = 2$，则

$\triangle = t\mu = \pm 40$ 元，

$$\therefore n = \frac{t^2 {\sigma_R}^2 N_R}{\triangle^2 N_R + t^2 {\sigma_R}^2} = \frac{4 \times 60\,000 \times 600}{1\,600 \times 600 + 4 \times 60\,000} = \frac{144\,000\,000}{1\,200\,000}$$

$= 120$

n 取值为 120 村。

答：需要抽取 120 个村进行普遍调查。

从上面两个例子中，我们可以清楚地看到，在其他条件与要求都相同的情况下，必要的样本群数目的大小取决于群间方差的大小。群间差异性越大，即群间方差越大，则必要的样本群的数目越多。

5. 多阶段抽样

整群随机抽样一般指一阶段抽样，即把每一个整群中所含有的单位全部进行调查。如果先抽出若干整群，然后再在各个整群中抽出若干小群，并对这些小群进行全面调查，则叫二阶段抽样。如果先抽出若干整群，然后再在各个整群中抽若干小群，接着再在若干小群中抽取若干小小群，最后对这些小小群进行全面调查，则叫三阶段抽样。两阶段以上的整群抽样与简单随机抽样相结合的抽样方式，叫做多阶段抽样。

大的区域性调查，一般使用多阶段抽样方式。例如，全国农村调查的一般抽样方式是：(1)省中抽县；(2)中选县中抽乡；(3)中选乡中抽村；(4)中选村中抽组(队)；(5)中选组(队)普查，或抽取个别单位进行调查。全国城市调查的一般抽样方式是：(1)抽有关城市；(2)中选城市中抽区；(3)中选区中抽街道；(4)中选街道中抽居民小组普查，或抽个别居民户调查。美国社会学者在城市研究中，一般抽样方式是：先抽城市；中选城市中抽街区；中选街区中抽家庭。例如，样本总数为 2 000 个家庭，则抽取 400 个街区，每个街区抽 5 家。[1]

例 1：天津市户卷调查的抽样方法

1983 年，天津市人民政府对 1 000 户城市居民进行问卷调查。具体抽样方法如下：(1)在全市 9 个市区 124 个街道中抽取 36 个街道；(2)在 36 个街道中各抽取一个居委会；(3)以全国人口普查中得到的天津市区居民职业分类(工人、服务人员、专业技术人员、个体劳动者、办事人员、党政企事业单位负责人)及其比例，在中选居委会中以户主职业为依据，按等距抽样法抽取 30 户，共抽取 1 080 个样本。

例 2：全国农民家庭收支调查的抽样方法

1955 年第一次进行的全国农民家计调查，由国家统一制定方案，采用多阶段抽样，即省抽县；县抽乡；乡抽村或居民点作为调查点；调查点抽农户。其中，较多地采用分类抽样与等距抽样。具体抽样调查的过程分为以下几个步骤。[2]

第一步，以省为范围等距定点，抽出调查点所在县。首先绘制出县示意图，即分县地图。从边界上任意选一个县，确定为第 1 号县，然后按顺时针方向，由

---

〔1〕〔美〕艾尔·巴比：《社会研究方法》，四川人民出版社 1987 年版，第 139 页。

〔2〕龚鉴尧：《抽样法浅说》，中国财经出版社 1984 年版，第 104～109 页。

外到里依次编号。例如，某省有61个县，就依次编成61个号码。绘制示意图如右：

图7－2　某省分县编码图

按上图编定全省各县的号码次序后，应计算出抽样距离，确定中选点的农户号码。做法是根据全省预定抽取的调查户数和平均每个调查点调查的户数，计算出全省应调查的居民点数，然后再以此数去除全省实有农户数即得。例如，假定某省农户数为7 518 000户，全省预定抽取的调查户数为1 000户，平均每个调查点25户，则该省的调查点为1 000÷25＝40(个)，抽样距离＝7 518 000÷40＝187 950(户)。即在全省7 518 000户农户中，每隔187 950户调查一个居民点。

然后，编制分县一览表，抽出调查点所在县。计算出抽调查户的距离后，即可根据示意图上县的编号，编制分县一览表，以便确定调查县。为了保证抽样工作能够客观地进行，全国统一规定，以第1号农户作为抽样起点，以后每增加一个抽样距离，抽一个调查点，依此类推。调查点抽出后，即在编号前作一符号"△"。一览表的编制内容及抽点程序如下表：

表7－4　某省分县一览表

县编号	县　名	农户数	农户累计数	代表中选点的农户号码
△1	××	23 305	23 305	1
2	××	67 586	90 891	
△3	××	124 941	215 832	187951
△4	××	183 118	398 950	375901
5	××	83 914	482 864	
△6	××	201 526	684 390	563851
△7	××	132 992	817 382	751801
8	××	97 980	915 302	
△9	××	132 475	1 047 837	939751
10	××	61 688	1 109 525	
…				
…				
61	××	48 209	7 518 000	

第二步，绘制中选县示意图，编制分乡（相当于后来的小公社或生产大队的规模）的一览表，确定调查点所在的乡，做法和省相同。以第 5 个中选县为例，该县在全省分县一览表中为第 7 号县，农户数为 132 992 户，它的前一个县即第 6 号县的农户累计数为第 684 390 户。因此，第 5 个中选县包括的农户应从第 684 391户开始，它的第 1 号乡的累计数应为 684 390＋8 936 ＝ 693 326 ，第 2 号乡的累计数应为 693 326 ＋ 6 361 ＝ 699 687 ，依次类推，编制出分乡一览表如下：

表 7－5　××县（编号：7）分乡一览表

乡编号	乡　名	农户数	农户累计数	代表中选点的农户号码
1	××	8 936	633 326	
2	××	6 361	699 687	
3	××	3 212	702 899	
4	××	7 644	710 543	
5	××	4 123	714 666	
6	××	8 608	723 274	
7	××	5 092	728 366	
8	××	7 787	736 153	
△9	××	9 882	746 035	
10	××	3 526	749 561	
11	××	9 120	758 681	751801
12	××	6 954	765 635	
…	××			
…				
21	××	3 979	817 352	

第三步，按照同样办法，绘制中选乡居民点示意图，编制分居民点一览表（见表 7－6）。

表 7－6　××县（第 7 号县）××乡（第 11 号乡）居民点一览表

居民点编号	居民点名称	农户数	农户累计数	代表中选点的农户号码
1	张村	710	750 271	
2	陈村	987	751 258	751801
△3	下屋基	764	752 022	
4	上屋基	1 269	753 291	
5	杨柳青	698	753 989	
6	石屋	607	754 596	
7	盐步	990	755 586	
8	下湾	438	756 024	

续 表

居民点编号	居民点名称	农户数	农户累计数	代表中选点的农户号码
9	柳溪	400	756 424	
10	四水	530	756 954	
11	合流	713	757 667	
12	黄果树	387	758 054	
13	落雁桥	627	758 681	

第四步，选抽调查户。根据当时个体农民还占较大比重的情况，要求在调查点，将全部农户分为合作社社员户和个体农民户两个组，根据其各占调查点总农户的比重，按比例抽选调查户。例如，某调查点共有农户 268 户，其中参加合作社的 108 户，个体农民 160 户，则

社员户所占比重为 $(108 \div 268) \times 100\% = 40.3\%$

个体农民所占比重为 $(160 \div 268) \times 100\% = 59.7\%$

按规定每个调查点中调查 15 户，则按比例应调查社员户为 $15 \times 40.3\% = 6.04$（户），四舍五入为 6 户；应调查个体农户为 $15 \times 59.7\% = 8.96$（户），四舍五入为 9 户。

然后，分别将调查点的两组农户，按有关标识排队，编制分户一览表，等距抽调查户。按全国方案规定，社员户按全家 1955 年内从农业生产合作社分配的收入，由高到低，排队编号；对个体农民，则按其全家常年产量的多少（牧区按占有牲畜头数的多少），由高到低，排队编号。再以两个组应调查的农户数分别去除两组的农户数，求出抽样距离。

社员户的抽样距离为 $108 \div 6 = 18.0$（户），

个体农户的抽样距离为 $160 \div 9 \approx 17.8$（户）。

由于两个组的样本单位数即农户数是按比例分配的，两个组的抽样距离本来是应该相等的，即可以按 $268 \div 15 = 17.9$（户）求得；这里的不等是由于计算上的四舍五入引起的。但农户数不能用小数，所以，都必须四舍五入以 18 户作为抽样距离。

求出抽样距离后，即可在两组农户一览表中，分别从半距处，即第 9 号农户处开始，抽出第 1 户，以后每加一个距离抽 1 户，依此类推，则应调查的 6 户社员户为第 9 号、27 号、45 号、63 号、81 号、99 号；应调查的 9 户个体农户为第 9 号、27 号、45 号、63 号、81 号、99 号、117 号、135 号、153 号。

例 3：全国职工家庭生活调查的抽样方法

1980 年国家统计局使用多阶段抽样法，抽取 44 个城市的 8 万多户职工家庭，进行家庭生活调查。具体方法是将总体各单位按其属性特征分为若干类型，

然后在各类型中用等距抽样方法抽选样本单位。具体步骤是：[1]

第一阶段，先抽选调查城市。把全国城市划分为大、中、小三种类型（非农业人口在100万以上的为大城市，50～100万的为中等城市，50万以下的为小城市）；然后将三种类型的各个城市分别按六个大区归类；在各大区里，又把各城市按职工年平均工资水平由高到低排队，并把各城市的职工人数累计起来，进行等距抽样，每隔100万职工抽选一个城市，确定为调查城市。详见下表：

表7－7　全国城市分类、等距抽样表

<table>
<tr><th>大区名称</th><th>城市名称</th><th>全市职工年平均工资（元）</th><th>全部职工人数（万人）</th><th>职工人数累计（万人）</th><th>选中记号</th><th>说　明</th></tr>
<tr><td rowspan="2">西南</td><td>A</td><td>620</td><td>43</td><td>43</td><td rowspan="2">（50）</td><td rowspan="26">1. 假定中等城市有26个，职工人数共有1 100万人，应抽选11个重点调查城市；
2. 按每100万职工抽选1个调查城市的比率，首先在抽选距离的中心点抽选第1个城市B，以后每隔100万职工抽选1个城市，依次抽选城市D、G、I、K、M、P、R、U、W、Y。</td></tr>
<tr><td>B</td><td>580</td><td>23</td><td>66</td></tr>
<tr><td rowspan="2">西北</td><td>C</td><td>870</td><td>37</td><td>103</td><td rowspan="2">（150）</td></tr>
<tr><td>D</td><td>760</td><td>58</td><td>161</td></tr>
<tr><td rowspan="3">中南</td><td>E</td><td>640</td><td>42</td><td>203</td><td rowspan="3">（250）</td></tr>
<tr><td>F</td><td>630</td><td>27</td><td>230</td></tr>
<tr><td>G</td><td>560</td><td>46</td><td>276</td></tr>
<tr><td rowspan="7">华东</td><td>H</td><td>620</td><td>36</td><td>312</td><td rowspan="7">（350）
（450）
（550）</td></tr>
<tr><td>I</td><td>615</td><td>54</td><td>366</td></tr>
<tr><td>J</td><td>610</td><td>37</td><td>403</td></tr>
<tr><td>K</td><td>605</td><td>57</td><td>460</td></tr>
<tr><td>L</td><td>590</td><td>37</td><td>497</td></tr>
<tr><td>M</td><td>580</td><td>70</td><td>567</td></tr>
<tr><td>N</td><td>570</td><td>36</td><td>603</td></tr>
<tr><td rowspan="5">华北</td><td>O</td><td>710</td><td>32</td><td>635</td><td rowspan="5">（650）
（750）</td></tr>
<tr><td>P</td><td>670</td><td>46</td><td>681</td></tr>
<tr><td>Q</td><td>660</td><td>41</td><td>722</td></tr>
<tr><td>R</td><td>650</td><td>47</td><td>769</td></tr>
<tr><td>S</td><td>610</td><td>49</td><td>818</td></tr>
<tr><td rowspan="7">东北</td><td>T</td><td>780</td><td>23</td><td>841</td><td rowspan="7">（850）
（950）
（1 050）</td></tr>
<tr><td>U</td><td>760</td><td>35</td><td>876</td></tr>
<tr><td>V</td><td>710</td><td>50</td><td>926</td></tr>
<tr><td>W</td><td>700</td><td>32</td><td>958</td></tr>
<tr><td>X</td><td>690</td><td>56</td><td>1 014</td></tr>
<tr><td>Y</td><td>670</td><td>38</td><td>1 052</td></tr>
<tr><td>Z</td><td>640</td><td>48</td><td>1 100</td></tr>
</table>

〔1〕《我国恢复和重建城市职工家庭生活调查文件汇编》，中国统计出版社1981年版。

抽中的44个城市的职工年平均工资与全国200多个城市的职工年平均工资相比较,只相差-0.9%。其中,大城市相差-0.6%,中等城市相差-1.2%,小城市相差-0.9%。因此,可以说,这44个调查城市是有代表性的。对这些调查城市进行调查是可以反映全部城市的职工家庭生活水平的。

第二阶段,在中选的调查城市里抽选调查户。这个阶段又分两步进行:

第一步,抽选调查单位。先根据城市规模的大小确定应抽选的职工人数;然后把应抽选的职工人数按所有制和国民经济部门的职工人数比例分摊;再确定每个调查单位的调查人数,计算出应抽选的调查单位数和抽选距隔;最后将各单位按职工年平均工资水平由高到低排队,等距抽选调查单位。

例如,20世纪80年代初期某市有职工70万人,其中全民所有制单位职工56万人,按5‰计算,应调查2 800人;集体所有制单位职工14万人,应调查700人。各部门应抽选的职工人数,详见下表:

表7-8　中选城市调查单位抽样表

部　门	职工人数(万人)	应调查职工人数(人)	部　门	职工人数(万人)	应调查职工人数(人)
全市总计	70.0	3 500	8. 金融	0.3	180
全民所有制	56.0	2 800	9. 机关团体集	3.3	180
1. 工业	23.2	1 160	体所有制	14.0	700
2. 基本建设	5.0	250	1. 工业	9.2	460
3. 农林牧渔	6.4	320	2. 建筑业	1.2	60
4. 交通邮电	3.4	170	3. 运输业	1.2	60
5. 商、饮、服、物	7.1	385	4. 商业饮食服务	1.3	65
6. 城市公用事业	0.6	385	5. 文教卫生	0.8	55
7. 科技文教卫生	6.7	335	6. 其他	0.3	55

按所有制和国民经济部门把应调查的职工人数分摊以后,下一步就是在各部门内抽选调查单位。以全民所有制工业部门为例,应调查的职工人数是1 160人,假定每个调查单位的调查人数为50人,则

$$\text{应抽选的调查单位数} = \frac{\text{工业部门应调查人数}}{\text{每个调查单位调查人数}} = 1\,160/50 \approx 23(\text{个})$$

$$\text{抽选距离} = \frac{\text{工业部门职工总人数}}{\text{应抽选的调查单位数}} = 23.2/23 \approx 1(\text{万人})$$

抽选距离算出后,将工业部门内各企业按职工年平均工资水平由高到低排

队，等距离抽选调查单位。首先在抽选距离的中心点抽选第 1 个调查单位，以后每隔 1 万人抽选 1 个调查单位，直到把 23 个调查单位都抽选好。详见下表：

表 7－9　工业部门调查单位抽样表

企业名称	职工年平均工资(元)	企业职工人数(人)	累计职工人数(人)	选中记号	说　明
第 1 厂	792	2 000	2 000		表中在抽选距离的中心点抽选的第 1 个调查单位是第 3 厂，依次被抽选的是第 5 厂和第 8 厂。
第 2 厂	781	800	2 800		
第 3 厂	748	3 617	6 417	(5 000)	
第 4 厂	726	760	7 177		
第 5 厂	715	8 013	15 190	(15 000)	
第 6 厂	660	1 500	16 690		
第 7 厂	648	5 000	21 690		
第 8 厂	635	4 000	25 690	(25 000)	
第 9 厂	620	2 005	27 695		

第二步，抽选调查户。先将调查单位应调查的职工人数按各类人员的比例分摊，求出各类人员中应调查的职工人数；然后将各类人员按职工本人的年平均工资水平由高到低排队，等距抽选。被选中的职工，其家庭就作为调查户（抽选方法与抽选调查单位相同）。

据测算，20 世纪 80 年代职工家庭生活调查主要的指标——职工家庭平均每人每月生活费支出的均方差 σ，石家庄市为 10.24 元，沈阳市为 11.36 元，上海市为 12.13 元。

$t = 2$，即调查的置信水平为 95.45%。

$\triangle = \pm 1$ 元，即抽样误差范围在 1 元上下波动，抽样数目 $n = \frac{t^2\sigma^2}{\triangle^2}$。

石家庄市 $n = \frac{(2 \times 10.24)^2}{1^2} \approx 419$（户）

沈　阳　市 $n = \frac{(2 \times 11.36)^2}{1^2} \approx 516$（户）

上　海　市 $n = \frac{(2 \times 12.13)^2}{1^2} \approx 589$（户）

如果调查只要求保证职工家庭每人每月生活费支出的总水平具有一定的代表性，各城市的抽样数目是：石家庄市 419 户，沈阳市 516 户，上海市 589 户。实际上，石家庄市抽选了 2 355 户，沈阳市抽选了 5 954 户，上海市抽选了 9 185 户，这就使得对各部门和各类人员的职工家庭平均每人每月生活费支出的水平都具有一定的代表性。

由于抽选的调查样本比较多，从实际调查的结果来看，代表性总的来说是比较强的。上述几个城市的抽样误差都比较小。

如：

石家庄市 $\mu = \pm\sqrt{\frac{(10.24)^2}{2\,355}} \approx \pm 0.21$（元）

沈 阳 市 $\mu = \pm\sqrt{\frac{(11.36)^2}{5\,954}} \approx \pm 0.15$（元）

上 海 市 $\mu = \pm\sqrt{\frac{(12.13)^2}{9\,185}} \approx \pm 0.13$（元）

极限抽样误差 $\triangle = t\mu$，当 $t = 2$ 时，

石家庄市 $\triangle = \pm 2 \times 0.21 = \pm 0.42$（元）

沈 阳 市 $\triangle = \pm 2 \times 0.15 = \pm 0.30$（元）

上 海 市 $\triangle = \pm 2 \times 0.13 = \pm 0.26$（元）

三、非概率抽样

如果对象总体的边界不明确，随机抽样就不能进行。例如，对吸毒者、街头流浪者与精神病人等的研究，无法得到这些研究对象全体的名单，无法抽取随机样本。在这种情况下，可采用非随机抽样。非随机抽样是建立在研究人员对总体中某些分子及其个别事件有所了解的基础之上的。同时，在对总体性质有所了解的情况下，非随机地选取若干样本，也属于非随机抽样。依据非随机样本推断总体时，无法确定误差程度，因而获得的推断是不可靠的。社会学者使用的非随机抽样方法，主要有如下几种：

1. 偶遇抽样

偶遇抽样也叫方便抽样，就是按调查者的方便任意抽取样本，如在街头、剧院、车站、码头、公园等公共场所，对过往行人、观众、旅客等作调查。这是社会学者较早使用的一种非随机抽样方法。应用这种方法，研究者将他所遇到的每个分子都作为样本，如对 2009 年新生进行偶遇抽样，将校方登记在册的前若干名学生一起作为调查对象。比较常用的方法是“街头拦人法”。例如，研究者站在一条街道口，不断对“街头行人”就某些问题进行采访与询问，被采访与询问的“街头行人”就是偶遇样本。我国一些电视台记者在街头经常使用这种方法。这种方法比较方便，可以由同一个人在不同地点使用，也可以由不同的人在同一地点使用，但代表性局限较大。例如，出现在同一街道的人往往具有相同意见系列

等同质性。

2. 定额抽样

将预定的样本容量按各层单位在总体中的比例分配至各层,然后按这些比例从各层中非随机地抽取样本的方法,叫配额抽样。运用这种方法的第一步,是依据一定的标志把总体分成若干层;第二步,确定各层在总体中所占的比例,并按这些比例分配样本至各层;第三步,在各层中非随机地抽取所需的样本数。例如,一个大学的教师职称登记表显示:教授占教师总人数的10%,副教授占教师总人数的20%,讲师占教师总人数的30%,助教占教师总人数的40%。假定要对这个大学的教师进行定额抽样调查,样本总数为200人,则样本分配如下:教授20人,副教授40人,讲师60人,助教80人。然后由调查者根据方便与可能,调查满上述四类人员的样本数额。

定额抽样可能以一种标志配额,也可能以几种标志配额。以几种标志配额,就比较复杂了。

以两种标志配额抽样方法举例:

某大学教师中教授占10%,副教授占20%,讲师占30%,助教占40%。同时,四类教师中理科均占60%,文科均占40%。假定样本容量为100人,其配额抽样方法如下:(1)按照四类人员在总体中的比例分配样本数额:教授为 $100\times10\%=10$(人);副教授为 $100\times20\%=20$(人);讲师为 $100\times30\%=30$(人);助教为 $100\times40\%=40$(人)。(2)按照文理科的比例再次分配四类人员的样本数额:教授中理科为 $10\times60\%=6$(人),文科为 $10\times40\%=4$(人);副教授中理科为 $20\times60\%=12$(人),文科为 $20\times40\%=8$(人);讲师中理科为 $30\times60\%=18$(人),文科为 $30\times40\%=12$(人);助教中理科为 $40\times60\%=24$(人),文科为 $40\times40\%=16$(人)。

表7-10　两种标志配额表

职称 专业	教授(人)	副教授(人)	讲　师(人)	助　教(人)	总　数(人)
理　科(人)	6	12	18	24	60
文　科(人)	4	8	12	16	40
总　数(人)	10	20	30	40	100

以三种标志配额抽样方法举例:

某市大学教师中教授占 10%，副教授占 20%，讲师占 30%，助教占 40%。同时，四类教师中理科均占 60%，文科均占 40%。另外，教授中男性占 90%，女性占 10%；副教授中男性占 80%，女性占 20%；讲师中男性占 70%，女性占 30%；助教中男性占 70%，女性占 30%。假定样本容量为 1 000 人，则配额抽样方法如下：按照四类人员在总体、性别与专业中的比例，分配样本数额。其中，男性理科教授为 1 000 × 10% × 60% × 90% = 54（人）；女性理科教授为 1 000 ×10% × 60% × 10% = 6（人）。男性文科教授为 1 000 × 10% × 40% × 90% = 36（人）；女性文科教授为 1 000 × 10% × 40% × 10% = 4（人）。男性理科副教授为 1 000 ×20% × 60% × 80% = 96（人）；女性理科副教授为 1 000 × 20% ×60% × 20% = 24（人）。男性文科副教授为 1 000 × 20% × 40% × 80% = 64（人）；女性文科副教授为 1 000 × 20% × 40% × 20% = 16（人）。男性理科讲师为 1 000 × 30% × 60% × 70% = 126（人）；女性理科讲师为 1 000 × 30% × 60% × 30% = 54（人）。男性文科讲师为 1 000 × 30% × 40% × 70% = 84（人）；女性文科讲师为 1 000 ×30% × 40% × 30% = 36（人）。男性理科助教为 1 000 × 40% × 60% ×70% = 168（人）；女性理科助教为 1 000 × 40% × 60% × 30% = 72（人）。男性文科助教为 1 000 × 40% × 40% × 70% = 112（人）；女性文科助教为 1 000 ×40% × 40% × 30% = 48（人）。

表 7－11　三种标志配额表

职　称		教授（人）		副教授（人）		讲师（人）		助教（人）		总计（人）
性　别		男	女	男	女	男	女	男	女	
专业	理科（人）	54	6	96	24	126	54	168	72	600
	文科（人）	36	4	64	16	84	36	112	48	400
总　计（人）		90	10	160	40	210	90	280	120	1 000

定额抽样方法以了解总体性质为基础，但关于总体性质变化的最新信息，如果不能掌握，那么定额抽样就会产生大的误差。例如，1948 年盖洛普民意测验所预测纽约州长、共和党候选人汤玛斯·戴维将战胜民主党候选人杜鲁门，选举结果正相反。预测失败的主要原因在于定额抽样的样本出了偏差。第二次世界大战后美国人口大量从农村流向城市，而盖洛普对人口总体的知识却仍停留在 1940 年的状况。当时城市居民倾向于投民主党的票，农民倾向投共和党的票，而样本中与实际相比过大的农民比例造成了对共和党得票数的过高估计。

3. 立意抽样

这是一种研究者选择他认为对总体有代表性的分子的非随机抽样。由于立意抽样以研究者的主观判断为基础，因而无法确定立意抽样产生的误差度，推论不可靠。尽管如此，当代西方社会学者对这种方法仍很有兴趣，常常应用自己的研究技能和已有知识去选择样本。例如，在大选预测中应用这种方法，找出平均的或最小公分母的选区，如一个多年来一直是大多数投获胜总统的票的选区。另一技巧是：不找平均的回答者，而找异常的个案，目的是仔细研究什么使他们产生偏差。[1]

4. 滚雪球抽样

20 世纪 80 年代以来，应用这种方法的社会学者日益增多。这种抽样方法的前提，是总体分子之间具有一定的联系；目的是在不清楚总体的情况下了解总体或部分单位。应用这种方法的第一步，是找出少数个体；第二步是通过这些个体了解更多的个体；第三步，通过更多的个体去了解另外的个体，如此类推下去。从而，就像滚雪球一样，了解的个体越来越多，越来越接近于总体。有些滚雪球抽样并不在于了解总体数目，而是为了找到更多的一部分总体单位。例如，美国社会学家E. 古德于 1967 年春夏两季，先访问了二十几个大麻吸食者；之后，请每个吸毒者提供几个其他吸毒者，从而使样本扩大到 204 个吸毒者。通过对这些人的访问，研究了吸毒的社会环境等。这种抽样方法的局限性在于，如果个体之间缺乏联系，那么就缺乏“滚雪球”的依据，如精神病人，相互之间一般没有什么联系，就难于通过滚雪球抽样了解总体。如果个体之间有意割断联系，也会影响滚雪球的效果，如吸毒者、黑社会成员，有些个体可能害怕报复而不愿泄露同伙的信息。

5. 空间抽样

对于边界模糊、变动性大的总体宜采用这种方法。一般是在事件发生时，若干研究者同时对总体进行抽样与调查。这种方法主要被用来研究群众性示威游行与集会的参加者。例如，美国学者卡尔·麦金太尔曾组织调查员，对 1970 年 10 月 3 日华盛顿“反越战”游行集会进行了空间抽样调查。下面是对这次空间抽样方法的记实：

在演讲台前，一排 15 个衣着保守、经过训练的访问者面对着听众。他们保

[1] 〔美〕D. 贝利：《现代社会研究方法》，上海人民出版社 1986 年版，第 132 页。

持均匀的间距一直延伸到了高台的两头。当行进的队伍到来，讲演台前开始聚集群众时，访问者即开始访问距离他最近的人。从讲台移向远处，访问者每行10步就询问一个与他相近的右边或左边的人。如果有人拒绝回答，他将此人与讲台的距离记录下来，并对此人大约的年龄、种族和性别作出判断。然后接着访问与其相近的右边或左边另一位人。接着，访问者再走10步，访问下一个人。当访问者到达人群尽头时，他就转向右边或左边走4步，然后朝着讲台方向返回，继续他的抽样与访问。〔1〕

第三节　典型调查

一、典型调查的意义与特点

典型调查是在对调查对象总体有所了解的基础上，选择少量有代表性的单位进行深入系统的调查研究，并以此大体估计总体情况的方法。所谓"典型"，即对于总体有代表性的单位。典型的代表性愈充分，就愈能够反映总体的情况。

典型调查是从个别到一般的一种定性认识方法。马克思曾经以英国为典型，揭示了资本主义社会的一般规律。他在《资本论》初版序言中说："我要在书本研究的，是资本主义生产方式以及和它相适应的生产关系和交换关系。到现在为止，这种生产方式的典型地点是英国。因此，我在理论阐述上主要用英国作为例证。典型调查研究有一定的普遍意义。"〔2〕马克思指出："问题在于这些规律本身，在于这些以铁的必然性发生作用并且正在实现的趋势。工业较发达的国家向工业较不发达的国家所显示的，只是后者未来的景象。"〔3〕通过了解有代表性的个别事物去了解一般的情况，是人类认识事物的古老的思维方法。我国古人说："有道之士，贵以近知远，以今知古，以所见知所不见，故审堂下之阴，而知日月之行，阴阳之变；见瓶水之冰，而知天下之寒，鱼鳖之藏也；尝一脟肉，而知一镬之味，一鼎之调。"又有诗云："山僧不解数甲子，一叶落知天下秋。"

典型调查是中国共产党人一贯倡导的社会认识方法。毛泽东同志多次倡导运用典型调查方法研究中国社会及其问题。他说："对于担负指导工作的人来

---

〔1〕〔美〕林南：《社会研究方法》，1976年英文版，第163～164页。

〔2〕《马克思恩格斯全集》第23卷，人民出版社1972年版，第8页。

〔3〕同上书，第8页。

说，有计划地抓住几个城市、几个乡村，用马克思主义的基本观点，即阶级分析的方法，作几次周密的调查，乃是了解情况的最基本的方法。”[1]在中国民主革命时期，中国共产党人通过典型调查对中国社会各阶级的状况作了正确的估计，为制定各种方针政策奠定了基础。毛泽东同志谈过他三次典型调查的经历与收获："我做了四个月的农民运动，得知了各阶级的一些情况，可是这种了解是异常肤浅的，一点不深刻。后来，中央要我管理农民运动。我下了一个决心，走了一个月零两天，调查了长沙、湘潭、湘乡、衡山、醴陵五县。这五县正是当时农民运动很高涨的地方，许多农民都加入了农民协会。国民党骂我们'过火'，骂我们是'游民行动'，骂农民把大地主小姐的床滚脏了是'过火'。其实，以我调查后看来，也并不都是像他们所说的'过火'，而是必然的，必需的。因为农民太苦了。”[2]“不过，在当时我对于农村阶级的结合，仍不是十分了解的。到井冈山之后，我作了寻乌调查，才弄清了富农与地主的问题，提出解决富农问题的办法，不仅要抽多补少，而且要抽肥补瘦，这样才能使富农、中农、贫农、雇农都过活下去。假若对地主一点土地也不分，叫他们去喝西北风，对富农也只给一些坏田，使他半饥半饱，逼得富农造反，贫农、雇农一定陷于孤立。”[3]“贫农与雇农的问题，是在兴国调查之后才弄清楚的，那时才使我知道贫农团在分配土地过程中的重要性。”[4]典型调查在社会认识中的作用，早就在中国共产党内取得了一致的意见。1941 年 8 月《中共中央关于调查研究的决定》指出："从研究典型着手是最切实的办法。”即使抽样调查逐步在我国普及，典型调查仍然是当前社会调查研究中的一种重要的组织方式。

典型调查的特点如下：

(1) 典型调查的调查单位不是按照随机原则选取的，而是根据调查者对总体的分析与判断来确定的。选择调查单位之前，调查者对于总体的有关变量，即对于同调查研究课题有关的变量，已经有所了解。例如，关于农民家庭状况的典型调查，在确定调查单位之前，需要对各地农民的收入状况或住宅条件等情况有一定程度的了解。在了解的基础上，选择不同收入或住宅条件等的若干农民家庭作为调查单位。调查单位的代表性如何，取决于调查者在选择调查单位之前对于总体的了解程度。如果对于总体内部差异性的了解比较全面与正确，则从总

[1] 《毛泽东农村调查文集》，人民出版社 1982 年版，第 15 页。
[2] 同上书，第 22 页。
[3] 同上书，第 23 页。
[4] 同上书，第 22～23 页。

体中选取的各种类型的调查单位，就比较具有代表性；反之，如果对于总体内部差异性不甚了解，那么从总体中就难于选取各种类型的单位，其代表性也就比较低。

（2）典型调查的结果，可以用来大体上估计总体，但不能严格推及总体。典型调查的调查单位被抽取的概率一般无法确定，总体各单位的平均差异也往往没有精确的测定，因而无法计算取样误差，不能确定调查结果的置信区间。用典型调查的综合指标推断总体时，只能近似地使用点估计，而不能确定推断结果的精确度。在总体各单位的差异比较小的情况下，典型有较高的代表性，以典型调查资料推断总体指标，也可能得到较为满意的结果。一般来说，典型调查结果可以对总体作出正确但不精确的估计。例如，某地区农户典型调查结果显示：农民年人均纯收入（2008 年）为 7 357 元。如果选取的农户代表性较强，则可以大体推断该地区农民年人均纯收入为 7 000 多元。如果该地区农户人均年收入真实的数字是 7 350 元，现在说是 7 000 多元，虽是正确的，但不是精确的。又如，在有代表性的 3 个大学的不同专业不同年级的 9 个班级进行典型调查，结果发现有 75%的学生对某一问题持反对态度，则可以作出大体的推断：现在多数大学生对某一问题持反对态度。在这里，“多数”是一个定性概念，而不是定量概念。假定全国所有的大学生对某一问题有 73%的人持反对态度。那么，我们说，“多数大学生”完全是正确的，但不是精确的。

（3）典型调查的对象少，节省人力与经费，并且调查易深入与系统。毛泽东同志对典型调查曾作过形象的比喻：比如我们要了解麻雀，不必把天下的麻雀一一加以解剖，认真解剖几只麻雀就够了。正如俗话所说：“麻雀虽小，五脏俱全”。虽然，社会事物比麻雀这样的生物要复杂得多，社会事物之间的同质性比麻雀之间的同质性弱得多，但社会事物之间还是存在许多共性的。对于典型的调查越深入，越能发现这种共性。普查与抽样调查的指标均不宜多，而典型调查可以使用较多的指标搜集材料。

二、典型选择方法

典型可分为两种：一种是特殊性典型，即在总体异质性较大的情况下，某一个类型中有代表性的单位。例如，某项调查研究的总体是某城市的居民，则该城市中工人或干部等某一层人中有代表性的家庭，就是特殊性典型。另一种是全面性典型，即在总体异质性较小的情况下，对总体有代表性的单位，就是全面性典型。例如，某项调查研究的总体是某山区的全体农民，这些农民的收入支出、人际关系等都很接近，那么从中找出两个村进行调查时，这两个村就是全面性典型。所谓全面性典型，就是比较全面地代表总体的单位。

典型调查的具体方法是：

1. 划类选典

这是在总体内部差异较大的情况下选择特殊性典型的方法。先将总体按一定的标志分成若干类。分类可采用"三级三分法"，即先把总体按一定的标志分为三大类，再将每一类按同一标志（或按别的标志）分成三小类，然后，在每一小类中选个别单位作为调查单位。毛泽东同志指出："怎样找调查的典型？调查的典型可以分为三种：一、先进的，二、中间的，三、落后的。如果能依据这种分类，每类调查两三个，即可知一般的情形了。"[1]列宁在俄国革命胜利后，曾指示苏联中央统计局除了作好全面统计之外，还要选择好、中、差三种类型的工厂、农场和政府机关进行调查。毛泽东与列宁的分类依据，有一定的适应面。例如，农村社会经济面貌有先进、中间、落后之分，等等。但对总体分类的依据，还有许多别的标志。例如，总体可分成高、中、低，上、中、下，甲、乙、丙等定类、定序和定距的类型。

2. 多标志综合选典

这是在总体差异较小的情况下选择全面性典型的方法。用多种标志综合选典，就是选择在多种标志上对于总体均有代表性的单位。例如，调查一个发展较为平衡的县，可分别从务工人员比重、人均收入、住房条件等方面进行衡量与比较，选择在这些方面均有代表性的一二个村（或三四个村）作为调查单位。又如，毛泽东同志在兴国调查中选了当时第十区，即永丰区作为典型。永丰区位于兴国、赣县、万安三县的交界处，三个县当时的土地斗争情况相差不远。调查了这个区就可以对这三个县的土地斗争情况有个基本的了解。

3. 典型调查的结果拿到面上来印证与检查

典型调查容易犯以点代面的错误。为了防止这种错误的发生，典型调查以后，再作一点面上的调查，即对更多的类似或不同于中选典型的单位进行简单的调查，用以印证和检查典型调查的结果。例如，陈云同志在《青浦农村调查》中说：在小蒸公社调查之后，"我又到杭州、苏州，找了与青浦情况相仿的嘉兴地区几个县（如嘉兴、嘉善）、苏州地区几个县（如吴县、吴江、昆山）的县委书记和若干

---

〔1〕《毛泽东农村调查文集》，人民出版社 1982 年版，第 27 页。

个大队支部书记，研究了种双季稻和种小麦的问题，也顺便问了养猪和自留地的情况。另外，又找了与青浦土地、人口、气候条件不同的萧山和无锡两县县委的同志，调查了种植情况，做了比较，研究了农作物种植安排上的有关问题。最后，就养猪、农作物种植安排、自留地等三个问题，同上海市委、浙江省委、江苏省委交换了意见"〔1〕。有了典型调查所得到的丰富的第一手材料，又把它拿到面上进行同类型、不同类型的比较，还在更大的范围内进行讨论，最后从典型调查中抽出一般结论，就能够使结论更切合实际。

4. 蹲点进行典型调查

就是在典型选定之后，调查者较长时间生活在该典型单位进行面对面的调查。不是所有的典型调查都需要采用蹲点调查的形式，但蹲点调查是中国共产党人创造的行之有效的典型调查方法。领导干部对自己管理范围内的单位进行调查研究，尤其适合使用蹲点调查的方法。在我国体制改革的过程中，流行"摸着石头过河"的说法。从调查研究的角度来看，"石头"就是典型；"摸着石头"就是典型调查，是亲手获得第一手资料，而不是只满足于听汇报、看简报，其中最佳方式是蹲点调查；"摸着石头过河"就是摸深、摸透典型的实际情况，从个别认识一般、从一时一地推想到今后更广泛的范围，从而决定或修正方针政策，或者推广点上的经验。

三、典型调查的实例

下面介绍几个典型调查的实例：

例 1：20 世纪 30 年代农村社区典型调查

费孝通在 20 世纪 30 年代连续进行了两次农村小型社区调查，调查对象是两种不同类型的典型。其中"禄村"（云南禄丰县大白厂村）是一个尚未受近代工商业影响、以农业为主、自给自足、以小地主经济为基础的内地农村典型。"江村"（江苏省吴江县庙港乡开弦弓村）则是深受近代工商业影响、脱离了自给自足经济形式、工厂开始代替传统家庭手工业的沿江农村社区的典型。费孝通教授说过："现代工商业发达过程中农村社区所发生的变迁。我将暂限于这主题的一方面，就是土地制度中所发生的变迁。禄村和江村正代表着两种形式。江村是靠近都市的农村，深受现代工商业的影响，而禄村则还是在开始受现代工商业影响的初期。在禄村，我们可以看到一个差不多完全以农业为主要生产事业的内

---

〔1〕《陈云同志文稿选编（1956～1962 年）》，人民出版社 1981 年版，第 131 页。

地农村结构。”[1]

费孝通教授指出，中国传统的乡村工业有两种类型，一是家庭手工业，二是作坊工业。家庭手工业是农民在农闲时用来补充收入维持生计的手工业，这种工业是利用过剩的劳动力，并不能吸收资本。作坊工业则吸收占有土地多的家庭积累的资金。“易村”是作坊工业比较发达的内地农村社区的典型。“易村”调查是张之毅在费孝通教授指导下进行的。易村的土纸作坊，投资的利息比农业利息高出五倍，但只有拥有资本的人才能得到高利息，这是传统经济中资本主义的萌芽。

费孝通教授将江村的家庭手工业与易村的作坊工业同都市工业进行了对比研究，并从个别走向一般，论述了乡村工业与都市工业的关系。他指出：“我们现在所要注意的是都市工业兴起后对于乡村经济的影响。这些影响若是有害于民生的，我们得用什么方法来加以补救，这是第一层。乡村工业本身是否必须以手工业为基础？我们能不能改变乡村工业的性质使它可以和都市工业并存？这是第二层。”[2]他还进一步分析说，从乡村工业到都市工业是世界经济史上的普遍现象。可是在中国情况有所不同，中国的都市工业，在西洋先进工业的压力下无法发展。中国的经济是彻底农业化，而国外工业集中。东南沿海都市工业的发展不仅不能促进乡村工业的发展，相反还导致了乡村工业的衰落与崩溃。国外工业利用其政治上的特权，尽量进行经济上的侵略，民族工业又抵不住国外工业的势力，使我国农村手工业衰落。另外，都市工业较为合宜，但我们是否能以降低广大乡村农民的生活质量，来换取我们的新工业？这也未必可行，因为中国现代工业的发展，受到资本和资源的限制，也决不会发展太快。工业建设要从重工业下手，轻工业还要慢一个时期，因此小型机器可以由本国造，乡村工业可以得到发展。而且在电力和内燃机采用为工业动力的时代，大规模的集中工场不占特殊的便宜，因此工业又出现由集中到分散的新趋势。这样新工业不一定全部都要集中在大都市里，在乡村中留下一切可能留的乡村工业，设法限制不必要的集中，那么我们的都市工业与乡村工业就不致有尖锐的冲突了。

费孝通教授从“江村”“禄村”“易村”等典型的调查中，得出了一些一般性的结论。例如，他关于发展乡村工业同发展都市工业并存，走中国自己的现代工业化道路的思想，是完全正确的。

---

〔1〕 费孝通：《禄村农田》，商务印书馆 1943 年版。

〔2〕 张之毅：《易村手工业》序言，商务印书馆 1943 年版。

例 2:20 世纪 50 年代农业合作化典型调查

1955 年全国有 60%以上的农户,即七千多万户响应中共中央的号召,加入了半社会主义的农业生产合作社。毛泽东同志亲自发动各级党委组织了一次全国性的农业合作化典型调查活动。毛泽东同志亲自给 104 份典型调查报告写了按语,他根据这些报告所反映的情况提出了许多具有一般意义的观点。毛泽东同志对农村合作化运动中的典型单位的评价、引申与发挥,举例如下:

(1) 河北省遵化县王国藩合作社。毛泽东同志指出:"这个社二十三户贫农只有三条驴腿,被人称为'穷棒子社'。他们用自己的努力,在三年时间内,'从山上取来'了大批的生产资料,使得有些参观的人感动得下泪。我看这就是我们整个国家的形象。难道六万万穷棒子不能在八十年内,由于自己的努力,变成一个社会主义的又富又强的国家吗?"[1]

(2) 安阳县南崔庄合作社。毛泽东同志指出:"这个地方的党组织,在合作化的问题上,从来没有动摇过。它坚决地支持贫苦农民的办社要求,在和富裕中农的竞赛中取得了胜利,由小社变大社,年年增产,不到三年实现了全村合作化。富裕中农说:'穷光蛋想办合作社哩,没有见过鸡毛能上天'。鸡毛居然飞上天去了。"[2]"穷人要翻身了。旧制度要灭亡,新制度要出世了。鸡毛确实要上天了。"[3]

(3) 河北省邢台县东川口村。毛泽东同志指出:"东川口这个材料还着重地说明了党支部如何向群众进行宣传教育工作,如何依靠群众的自觉自愿去建立合作社的问题。"[4]"只要我们党对于处理合作化问题上的各项政策是正确的,只要我们党当着发动群众加入合作社的时候所采用的工作方法,不是命令主义的或者简单从事的方法,而是向群众讲道理,作分析,完全依靠群众自觉自愿的方法,那么,完成合作化,并且达到增产,决不是很困难的。"[5]

(4) 湖南省长河县高山乡。毛泽东同志指出,这个乡的经验,充分地告诉我们,"建立贫农优势和由此去巩固地团结中农的必要性和可能性,以及如果不这样做,它的危险又会怎么样。本文作者完全懂得党的路线。做法也很对,先去完成紧急的增产任务,后去建立贫农的优势领导。结果,贫农扬眉吐气,中农也心

---

〔1〕《毛泽东选集》第五卷,人民出版社 1977 年版,第 227 页。
〔2〕同上书,第 231 页。
〔3〕同上书,第 232 页。
〔4〕同上书,第 237 页。
〔5〕同上书,第 236 页。

悦诚服。”〔1〕

(5) 山西省解虞县三娄寺合作社。毛泽东同志指出，这个合作社在巩固以后，因为松劲，几乎垮了台。“仅在那里的党组织批判了自己的错误，重新向社员群众进行了反对资本主义加强社会主义的教育，恢复了政治工作，方才克服了那里的危机，走上了继续发展的道路。反对自私自利的资本主义的自发倾向，提倡以集体利益和个人利益相结合的原则为一切言论行动的标准的社会主义精神，是使分散的小农经济逐步地过渡到大规模合作化经济的思想和政治的保证。这一工作是艰巨的，必须根据农民的生活经验，很具体地很细致地去做，不能采用粗暴的态度和简单的方法。它是要结合着经济工作一道去做的，不能孤立地去做。”〔2〕

第四节 个案调查

一、个案调查的意义与特点

个案调查是对少数个人或小型团体的全面情况及背景进行详尽调查的一种方法。其中一个人就是一个个案，一个小型团体也是一个个案。在国外，有一种比较流行的定义：个案调查是指对一个人、一个家庭或诸如政治示威这类事件的详细研究。〔3〕

个案调查的特点之一，是在对总体没有全面了解的情况下确定调查单位。例如，我们把某市若干私营企业主作为个案进行调查，并不需要事先对全国各城市私营企业主作全面了解，也并不需要有意识地选择有代表性的私营企业主。调查者生活在N市，对N市的私营企业主调查起来比较方便，那么就可以把N市的若干私营企业主作为调查研究的个案。

个案调查的特点之二，是调查结果不能对总体进行推论。虽然，调查者在调查了若干个案之后，往往有一种试图推论一般的自发倾向，但这种倾向不是个案调查本身所具有的。这也不是说，个案调查没有任何普遍的意义。个案调查的结果可以为调查者定性地认识更多的个案以至总体，具有启发意义。例如，我们

〔1〕《毛泽东选集》第五卷，人民出版社1977年版，第240页。

〔2〕同上书，第244页。

〔3〕〔美〕G.罗斯：《当代社会学研究解析》，宁夏人民出版社1988年版，第329页。

对某大学报名支援边远地区教育的50名学生进行个案调查，结果发现其中30名是二三年级的大学生，8名是毕业班的学生，7名是一年级新生，5名是研究生；30名是理科的，10名是工科的，10名是文科的；等等。能不能由此推论说：参加支教的学生多数是二三年级的学生，新生与毕业生则比较少；多数是理科学生，工科与文科则比较少。不能这样推论。因为作为调查单位的50名学生，既不是随机抽样而来，也不是通过典型调查方法“划类选典”而来的，而是根据调查者的方便与可能从某几个学校抽取的。这50名学生的个案调查，可以给调查者提供许多启发，而要得出一般性的结论，必须使用全面调查、抽样调查或典型调查的方法。

个案调查的特点之三，是侧重个人的生活史与社会背景。个人作为一种调查单位，在个案调查中被调查的内容最为详细。例如，个人在人口普查中，被调查的内容一般只涉及几个或十几个指标值；个人在抽样调查中，被调查的内容一般也只涉及几个或数十个指标值；个人在典型调查中，一般不是基本单位，基本单位一般是社会组织或社区，个人作为其中的分子而被调查，却并不涉及过多的内容。而在个案调查中，个人的生活经历、爱好、家庭背景、与哪些人交往等，往往都要被调查者所注意与搜集。个案调查类似于医学研究中的病例调查。医学研究者通过对个别病例全面与详细的检查记录，弄清个别病例发生与发展的过程，借以推测某些疾病的病理。社会研究者在个案调查中对于个案的社会生活细节及其社会环境因素，均需重视调查与研究。

个案调查的特点之四，是主要应用于社会反常个体、事件或新生事物的调查，如家庭个案（如离婚家庭）、儿童个案（如缺乏教养）、老年个案（如老而无养）、少年个案（如少年犯罪）、学校个案（如激进闹事）、社区个案（如生活不便）、社会组织个案（如效率低下）、新事物个案（如私营企业）等。

二、个案调查的方法

1. 确定个案

也就是根据调查的课题与目的，以及调查者的方便与可能，在一定的地区与单位中选择个案。例如，美国社会学者克雷色1950年研究金融渎职罪，研究目的是为了建立一种金融渎职的理论。他先假定：“金融渎职罪的产生总是经历一个可以明确界定的过程”。这一过程是：(1)首先存在着一个无法承担的问题；(2)意识到这一问题可通过渎职来解决；(3)在言辞上对自己的行为加以合理化。为了检验这一假定理论，克雷色把一所监狱中所有的犯渎职罪的人都列为调查对象，总共 73 人。[1]

2. 立案建档

也就是为个案建立单独的档案，并编号。

例 1：严景耀先生于 1927 年夏季至 1928 年春季在北平第一监狱对犯人进行个案调查。其中一个个案的档案材料如下：

〔**个案 105**〕 张出身于一富有的家庭，父亲是杂货店的老板，还有六亩地。他们都住在锦州。1895 年中日战争时，他们的村庄被日本人侵占了，到处房屋财产被毁坏，妇女被奸淫。他看见日本人杀中国人像杀狗一样。他的邻居因为怕被日军侮辱，一家人都在日本人进宅前跳井自杀了。日军闯进张家后，杀了他的三弟，并开膛取心。他七岁的妹妹被践踏致死，他和父母躲在地板下面，幸免于难，可是他被吓得要死，也非常愤恨。……1900 年，"拳匪"战争中，日军又到了锦州，把所有的房子烧了，把地里的粮食都践踏坏了，张家如果没有亲戚的帮助就会饿死。1904 年日俄战争，日军再次进了锦州，烧毁了所有房屋，杀死了他家所有的牲畜。这是他第三次看到日军的暴行。以后，张到大连，在一家中国学校当厨师，1925 年，……大连的中国学生发起了反日运动。日军开进学校，把中国学生都逮捕了。张怕被捕逃走了。他不敢回校当厨师，怕被捕。这时他非常愤怒，就去参加了中国军队。他在大连时，看见日军对待中国人比对狗还凶狠。有一晚，他看见日军活埋了一个中国人。1929 年的一个星期天，他到树林中散步，他看见三个日本兵在测量中国土地，他想这是日军又打算侵占中国国土了。他气得要命，抽出枪来，打死了三个日军。有一天，他在日本地界被捕了，他在日军警局受尽了各种酷刑和折磨，几次失去知觉。以后他被送到中国法院，被判了五年徒刑。[2]

严先生分析这个个案说："杀人不是为了他自己需要立即解决的问题，而是为了他的国家和他的家庭长期以来所受的迫害而感到必需报仇雪恨。"[3]

这一个案的材料至今读来仍令人惊心动魄，是一份难得的历史教材。

例 2：毛泽东同志于 1930 年 10 月做了 8 个人的个案调查。现摘一个案如下：

〔**个案 8**〕 雷汉香

十区第三乡（三坑）人。

五个人吃饭。三兄弟，一个母亲，一个大嫂。老大 43 岁，一分帮人做雇农，

---

〔1〕〔美〕罗斯：《当代社会学研究解析》，宁夏人民出版社 1988 年版，第 324～325 页。

〔2〕严景耀：《中国的犯罪问题与社会变迁的关系》，北京大学出版社 1986 年版，第 150～151 页。

〔3〕同上书，第 151 页。

二分自己耕田。老二39岁，二分做雇农，一分自耕。雷汉香是老三，25岁，泥水匠学徒二年，回家做雇农。母亲70岁。大嫂34岁，煮饭，弄柴火，种菜。

自有七石半谷田，租公堂四十四石谷田。公堂田还租六成。

欠债千二百毛，二分息，借了同乡富农雷祖荣的。

老大老二替别人做零工，在家做事的时间，老大三分之二，老二不过三分之一。老三差不多全部时间替别人做零工。老大当家。

自己的七石半谷田，年成不好，只能收六石。公堂的四十四石只能收七成，计三十石。收成虽减，租不能减，仍要交四十四石的六成租，计二十六石。作一场田，只剩四石谷吃。连同自业的六石，共不过十石，食谷差得很多，又要还二百四十毛利钱，使得一家困苦不堪。

补足生活之法，第一是靠老大、老二尤其是老三帮人做工赚点钱回家。老三每年帮人做二百二十工左右，老大每年帮人做三四十工，老二帮人做百七八十工，合计帮人做四百二三十工。这些工中，平时每工二百文，割禾、摘木梓每工五百文，共计每年工钱约四十元左右。第二靠种番薯，每年出得四十多担，抵得十多石谷。第三靠种番稻（即晚禾），每年出得十多石谷，这是不要还租的。种番稻就不能种杂粮。第四靠供猪子，每年供得两个，每个可出二十多元，共四十多元，除掉自己吃一半，可剩二十多元。

照上面的计算，共可收入三十多石谷子，六十多块现钱；支出方面，只有三个人的吃食（三兄弟约有两个吃人家的饭，只有一个吃自家的饭，加上两女子，共三人），和二十四元的利息，相抵有余，用做油盐杂费，应该不至很苦。为什么他家还是很苦（简直没有什么好东西吃，长日吃番薯丝拌饭，穿也没有好的）呢？第一个原因，是他们三兄弟都好赌，特别是老二总是赌输。第二个原因，是老大嫂好吃懒做，在家闹得天翻地覆，弄得三兄弟都懒得做工，猪子也被她打死了。第三个原因，一连死了两头牛，一个吃硝水吃死，一个跌死，家运不济，大背其时。有这三个原因，所以他家总是苦。

三月分田，每人分得六石半谷，共三十二石半，即从原耕五十一石半中（自有七石半，租人四十四石），抽出十九石给别人，其余归自己。不过抽出去的十九石，都是山边瘠瘦每年只能出一道的歹田，留下来的都是每年可出两道的好田。

要重新分配，调查好了，尚未实行。

三月分田抽出去的十九石，因为这田彼时即归新户耕种，故十九石谷，都归新户得。别家分田抽出部分的收获，原耕六成，新户四成，乃因本届田禾新户完全不理，施肥下力仍托原耕，所以收获时新户愿以六成归之原耕，原耕愿以四成归之新户，好像原耕对新户完租四成一样。

老大在本乡赤卫队当兵，打七坊打黄塘都出发过。老二当赤卫队班长。老三开头在赤卫队当兵，后当排长，这回出发新余当连长。[1]

3. 接近案主

调查个案中的个人，即案主。接近案主，就是直接或间接地搜集有关案主生活与背景的各种材料。接近案主的过程一般包括四个程序：

(1) 同案主谈话；

(2) 与案主的亲属谈话；

(3) 与案主的朋友或所在单位的同事与领导等亲属以外的人谈话；

(4) 搜集文字资料。包括个人文字资料：自传、日记、信件、回忆录、论文、著作、口供笔录等；非个人文字资料：报纸、杂志、录像、司法记录、社团记录、公文等。

美国学者 W. 赫勒(Willam Healy)提出，关于犯罪的个案研究，应注意下列8个项目：(1)家庭历史；(2)成长历史；(3)环境影响；(4)心理和道德的成长；(5)人体测验；(6)医学检验；(7)精神测验；(8)过失行为的记录。[2]

近年来，我搜集了100多个"个体户"个案，其中有直接的谈话记录，也有间接的搜集来的文字资料。例如：

〔个案121〕 案主自述：

我原是一个工人，1983年初办了"留职停薪"，搞个体经营，由小本生意起步，做长途贩运买卖，到1985年7月干起了用火车贩运糠麸、木材、建筑材料等大买卖。个体户做生意就要靠疏通关系。所谓疏通关系，也就是用钱去铺"路"。在这方面花的钱，约占我总收入的30%。同时，我也结识了一些政府要员和社会名流，他们拿过我许多"红包"，为我经商开了绿灯，在我发财的路上帮了很大忙，要不是这些人"帮忙"，我不会有今天，不会成为富有者。

我和我的同行们都是走这条路的，否则生意就做不好。譬如，我有一次贩运了一火车皮苹果，到站后已腐烂很多，肯定要亏本的，我通过关系送给了一位食品加工厂厂长一个内装15 000元的大"红包"，一车皮烂苹果都卖给了这个厂，结果不仅未赔钱，还赚了不少！××局一个领导给一个体户开了一张到山场买白松的条子，但山场让买主运走的却是红松，红松比白松每立方米贵300元。因

〔1〕《毛泽东农村调查文集》，人民出版社1982年版，第197～199页。

〔2〕 杜陵：《社会调查》，台北市场研究社1977年版，第91页。

为，局长、场长、段长和检尺员层层得了“红包”。从表面上看，这些人是索取个体户的钱，实际上是贪污国家的钱，吸的是人民的血汗。

现在，行业不正之风是很严重的，在人民群众中的影响极坏。譬如有些税务人员拿到“红包”，就给偷税漏税的人开绿灯。当我私自逃税的时候，税务人员公开说：“你明智点！不能自行逃税。”当他们得到我送的“红包”之后，对我的偷税漏税行为就不查不问了。我是当代的热血青年，想在近期去当地补交偷漏的税金，做堂堂正正的人。我也愿意配合监察机关惩治那些不法之徒。[1]

4. 分析诊断

像医生看病一样，调查者对于个案的有关问题及其成因，需要作出明确的判断；并且要提出解决问题的方案。个案调查比其他调查组织方式更加强调对调查中反映出来的现实问题的诊断。因为，个案调查往往作为个案工作的基础。个案工作是一种社会实践形式。因此，个案调查往往同社会实践直接结合起来。而其他社会调查研究的组织方式，更强调调查研究本身，即描述与解释。

〔1〕 资料来源：《中国监察》，1990年第6期。

第三编

中间方法

研究的对象被确定之后，社会调查研究就进入实质性的阶段，即开始直接或间接地搜集研究对象的有关资料。搜集资料是从被调查研究对象那里汇集信息的过程，搜集资料的方法就是中间方法。当代社会调查研究所使用的搜集资料的方法很多，可把它们划分为五类：第一类是访谈法，运用直接与间接、个别与集体访谈，了解被调查研究对象过去与现在的情况和思想；第二类是问卷法，运用问卷了解被调查研究对象的意见、看法与价值观念；第三类是现场法，运用观察、实验等方式，了解被调查研究对象正在发生的社会活动及其特征；第四类是隐蔽法，这种方法运用文献、“痕迹”等媒介，了解被调查研究对象过去的社会活动及其结果的特征。第五类是网络法，运用互联网平台与被调查研究对象快速沟通，了解有关社会热点问题的网民反映。这些搜集资料的具体方法，构成社会调查研究的中间方法系统。

第八章 访谈法

访谈是一种特殊的人际沟通方式，是了解人们过去与现在的经历或动机与看法的科学方法。访谈同日常人们之间的交谈有许多不同之处。日常交谈大多发生在原来熟悉的人们之间，而访谈则大多发生在原来陌生的人们之间。根据被访谈者的人数，访谈法分两种：第一种，个别访问，即访问单个人。这种方法的优点是减少被调查者内心的顾虑，可以较多地讲心里话。第二种，集体访问，即召开调查会，访问两个以上的人。这种方法的优点是被调查者之间可以互相启发、活跃气氛，以及互相补充和当面核实情况。

第一节 个别访谈

一、访谈法的意义与特点

访谈法是调查者向被调查者口头提问、当场记录并由此了解有关社会实际情况的一种方法。访谈有预定的计划，有专门的主题，有一定的工具（如访谈表）或辅助手段（如录音、录像设备），而日常交谈则不需要这些。访谈主要由被调查者提供信息，而日常交谈则是双方更均衡地交换信息。

访谈法具有如下特点：

1. 访谈双方直接互动

在访谈中，调查者与被调查者直接接触，调查者通过与被调查者对话，从被调查者那里搜集信息。对话有两种形式，一种是调查者提问、被调查者回答的单向对话，另一种是调查者与被调查者围绕某一个专门的题目进行讨论的双向对话。调查者与被调查者原来往往不熟悉，因而访谈的过程也是一个调查者与被调查者双方互相了解、相互影响的互动过程。互动中的任何一方，都通过适应其他人对他的看法（或适应于他对其他人对他自己的看法的感觉）而选择自己的言行，即遵循“镜中我”的原则。调查者要根据被调查者的回答内容、面部表情、动作等提问；被调查者则根据调查者的态度、身份、性格、口音、服饰、举止等回答。

2. 访谈过程灵活可控

调查者面对被调查者提出问题，如果发现被调查者不清楚或不理解所问的问题，可以重复解释；如果发现被调查者不愿意回答某个问题，可以采取迂回等技巧达到询问的目的；如果发现调查者提供的情况有误，则可以进行核实；如果发现被调查者提供的情况不完整，可要求被调查者给予补充回答。总之，有互动的访谈比没有互动的调查方法要灵活得多。也正由于访谈具有相当的灵活性，从而使访谈的质量有了保证，即有利于降低被调查者不合作、敷衍了事的几率，减少被调查者对问题不清楚等而引起的回答误差。调查者在场，也有利于控制被调查者回答问题时的情境。调查者不在场，被调查者可能在精力分散、互相提示，或在受他人干扰的情境中填写答案。在访谈中，这些不利于获得正确与有效资料的情境因素，可以通过调查者的主观努力而给予排除。

3. 访谈结果易有偏误

访谈的潜在威胁是有些被调查者言不符实，或对某一问题存在偏见，从而带来资料的偏误。导致偏误的因素有：

(1) 记忆不清。被调查者经回忆后仍不能清楚、准确地叙述过去的事情。

(2) 应付敷衍。被调查者不认真回答问题，随便提供答案。

(3) 理解有误。被调查者对于调查者提出的问题，理解时出错，从而根据自己的错误理解作出回答。

(4) 无意出错。被调查者由于未经仔细考虑或其他原因，无意识地提供某些与事实不符的情况。

(5) 有意说谎。由于调查者与被调查者原来是陌生的，短暂的接触难于建立无所顾忌的融洽关系。被调查者为了自己的利益而在调查者面前调整行为，可能会隐瞒若干调查者试图了解的情况，或编造一些根本不存在的情况。

访谈法在社会研究中具有重要的作用。有的社会学者把访谈法的作用归纳为如下四种：(1)通过面对面的交流，获得有助于了解人们品质特性的知识，广则足可以了解影响行为的社会背景，深则足能暴露内心的争斗、紧张、态度和愿望。(2)根据访谈的流水记录，可能了解在早期对过去某些行为解释的情况。访谈可作为关于人类动机和社会中个人互动的假说来源之一。(3)特殊形式的访谈，可以累积被调查者的回答，搜集个人的大量资料。(4)可搜集人们对改变社会条件的观点。[1]

---

〔1〕〔美〕朴林·扬:《社会调查研究科学》，1959年英文版，第11章。

总之，访谈使我们能从被调查者个人经验与社会态度中研究人们的行动、情绪反应与社会过程，有利于我们校正外在观察和推测。

二、个别访谈的类型

访谈法可分为标准化访谈、半标准化访谈与非标准化访谈。

1. 标准化访谈

标准化访谈就是按照研究者统一设计的访问表询问被调查者，要求调查者以相同的提问方式、记录方式等进行访谈。采用这种访谈形式获取的资料，便于统计与比较分析。但这种访谈形式比较呆板，调查者难于临场发挥，被调查者的回答也缺乏弹性。这种调查形式适宜在调查者对被调查者一般特点已有一定了解的情况下使用。

标准化访谈使用事先编制好的访问表，调查者按照访问表顺序提问，不能任意改变提问顺序。一般不作解释，如果作解释则要对解释的内容统一作出规定。调查者提问的语气与提问时的态度，也须保持一致。访问表的结构如下：

（1）附记。这是列在表最前面、由调查者与复核者在调查后填写的内容，包括被调查者地址或工作单位、访问时间、访问意见、复查意见等。具体设计举例：

城市家庭访问表

被访家庭编号：

被访家庭地址：________市________区________居委会

访问日期：________年________月________日

访问时间：________午________时________分至________时________分

访问意见：

① 访问过程中，除了被访问者和你以外，还有其他人在场吗？

a. 有　　　　b. 没有

↓

是谁？

a. 配偶

b. 父母

c. 公婆

d. 其他成年人

e. 未成年人

② 被访人是否思想不集中？

a. 没有
b. 有几次
c. 很多次
③ 你和被访人的融洽程度如何？
a. 很融洽
b. 一般
c. 不融洽
④ 被访人是否合作？
a. 很合作
b. 一般
c. 不合作
⑤ 其他意见：
访问员签字________
复核员意见：
需复查的项目
a.
b.
c.
d.
e.
复核员签字________

（2）访前语。这是调查者的自我介绍与访问总的说明，是争取被调查者的接纳，允许进门的一段话。访前语一般是事先统一设计好的。调查者可根据开始接触被调查者时的情境，适当灵活叙述访前语，但其中要点必须使用。具体设计举例：

您好：

我是××大学××系的学生（如果没有被调查者的熟人引见，则需递上有关证件），我们正在参加×××研究课题的调查活动，想找您了解一些情况。问题都很简单，很容易回答。我们的调查是一项学术研究，对您的所有回答都严格保密。对不起，要花费您一点时间。谢谢！

（3）表头。这是访问表的开头部分，用于了解被调查者的基本情况，包括性别、年龄、学历、职业、家庭成员构成、政治面貌、收入等，是不可缺少的基础调查项目。表头所列的问题，涉及个人隐私的，可放在后面询问。特别是其中的收入，一般需要在被调查者对调查者有了一定的了解与信任，关系较为融洽的情况下提出为宜，否则难于获得真实的数据。

(4) 正题。即需要调查研究的主要项目。在主要问题或敏感的问题之前，写一个导语。具体设计举例：

例 1：现在我想同您谈谈您的家庭收入情况，希望您能如实地谈。我们保证严格保密。您的情况只作研究用，不向外公开。您的答案对于我们的研究来说，是十分重要的。请给予合作。

(1) 您每月工资多少？ ________元。

(2) 您每月平均能得多少奖金？ ________元。

(3) 您还有没有其他收入？

a. 有________　　　　b. 没有________

↓

(a) 上个月其他收入多少？ ________元。
(b) 平均每月其他收入多少？ ________元。

例 2：现在有一些流行的说法，我想了解您对这些说法是如何看待的。我一个一个念出来，请您回答“同意”或“不同意”。这种问题的回答没有对与错、好与坏之分，只是一种个人看法。（访问员逐句念出，然后问“您同意还是不同意”，如果答“同意”或“不同意”，再问“您是非常同意还是一般同意”或“您是非常不同意还是一般不同意”；如果被调查者拿不定主意，可重复问“您能不能在‘同意’与‘不同意’中选择一个答案”，如被调查者答：“难说”或“说不上”，即可停止发问。勾出对应的答案）

表 8－1　直接访谈表中的矩阵式问答

说　　法	非常同意	同　意	说不上	不同意	非常不同意
少说漂亮话，多干实事					
只要工作地点与单位好，专业对不对口无所谓					
做人要关心公益，不能只顾自己					
有困难时找老乡比找同学好					
大学生只要读好书就行了，别管政治					
出国一是为了开眼界，二是为了挣钱					

读完一个问题转向另一个问题时，可以拟定一些过渡语。具体设计举例：

“我们再谈一点别的事情。”

“我们再换一个题目吧……”

（5）结束语。访谈结束时，调查者应以个别问题及感谢辞作为结束语。结束语的目的一是为了消除访谈的紧张状态，二是为了给被调查者留下一个良好的印象。具体设计举例如下：

例 1：我们的访谈就要结束了，我很想知道，访谈有没有使您产生兴趣？

a. 很有兴趣

b. 有些兴趣

c. 没有兴趣，是出于礼貌回答问题

例 2：我们的访谈马上要结束了。我提了这么多问题，大概使您疲倦了吧？

a. 有些疲倦

b. 不疲倦

例 3：呵，花了您好几十分钟时间，实在是打扰了。您的回答对我们的研究很有用！如果您还有什么补充，请再说几句：

____

____

____

2. 半标准化访谈

为了克服标准化访谈过多的束缚，保留标准化访谈便于汇总的优点，社会学者创造了半标准化访谈。半标准化访谈，使用事先拟定的访谈提纲与主要问题作为参考，至于在访谈过程中如何发问，则根据当时的情境灵活决定。这样，各组访谈双方都有一定的发挥余地，又有同一的交谈中心。

访谈提纲一般比较简单，常用的是单层次访谈提纲与双层次访谈提纲。单层次访谈提纲，是只列出需要了解的主要问题的访谈提纲。

例 1：高等学校毕业生就业情况访谈提纲

（1）大学毕业一二年的学生的就业情况。

（2）大学毕业生五年以上的学生的就业情况。

（3）各级组织人事部门对大学毕业生学生的就业情况的看法。

（4）就业不理想和未就业毕业生的情况及其形成原因。

双层访谈题纲则在不同层次上比较详细地列出需要了解的问题。

例 2：农村先富户访谈提纲

(1) 先富后社会关系有何变化?

① 致富后同亲属的关系发生了什么变化?例如,借钱次数与数量、送"人情"多少、互相请客等方面与过去有何不同?

② 致富后同邻里的关系发生了什么变化?例如,借钱、借东西、聊天、串门等方面与过去有何不同?

③ 致富后同基层干部的关系发生了什么变化?例如,见面时态度、主动上门次数、应邀吃饭次数、主动关怀等方面与过去有何不同?

使用何种访谈提纲要以调查者的熟练程度为依据。熟练的调查者,即对调查方法、调查对象都很有经验的调查者,可使用单层次访谈提纲。不熟练的或初次进行访谈的调查者,宜使用双层次式访谈提纲,即比较详尽的访谈提纲。西方社会学者经常使用的半标准化访谈,是聚焦式访谈。R.默顿等人认为,这是一般性的访谈形式。[1] 这种访谈有如下几个特点:(1)预先建立假设。可作几种假设,根据假设确定访谈的内容与要求。(2)让被调查者经历一种特殊的情景,如看一种特殊的影片、收听一种特殊的广播或观察一种特殊的社会情境(政治集会或社会骚动等),在这种情景发生过程之中或结束之后,同被调查者进行访谈,收集被调查者的反应。(3)根据调查的需要,可以先将整个情景作一番分析,决定调查它的哪些方面。因此,调查的问题内容是事先确定了的。这种调查方法,往往用于研究特定情景下人们的反应模式,特别是其中的各种新反应与未能预知的反应。

3. 非标准化访谈

非标准化访谈是一种自由的漫谈形式,事先只给访员出一个大题目。戈登(Gorden)1969 年指出,非标准化访谈中存在一种比较有效的情境,使被访问者不感到有压力而可以遵循"自由联系的自然方法",访问者则可以自由地提出问题与自由地试探回答者叙述中含糊的部分。非标准化访谈,有利于探讨问题,并在自由的交谈中不知不觉地涉及某些敏感的问题。

非标准化访谈往往采取事后记录的方法。对于同一个调查对象,用笔进行现场记录的访谈一般不如现场不作记录的访谈效果好。因为调查者现场不作记录,被调查者容易消除防卫心理,更多地向调查者提供真实情况。非标准化访谈的方法有三个要点:一是始终引导调查者围绕预定的问题提供情况;二是留心记忆被调查者提供的有关情况;三是访谈结束后立即回忆访谈情况并作出记录。

---

[1] 〔美〕R.默顿、P.凯特尔:《聚焦访谈》,载《美国社会学刊》1946 年 5 月第 51 期。

不熟练的调查者不宜采用非标准化访谈方法，因为其难以把握，访谈效果同调查者访谈能力的关系更为直接。

三、访员的条件

实施访谈法必须使用具备一定条件的人作为调查员。社会调查机构对调查员的选择与训练十分重视。例如，英国社会调查协会1953年选择调查员采取了四个阶段的筛选，在报考人员中，第一阶段（审查）淘汰24%；第二阶段（初试）淘汰38%；第三阶段（复试）再淘汰22%；最后录取16%。训练调查员的时间可以灵活掌握。训练的方法是先进行室内知识性培训，后进行实地试验性调查，以提高正式调查的质量。短期的个别调研项目的访谈员，培训内容一般是访谈注意事项、访谈表内容、访谈技巧与具体要求，培训时间1～3天。长期使用的调查员，其培训的时间则较长，培训的内容则更广泛。例如，日本中央调查社对长期使用的访谈员训练的课程有《谈话方法》《访问方法》《抽样常识》《群众心理》、《访问演练》等。

训练对访谈效果有直接的影响。训练愈成熟的访员，访谈效果愈好。英国曾经做过如下试验：让政府社会调查组织的职业访员、不列颠舆论研究所的职业访员、伦敦经济学院的大学生等三种类型的访员完成同样的访谈记录，三者的结果有明显的差别：[1]

表8-2　英国三种访员的访谈结果比较表

	政府社会调查组织访员（%）	不列颠舆论研究所访员（%）	伦敦经济学院大学生（%）
访问成功	83.7	81.3	69.5
拒绝访问	3.8	3.2	13.5
没有接触	5.0	6.7	5.8
不在家	5.4	7.5	10.1

访谈员必须具备的条件，大体有如下几个方面：(1)举止自然，热情有礼。初次见面，第一印象主要来自于仪表、服饰、语态等。访问员的服饰应同被访者接近。一般来说，在乡村调查，不宜过于讲究；在城市调查，不宜过于朴素；待人热

[1] 〔英〕J.德宏·斯图亚特：《有经验与无经验的访问者在回答率上的差异》，载英《皇家统计协会通报》A144，第173页。

情而不轻浮，说话机智而不油腔滑调；不能盛气凌人、态度生硬；入乡随俗，遵从被访者当地的习俗。(2)知识丰富，善于发问。访员对于被访者的阶层、地区背景与一般特征必须有所了解，同时对于提问内容必须有所思考，并掌握相关的知识。有了这些基础，访谈时可以与被访者适当交流信息，可以使被访者进一步了解自己，"内行"或"专家"的形象更能吸引被访者接受访问。访谈员需要具备的主要能力，是善于提问的能力，即根据被访者的性格、情绪、文化程度及周围情境因素，提出问题，并能顺利得到回答。(3)诚实灵活，客观公正。有时，两名调查员同时访问，有时则由一名调查员单独访问。一般来说，两个调查员同时访问比一名调查员单独访问的效果更优，因为两人同访可以提高被访者自身的安全感以及对访员的信任感。在访员单独访问时，对于一些难于得到答案的项目，必须肯动脑筋、灵活处理，而且绝对不能弄虚作假，凭空编造情况或数据。如果在复查中发现此类情况，必须立即撤换访员，并对已访材料进行核查或作废处理。对于访问所得材料，不能以访员自身的见解进行修正或改动，必须保证访问材料的客观性。如果被访者对于同一问题有不同的意见，只能核实，不能以个人偏爱保留或舍去其中任何一种意见。同时，能准确地遵守工作细则。

国外有一些调查机构与社会学家对于访员的条件，有不少专门的探讨，可作我们的参考。例如，美国民意测验所编制了一份《民意测验访员任用基准表》，提出访员应该具备的条件是：

(1) 性格特征

① 和蔼可亲

② 仪表端正

③ 态度客观

④ 判断力强

⑤ 有警觉性

⑥ 有主动性

(2) 学识能力

⑦ 大学程度

⑧ 有策划能力

⑨ 口才流利

⑩ 有忍耐力

⑪ 肯用心研究

⑫ 有艺术修养

⑬ 有采访能力

⑭ 能写作新闻性文字

(3) 处事经验

⑮ 有行政处事经验

⑯ 有正当职业

(4) 社会关系

⑰ 了解当地一般情况

⑱ 与新闻界有联络

⑲ 熟悉当地的地理环境

⑳ 未在当地发生过法律纠纷

(5) 私人品德

㉑ 有责任观念

㉒ 重视社会公德

㉓ 尊重他人人格

㉔ 乐于服务

我国有社会学家将访员标准总结归纳为以下 10 点:

(1) 在初次见面时可给人良好的印象

(2) 具有搜集资料的机智与技巧

(3) 具有相当程度的社会常识

(4) 在调查工作上能做到正确、可靠及诚实

(5) 能忍受厌倦烦琐的访问工作

(6) 在任何时间上都可作访问

(7) 有礼貌而风度良好

(8) 受过相当的教育

(9) 无不良的嗜好和品行记录

(10) 年龄、性别及其他生理特质适合于访问工作需要[1]

四、个别访谈的程序与技巧

1. 访前准备

一个访谈项目在正式实施之前,有两种准备工作,一是访谈项目主持人(或

[1] 杜陵:《社会调查》,(台北)市场研究所 1977 年版,第 78~79 页。

机构)的准备工作,即编制访谈提纲、访谈表、访谈工作细则等;二是访谈员的准备工作,即掌握访谈细则,熟悉访谈提纲或访谈表内容,学习相应的知识,利用文献等间接方法了解未来的访问对象等。

访谈项目主持人(或机构)的准备工作,最基本的技巧是做到“三点一线”。即把调查研究所需资料的特点、被访者的特点、访员的特点三者结合起来考虑,编制适当的访谈提纲、访谈表、访谈工作细则。如果被访问者的文化水平普遍比较低,则访谈表提问与备选答案所用的语言应尽量通俗易懂,不宜让访员们临场发挥,因为那样可能会形成各种各样的解释,使提问与答案不能保持同一性。对访员的要求,也要切实可行,要求过高或过低都会影响预定效果的达成。

访谈员的准备工作,包括三方面的内容与技巧:(1) 理解所要访谈的全部内容与有关知识。采用讨论式访谈方法,需要访问员与被访人互相提供信息。即使采用一问一答式访谈方法,访员也需要在提问与记录答案的过程中,插进一些交流性的话。被访者有时会主动询问访问者有关问题,如果访问者没有相应的知识,被访人就可能会轻视访问者,失去回答问题的兴趣,讨论也无法深入;甚至还会故意欺骗访问者。

(2) 了解被访问者的特点,设计多种访谈方案。对于被访问者群体及其环境,应预先有初步的了解。然后根据了解到的被访问者的性别、职业、年龄、文化、习惯、兴趣、经历等特点,设计多种进门、联络、提问与过渡的方案。

(3) 选择适当的时间、地点和场合进行访谈。在乡村访问农民,不宜在农忙、欲出工的情况下进行;在城市访问在职职工家庭,不宜在清晨、中午、深夜或家务繁忙的时候,而宜在傍晚、星期天下午等时间。另外,在被访者遇到特殊情况而心境不好的时候,访谈难于取得良好的效果。被访者与其他人隔开是访谈的最佳场合,因为那样可以使被访者不分心、少顾虑。

2. 预备性谈话

由熟悉被访者的人引见,访谈者容易被接纳。在单位找职工访谈,宜由该单位有关部门的领导或工作人员引见;在乡村找人访谈,宜由当地基层干部、邻里、教师引见;在城市找人访谈,宜由居委会、派出所、被访人亲友、同事等引见。有人引见,引见者的品格、身份、威望等都会有助于被访谈者增加对访谈者的了解与信任。引见者在被访者有了愿意接受访谈的表示之后,宜借故离开,这样有利于消除被访者对于引见者的戒备心理。没有人引见的访谈较难展开。从我们的经验来看,没有人引见的访谈,二人同访比一人单访效果为佳,女性比男性效果更佳。

预备性谈话是访问者与被访者直接接触后,在访谈正式开始前沟通联络的过程。预备性谈话的内容与技巧包括：

(1) 根据被访人、周围环境或情境的特点，访员主动说一些有利于活跃气氛的话。例如，我们在一个乡镇工业发达、人均住房面积30多个平方米的江南乡村调查时，先讲了一段话："您们的住房真宽敞，比我们城里好多了。您们的一间房，在城里可要住一家人呢。砌这样的楼房真不容易，您们全家一定吃了不少苦！"有些被访人听了，会显得很自豪，还可能主动带你参观他们的住宅。有些被访人听了，会诉说建房的艰辛。总之，可以活跃一下气氛。又如，访问农民时，可说："今年收成怎么样？"人们往往喜欢谈论自己的住地、家庭、工作等。因此，有关个人的一般性话题往往是理想的预备性问题。

(2) 寻找共同点，激发被访者的热情与兴趣。访员与被访者的共同点可以在籍贯、个人爱好、家庭特点、职业等方面寻找。例如，我们在一次访谈中，发现被访人有上海口音，就说："听口音，您是上海人？我们还是半个老乡呢，我家在上海对面的南通。"南通与上海只有一江之隔，自然容易产生一种亲切感。又如，我们在一次访谈中，发现被访人家中养了不少花，就说："看来您会养花！我也喜欢养花，但技术很差。去年春天我有十来盆花，夏天死了两盆，一过冬，又有几盆不行了。看来，我得请教请教您！"不是真的要取经，而是为了在个人兴趣上寻找共同点，用日常语言来说是为了"套近乎"。

(3) 引用权威力量，引起被访人对访谈的重视。政府部门、领导、知名人士、知名单位、报刊等，都有权威性。访谈员只要把访谈同有关权威的联系作适当介绍，就可以提高被访人对访谈意义的认识，对访谈建立一定程度的重视。例如，我们在进行一项咨询性调研项目的访谈时，对被访人说："我们这个项目的研究，是为了向×××人民政府提供咨询意见。人民政府的政策，要对人民负责，帮助人民群众实现合理利益。您的情况和看法，对于我们形成总的意见，对于政府了解您们这一行，都有一定的意义。"人民政府有崇高的威望，调研项目与人民政府的联系，足以促使被访人引起思想上的注意。又如，1984年费孝通教授在江苏组织小城镇调查，要求我们对小城镇调查的指标体系先作试点。我们选择了无锡县小城镇先行调查，在向乡村基层干部访谈时，我们说明了这个项目是由费孝通教授负责的。无锡县接近费孝通教授的家乡吴江县，乡村基层干部都熟悉费孝通的大名，这一说明很好地促进了访谈的进行。

预备性访谈的时间不宜过长，一般用几分钟时间。

3. 正式提问

预备性谈话的目的是为了建立融洽的关系。一旦这一目的基本达到，就可开始正式提问。正式提问要发挥如下技巧：

（1）发问清楚、委婉、从容。所提问题，要能让被访人一听就懂；说话语气要委婉，切忌审问式地提问；发问后不要急于得到答复，要让被访人有考虑的时间。

（2）耐心、礼貌地听。被访人在回答问题时，访员不能存在不耐烦、注意力分散、缺少反应等情况，而必须聚精会神地听，适当使用“嗯”“噢”“听清了”“很有意思”“您记忆力真不错”等语言，或者使用点头、微笑、肯定的目光等非语言信息，鼓励被访人继续说下去。当被访人叙述到不幸的事情时应表示同情，当被访人说到高兴处应有微笑等相应的情绪反应，以加强情感交流。

（3）淡化敏感性与威胁性问题。访谈中，可能有敏感性或威胁性的问题。所谓敏感性问题，是指被访人希望隐避、不愿谈及的问题。例如个人收入、个人隐私等。所谓威胁性问题，是指被访人感到说出后会给他（她）带来麻烦、受到伤害的问题。例如，违规行为。在访谈中，敏感性问题与威胁性问题如可列入也可不列入，则一律不列入。凡是列入访谈的敏感性或威胁性问题，都是与调查研究课题与假设密切有关的问题，必须得到答案。为了在敏感性与威胁性问题上获得回答并尽量提高其真实性，可以通过如下途径与技巧淡化这些问题：①把这些问题放在访谈的后半段进行；②有意识地逐步创造出一种适宜谈论这些问题的气氛，使被访人感到谈论此类问题不会引起什么麻烦，访员对此类事情听多了；③提问时语气自然而不神秘，态度平静而不惊讶。提问敏感性问题与威胁性问题是访谈最困难、最关键之处。而在这方面的技巧，需要根据被访人的职业、性格、年龄、经历等特点，以及当时的情境，因人因地而异。在某种意义上讲，访谈的技巧，主要是淡化敏感性与威胁性问题的技巧。

（4）追问。在访谈过程中，当被调查者答非所问，或一带而过，或避而不谈，或欲言又止，或说谎时，需要进行追问。追问主要有三种形式：

① 直接追问。即重复提出问题或直截了当地要求被访者对于未回答的或未回答完的问题再作思考。重复提出问题的实例有：“我想你可能没有听清楚我刚才提出的问题，我再说一遍……”直截了当地要求被访者对于未回答或未答完的问题再作思考。实例有：“怎么？”“还有呢？”“我很想了解这个问题，因为这个问题对于我们的调查特别重要。您不要有什么顾虑，我绝对保密，请放心地讲。”对于一般性问题，可以使用直接追问的方法。

② 迂回追问。即通过询问其他相关联的问题最后获得未回答或未答完的问题的答案。对于遗忘、记忆不清的问题，宜采用迂回追问的方式。例如：

调查人：当您刚刚听到原子弹落在广岛时有何想法？

被调查人：哦，我不知道，那太久了。

调查人：或许这是个一时难以回答的问题。那时您住这间屋吗？

被调查人：不，我相信那时我住在白里克大街的一间公寓里，……那是1946年……不，是1945年，是不是？

调查人：那时您在何处得意？

被调查人：哦，我那时还未结婚，所以我一直在一家公司做打字员，在职不到几个星期。

调查人：当你听说广岛被炸时您是在工作吗？

被调查人：不，一定不是。哦，我现在想起来了。那段时间我患重伤风，留在家中未上班。我很寂寞，成天开着收音机。当时我正听到肥皂公司的广告。

调查人：那么您第一次是在收音机上听到这个消息的了？

被调查人：不错。现在我完全记得了。当新闻广播员刚开始报告时，我以为这是小说。然后我才觉得，他是真正报告新闻。当我意识到这是事实时，不禁大吃一惊……〔1〕

对于敏感性或威胁性问题，也比较适宜采用迂回追问的方式。例如：

调查人：您有没有参加去年“5.16”那天的游行？

被调查人：参加了。

调查人：当时您参加游行是怎么想的？

被调查人：同学们都去，我不去就不合群了，会受讥笑的。

调查人：那么，您去游行是因为从众，屈服于群体压力？

被调查人：是的。

调查人：是不是还有其他原因？

被调查人：没有。

调查人：(迂回询问)能不能回忆一下，您的同学为什么要上街游行？

被调查人：同学们认为，上街游行方式是有点极端，但不把事情闹大，上面不会重视的。

调查人：当时您是不是也这样想？

被调查人：有时也这样想。

调查人：这是不是说，您那天去游行，不完全是因为从众，还因为有自己的一些想法？

---

〔1〕〔美〕W.J.谷德、P.L.海特：《社会研究方法》，纽约，1952年英文版。

被调查人:(笑而未答)

③ 反感追问。即通过激起被访人一定程度的反感而促使其回答特定问题的追问方式。反感追问大多使用在敏感性问题与威胁性问题上,因为这些问题是被访人力图回避、掩盖而不愿作答的问题。当直接追问与迂回追问无效,或估计无效时,可采用这种追问方式。

对于说谎者,调查人宜使用"反感追问"。一般地说,调查人应尽量与被调查人保持和谐的交谈气氛,但和谐本身不是目的,在非激起对方反感不能得到必须的资料时,使用"反感追问"是允许的,也是必要的。例如:

调查人:您是否有过想到对不起您丈夫的时候吗?

被调查人:我从未对他不起。在离婚前,我从未避着他私会男友。

调查人:请原谅我,我得追问一句,弄清您的话是否正确。您说您在离婚前未与男友幽会过?

被调查人:您说得不错。我是一个好妻子,因而我认为那样做是不道德的。

调查人:那么,我以前的一部分记录是错了。您不是说过,当您们分居时你的主要活动是约会男友?

被调查人:(激动地)噢,我从未认为那是私会。狄克好像是这个家庭的一员,甚至在我们结婚后还是很好的朋友。(流泪)可是,在我的丈夫对我不起后,我想我有权做我想做的事。

调查人:他怎样对不起您?

被调查人:哦,刚才我说过,我们离婚只是因为相处不来,那是不对的。事实是因为他和我十七岁的小表妹关系暧昧。哦,这是家丑,我一想就害怕……[1]

第二节 集体访谈

一、调查会法

调查会法是我党一种传统的调查方法。毛泽东在《湖南农民运动考察报告》中说:"在乡下,在县城,召集有经验的农民和农运工作同志开调查会,仔细听他

〔1〕〔美〕W.J.谷德、P.L.海特:《社会研究方法》,纽约,1952年,英文版。

们的报告,所得材料不少。”[1]毛泽东还指出:“开调查会是最简单易行又最忠实可靠的方法,我用这个方法得了很大的益处,……”[2]

毛泽东早期的农村调查,大多采用开调查会的集体访谈方法。毛泽东还总结了开调查会的经验,概括了八条开调查会的技巧:

(1) 要开调查会作讨论式的调查。“只有这样才能近于正确,才能抽出结论。那种不开调查会,不作讨论式的调查,只凭一个人讲他的经验的方法,是容易犯错误的。那种只随便问一下子,不提出中心问题在会议席上经过辩论的方法,是不能抽出近于正确的结论的。”[3]

(2) 调查会到些什么人。“要是能深切明了社会经济情况的人。以年龄说,老年人最好,因为他们有丰富的经验,不但懂得现状,而且明白因果。有斗争经验的青年人也要,因为他们有进步的思想,有锐利的观察。以职业说,工人也要,农民也要,商人也要,知识分子也要,有时兵士也要,流氓也要。自然,调查某个问题时,和那个问题无关的人不必在座,如调查商业时,工农学各业不必在座。”[4]

(3) 开调查会人多好还是人少好。“看调查人的指挥能力。那种善于指挥的,可以多到十几个人或者二十几个人。人多有人多的好处,就是在做统计时(如征询贫农占农民总数的百分之几),在做结论时(如征询土地分配平均分好还是差别分好),能得到比较正确的回答。自然人多也有人多的坏处,指挥能力欠缺的人会无法使会场得到安静。究竟人多人少,要依调查人的情况决定。但是至少需要三人,不然会囿于见闻,不符合真实情况。”[5]

(4) 要定调查纲目。“纲目要事先准备,调查人按照纲目发问,会众口说。不明了的,有疑义的,提起辩论。所谓‘调查纲目’,要有大纲,还要有细目,如‘商业’是个大纲,‘布匹’,‘粮食’,‘杂货’,‘药材’都是细目,布匹下再分‘洋布’,‘土布’,‘绸缎’各项细目。”[6]

(5) 要亲自出马。“凡担负指导工作的人,从乡政府主席到全国中央政府主席,从大队长到总司令,从支部书记到总书记,一定都要亲身从事社会经济的实

---

〔1〕《毛泽东选集》(一卷本),人民出版社 1964 年版,第 12 页。

〔2〕《毛泽东农村调查文集》,人民出版社 1982 年版,第 16 页。

〔3〕同上书,第 9 页。

〔4〕同上书,第 9 页。

〔5〕同上书,第 9～10 页。

〔6〕同上书,第 10 页。

际调查，不能单靠书面报告，因为二者是两回事。”[1]

(6) 要深入。“初次从事调查工作的人，要作一两回深入的调查工作，就是要了解一处地方(例如一个农村、一个城市)，或者一个问题(例如粮食问题、货币问题)的底里。深切地了解一处地方或者一个问题了，往后调查别处地方、别个问题，便容易找到门路了。”[2]

(7) 要自己做记录。“调查不但要自己当主席，适当地指挥调查会的到会人，而且要自己做记录，把调查的结果记下来。假手于人是不行的。”[3]

(8) 怎样使对方说真话。“各个人特点不同，因此，要采取的方法也各不相同。但是，主要的一点是要和群众做朋友，而不是去做侦探，使人家讨厌。群众不讲真话，是因为他们不知道你的来意究竟是否于他们有利。要在谈话过程中和做朋友的过程中，给他们一些时间摸索你的心，逐渐地让他们能够了解你的真意，把你当做好朋友看，然后才能调查出真情况来。群众不讲真话，不怪群众，只怪自己。

我在兴国调查中，请了几个农民来谈话。开始时，他们很疑惧，不知我究竟要把他们怎么样。所以，第一天只是谈点家常事，他们脸上没有一点笑容，也不多讲。后来，请他们吃了饭，晚上又给他们宽大温暖的被子睡觉，这样使他们开始了解我的真意，慢慢有点笑容，说得也较多。到后来，我们简直毫无拘束，大家热烈地讨论，无话不谈，亲切得像自家人一样。”[4]

二、特殊的调查会法

近年来我国的社会调查研究者开始运用“头脑风暴法”与“反向头脑风暴法”这两种特殊的调查会法，搜集有关信息。主要用于预测性、规范性的社会调查研究之中。

头脑风暴法是若干被调查者紧密围绕一定的主题自由发表意见，但不得重复与反驳别人意见的一种调查会方法。召开这种形式的调查会，需要遵循如下原则：

(1) 会议主持人宣布会议主题，讨论必须紧密围绕主题。

(2) 会议主持人不发表自己的意见，不定调子。

---

〔1〕《毛泽东农村调查文集》，人民出版社 1982 年版，第 10 页。

〔2〕 同上书，第 10 页。

〔3〕 同上书，第 11 页。

〔4〕 同上书，第 27 页。

(3) 参加会议的人可以自由发表意见，但不得重复他人意见，也不得反驳他人意见。

(4) 要求修改与补充自己意见的人，给予优先发言权。

(5) 鼓励创造性思维，形成自由讨论的气氛。

反向头脑风暴法是若干被调查者紧密围绕一定的主题自由发表意见，但只能反驳与质疑他人意见的一种调查会方法。召开这种调查会需要遵循如下原则：

(1) 会议主持人宣布会议主题以及已有的意见、设想，讨论必须紧密围绕主题与已有的意见、设想。

(2) 会议主持人不发表自己的意见，不定调子。

(3) 参加会议的人可以自由地发表意见，但只能对他人的意见、设想提出质疑与反驳。

(4) 反驳与质疑的内容是他人意见、设想不成立的根据(制约因素及其条件)。

(5) 提出的质疑与反驳不能重复他人的质疑与反驳，但可以补充论证他人的质疑与反驳，鼓励与会者提出新的质疑与反驳。

头脑风暴法与反向头脑风暴法是充分发扬民主、广泛听取不同意见、寻找新观点的调查会方法。这种方法更适合于担任一定领导职务的同志在调查研究中使用。

第三节　电话调查

电话调查是面对面访谈方法的延伸，是一种新兴的访谈法。电话在现代社会越来越普及，登门面访越来越困难。在这种社会现实条件下，电话调查在西方发达国家首先兴起。20 世纪 70 年代，美国电话用户激增。1976 年拥有电话的家庭达 92.8%，从而使社会调查研究者对电话访问建立起了信心。沃尔弗利(Wolfle)等学者通过实证研究发现，在像美国这样电话普及的国家，拥有电话的人和全体人口比较起来各方面的差异都非常小：年龄、职业、教育程度、婚姻状况、子女数目方面，差别都在 2%左右；性别、宗教信仰、党籍相差都不到 1%；政治观点、治安法律观点、婚姻观点等意见取向各方面，相差也都只在 1%左右；只有收入方面相差超过 2%，达 4.1%。这些差异，在统计中都是可以容许的。沃尔弗利此项研究的样本是 7 500 人，结论的可信度是很高的。这一时期电话访谈在美国的推广，被一些学者称之为调查研究方面发生的一次小小革命。

一、电话调查的意义与特点

我国目前的电话普及率已经相当高，针对相关专题和地区的调查，也可以采用电话访问调查的方式。电话访谈的特点有：

(1) 电话访谈时间短，并省去了路途往返等时间。面访需登门访谈，路途往返往往比实际访谈的时间还多，完成一个调查研究项目需要较长的时间。电话访谈由于不需要往返时间，故每次访谈只需很少的时间，从而可以用较短的时间完成一个调查研究项目。当社会上发生一些重大或突然事件时，采用电话访谈可以迅速获得信息，很快就公布结果。例如，奥运会开幕式结束后，可使用电话访谈法了解有关人们的反映。如果样本不过于大，第二天即可将结果见报。当然，样本较大时，所需的时间则要多些。

(2) 电话访谈费用比较低。短途电话调查，花钱很少。即使是长途电话访谈，即使时间较长，其费用也远比派员面谈节省费用。

(3) 电话访谈降低了对被访者的潜在威胁性。当面访谈，访员要登门入室；电话访谈，则无需登门入室，没有任何财产、人身受侵害的危险。同时，也有更大的匿名性。因此，被访者的回答可能比面访更诚实一些。

(4) 电话访谈可以减少访员，使用少数有经验的访员即可完成访谈任务，提高访谈质量。可以比较充分地利用访谈的最佳时机。在某些时点，人们大多在家休息，接受访谈的条件比较充分。

(5) 电话访谈比当面访谈较能使被访人在敏感性问题与威胁性问题上提供真实答案。

(6) 电话访谈难于控制。如果被访人厌倦了，随时可挂上电话，访员不能有效地劝导被访人完成访谈；如果被访人由于不能辨识访员的真实身份而不愿接受访谈，或应付敷衍，访员无法阻止；如果被访人处于不利于回答访谈内容的环境，访员也无法改变，因而环境不能统一与标准化。

(7) 电话访谈受电话普及率的限制，样本的代表性往往不太充分，因而增加了推论总体时的误差。

其中，第一至第五个特点，是电话访谈的优点，第六、第七个特点则是电话访谈的缺点。

二、电话调查的抽样方法

在电话普及率极高的阶层、地区或单位，使用随机抽样的方法是可行的。抽样的具体方法主要有三种：

1. 电话号簿法

根据电话号簿抽样的较常用的方法是机械随机抽样（系统抽样）。机械随机抽样的程序如下：

（1）根据电话号簿的页数与样本规模，决定平均间隔多少页抽出一个样本。假设这个间隔为K。

（2）在1～K之间，随机确定一个数字，然后以这个数字为样本所在的第一页，以后每隔K页抽出样本所在的页数。

（3）在第一页上随机抽出某一栏中的某一个号码为样本，以后每一页均把这个位置的号码抽出来为样本。

例：某课题组要在某大城市用电话簿抽出400个样本。已知某市电话簿共1 340页，每页有2栏号码，每栏有60行（个）号码。

使用机械随机抽样方法：

① 以1 340除400，得3.35，取整数，K=3，即间隔为3页。

② 在1～3页之间，假设随机抽出2，以2为第一页，以后每隔3页抽一页，即样本所在页为第2、5、8、11、14……页，共446页。

③ 在1～2栏之间，假设随机抽出一个号码为2，则每页的第二栏为样本所在栏。

④ 在1～60行（个）号码之间，假设随机抽出一个号码为39，则样本所在页的第二栏的第39行（个）号码为样本。共计得446个样本。

④ 以446除以400，得1.115，则在446个样本所在页中，每隔11页剔除一页，得406页；在406页中，再剔除前6页或最后6页，即得所需400个样本页。被剔除的46页，可作为替换样本使用。广告占据版面后没有应访者所在页与位置的栏、号，则需用剔除的页替换。

使用电话号簿法有三种因素可能影响样本的代表性：

（1）某类人不公开电话号码；

（2）某类人电话号码常变更；

（3）某类人没有电话。

2. 随机拨号法

这种使用随机拨号表盘的抽样方法，可以消除根据电话号码簿抽样的三种形成误差的因素。由于随机拨号，不管是否公开电话号码，或者变更与登错号码，其主人都与其他拥有电话的人有同样被抽取的可能性。但随机拨号技术也存在问题：

(1) 住宅电话与非住宅电话混合在一起。如果调查研究的单位是住宅，则无法消除非住宅号码。同样，如果调查研究的单位是非住宅，则无法消除住宅的号码。另外，一个家庭的不同成员，可能一人在非住宅电话中被访谈，另一人在住宅电话中被访谈。

(2) 拥有两部或更多部电话的家庭，比其他只拥有一部电话的家庭有了更大的被抽取的概率。

(3) 随机拨号往往会遇上空号，如 2 900～2 999 之间的数字没有对应的电话机，这些号码要待装机以后才使用。

3. 综合法

综合法是兼用电话簿法与随机拨号法而形成的抽样方法。常用的有“随机双数法”与“加一法”。

(1) 随机双数法。随机双数法分两个步骤：首先，从电话簿上抽出若干号码；然后，随机改变已抽样号码的最后两位数字，作为样本。

(2) 加一法。加一法即每当从电话簿中抽出一个号码后，加上一，然后以此数作为样本，如抽出一个号码为 83634651，则样本为 83634652。

三、选择受访者的方法

抽出一个样本户后，访问户内哪一个人呢？选择的方法有：

1. 任意法

任意法，即户内任意一个成人均可以作为样本。使用任意法，大多是第一个接话的人，少数是由第一个接话人传呼来的第二个接话人。这种方法的接通率比较高。

2. 随机抽选受访者表法

较为简便与流行的随机抽选受访者表，是由帕斯勒(Paisley)于 1965 年用电脑模拟的方法而设计出来的一张表(见表 8－3)。使用这种方法的电话接通率比使用任意法要低，因为应受访者往往不是第一接话人，应访者可能不在家或无暇接受访问。

如果应访者不在家或无暇接受访问，则要同第一接话人商谈预约访谈的时间。第二次访谈可能接通，也可能接不通。如果第三、第四次仍接不通，可以考虑放弃。

表 8-3 帕斯勒的随机选择受访者表

样本户中不在家的成人数	其中：不在家的女性数	应选受访者
1	0 1	男性 女性
2	0 1 2	年轻男性 男性 年轻女性
3	0 1 2 3	最年长男性 较年长男性 较年长女性 最年长女性
4	0 1 2 3 4	次年长男性 次年长男性 较年轻女性 次年长女性 次年长女性
5 人以上	0 1 2 3 4 5 人以上	第三年长男性 次年轻男性 最年轻男性 最年长女性 次年长女性 第三年长女性

资料来源：Paisley et al.（1965）

四、电话访谈表

电话访谈可使用标准化访谈表。具体设计举例：

A.

1. 样本编号　　　　　　　　　　1. ______________

2. 电话号码　　2. ________________

3. 第一次联络时间：　　3. ________月________日 ________时________分

第二次联络时间：　　________月________日 ________时________分

第三次联络时间：　　________月________日 ________时________分

第四次联络时间：　　________月________日 ________时________分

〔注〕联络四次，铃响八次，即放弃联络。

B.

4. 您好！这里是×××报社，我是××部的记者________。全国人民盼望已久的北京第29届奥运会已经开幕了。我想打扰您十分钟时间，在电话里了解您的一些想法。我想您一定会同我合作的。谢谢您！

4. ________（1）接受访问
________（2）拒绝访问
________（3）无适当人员
________（4）另订时间访问

5. 很冒昧，请问您多大年龄？〔很抱歉！我们打算访问您家年龄更大（或更小）的成员。可不可以请比您年龄更大（或更小）的家人来听电话？谢谢！〕　　5. ________

〔注〕对方如果当时没有适当的人选，或由于某些原因不能接受访问。则发问：我们可不可以改一个时间再打来电话？什么时间打来为好？

6. 如果坚决拒绝接受访问，他的性别是什么？　　6. ________
（1）男
（2）女

C.

7. 您有没有收看第29届北京奥运会的开幕式的电视转播？　　7. ________
（1）看了
（2）未看

〔注〕如果被访人回答未看，则继续发问：

8. 您未看电视是什么原因？我试提出　　8. ________

几种可能性，您看哪一种符合您的情况。

________（1）上班

________（2）家里没有电视机

________（3）做其他事

9. 您看了电视，当时是否激动？我试提出几种答案，您看哪种最合适。 9. ________

________（1）十分激动

________（2）比较激动

________（3）不太激动

________（4）没有意见

〔注〕只提供前三种答案。如果被访人对这一问题不能或不愿表示意见，则记录第四种答案，但不要让被访人知道这个选择方式。

10. 您认为，我国举办这样大型的运动会，意义是否重大？ 10. ________

________（1）十分重大

________（2）比较重大

________（3）不太重大

________（4）没有意见

11. 您认为，我国举办这样大型的运动会，有什么具体意义？我试提出几种答案，您可以选择其中您认为合适的答案，答案数目不限。……另外，您有什么补充，请发表高见。 11. ________

________（1）为国家增光

________（2）表示国内稳定

________（3）多交国外朋友

________（4）加强国内团结

________（5）为世界体育运动作贡献

________（6）其他

D.

12. 不知您做什么工作？①企业；②商业；③政府机关；④学校；⑤科研单位；⑥新闻单位；⑦待业人员；⑧学生；⑨离退休人员；⑩其他。　12. ________

13. 您的文化程度？①文盲；②小学；③初中；④高中；⑤中专；⑥大专；⑦本科以上。　13. ________

14. 你们全家几口人？　14. ________

15. 你们全家合在一起，一个月大概有多少收入？　15. ________

①3 000 元以下；②3 000～5 000 元；③5 000～7 000 元；④7 000 元以上。

16. 您是否共产党员？　16. ________

①是；②不是

E.

17. 谢谢您！打扰了您不少时间。我们将把调查的结果在报上公开发表。这次您对我们帮助很大，以后我们再搞调查时，能不能再打扰您？　17. ________

①可以；②拒绝

18. 您的大名是________　18. ________

谢谢！再见！

F.

19. 结束时间　19. ________时________分

20. 被访人接受访问的态度：（1～5 分）　20. ________

21. 被访人了解问题的程度：（1～5 分）　21. ________

22. 被访人表达意见的能力：（1～5 分）　22. ________

其中，A、F 是访员填写的附记；B 是访前语；C 是正题，即电话访谈的主要内容；D 是表头，是基础性调查项目；E 是结束语。电话访问表设计的项目不宜过多。

社会调查研究方法

五、时机与电脑化

1. 访谈时间长度

电话访问总时间不宜过长，一般不宜超过 15 分钟。也有人试验后发现，不超过 20 分钟一般不会引起受访人厌倦。

2. 访谈时机

适当的电话访谈时机是傍晚。有人曾作过电话接通率的统计(见表 8－4)：[1]

表 8－4　电话访问接通率统计表(%)

	星期一	二	三	四	五	六	日	合计
上午 9:00～12:00	22.1	23.4	15.6	15.9	24.1	23.2	16.1	22.6
下午 12:00～17:30	24.2	34.1	38.1	19.4	18.6	36.7	24.2	25.9
傍晚 17:30～22:30	80.8	87.1	60.6	57.9	64.4	67.3	66.8	72.7
合　计	39.3	49.6	30.8	30.7	33.9	35.5	31.9	36.1

电话访谈的适当时机，同本国本地区的作息制度、生活习惯有关。有些人有午睡的习惯，在午睡期间打去电话，最不受欢迎。城市职工星期天往往有迟起床的习惯，特别是年轻人，星期天一早就打去电话，也是不受欢迎的。

3. 电话访问过程的电脑化

电话访问前可先把访谈表输入电脑中，然后利用电脑屏幕显示访谈项目。

(1) 使用终端机访问的具体程序

① 电脑屏幕显示第一道题。

② 访问员根据电脑屏幕显示的内容提问。

③ 受访者回答问题，访问员将答案输入电脑。受访者关于开放式问题的回答，则用录音机录下来，以便事后校对记录。

(2) 电话访问过程电脑化的优点

① 便于后续式问题的提出与答案记录。后续式问题的项目是跳行或跳页排

---

〔1〕 吴统雄：《电话调查理论与方法》，台北市联经出版事业公司 1984 年版，第 117 页。

列的。如果后续项目多，则会跳好多行或页，连续跳行或跳页会容易使访问员出错。电脑可以根据条件运算的设计，在受访者回答了一个项目后，自动把其后续项目显示出来，而不会出错，访问员也不会因查找后续项目而紧张。

② 减少差错。现场记录与事后登录答案的过程中，使用人工方法会出现一些差错。使用电脑访问直接把答案输入电脑，可以减少人工方法难于避免的一些差错。电脑对于不合理的答案，当时即会拒绝接受，可以提醒访员及时更正。

③ 便于保存与分析资料。使用电脑访问，减少了事后专门输入数据的程序，节约了人力、时间与经费，并且有利于及时汇总和分析资料。同时，用电脑保存资料，比文字资料保存方便，以后使用资料也方便，所以是很理想的方法。

六、电话调查面临的挑战

尽管电话调查目前被广泛应用于学术研究、商业调研和民意调查中，然而电话调查的回应率正在逐年下降，即公众逐渐不太愿意接受电话调查访问。电话调查目前面临新的巨大挑战。

1. 电话文化的转变

从电话调查流行的美国来看，电话文化的转变对于电话调查已形成冲击[1]：十几年前电话作为人际交往中极其重要的沟通方式，人们总是乐于在第一时间内接听电话，并乐于与他人在电话中交流。然而随着通讯技术的发展，人们拥有更多的方式与他人沟通，如手机、电子邮件、网络即时通讯工具等。电话这一通讯手段在人们交流中的地位逐渐下降了。人们越来越多地使用手机或者互联网与他人联络，而越来越少地使用家庭电话，甚至现在越来越多的人开始拒绝接听电话，尤其是来自陌生组织或个人的电话。这种电话文化的转变，降低了电话调查中的被访者合作率和回应率。

2. 电话过滤技术的发展

来电显示技术的普及和电话过滤技术的发展。使得个人能够轻易拒绝和过滤那些不熟悉的电话号码，从而大大降低了电话调查的到达率。

3. 手机应用的普及

这使得电话调查在科学性和准确性方面面临挑战。在美国，有 7%～9%的

---

〔1〕 Dillman, D.(2007). *Mail and Internet surveys: The tailored design, second edition - 2007 update*. Hoboken, NJ: John Wiley.

公民没有固定的家庭电话，而将手机作为惟一的电话通讯手段，并且这一比例仍在快速的上升中。在拥有家庭固定电话的美国公民中，有超过一半的人承认更加偏爱手机作为沟通工具。这些变化使得依赖于家庭电话的传统电话调查遇到了以下的挑战：

（1）增加了电话调查抽样的难度。传统的电话调查一般以家庭电话作为调查对象，家庭电话以家庭为单位，涵盖了家庭中的每一个成员；然而手机是以个人为单位，仅仅对应单一的个体。并且，大多数个体往往同时拥有一个或多个手机号码和一个或多个家庭电话号码，因此当研究者将手机和家庭电话列入同一样本框时，样本框内便会出现调查单位不统一和个案重复。在这样的情况下，样本框内的个体往往拥有不同的几率被抽为样本，大大降低了电话调查抽样的准确度。

（2）手机使用人群和家庭电话使用人群在人口结构和社会特征上具有较大差异。目前，年轻人尤其是住出租房的年轻人和大学生，往往依赖手机作为主要的联系方式，很多年轻人没有家庭固定电话。手机的使用率在年龄偏大的人群中却普及率较低。如果研究者单纯依靠传统的电话调查方式进行研究，年轻人在样本中所占的比例往往偏小，从而产生调查结果的偏差。这种电话结果的偏差已经引起学界和业界的重视，并得到证实。2008 年，美国著名调查机构 Pew 在进行民意调查时，分别针对手机用户和家庭电话用户进行了访问，结果发现这两次调查结果中呈现出显著的差异，如在针对手机用户为抽样框架的调查中 43%的公众认为对伊拉克动武是正确的决定，然而这一比例在以家庭电话为抽样框架的调查中仅为 32%[1]。因此，目前众多调查机构纷纷加强了对手机用户群体的研究，以期将对手机用户调查的结果作为传统电话调查结果的补充。

（3）对手机用户进行的电话调查将比传统的电话调查更加困难与昂贵。首先，绝大部分的手机用户在接电话时依旧得付电话费，因此手机用户不太愿意在手机中与陌生人聊天，从而在手机中获得被访者的合作比传统的电话调查更加困难。数据显示，美国传统的电话调查的回应率在 30%左右，然而手机电话调查只有 20%的回应率。尽管相比较传统的家庭电话调查，手机电话调查拥有较高的接通率，然而较高的电话接通率并未有效转化为调查的合作率。在传统的电话调查中，当被访者接听电话调查来电后，有 50%的被访者选择合作，接受调查；

---

〔1〕 参见 The Cell Phone Challenge to Survey Research，http://people-press.org/report/276/

然而在手机电话调查中，只有 28%的接通电话的被访者同意接受调查。其次，在美国实行手机电话调查所付出的开销是传统的电话调查的 2.4 倍[1]。这一般是由于手机电话调查较低的回应率，较高的管理成本，以及为吸引被访者合作所付出的较高的回报与奖励等造成的。

〔1〕 参见 The Cell Phone Challenge to Survey Research，http://people-press.org/report/276/

第九章 问卷法

问卷法是现代社会高效率地了解总体的一种调查方法。自从我国恢复社会学研究以来，问卷法在许多全国性或地区性的社会调查研究项目中，得到了比较广泛的运用。尽管有些问卷设计不合理，存在缺点或错误，但对于了解某些社会现状，仍然起到了一定的作用。对于我们传统的当面访谈方法，是一种有益的补充。

第一节 问卷法的特点与意义

问卷法是运用统一的有问有答的资料搜集工具向各个被调查人了解情况与意见的一种方法。统一的有问有答的资料搜集工具，即是问卷。以概率抽样方法确定调查对象，主题是思想价值观念方面的调查大多使用问卷法。

一、问卷法的特点

1. 标准化

问卷法统一提问、回答，对于所有的被调查者都以同一种问卷进行询问，同时以同一种方式发放与填写问卷。从而，既可以反映同一地区、同一阶层等具有某种社会同质性的被调查者的平均趋势与一般情况，又可以对不同地区、不同阶层等具有某种社会异质性的被调查者的情况，进行比较分析；有时还可以对同样一些被调查者在间隔了一定的时期之后，进行追踪调查。使用标准化工具搜集来的资料，可以进行计算机处理，有利于进行定量分析。但是，提问与封闭性答案是固定的，难于适应各种不同的调查对象的实际情况，难以根据具体情境灵活与深入地了解情况。

2. 匿名性

使用问卷法调查者一般不要求被调查者在问卷上署名。这样，被调查者在问卷调查中就具有匿名性的特点。由于匿名，被调查者就减少了顾虑。有利于提出某些具有敏感性与威胁性的问题，并得到被调查者真实的回答。

3. 间接性

使用问卷法，调查者一般不与被调查者直接见面，而由被调查者自己填写问卷。这一特点的优越性，是节省调查用工与经费，同时可以避免调查者与被调查者见面可能带来的不良印象与偏见。但是，间接进行的问卷调查，调查者不能控制被调查者在填写问卷时的情境；调查者不知道被调查者是否在外界干扰的情况下填写，是否受人诱导或指使，是否敷衍了事，是否清楚问题与答案的意义；被调查者也没有机会向调查者询问与了解问卷中的有关问题，无法对有关问题提供问卷所不能容纳的情况与看法。因而，问卷的真实性程度难以确定，一般来说要低于访谈法。间接进行的问卷调查还有一个缺点，是问卷的回收率低。造成这一结果的原因，是不能当面解释调查的目的、意义与难点，增加被调查的兴趣与热情；不能通过人际交往增加填写问卷的情感因素与义务感。

二、问卷法中问题的由来

问卷的核心是“问题”。编制问卷首先需要确定问题，即在问卷中提出哪些需要被调查者回答的项目。问题的形成，一般经过如下步骤：(1)课题分析，提出假设；(2)概念具体化，寻找变项；(3)确定指标；(4)为测定已经确定的指标，编制直接与间接的问题。现把以上步骤图示如下：

课题 → 假设 1、2、…h → 概念 1、2、…c → 变项 1、2、…n → 指标 1、2、…m → 问题 1、2、…s

图 9－1　问题形成的过程

现有一个调研课题：《少数人为什么先富》。从这一课题，我们可以形成一系列的问题，具体过程如下：

课题：少数人为什么先富？

↓

假设：有些人劳动致富，有些人非劳动致富。

↓

概念：劳动、非劳动、富裕。

↓

变项：脑力劳动、体力劳动；雇工经营、非法活动；收入、固定财产、金融证券。

↓

指标：唱歌、演戏、科技设计、写作等；贩运、驾驶、建筑、养殖等；雇工人数、雇工工资、拿回扣、收礼等；本人工资、其他家庭成员的工资、住房（间、平方米）、家用电器、存款等。

↓

问题：您致富的主要项目是什么？何时开始从事该致富项目？致富后您与家庭遇到过哪些麻烦？您本人的平均月收入有多少？上一个月您的月收入是多少？其他家庭成员的平均年收入是多少？其他家庭成员去年年收入是多少？等等。

根据问题的性质，可以分为两大类：第一类为客观性问题，包括背景事实（如性别、年龄、职业、家庭人口、家庭所在地区、住房、政治面貌、文化程度等）与社会活动（如经营私人企业、结交若干朋友、参加集会、打架、投票等）方面的问题。第二类为主观性问题，包括信仰、价值、认识、兴趣等。也有人把问题分成背景、事实、认知三类。[1] 其实背景也是一种事实，因而实质上也只有两类。

根据问题的内容，可以分为两大类：第一类为一般性问题，第二类为敏感性或威胁性问题。一般性问题被调查者容易接受，敏感性或威胁性问题有时会遭到被调查者的拒绝。

三、问卷法中问题的提出

提出问题是问卷设计中的一个关键环节。一份好的问卷，必须合理、科学与艺术地提出每个问题。

1. 合理地提出问题

判断所提问题是否合理有如下标准：

第一，全部问题是否都是特定研究课题及其理论假设所必须了解的问题。在我国近年来已经实施的问卷中，存在着一些同研究课题及其理论假设没有关系或可有可无的问题。在设计问卷时，研究者往往有一种自然倾向："趁此机会搭几个问题"。凡是对于研究课题及其理论假设来说是"多余的"问题，都必须删去；可有可无的问题，一律不列入问卷；不知道以后如何分析的问题，也不要提出。这样，就要求研究者在问卷制定前，必须按照"课题→假设→概念→变项→指标→问题"的步骤，根据课题研究与假设检验的需要，排列与组合问题；同时，确定每个问题搜集资料后如何分析的方法；找出可有可无与多余的问题，并加以删除。

---

〔1〕 戴建中：《社会调查研究方法》，人民出版社 1989 年版，第 178 页。

所提问题合理性的第二个标准是，问题对于全部被调查者是否普遍适用。有些问题对于一部分被调查者是适用的，但对于另一部分被调查者则是不适用的。对于这样的问题，在编入问卷时必须进行合理化处理。具体方法有：

(1) 把非普遍适用的问题列为后续问题。例如，“您是否结婚?”对于这样一个问题，起码有两种不同的回答，一种是“已经结婚”，另一种“没有结婚”。再提出一个问题：“如果您已结婚，有没有孩子?”这个问题是“您是否结婚”的后续问题，只适用于已结婚的人。后续问题一般不单独作为一个问题出现在问卷中，而作为一个问题的相倚问题附属于后。这样，不管被调查者是否结婚，都必须回答同一个问题，区别在于已婚的被调查者还要回答后面的附属问题，而未婚者则在回答了问题普遍适用的部分以后，便跳过已婚者所要回答的附属问题，转到另一个普遍适用的问题上去。

(2) 使用包容性措词。例如，“您(或您的丈夫)是否在家里主张‘男的说了算’?”这是性别上的包容性措词，使用这样的措词，不管被调查者是什么性别，均可以回答该问题。在其他一些变量上，也可以采用包容性措词。包容性措词与后续问题，不宜过多采用。如果在同一张问卷中，有多个后续问题，容易引起被调查者的厌倦，因为后续问题要求被调查者跳答，跳答形式的表面复杂性比较强。同时，包容性措词容易使人搞错问题的意义，把本来针对他人的问题当成针对自己的问题来回答。

所提问题合理性的第三个标准，是提问的形式是否适合被调查者。对于一定的被调查者来说，某些形式是适当的，某些形式则是不适当的。例如，体改所1987年10月份印发的一份调查问卷，一共37个问题，其中以表格形式提出的问题有22个，该问卷共有19页，表格占了17页多。这种提问形式不适合一般的被调查者，即使是经常同表格打交道的人，看到这么多的表格，也会头疼生厌。其中有一个表式问题，竟然包括104个问题。在一个表式中，问题容量过大，容易让人产生复杂与麻烦的感觉，从而很容易使人放弃回答。

2. 科学地提出问题

问题科学性的标准主要有三个：第一个标准是单一性，即一个问题中只包括一个调查指标，只询问一件事情。如果一个问题中包括两个调查指标，即同时询问两件事，则该问题实质上是两个问题。实质上两个问题而形式上一个问题，是双重问题，是不科学的。这样的问题问卷中不能有。双重问题有两种形式，一是递进式双重问题。例如：“有人认为我国目前国有单位的职工收入偏低，应该改变这种状况。您怎么看待这个问题?”这样提问，实质上包含两个问题：

第一,“有人认为我国目前国有单位的职工收入偏低,您是否同意这一观点?”第二,“我国目前国有单位职工收入偏低。有人认为应该改变这种状况,您同意这观点吗?”二是并列式双重问题。例如:“有人认为我国目前个体户、私营经济户收入偏高,您是否同意这种观点?”在这一问题,实质上是包含两个并列的问题:“有人认为我国目前个体户收入偏高,您是否同意这一观点?”“有人认为我国目前私营经济户收入偏高,您是否同意这一观点?”这样的双重问题,被调查者可能很难回答。目前我国个体劳动者的收入与私营企业主的收入有差别,有些被调查者可能只认为私营企业主的收入偏高。

第二个标准是中性,即问题不带倾向性。带倾向性的问题,对于被调查者具有某种诱导作用,即诱使被调查者顺着提问者的观点及倾向回答问题。虽然并不是所有的被调查者都会受诱导而产生偏见,但诱导总会使一部分被调查者不假思索地顺从问题本身所带的某种倾向。因此,问卷中的每个问题都不能带有倾向性。在实际的问卷中,我们经常可以找到一些带倾向性的问题。这种问题有两种,一种是权威倾向性问题,一种是叙述倾向性问题。例如:“大多数医生认为抽烟是有害的,您是否同意这一观点?”“个体户赚钱太容易,您认为是吗?”前一个问题是权威倾向性问题,“大多数医生”是一个权威群体,他们反对抽烟的明确观点出现在提问中,无疑会使问题带有诱导与倾向性。后一个问题是叙述倾向性问题,即研究者在提问时,只陈述多种观点或事实中的一种,从而使问题带有某种倾向性。对于上述两个问题可以进行中性化处理,即修改剔除问题的倾向性。“大多数医生认为抽烟是有害的,您是否同意这一观点?”可以改成:“有人认为抽烟有害,有人认为抽烟无害,您同意哪一种观点?——①抽烟有害;②抽烟无害”。或者改成:“您怎么看待抽烟对人身体的影响?——①对身体有害;②对身体无害”。

第三个标准是明确性,即提问必须具备明确的含义。科学地使用明确的语言,明确才有准确与精确。问题的含义模糊不清,主要有三个原因:第一,使用抽象概念。提问宜用具体指标,而不宜用抽象概念,抽象概念往往使人不知如何回答为好。例如,“您认为我国现行政治体制,总体上怎么样?”这种问题,可以在理论探讨与日常漫谈中使用,但不宜用于调查问卷。“政治体制”是一个比较抽象的范畴,它的含义比较复杂,并不是每个人都理解与持相同的看法。从而,各人的回答不可能基于同一种理解。第二,使用专业词汇。社会科学中的专业词汇一般是科学语言,但当被调查者不懂得专业词汇的意义又必须回答包含专业词汇的问题时,就只能凭猜测来回答问题,从而会导致不科学的结果。例如:“您家属于哪一种类型的家庭？——①单身家庭；②核心家庭；③主干家庭；④联合家庭；⑤其他。”使用不是广为人知的专业词汇，不仅引起种种猜测而使回答缺乏汇合比较的基础，而且会引起被调查者的不满而放弃回答，造成无回答问题，降低问卷的回答质量。第三，表达不当。提问如果表达不当，就会造成歧义，引起误解，使回答的依据失去统一性。例如，“大学生就业最理想的职业有哪些？”这个问题语句不通，“大学生就业最理想的职业”，是被调查者自己即将毕业，询问他将选择什么职业呢，还是询问被调查者对大学生选择职业情况的评估，从提问中难以确定。另外，“最理想的职业”应是一种，而不是多种。又如，“过去青年人正统，现在青年人越来越不正统了，你认为这种变化是——①好现象；②坏现象；③没有意见。”这个问题表达也有缺点，“正统”有时也出现在书面与口头语言中，但在问卷中出现是不适当的。因为“正统”的含义并不明确，过于笼统。如果就某一个具体的思想认识问题来询问，则就合适了。例如，“有人认为，过去的大学生大多认为穿衣服应该尽量朴素，现在的大学生大多认为穿衣服应该尽量漂亮；有人认为，不论过去和现在，大学生穿衣服都讲究漂亮；也有人认为，不论过去与现在，大学生穿衣服都不讲究漂亮。您赞成哪一种观点？”

3. 艺术地提出问题

同样询问一个问题，措词、表达可以大不一样。提问中的艺术，就是善于使用容易被人接受的措词与表达方式，消除易于引人反感、厌倦的句子与词汇。激发被调查者回答问题的兴趣与热情。

艺术地提出问题的方法主要有五种：

(1) 委婉法。使用委婉词来代替刺激性的词汇提问，如“赌博”“酗酒”等词，可改用委婉词。“您是否赌博？”这一问题可改为：“现在农村很流行用扑克、纸牌、麻将定输赢，您是否也喜欢这样玩扑克、麻将？”这样提问似乎有倾向性，如果预先知道被调查对象中有许多人是参加赌钱活动的，则这样提问就不属于诱导，而是把提问奠定在一定的社会事实之上。又如：“您是否酗酒？”因为“酗酒”具有比较明显的贬义，而人们往往不愿选择贬义的回答，这样提问容易降低应有的肯定性答案的比率。这个问题可以改为：“喝酒可能过量，可能适量，也可能不足。您喝酒有没有常常过量？”这样提问就委婉一些。

(2) 间接法。把问题直接回答者从被调查者变换成其他人的方法，即提出问题后先提供其他人的回答，然后要求被调查者对于其他人的回答作出评价。这样，有一种缓冲的作用，有利于提高敏感性问题的回答率。例如：“在其他人婚姻关系中充当第三者，有人认为是不道德的；有人认为时代不同了，不能再以这种眼光看问题。您同意哪一种看法？”又如：“干部接受下级或群众的礼物，有人认为都属于受贿。有人认为要作具体分析，其中有些属于受贿，有些则不属于受贿。您同意哪一种看法？”

(3) 消虑法。在正式提问前加上一段引用权威或普遍性事实的文字，以消除顾虑。权威包括党与政府、专家学者的话语，以及法规等。引用权威的例子有：“让少数人先富起来是党与政府的一项基本路线与政策，靠劳动致富是光荣的。请问去年您全家的收入一共是多少元？”引用普遍性事实，即通过揭示问题的普遍适用性，来消除被调查者的顾虑。例如：“据国外医学界人士的调查统计，60%以上未婚青年有手淫行为。您是否有过？”

(4) 虚拟法。先假定一种情境，然后要求被调查者在该情境下回答问题，例如：“假如您家乡遭受了水灾，您愿意捐赠多少钱？”“假如允许您在职业或工作地点上自由选择，您愿意在哪方面自由选择？”

(5) 援助法。在表明调查者可以提供帮助的情况下要求被调查者回答问题，例如：“失眠、思想不能集中、精神恍惚等是心理失调所引起的，影响学习与身体健康。您是否有这种状况？如果有，我们可以义务提供心理咨询，联系地点与联系人：……”“夫妻关系不和睦的原因之一，是性生活不协调。您夫妇的性生活是否协调？如果不协调，可来信同我们联系，我们将义务为您提供卫生心理咨询。”

四、问题的排列

问题拟定以后，就要将问题按一定的顺序排列起来，组合在问卷之中。问题排列的原则有：

(1) 同类组合。也就是把相同主题的问题排列在一起。如果相同主题的问题分散在问卷各个部分，会使人感到混乱与重复，也不利于联想。

(2) 先易后难。容易回答的问题适宜放在问卷的前面，难于回答的问题适宜放在问卷中间或后面。填写问卷也有所谓“开头难”的现象，即开头有畏难情绪。因此，问卷开头部分宜安排比较切近被调查者生活实际、被调查者比较熟悉等容易回答的问题。我们发现有些问卷的一开头就安排复杂的表式问题，使人一拿起问卷就可能产生畏难情绪。有了畏难情绪就可能放弃回答。

(3) 先次后主。个人与家庭基本情况在多数调查中是背景问题，也即次要问题，宜安排在问卷的开头部分。同研究课题与理论假设紧密相关的问题，是主干问题，宜安排在问卷的中间与后面。

(4) 先一般后特殊。一般性问题是不容易引起被调查者情绪反应的问题，特殊问题是容易引起被调查者情绪反应的问题（如敏感性问题与威胁性问题）。问卷开头宜安排一般性问题，特殊问题安排在问卷中间或后面。如果安排在前面，被调查者可能因受刺激而放弃回答；如果安排在中间或后面，被调查者可能因为已经回答了相当问题而坚持继续回答下去。

(5) 先大后小。轮廓式的、概括性的问题，反映"面"的情况的问题，是大范围问题；深入的、精细的问题，反映"点"的情况的问题，是小范围问题。大问题宜安排在前，小问题宜安排在后。如果安排在一起，就使问题越来越窄。

(6) 先封闭后开放。封闭性问题回答比较简便，只需在若干答案中选择；开放性问题回答比较复杂，需要动手拟答案。开放性问题一般安排在问卷的结尾处。

五、问题答案的编码

将所有问题的每一个答案都编上号码，即把文字答案转变为数字代号的过程叫编码。编码的目的是为了便于计算机处理。

1. 编码的形式

编码的主要形式是事前编码。事前编码是在问题排定后即把问题的答案均编上代号，然后印制问卷的方法。开放性问题，由于没有备选答案，回答可能纷繁各异，可以留在问卷回收后进行编码，即每发现一种答案，就编上一个号码，直至把所有答案类型都编上号码。这叫事后编码。

2. 编码的原则

编码的原则，是答案与号码一一对应，即每种答案都必须由一个号码代表，每个号码只代表一种答案。在同一个问题中，同一编码不能代表不同的答案。

3. 编码的具体方法

(1) 以答案的序号为编码。这是最常见的一种编码方法。各个问题的备选答案一般都从 1 开始编上序号，直接用这些序号作为答案的编码比较简单与方便。

例：您的文化程度如何？	编码
□ 1. 文盲	1
□ 2. 小学	2
□ 3. 初中	3
□ 4. 高中	4
□ 5. 大学	5

(2) 以答案本身的数字为编码。例如,年龄、家庭人口、住房面积等方面的问题,可以直接用答案本身的数字作为编码。

例 1:您家的人口有多少? 编码

__3__人 3

例 2:您家住房的居住面积有多少?

__68__平方米(取整数) 68

例 3:您家有多少台电视机?

__0__台 0

(3) 对于无回答要采用特殊编码。大多用 0 或 9 来代表无回答,有时用 00、99 来代表答案本身是数字的无回答。

例 1:您的政治面貌如何? 编码

无回答 0

例 2:您的文化程度如何?

无回答 9

例 3:您的年龄?

无回答 00

例 4:您有几个孩子?

无回答 99

4. 编码位数

每个答案的编码位数即是答案可能出现的最大绝对数或频数的位数。例如,在城市在职职工的有关调查中,“年龄”的编码一般可以采用两位数;但如果是人口调查,则要采用三位数。又如,关于“业余爱好”,有些人可能有多种爱好,那么编码的位数则是人们最多可能选择的答案的数目之位数。

5. 登录格数

问卷编号与所有答案编码位数,都要占有登录格,登录总格数等于问卷编号位数加上各个答案的编码位数。

例:样本数为 1～15 000

问卷编号:	编码位数	
10045	□□□□□	
1. 您的性别:□ 1. 男 □ 2. 女	□	6
2. 您的年龄:______周岁	□□	7～8

3. 您的文化程度：　　　　　　　　　　□　　　　　　　9

□1. 文盲　□2. 小学

□3. 初中　□4. 高中

□5. 中专　□6. 大学

第二节　问卷的基本结构

一、问卷前言

前言是写在问卷开头的一段话，又称说明信、封面信。前言是调查者向被调查者说明调查的目的与要求的一封简单的信。前言的内容一般有如下几个方面：

（1）调查的目的与意义。简要地说明为什么进行本项目的调查，说明调查与被调查者的关系、调查与社会的关系。这些说明有利于引起被调查者对调查的重视，激发社会责任感，而愿意填写问卷。

（2）关于匿名的保证。为了消除或减少被调查者的顾虑，问卷调查一般不要求回答者提供姓名，并且事先声明研究者将对问卷的所有回答保密。

（3）对被调查者回答问题的要求。一般指要求被调查者如实回答、请予合作等希望。

（4）调查者的个人身份或组织名称。西方有些社会学家主张，说明信应由研究项目主任签名，并附上地址，或研究人员的电话号码。这样做容易得到被调查者的信任与配合。

二、问题表

问卷的主体是问题表，包括从研究课题与理论假设中引申出来的问题，回答方式及其编码，以及对回答的指导语。指导语主要有五种类型：

（1）关于选出的答案如何做记号的说明。一般用圆括号“（　　）”或方框“□”来限定答案前的空间，并要求回答者在他要选择的答案前的圆括号或方框中做记号。如果在答案前不留空间，一般要求回答者圈出他所要选择的答案的序号。

例 1：凡问题中列出数种情况供您选择的，请在符合您实际情况的“（　　）”

中划“✓”。

例 2：凡问题中列出几种情况供您选择的，请在符合您实际情况的“□”中划“×”。

例 3：凡问题中列出几种答案供您选择的，请您圈出符合您情况的答案的序号。

（2）关于选择答案数目的说明。这种指导语一般写在问题的后面。

例 1：您平时愿买谁家的蔬菜？（选择一项）

□ （1）小区菜场

□ （2）个体商贩

□ （3）进城农民

例 2：您平时愿买他家菜的原因是？（有几项选几项）

（ ） （1）蔬菜新鲜

（ ） （2）品种合意

（ ） （3）服务态度好

（ ） （4）时间不限制

（ ） （5）不扣斤压两

（ ） （6）价格适当

（ ） （7）其他________

（3）关于填写答案要求的说明。

例 1：凡在回答中需选择“其他”一项作为答案的，请在后面的“____”中用简短的文字注明实际情况。

例 2：您家 2008 年底住房面积是（ ）平方米（填至小数点后一位数）。

例 3：在职务升迁方面，哪些因素在您单位是重要的？请您按重要性程度列出前三项，第一重要为 1，第二重要为 2，第三重要为 3，填在您所选择的答案前面的“（ ）”内。

（4）关于答案适用哪些被调查者的说明。问卷中有的问题可能并不是普遍适用的，而是适用于某一类人。当这类问题出现时可说明由特定的一类人填写，其他的人跳过这些问题。

例 1：以下（第 26 页第 32 题）由已婚者填写。

例 2：以下（第 20 页第 27 题）由 25 岁以下的人填写。

例 3：现在问您在经营方面的一些情况（这部分问题由私营企业主填写，个体经营者不填）。

(5) 关于问题(或答案)内容的说明。即对问题(或答案)中有关词义的解释。

例 1:您的幼儿是否入园(幼儿指 3～6 周岁儿童)?

例 2:您是否赞成提高家务劳动的社会化程度(指家务劳动由社会承担了多少)?

例 3:您现在住的房子是哪里提供的?

________(1) 自己的工作单位

________(2) 其他家庭成员的工作单位

________(3) 私产(自己家庭所有)

……

三、问卷结语

一般采用三种表达方式:

(1) 一段短语内容,对被调查者的合作再次表示感谢,以及关于不要漏填与复核的请求。这一表达方式的目的,在于显示调查者首尾一贯的礼貌,督促被调查者消除无回答问题、差错答案。

例:对于您花费宝贵时间填完本问卷,我们表示诚挚的感谢! 为了保证资料的完整与翔实,请您再花几分钟,翻一下已填过的问卷,看看是否有填错、漏填的地方。谢谢!

(2) 提出 1～2 个关于对本次调查的形式与内容的感受等方面的问题,征询被调查者的意见。

封闭性问题举例:

例:您填完问卷后对我们这次调查有何感想?

(　　) (1) 很有意义

(　　) (2) 有些意义

(　　) (3) 没有意义

(　　) (4) 说不上

开放性问题举例:

例:您还有什么需要补充吗? 如有,请写在下面:________。

(3) 提出本次调查研究中一个重要问题,以开放性问题的形式放在问卷的结尾。

例如,在关于私营经济调查的问卷结尾处,可安排如下一个开放性问题:"您在管理企业的过程中,遇到了哪些主要的困难? 请写在下面。"

四、回答的方式

回答的方式有三种类型：

(1) 封闭型回答。在问题提出后，提供若干备选答案，让被调查者在其中选择符合他实际情况的答案，而且只能在其中选择答案，这种回答的方式即是封闭型回答。

(2) 半封闭型回答。在问题提出后，提供若干备选答案，让被调查者在其中选择符合他实际情况的答案；如果在备选答案中找不到或找不全符合他实际情况的答案，则在最后一个答案位置“其他____”中填上其自拟的答案。“其他”之前的答案是预先提供的，而“其他”是开放的，故称这类回答为半封闭型回答。

(3) 开放型回答。只提出问题，不提供任何答案，由被调查者自拟答案，这种类型的回答叫开放型回答。也就是说，回答不受束缚。

问卷中封闭型回答一般为多数，半封闭型回答为少数，开放型回答为个别。

封闭型回答的方式主要有如下 7 种：

1. 两项式

两项式是提供两个答案，让被调查者从中选择一个答案的回答方式。也即只提供两个答案的回答方式。

例 1：您的性别？

________(1) 男

________(2) 女

例 2：您有没有读过《共产党宣言》？

________(1) 读过

________(2) 没有读过

2. 并列式

并列式是对两个以上互相并列的答案的选择方式，即在问题后提供三个或更多个备选答案，让被调查者在其中选择符合他实际情况的答案，说明只能选一个或几个答案的回答，属于限制性回答；任选答案的回答，属于非限制性回答。并列式回答方式，包括限制性回答与非限制性回答两种类型。

(1) 限制性并列式回答方式

例 1：如果有可能，您是否愿意调换职业与工作地点？

________(1) 职业与工作地点都不愿意调换

________（2）愿换工作地点不换职业

________（3）愿换职业不换工作地点

________（4）职业与工作地点都愿意调换

例 2：您对电台哪些服务性节目比较感兴趣？（选三项）

（　　）（1）广告

（　　）（2）经济信息

（　　）（3）节目预告

（　　）（4）天气预报

（　　）（5）听众信箱

（　　）（6）生活常识

（2）非限制性并列式回答方式

例：在上个月中，您通过哪些途径了解新闻与信息？（有几项选几项）

________（1）电视

________（2）广播

________（3）报纸

________（4）杂志

________（5）口传

3. 等级式

等级式是对分成两个以上等级的答案的选择方式。等级式回答方式，只能从中选择一个答案。对于外在事物进行评价的等级式填答方式，叫外在等级式；对于主观感受与心理体验进行描述的等级式填答方式，叫内在等级式。

（1）外在等级式

例 1：您家周围的环境卫生状况如何？

________（1）很好

________（2）一般

________（3）很差

例 2：您的家庭和睦程度如何？

________（1）十分和睦

________（2）和睦

________（3）一般

________（4）不和睦

________（5）十分不和睦

（2）内在等级式

例：您对目前的职业是否满意？

________（1）十分满意

________（2）比较满意

________（3）一般

________（4）不太满意

________（5）很不满意

4. 排序式

排序式是对所选答案进行顺序排列的一种回答方式，即让被调查者从备选答案中选出部分答案，并对它们按照一定的原则进行顺序排列，或者让被调查者对全部答案按照一定的原则进行顺序排列。前者叫部分排序式，后者叫全面排序式。

（1）部分排序式

例：您的家庭目前生活上急需解决的困难是什么？（选择三项，按急需程度排列顺序，最急需为1，次急需为2，再次急需为3，并把顺序号填入所选答案前面的括号内）。

（ ）（1）住房拥挤

（ ）（2）家庭收入少

（ ）（3）上下班路途远

（ ）（4）子女入学（托）难

（ ）（5）子女结婚开销大

（ ）（6）赡养老人没有精力

（ ）（7）家务劳动太花时间

（ ）（8）其他（请注明）________

（2）全面排序式

例：您认为，哪些因素对人们选择职业比较重要？（最重要，填9；次重要，填8；依此类推，最次要，填1）

（ ）（1）工资收入

（ ）（2）福利待遇

（ ）（3）离家远近

（ ）（4）劳动强度

(　　)(5)工作环境
(　　)(6)晋升调级的机会
(　　)(7)社会贡献
(　　)(8)社会声望
(　　)(9)其他(请注明)________

5. 矩阵式

一般矩阵式填答，主项为横栏，在左边；次项为纵栏，在右边。

例：	步行	骑车	乘车	开车
您上班	(　　)	(　　)	(　　)	(　　)
您爱人上班	(　　)	(　　)	(　　)	(　　)
您孩子上学	(　　)	(　　)	(　　)	(　　)
您(或爱人)去菜场	(　　)	(　　)	(　　)	(　　)
您们去最近的医院	(　　)	(　　)	(　　)	(　　)
您们去最近的电影院	(　　)	(　　)	(　　)	(　　)

6. 表格式

例 1：您夫妇的基本情况。

表 9－1

称　谓	年龄(周岁)	工　资	结婚时间	文化程度			结婚年龄		再婚原因	
				小学	中学	大学	初婚	再婚	离婚	丧偶
丈　夫										
妻　子										

例 2：您每天用于家务劳动的平均时间是多少？

表 9－2

家务劳动时间	时间(分)	
	平　时	假　日
买　菜		
做　饭		
洗　衣		

续 表

家务劳动时间	时间(分)	
	平　时	假　日
照料、教育子女		
照顾老人、病人		
其　他		

7. 后续式

后续式是对于选择某一种答案的人们再次提供备选答案的填答方式。

例:1. 您有否结婚?

________(1) 未婚

________(2) 已婚(如果未婚,直接答第二个问题)

________a. 有孩子

________b. 没有添过孩子

2. 您是否经常看电视广告节目?

________(1) 几乎每天都看

________(2) 经常看

________(3) 偶尔看

________(4) 不看

(选择(3)(4)者→)

假如是这两种情况,请问是什么原因?

________(1) 广告内容与己无关

________(2) 广告制作水平太差

________(3) 影响看其他节目

________(4) 没有时间看电视

________(5) 其他________

五、问卷的印发

1. 试填问卷

问卷组成后,不宜马上印制,而是要组织一次试填,组织各类问卷上的调查对象(一般需要数 10 人)进行试验性填写。在试填中,了解填写者对问题与备选答案是否都能理解,如有误解、不理解的措词或句子,均记录下来;了解他们填写所花的时间。填写完以后，征询他们对问卷的意见。有条件的话，在试填前，可请有关专家审议问卷的设计。

2. 修改问卷

修改问卷有两个原则：(1)各类调查对象都能理解问题回答的内容与格式。试填人的组成应与调查总体构成相似。(2)大多数调查对象都能容忍填写问卷的时间。填写问卷一般不宜超过30分钟，因为30分钟以后，人们容易产生厌倦情绪。调查项目的主持人应根据这些原则，亲自组织问卷的修改，保证问卷的质量与可行性。填写时间少的问卷，有较高的回收率、回答率。

3. 印制问卷

问卷经试填和修后，可以根据调查需要的份数进行印制。

4. 发送问卷

(1) 邮寄。从邮局寄到被调查者的工作单位或家中。如果附上已写有地址与收信人姓名、贴邮票的回信信封，则有利于提高回答率和回收率。据国外社会学家统计分析，挂号邮寄、快件邮寄比平信邮寄，有更高的回收率。[1] 为了提高回收率，在问卷与回信封面寄出后，可单独寄一封提醒信。对于未能及时回寄问卷的被调查者，寄第二封提醒信件并再附一份问卷。第一次邮寄问卷，应避免在大的节假日前夕到达，因为那时人们的注意力不容易集中到填写问卷上来，容易把问卷搁置起来。

(2) 送发。派员送到被调查者手中，或等被调查者填完问卷后再取回，或当场收回。派员去有利于提高回答率、回收率；一旦发现漏填与错填情况，可以马上让被调查者补填或修改。

(3) 报刊问卷。夹在报刊中或印在报刊中的问卷，随报刊发行而到达读者手中。报刊问卷附统一印制的回信封面，并注上“邮资总付”的说明。由于报刊问卷不是寄给被调查者个人的，因而不能引发责任感，回收率很低。而且通常是年轻人或某一个社会集团有兴趣填写，代表性差。

第三节　社会测量

社会测量法是通过询问了解社会关系或社会意向的一种调查方法，一般使

〔1〕〔美〕肯尼思·D.贝利：《现代社会研究方法》，上海人民出版社1986年版，第223～224页。

用简单问卷实施调查。

一、社会关系测量

社会关系测量法是调查团体内部成员之间相互关系的结构状态的一种方法。在现代社会，群体人际关系对于劳动生产率的重要影响受到广泛的重视，人际关系的测量与研究成为微观社会学的一个重要领域。

社会关系测量法具有如下特点：

(1) 调查总体是一个小型团体，被调查者是团体的全体成员。小型团体是指那些面对面交往、直接接触、相互认识的人们之结合，包括正式组织的基层单位与小规模的非正式组织。正式组织的基层单位，如工厂的班组或车间、机关的科室、学生的班组等。小规模的非正式组织，如亲属群体、朋友群体等。因而，社会测量法使用的范围狭窄，局限性比较大，不能直接测量大型群体结构。

(2) 测量过程可把团体内的人际关系状态数量化。社会测量法可以定量地测定个人在团体内被接纳的程度，以及人与人之间的亲疏程度，而使用访谈法、观察法等往往只能对团体内部关系进行定性研究。

(3) 测量结果可显示个人在团体中的地位、人际关系网络以及团体的凝聚力。根据社会测量所得资料，列出的矩阵表与网络图，可以清楚地表明个人在团体中的地位，如较多人肯定、较少人肯定、孤独等；也可以清楚地表明团体成员之间的结合程度。互相肯定的人的比重越高，表明该团体越凝聚。

(4) 测量结果可以直接用于团体改善、思想政治工作等社会实践。如果发现一个团体内部存在几个封闭型的团伙或个别孤独者，就需要提醒该团体的党政基层领导做好工作，加强团体凝聚；或者进行人事调动，改善团体。

(5) 测量方法的实施比较方便，费用很低。调查者使用只有个别问题的问答表，即可进行测量。列矩阵表、绘制网络图均可手工进行，也并不太费时。

二、社会关系测量的步骤

1. 确定主题

根据调查研究课题，确定社会测量的主题。社会测量的主题有六种类型：

(1) 工作主题,即以工作群体内部的关系为测量内容。

(2) 生活主题,即以生活群体内部的关系为测量内容。

(3) 娱乐主题,即以娱乐群体内部的关系为测量内容。

(4) 社交主题,即以社交群体内部的关系为测量内容。

(5) 学习主题,即以学习群体内部的关系为测量内容。

(6) 服从主题,即以被领导者同领导的关系为测量内容。

在一次社会测量中,可选择一种主题,也可选择两种或多种主题。

2. 选择指示项

一个主题有多个指示项。主题确定以后,就需要为特定的主题寻找指示项。

(1) 工作主题的指示项。

例1. 您愿意和哪些人在同一个班组工作?

例2. 您愿意和哪些人共同工作?

(2) 生活主题的指示项。

例1. 您愿意和哪些人住在同一宿舍?

例2. 您愿意和哪些人住在同一幢楼房?

(3) 娱乐主题的指示项。

例1. 您空闲时愿和谁下棋(或打扑克、搓麻将)?

例2. 您愿意和谁一起去新华书店(或逛公园、看电影)?

(4) 社交主题的指示项。

例1. 您在这个单位和谁来往最多?

例2. 您在这个学会和谁交往最多?

(5) 学习主题的指示项。

例1. 在准备考试时,您常同谁讨论问题?

例2. 您愿意同哪些人分在一个学习小组?

(6) 服从主题的指示项。

例1. 您认为这个单位由谁当领导比较合适?

例2. 您认为谁在这个单位的威信比较高?

这些指示项都是正面提出的问题,社会测量法大多使用正面提出的问题。但是,也不完全排除反面提出的问题。例如,“您不喜欢谁当这个单位的领导?”“您不愿意同谁住在一宿舍?”

3. 制作问卷

首先，以一个或几个指示项组成一个或几个问题；然后，把问题、指导语或前言组成一份简单问卷。其中指导语主要说明选择（肯定、喜欢、愿意等）或不选择（否定、讨厌、不愿意等）的人数。选择或不选择的人数是1～5个。大多数研究者不主张无限制性选择，有些人主张把选择数限制在3个以内。

如果使用“前言”，则主要用以说明调查的目的、对于测验结果保密的保证，以及选择（或不选择）的范围。选择（或不选择）的范围是研究者指定的一个团体，而不能在此团体外找人来填答。

4. 填答问卷

一般由调查者直接把问卷发给被调查者，要求当面填写，并当场收回。

三、社会关系结构分析方法

1. 矩阵法

矩阵法的具体步骤：

（1）把团体成员编上号。

（2）每个选择计1，每个无选择计0，每个不选择计-1。

（3）列社会测量矩阵。矩阵由行与列构成，每行与每列都代表一个人，“行”分布选择者，“列”分布被选择者。社会测量矩阵有两种形式，一是矩阵式，二是矩阵表。

矩阵式适用于较小规模的群体。

例如，在一个三人群体中，用矩阵表示测量所得的关系式：

		被选择者		
		甲	乙	丙
选择者	甲	0	1	0
	乙	0	0	1
	丙	0	1	0

矩阵表适用于较大规模的群体，矩阵表的一般形式如表9-3。

表中的起点号为选择者；终点号为被选择者；关系数字为1（选择）、0（未选择）。

表 9－3 社会关系测量矩阵表

终点号 / 关系数字 / 起点号	1 2 3 4 5…………n	行总计
1 2 3 4 5 ⋮ n		
列总计		

2. 图示法

图示法的具体步骤：

（1）把团体成员编上号。

（2）男用“△”表示，女用“○”表示。

（3）选择用“——→”表示，不选择用“……→”表示。

（4）绘制社会关系图（又称社会图）。

社会关系图有两种形式：一是平面图式，二是同心圆式。平面图式适用于显示被测人数较少的群体关系结构；同心圆式适用于显示人数较多的群体关系结构。

同心圆式社会关系网络图，又称“标靶式社会图”。具体制作方法是：

（1）4 个同心圆（有人扩大为 5～6 个同心圆）。

（2）把同心圆竖分成两半。

（3）男左女右，分别占同心圆的一半，中间稍留一点空隙。

（4）单方面选择用单向箭头“→”；两方面共同选择用双向箭头“←→”，连结选择者。

（5）被选择最多的四分之一画在最小的同心圆中；被选择较多的四分之一画在较大的同心圆中。其余两个四分之一分别画在更大的两个同心圆中。

四、社会关系图的基本结构

社会关系图通常包括六种状态的人际关系模式：

(1) 封闭。指团体中若干成员互相选择而不选择其他成员的连锁关系。常见的是个别成员同团体中其他人有选择关系，而多数成员同团体中其他人没有选择关系的半封闭关系。完全封闭的连锁关系较为少见。全封闭小团体比半封闭小团体更凝聚；团体中全封闭小团体多了，可能影响团体的凝聚。

例：

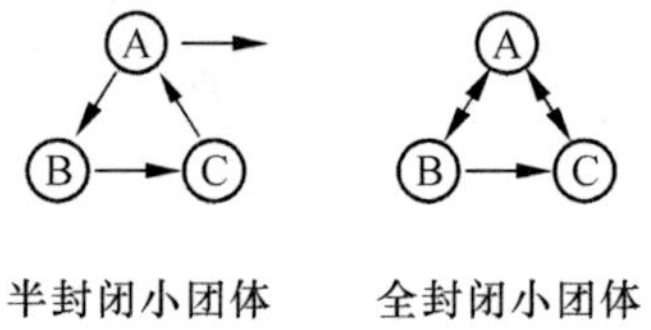

图 9－2

(2) 串连。指三人以上的链式关系，包括单向串连和双向串连两种类型。

例：

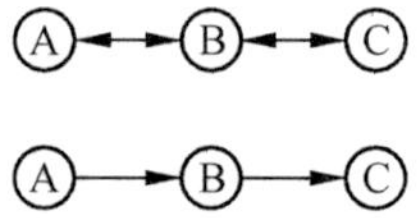

图 9－3

(3) 对偶。指互相选择的两个成员。

例：

图 9－4

(4) 结点。指三人以上共同选择的成员。

例：

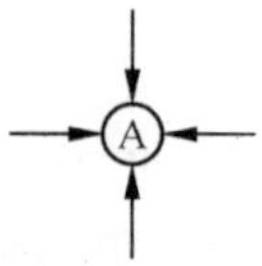

图 9－5

(5) 核心。指结点的结点，即两个以上结点共同选择的成员。如果一个团体内部只有个别结点，则该结点也就是核心。结点又称明星；核心又称团体领袖。[1]

---

〔1〕 任宝崇、彭凯平：《社会计量法简介》，载北京大学学报（哲社版）1986 年第 1 期。

例：

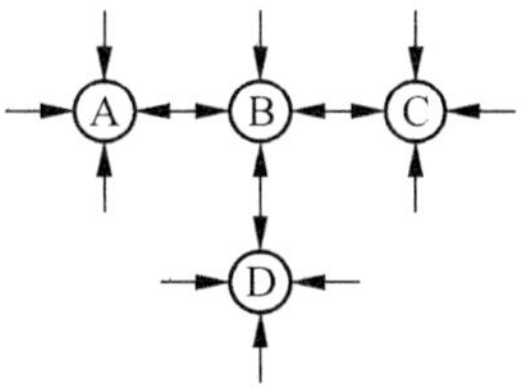

图 9－6

（6）孤独者。指团体中那些不被别人选择、自己也不选择别人的成员。

例：

Ⓐ

图 9－7

社会关系测量法比传统的民意测验方法，更能减少被调查者的顾虑，更可能获得可靠的结果。社会测量结果有很重要的应用价值。1952 年，美国的斯佩罗夫（B. Speroff）与克尔（W. Kerr）曾报告，钢铁工人的社会测量地位与意外事件的发生率呈负相关，即社会计量地位低的人们比较容易发生事故。他们建议对社会计量地位低的人重新分配和安排工作，并积极辅导，以减少事故。据许多学者研究，社会测量结果同团体中成员的实际成绩与实际领导能力有相当高的相关性。因此，社会关系测量法在干部调查与选拔、加强基层组织建设、解决社会问题等方面，可以发挥积极的作用。

五、工作群体内聚力测量表

工作群体内聚力的定量测定方法，是向工作群体的每个成员提问，询问他们对同事在若干方面的印象与评价，然后把这些印象与评价进行计分。

现介绍一种较流行的工作群体内聚力测量表：[1]

您对同事们的印象与评价如何？

	非常	十分	有点儿	说不上	有点儿	十分	非常	
合　作	____	____	____	____	____	____	____	不合作
愉　快	____	____	____	____	____	____	____	不愉快
吵　架	____	____	____	____	____	____	____	情投意合

〔1〕 下表中的 9 对形容词，选自 W.E. Scoff 等：《语义差异作为士气量度的一般性和重要性尺度》，载《组织行为与人的绩效》1970 年版。

自　私	____	____	____	____	____	____	____	不自私
爱挑衅	____	____	____	____	____	____	____	和蔼可亲
精力充沛	____	____	____	____	____	____	____	没有能力
效率高	____	____	____	____	____	____	____	效率低
聪　明	____	____	____	____	____	____	____	笨　拙
不帮助人	____	____	____	____	____	____	____	能帮助人

其中，合作、愉快、精力充沛、效率高、聪明等正指标，从左到右计以 7～1 分。例如，“非常合作”计 7 分，“十分合作”计 6 分，“有点儿合作”计 5 分，“说不上”计 4 分，“有点儿不合作”计 3 分，“十分不合作”计 2 分，“非常不合作”计 1 分。吵架、自私、爱挑衅、不帮助人等负指标，从左到右计以 1～7 分。例如，“非常自私”计 1 分，“十分自私”计 2 分，“有点儿自私”计 3 分，“说不上”计 4 分，“有点儿不自私”计 5 分，“十分不自私”计 6 分，“非常不自私”计 7 分。这样，同较高分值相对应的指标是正指标，同较低分值相对应的指标是负指标。

测量结果的处理方法：(1)单个加总计分，即把工作群体中每个成员九个方面的回答的分值分别加起来，计总分。(2)整体平均计分，即把工作群体所有成员的总分都加起来，并除以成员人数，得算术平均数。这个算术平均数即是工作群体内聚力指数。

这种测量方法有一个缺陷，即询问比较模糊。同事们在合作、效率、自私等方面的表现，往往不是同样的，可能有些人比较自私，有些人不太自私。在形成一个总的印象与评价的过程中，各人会把经验等因素渗入进来。尽管有这一缺点，这种测量方法仍然是有效的。因为工作群体所有成员回答的平均数，能够中和一些偏见与极端的看法。作为平均倾向，可以对工作群体进行比较、评价与对策研究。

六、社会意向测量

社会意向是社会行动的准备与倾向，因而重视社会行动研究的社会调查，也越来越重视社会意向的测量。社会意向测量法是通过询问了解特定群体或集团的平均意向的一种方法。这种方法较多地使用总加平均量表与累加平均量表。

1. 总加平均量表

总加平均量表是在总加量表的基础上发展起来的一种社会意向测量表。总加量表是由里克特(R. Likert)于 1932 年首先提出的，因此又称里克特量表。

使用总加量表的具体步骤是：

(1) 提出同一主题的若干问题。

(2) 对于每一问题均用“完全同意”“同意”“中立”“不同意”“完全不同意”作为答案，并且从5～1分别给这些答案计分。

(3) 挑选辨别力高的问题。从调查总体中抽出部分人进行试测，计算出每个人的全部答案的总分；将被测者从得分最高到最低按顺序排列起来；计算得分最高的25%的试测者与得分最低的25%的试测者在每个问题上的平均分；两者相减所得的差为辨别力评分；辨别力评分高的问题保留，辨别力评分低的问题删掉。辨别力评分的意义，是指问题把态度不同的人区别开来的能力。

(4) 将辨别力高的问题组成量表。

(5) 发送量表让被调查者填答。

(6) 计算每个被调查者在所有问题上答案的总级数。

(7) 按照个人的总级数把所有被调查者排列起来。

总加量表的目的在于测量每个被调查者的社会意向总级数，即个人总的态度倾向。

社会调查研究的兴趣在于所有被调查者平均的社会意向，因此，需要进一步研究，测量被调查者总的社会意向趋势，也即全体被调查者关于某一主题的平均倾向。这种测量，我们称之为总加平均量表。

使用总加平均量表的具体步骤是：

(1) 总加量表的第一至第六步骤。

(2) 把全体被调查者在所有问题上答案分值的总级数加总，然后除以被调查人数，所得之商即为全体被调查者关于某一主题的平均意向。

使用的量表如下：

表9-4 职业满意度测量内容与答案分值

	完全同意	同意	说不上	不同意	完全不同意
我愿意一辈子干现有工作	5	4	3	2	1
我喜欢现有工作	5	4	3	2	1
工作起来我总感到没有意思	1	2	3	4	5
我在工作中心情愉快	5	4	3	2	1
谈起工作我就感到不如人家	1	2	3	4	5

如果使用这一量表进行实际调查，具体方法是：

（1）让被调查者在上述量表中圈符合他实际情况的答案。

（2）将各个被调查者的得分加总（15分以上者对职业是满意的，15分以下者对职业不满意）。

（3）将所有被调查者的总得分加总，然后除以被调查者总数，得总体平均数。总体平均分是这个厂全体工人的平均职业满意程度。

2. 累积平均量表

总加平均量表中的问题是随机排列的，累积平均量表则是按序排列的。累积平均量表的基础是累积量表，累积量表是由古德曼（Guttman）首先提出的，因此又叫古德曼量表。

制定累积量表的主要环节在于划分测量项目的有序等级。划分等级的步骤如下：

（1）就某一调查主题提出若干测量项目，即根据测量的特征选择若干问题。

（2）每个项目的答案均为"是"、"不是"。

（3）让一批被调查者进行填答。

（4）取消那些有80%以上的被调查者作出肯定或否定回答的项目，即取消辨别力低的项目。

（5）将剩下的项目和被调查者按各自的等级综合地加以排列。

在理想的情况下，可以得到表9－5所示的等级划分。但是，实际上经常得到的等级划分只近似于此表，例如表9－6所示的情况。

表9－5　理想的测量有序等级划分

被调查者编号	测量项目编号										等级
	1	2	3	4	5	6	7	8	9	10	
1	+	+	+	+	+	+	+	+	+	+	10
2	+	+	+	+	+	+	+	+	+	－	9
3	+	+	+	+	+	+	+	+	－	－	8
4	+	+	+	+	+	+	+	－	－	－	7
5	+	+	+	+	+	+	－	－	－	－	6

续 表

被调查者编号	测量项目编号										等级
	1	2	3	4	5	6	7	8	9	10	
6	+	+	+	+	+	−	−	−	−	−	5
7	+	+	+	+	−	−	−	−	−	−	4
8	+	+	+	−	−	−	−	−	−	−	3
9	+	+	−	−	−	−	−	−	−	−	2
10	+	−	−	−	−	−	−	−	−	−	1
等级	10	9	8	7	6	5	4	3	2	1	

表 9－6 实际的测量有序等级划分例示

被调查者编号	测量项目编号										等级
	10	4	7	2	9	6	3	8	1	5	
4	+	+	+	+	+	+	+	+	−	−	8
2	+	+	+	+	+	+	+	+	−	−	8
7	+	+	+	+	+	+	+	−	−	−	7
10	+	+	+	−	+	+	−	−	+	−	6
9	+	+	+	+	+	−	−	−	−	−	5
5	+	+	+	+	−	−	−	−	−	+	5
8	+	+	+	+	−	−	−	−	−	−	4
1	+	+	+	−	−	−	+	−	−	−	4
3	+	+	+	−	−	−	−	−	−	−	3
6	+	+	−	−	−	−	−	−	−	−	2
等级	10	10	9	6	5	4	4	2	1	1	

上述两表中的"+"表示同意该项目(回答"是"),"-"表示不同意该项目(回答"不是")。

古德曼为了保证量表的惟一性,提出了再现系数。

$$再现系数 = 1 - 误差回答率$$

$$误差回答率 = \frac{误差回答的数目}{回答总数目}$$

一般认为,再现系数超过0.9的量表适宜使用,低于0.9的量表则不适宜使用。

美国社会学家在第二次世界大战中,曾测量过军人在战争中的反应。他们提出了9个项目让93个人填答,进行等级划分。这九个项目是:(1)全身摇动或颤抖;(2)肌肉感到僵硬;(3)尿撒在裤裆里;(4)感到虚弱头晕;(5)胃有下沉感觉;(6)呕吐;(7)心跳加快;(8)胃感觉难受;(9)出冷汗。测量结果,第九个项目辨别力低(即有80%以上的被调查者表示同意或不同意),去掉。剩下的八个项目,划分为如下等级序列:

(1) 心跳加快

(2) 胃有下沉感觉

(3) 全身摇动或颤抖

(4) 胃感觉难受

(5) 肌肉感觉僵硬

(6) 感到虚弱头晕

(7) 呕吐

(8) 尿撒在裤裆里

这些等级是军人在战争中恐惧感从弱到强的反应层次阶梯。古德曼量表的最主要特征,就在于此:后一等级积累了前一等级的强度。因而古德曼量表被称之为累积量表。

制作与使用累积平均量表的步骤是:

(1) 通过试测确定测量项目的等级划分,去掉辨别力低的测量项目。

(2) 每个测量项目均使用相同的回答等级,并计分。(例如,"完全同意",计5分;"同意"计4分;"不知道"计3分;"不同意"计2分;"完全不同意",计1分)

(3) 根据全体被调查者的回答,计算每个测量项目等级的总得分。

(4) 计算各测量项目的得分平均值(总得分除以回答人数)。并按平均值高低将测量项目排列起来。

得分平均值高的测量项目是被调查者的主要行为倾向。

第十章 现场法

访谈法与问卷法通过向被调查者提问与获得答案，了解过去已经发生的社会事件与现象，或群体性的行动倾向。只使用访谈法与问卷法，资料的可靠性缺少佐证，同时资料的间接性成份往往过大。现场法则通过直观的现象了解被调查者正在发生的外显行为以及发生在他们中间的事件。现场法主要包括观察与实验两种方法。在自然的社会过程中，了解研究对象的外显行为的方法，即为观察；在研究者有意改变或设计的社会过程中了解研究对象的外显行为的方法，即为实验。

第一节 观察法

观察是社会调查研究最基本的一种方法。科学开始于观察。通过观察可以获得第一手的感性经验材料，从而为理性认识准备条件。

一、观察法的意义与特点

观察法是一种直接感知与记录正在发生的一切同研究对象与研究目标有关的社会事实的调查方法。这种方法要求调查者使用眼睛注视特定的社会现象与环境因素，通过听觉等收集被调查者社会活动的资料，或通过拍照、摄像、录音等视觉和听觉的延长手段，获取周围的信息。例如，在公共汽车站看上下车的人数、争挤的情况，计算候车的时间，听人们候车时的议论等。

社会调查研究只有打下完全由观察到的事实构成的基础，才能科学化。俗话说："百闻不如一见。"有些社会学者主张，"观察可称为科学探究的第一等方法"。恩格斯通过考察英国工人阶级状况，在调查报告的前言中写道："我寻求的并不仅仅是和这个题目有关的抽象的知识，我愿意在你们的住宅中看到你们，观察你们的日常生活，同你们谈谈你们的状况和你们的疾苦。"[1]观察是我们正确

〔1〕《马克思恩格斯全集》第2卷，人民出版社1957年版，第273页。

而深入认识社会所不可缺少的方法。

观察法的首要特点是观察对象处于自然状态，即观察者在有关社会现象自然发生的状态下对它进行现场观看考察。观察者对被观察者的社会活动不加干预，对于影响被观察者的各种社会因素也不加干预。例如，现代女人类学家古道尔，在非洲肯尼亚的原始热带丛林中建立观察哨，连续十年观察黑猩猩在没有外来干预的情况下生活的状况，作了详细的观察记录。这种在自然状况下观察类人猿群体生活情况的方法，在社会调查研究中十分常见。例如，调查大学生的校园日常生活或非常事件，都可以使用观察法，即在调查者不进行任何干预的情况下，直接感知与记录大学生的学习、文体、消费或集会等活动情况。如果被观察者为了蒙骗观察者而制造假象，即被观察对象处于非自然状态时，观察者如不能识别，就会上当受骗。

观察法的第二个特点，是观察过程受观察者个人的情感、知识与经验因素的影响。人都在社会中生活，观察者与被观察者总有这样或那样的联系。观察者对社会现实的感知会受到其自身同被观察的人与事物的某种联系的影响。一般来说，观察者同被观察的人或事物的联系越密切，情感因素对观察过程的影响越大。同时，观察者的知识与经验，也会影响观察过程。观察法的客观性不在于一概排除观察者个人的情感、知识与经验等因素，而在于坚持科学标准，实事求是，不因个人偏见或个人狭隘的经验而歪曲、掩饰或编造社会事实。按照事物的本来面目记录，才能正确认识事物。观察的客观性是观察法的基本特点之一，也是观察者必须遵循的准则之一。

观察法的第三个特点，是观察结果直接全面反映社会现象。观察法获得的资料是第一手资料，是感性、形象地反映研究对象的材料。这一特征决定了观察法的适用对象，是那些有限时空中发生的事件，以及新出现的社会现象。观察法从多侧面、多角度观察社会现象，有利于全面地了解客观事物的真实面貌。观察法的全面性要求，在预定的有限的观察目标与范围之内，可以有效地防止片面性与僵化。观察法的直接性特征，也带来了观察法两方面的局限性。一方面，观察法一般对公开的社会活动比较有效，而对隐蔽的社会活动则往往无能为力。虽然个别观察者使用特殊的观察手段与方法，也能了解到人们一些非公开的社会活动情况，但毕竟多数隐蔽的社会活动难于使用观察法。另一方面，对于过程稳定的社会现象，可以通过反复观察了解事物的真相，对于不稳定的社会现象则难于反复观察，因为事件经过的时间限制了观察的时间。

二、观察者的角色

观察者根据观察对象及其环境的特点，以取得必要的观察资料为标准，确定某种角色。观察法有四种类型：完全参与观察、名义参与观察、交往非参与观察、完全非参与观察，观察者有四种不同的角色。

1. 完全参与者

完全参与者是不暴露观察者身份而真正参与（或假装参与）团体事件的一种角色，被观察者只知道其是参与者而不知道其是观察者。观察者采用完全参与者角色的优点，是有利于保持被观察团体与事件的自然状态。被观察者在不知道自己正在被研究时表现得最为自然与诚实。因而，完全参与者能够了解到许多不容易了解到的真实情况。

例1：美国社会学家奥斯本（T. M. Osborne）在取得政府当局的同意之后，以一个犯人的身份进入监狱，与犯人们一起生活。犯人们与他没有隔阂，使他看到了犯人们真实的待遇与生活状况。后来，他写成了《在监狱内》一书。

例2：美国社会学者阿尔弗雷德（Randy Alfred）1967年接受了研究撒旦教会内情的任务。他于1968年4月开始接近这个教会，不久便表示愿意入会。他不但很快入了会，而且很快被提拔到领导岗位。他参加了该教会的许多教会活动与仪式。到1973年，他共用600多个小时进行观察。他发现这个公开反对基督的教会，入教者有各种各样的动机。有的为了纵欲；有的希望掌握魔力；有的为了反对传统宗教或一般社会传统；有的以为撒旦崇拜是未来世界的新潮流。[1]

例3：埃及的阿卜·阿提·哈米德曾化装成乞丐混入埃及社会底层进行观察研究。他先在一家医院把胳膊打上石膏，然后以“断臂”为由开始行乞。半小时后，一个断了腿的男人嚷道：“谁侵犯我的地盘，我就要扭断他的脖子！”在哈米德苦苦哀求后，那个男人答应收他为团伙成员，但每天要交五六镑钱。那个男人叫海姆，管着80个乞丐。两天后，海姆让他的副手带哈米德去手术室。哈米德看到在一间黑乎乎的房间里，4个人把1个人的眼睛抠了出来；又把1个人的腿砍掉了。哈米德经过再三哀求，才从致残诊所逃脱出来。[2]

在我国采用完全参与者角色有一定的意义，最适宜于观察者对本人所在部门、单位的观察研究。例如，大学生研究校园文化，干部研究机关科室工作氛围，

---

〔1〕〔美〕艾尔·巴比：《社会研究方法》，四川人民出版社1987年版，第216页。

〔2〕《世界博览》，1988年第11期。

工人研究车间班组人际关系等。

采用完全参与者角色，一般不适用于犯罪团伙的研究。如果真正参与了犯罪团伙的犯罪活动，观察者需要承担法律责任。对于性质未明的团伙及其活动，也不宜采用完全参与者角色。

采用完全参与者角色，会对研究对象产生一定的影响。假如观察者在完全参与的过程中表现积极，会增强其他参与者的热情，甚至某些主张被吸收并被实施，这样就会明显地影响事情的进程。假如观察者在完全参与的过程中表现消极，也会对其他参与者产生影响。同时，观察者完全参与某一团体或事件后，可能会对该团体或事件产生情感因素，失去客观立场。

2. 名义参与者

名义参与者是以观察者的身份参与被观察者的活动的一种角色。观察者参与被观察者的活动，但公开自己的真实身份；被观察者把观察者当做"外人"，但容忍观察者和他们一起活动。有的社会学者把名义参与者称为"观察的参与者"。

例 1：美国社会学家威廉·怀特(Willian F. Whyte)为了观察穷街陋巷中的下层人，他参与了一个由 13 名青年组成的小集团的活动。他经常与几个小伙子在陋巷中徘徊，参加那个小集团周末在一个咖啡馆固定餐桌旁的聚会。该小集团的头目是多克，他有两个助手，各带几个人。多克以打架出名，参加过议员竞选。怀特与这个小集团的成员一起活动，但他们知道怀特是研究者。怀特后来根据参与观察写成《街角社会》一书。

例 2：美国学者 E. 利伯(E. Liebow)从一个名叫"标记角"的餐厅着手，研究下层男性黑人。他无法成为该社区的一个成员，但他设法打进这个社区，参与某些活动，使这个社区的黑人习惯于他的出现。这样他与该社区的人谈话不会引起猜疑。〔1〕

蹲点调查过去是地方干部进行社会调查的一种形式，要求调查者和被调查者"同吃、同住、同劳动"(简称"三同")。在一些高校，曾要求辅导员在学生宿舍住一段时间，以便更好地了解大学生的思想与生活情况。实行"三同"是一种程度很高的参与，这种参与为观察真实情况创造了良好的条件与更多的机会。我们认为，社会调查研究中应重视运用"三同"式名义参与观察方法。

以名义参与者角色出现的观察者，可能会吸引被观察者的注意力，改变自然

---

〔1〕〔美〕E. 利伯：《标记角》，波士顿，1967 年英文版。

的社会过程。正如当年怀特所参加的团伙首领多克所说的那样，以前自己的行为是出于直觉，而现在却要考虑怀特将会如何想。

3. 交往非参与者

交往非参与者是公开观察者身份，不参与被观察者的群体及其活动，而在同被观察者简单交往过程中进行观察的一种角色。这种角色不装扮为参与者，只与所研究的社会现象的参与者交往。有的社会学者把这种角色称为“参与的观察者”。例如，上级考察基层单位的状况时，不参与基层的活动，而在基层单位成员知道他身份的情况下，观察基层单位成员的活动，即是采用交往非参与者角色。新闻记者的现场采访，也是采用交往非参与者角色。

恩格斯当年在英国曼彻斯特调查工人阶级状况时，采用了交往参与者角色。他曾写道：“我抛弃了社交活动和宴会，抛弃了资产阶级的葡萄牙红葡萄酒和香槟酒，把自己的空闲时间几乎都用来和普通的工人交往。”[1]

社会调查中研究者往往较多地采用这种角色进行观察。研究者以“局外人”“旁观者”的身份观察研究对象的行为，容易保持自身的客观立场，不容易受研究对象特殊的群体意识、情感等因素的影响。当然，作为“局外人”也有弱点，由于没有加入被观察对象所属的群体，该群体或其中一部分成员可能对“外来的”观察者怀有戒备心理，而改变或停止某些作为，隐瞒或夸大某些东西。观察者容易把一些假象当做真象，把一些偶然出现的现象当做经常出现的现象，或者相反，把经常出现的现象当做偶然出现的现象。

4. 完全非参与者

完全非参与者是不参与被观察者的团体与活动，并尽量不让被观察者发现自己正在观察他们的一种角色。采用这种角色进行观察，观察者不引人注目，有利于保持社会过程的自然状态，也有利于观察者保持客观立场，避免情感因素的影响。有的社会学者把完全非参与者称为“完全观察者”。

采用完全非参与者角色进行观察，一般有两种方法：

(1) 近距冷淡法。即观察者在距离被观察者很近的地方观察，但对被观察者及其活动不表露任何兴趣，只听，只看。[2] 例如，在候车亭观察人们的表情与议论。

(2) 远距仪器法。即观察者在距离较远的地方，借助望远镜、照相机、摄像机

---

〔1〕《马克思恩格斯全集》第2卷，人民出版社1957年版，第273页。

〔2〕国外有的学者认为，在公共场所偷听也是搜集有关公民观点方面的材料的便利方法。

等仪器进行观察。例如，当街上出现群体性活动时，可在临街房屋内观察人们的群体性活动的情况。

三、观察的方式

观察的方式包括观察目的、观察客体、观察内容与观察手段等要素。分类主要取决于观察内容与观察手段是否标准化、标准化程度。

第一，观察目的。观察目的是预定达成的基本任务，它来自社会调查研究课题的目标。确定观察目的首先需要确定整个社会调查研究中观察法与其他方法在搜集资料方面的分工与衔接。

第二，观察客体。观察客体是根据观察目的确定的，即是被观察者。例如，观察目的是了解农村基层干部与群众的关系，则观察客体即是农村中的普通农民与乡村干部。

第三，观察内容。观察客体与观察目的要求的外在表现。

第四，观察手段。包括观察工具与辅助工具。

1. 非标准化观察

非标准化观察也有一定的观察目的与特定的观察客体，但观察内容不作限定，观察手段不统一，没有辅助。

非标准化观察是根据研究目的对观察对象进行扩散性观察的一种方法。这种方法不使用专门的观察表格、观察仪器，只直接观察社会现象，然后根据回忆记录下来。这种方法预先没有严格的计划，只要求对事物作一个大概的观察。

非标准化观察对于观察的精确度、观察内容没有严格的要求，因而它往往用于探索性调查。

2. 半标准化观察

半标准化观察是在明确观察目的、观察对象的基础上，确定若干观察标志，并根据详细的观察提纲进行观察的一种方法。也就是说，它是在非标准化观察方法的基础上发展而来的。

半标准化观察的特点之一，是确定一组观察标志。观察标志是观察对象系统中连续的可以观察的行动单位。例如，合作关系的行动单位有：要求咨询、提供咨询、提出建议、接受建议、给予指导、接受指导等。半标准化观察的观察标志往往是主要的标志，并不要求完整；观察者在观察过程中可以补充与发现新的标志，并进行观察与记录。

半标准化观察的特点之二，是使用详细的观察提纲。详细的观察提纲一般包括以下内容：

（1）确定观察对象。观察对象是观察客体的某一方面的行动表现。例如，某调查项目的观察目的是了解工厂工人的人际关系，观察客体是某些工厂的工人，则观察对象是这些工厂的工人在工作中的团结合作行为，生活上的互助行为等。

（2）确定观察时间与场合。观察对象在不同的时间与场合有不同的表现。观察之前要选择与确定观察对象表现充分的最佳观察时间与场合。

（3）确定观察程序。观察程序一般包括五个阶段：进入观察现场、与被观察者建立良好关系、初步观察、正式观察、记录。

（4）实施观察的注意事项。进行观察对一些需要留意和注意的细节和问题。

3. 标准化观察

标准化观察是统一设计、统一手段并严格按照计划实施的观察。统一设计，是指事先确定好观察的内容、项目与要求；统一手段，是指制定统一的观察表或观察卡，以及所要使用的辅助工具（摄像机等）。标准化观察，又称全结构性观察。

标准化观察的基本特点，是使用标准化手段。标准化手段包括：

（1）观察项目清单。标准化观察之前，要预先在即将研究的社会过程中，找出那些对于研究工作最有意义的因素，并把这些因素作为集中观察的对象。然后，把这些预定的观察对象通过若干范畴形成观察项目清单。

观察项目清单是标准化范畴体系。范畴标准化可以使不同的观察者在不同的情境中，都以同样的意义观察与记录人们的社会行为与社会现象。

观察项目清单是观察对象的分类系统。例如，美国社会学家贝尔斯在观察群体内人际互动关系时，把互动分为四大类，包括十二种观察类别，六大问题。[1]

四大类：肯定反应；尝试性反应；询问；否定反应。

六大问题：沟通问题；评价问题；控制问题；决策问题；紧张消除问题；重整问题。

根据贝尔斯的设计，观察者按照上述互动类别，在单向镜后面观察群体成员（一般一组5人）之间的互动，如图10－1所示。

---

〔1〕〔美〕R.E.贝尔斯：《互动过程分析》，1950年英文版，第177～195页。

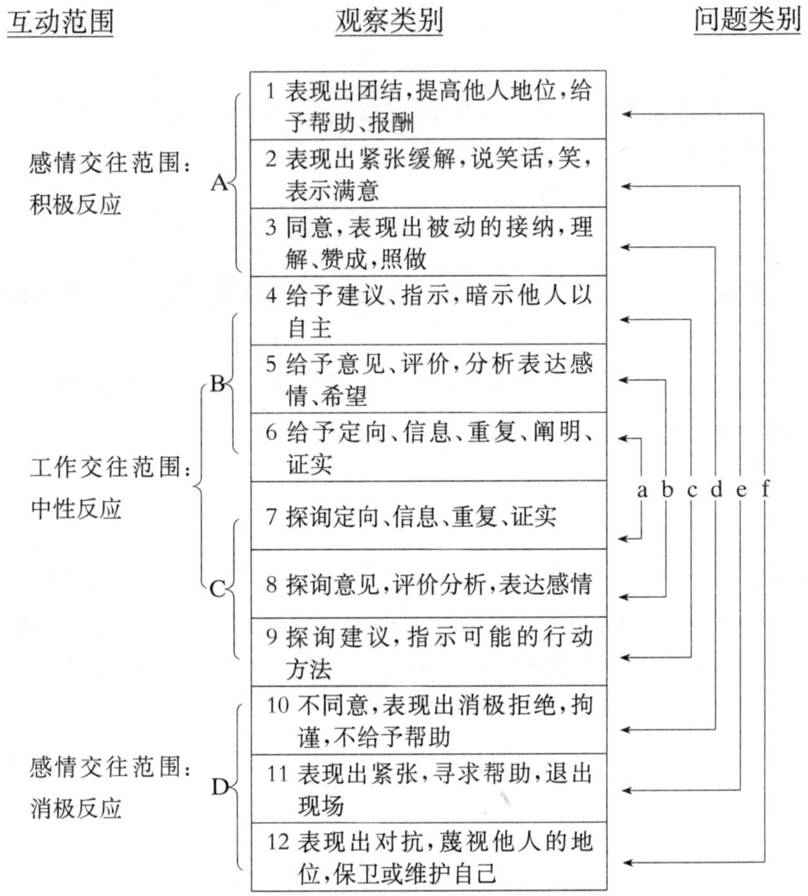

图 10－1　贝尔斯观察群体互动的类别系统

（2）观察表。观察项目排列在表格中，即形成观察表。参见表 10－1、表 10－2。

表 10－1　会议观察表

观察地点：

观察时间：

会议主题 / 会场表现	议题 1	议题 2	议题 3
作记录人数			
不作记录人数			
打瞌睡人数			

续　表

会议主题 / 会场表现	议题 1	议题 2	议题 3
接听手机或发短信人数			
做与会议无关事情人数			
观察意见			

观察员：

表 10－2　交通路口闯红灯观察表

观察地点：

观察时间：

汽车		公车	
		私家车	
		外地车	
摩托车			
电动自行车			
自行车			
行人	60 岁以上(估计)	男	
		女	
	40～60 岁(估计)	男	
		女	
	20～40 岁(估计)	男	
		女	
	20 岁以下(估计)	男	
		女	
观察意见			

观察员：

(3) 观察卡。观察卡往往用于持续记录观察过程中某个人的资料，即对于每个被观察对象都以一张卡片作记录。现以我们研究某政府机关工作作风的观察卡为例。

表 10-3　某政府机关工作作风观察卡

单位名称：
单位人数：
工作地点：
观察日期：
观察时间：

观察项目	观察结果
准时上班	□1
迟到 1～10 分钟	□2
迟到 10～20 分钟	□3
迟到 20～30 分钟	□4
迟到 30 分钟以上	□5
早退 30 分钟以上	□6
早退 20～30 分钟	□7
早退 10～20 分钟	□8
早退 1～10 分钟	□9
准时下班	□10

注：肯定性结果在"□"中填 1，否定性结果在"□"中填 0。

(4) 观察仪器。观察仪器有照相机、摄像机、望远镜等。标准化观察可以把不同观察者对于不同被观察者的观察结果数量化，并加以汇总与比较研究，可以成为验证某些假设的途径。但标准化观察只在预定的观察项目方面保证获得观察结果，而对于未列入观察项目，也许对于研究目的十分有用的资料，则无法获得。因此，标准化观察适宜以非标准化观察或半标准化观察为预备和先导，对范畴的标准化与观察项目的完整性进行充分的论证。

四、观察的误差

1. 记录与笔记

观察时，当场记录为宜，因为当场记录不容易丢失信息。同步记录还可以把观察结果用口述录入录音机，在观察结束之后再根据录音写成文字记录。如果当场记录会影响情境，引起被观察者的不满或戒备，就进行事后记录。事后记录必须在观察结束之后立即进行，以防止记忆淡化而丢失信息。不管是当场记录还是事后记录，都要尽快整理，做好笔记。笔记既包括观察结果，也包括对观察结果的理解。观察者既要把观察结果记录下来，又要把自己的想法与判断记录下来。及时把对现场观察的个人印象、意见、分析记下，有利于以后综合分析。需要注意的是，观察结果与对观察结果的理解、个人感想，必须严格分开，以保证观察结果的客观性。

整个观察活动结束之后，需要整理出一份按时间顺序排列的详细笔记，供写作观察报告时用。

观察法在实际的社会调查研究中，既用来检验理论，也用来建立理论。一般来说，后者更为普遍，研究者更多的是在观察中发现新问题、形成假设、建立理论。

2. 观察误差

观察误差是观察结果及其理解同实际情况的偏离。造成观察误差的原因有：

(1) 观察者有个人偏见，用个人立场、观点筛选事实，只观察那些符合自己胃口的现象。

(2) 观察标志不适宜，范畴有歧义。定性的量度很容易出误差，度量尺度稍不正确，就会引起观察结果的较大偏误。

(3) 观察不细致、不深入，遗漏观察对象的某些表现。例如，在突发事件中，观察者可能只顾观察某些人的表现，而忽视了对其他人的行为观察。

(4) 观察对象表现不充分。任何事物暴露都有一个过程，观察者如果在观察对象没有充分展示本来面目时观察，则只能获得片面的观察结果。

(5) 记录不准确，包括笔误、录音不清楚等原因。

减少观察误差必须做好以下几件事：(1)提高观察设计、观察工具的科学性；(2)加强观察人员的训练；(3)注意观察记录的核查。

第二节　实　验　法

一、实验法的意义和特点

实验法是根据一定的研究目的选择一组研究对象，人为地改变与控制某些因素，然后观察其结果的一种方法。使用实验法进行社会调查研究具有两方面的作用：一方面可达成一定的理论目的，即检验一定的假设；另一方面可达成一定的实践目的，即试验新的政策或社会形式。

例 1：某大学在讨论如何加强政治思想工作时，提出一个假设：形象化政治思想教育的效果优于一般化政治思想教育；根据这一假设，在同一年级的两个班中，采取两种不同的政治思想教育方法。在甲班，教师组织了参观、报告会、看电影、社会调查辩论会等一系列自我教育活动；在乙班，按常规每周上一次德育课。经过一段时间后，比较两个班的政治思想教育效果。这是一种实验，目的是为了检验理论假设，同时也是为了寻找加强政治思想工作的有效途径。

例 2：党的十一届三中全会以后，为了调动农民的劳动积极性，先在个别地区进行联产承包责任制试验。实践表明，在这种新体制下，农民有了支配自己劳动力的自由，农业、乡村工业与市场都显露出新的活力与生机。于是，党与政府决定在全国农村推广联产承包责任制。这也是一种实验，其目的主要是为了检验农村新体制的可行性，同时也为改革理论基础的研究开辟道路。

在社会主义建设过程中，党与政府需要经常用实验方法去检验与取舍实际决定和建议。列宁在建设社会主义国家的初期，就指明了实验在社会管理中的作用。苏维埃政府对于许多新的社会形式进行了实验。例如，列宁签署的劳动与国防委员会的一份决议指出："……批准中央执行委员会进行以科学实验为目的的经济活动；根据中央执行委员会与最高国民经济会议主席团达成的决议，为此选择必要的试验示范企业。为了实验的充分自由，这些企业的经营条件应由中央执行委员会与最高国民经济会议的适当机构所签订的特殊协议来确定。"〔1〕

列宁还从认识论的角度肯定了实验的作用。列宁写道："唯物主义明确地把这个尚未解决的问题提出来，从而促进了这一问题的解决，推动人们去作进一步的实验研究。"〔2〕

实验法包括如下四类要素：

（1）实验者。实验者即主持实验的研究者以及参与实验过程的实验人员。

（2）实验变数。也就是实验过程中变动的因素。其中，在实验过程中实行的措施，叫自变数，或称实验刺激；在实验过程中由自变数决定其变化的因素，叫因变数，或称倚变数。例如，实验者的假设是：偏见来源于无知。实验的自变数为组织大学生系统阅读马列原著，因变数为马克思主义过时的偏见。

（3）实验对象。实验对象是实验中涉及的人们，也即实验调查的群体或个人。其中，接受自变数作用的实验对象构成实验组；不接受自变数作用的

---

〔1〕 苏联科学院社会学所：《社会学手册》，浙江人民出版社 1983 年版，第 536 页。

〔2〕《列宁选集》第 2 卷，人民出版社 1960 年版，第 41 页。

实验对象构成控制组。仍以前文关于偏见的实验为例，首先要求两组大学生填写同样的问卷进行态度调查，然后只组织其中一个组的大学生系统阅读马列原著。其中，被组织来系统阅读马列原著的大学生为实验组，另一个组为控制组。

(4) 实验检测。也就是在实验过程中对实验对象的观察与测定。包括事前观察，即刺激因素（自变数）未发生作用之前对有关对象（因变数）的观察；事后观察，即刺激因素（自变数）发生作用后对有关对象及其变化（因变数）的观察。例如，有两个村庄，乡村企业未兴起之前，经调查各方面的情况相似，然后组织其中一个村大力发展工业，而另一个村任其继续从事传统农业。几年后再作调查时，发现两个村的面貌已大不一样了。工业发展快的村，农民致富程度高；另一个没有发展工业的村，农民仍然很贫困。通过事前观察与事后观察的比较，可以看到，工业（自变数）与致富（因变数）的因果联系。

实验法具有不同于访谈、观察等方法的一些特点：

(1) 在非自然状态下观察研究对象。这是不同于观察法的一个方面。观察法要求观察者在尽量不影响、不干预研究对象的自然状态下观察研究对象；实验法则要求对研究对象实行某种措施，使研究对象处于不同于先前的状态（即非自然状态），然后对其进行观察。实验法改变或强化研究对象的条件，使研究对象在特殊的条件下被观察。例如，为了探索我国社会主义建设的特殊道路，党与政府给予深圳经济特区一些特殊的条件，实行一些特殊的政策。在这些特殊条件与政策的作用下，深圳经济得到许多不同于其他地区的发展。深圳经济发展的特殊条件是新的人为因素。实验者可以利用各种手段，人为地使研究对象的一些条件发生变化，使另一些条件不发生变化；使一些现象得以发生，使另一些现象不发生。从而，实验者可以观察到一些自然状态下观察不到的社会过程与现象。实验需要在人为控制的环境中进行，这就带来了一定的局限性。有些环境条件难于人为形成，例如，研究骚乱发生的原因，不可能人为地制造一种骚乱发生必须具备的情境与条件，因而无法对骚乱发生的原因进行实验研究。

有些社会现象不能人为地创造特定的情境进行观察。例如，犯罪、贪污、卖淫、行贿、受贿、赌博等违反法律的现象，不能进行实验。

(2) 控制外部变量，确定自变数与因变数之间的因果关系是否存在。实验法一般被公认为社会科学中建立因果关系的良好方法。实验研究一般把假定为原因的社会因素作为自变数，把假定为结果的因素作为因变数，对自变数以外的外部变量要进行有效的控制，然后通过观察因变数是否随着自变数变化而变化，来确定二者是否存在因果关系。其中，控制自变数以外的外部变量，是实验法的突出特点，是确定自变数与因变数是否存在因果关系的保证。实验法便于对事物进行纵的观察。不管实验研究持续多久，它都是观察特定研究对象变化的一种过程。由于社会现象的因果联系十分复杂，实验研究有时不能确保排除自变数以外所有的外部变量，这是实验研究的局限性。假如做如下实验：在一个地区随机选取一个很大的样本，把其中50%要求吸烟的人作为实验组，让他们人人吸烟；同时，把另外50%不要吸烟的人作为控制组，不准其中任何人吸烟。若干年之后，在两组人中调查发癌率。如果实验组的发癌率大大高于控制组，则得出推论：吸烟引起癌症。这一推论既有成立的可能，也有不成立的可能。因为个人性情不同，而发癌率也可能同个人性情有关。其实，在自然状态下观察统计，也难于确定两种因素是否存在因果关系。例如，美国卫生局有关人员曾提出一份报告，把吸烟者与不吸烟者的癌症死亡率进行比较，发现前者的比率远远高于后者，于是断言吸烟引起癌症。这一断言曾强烈地震动了美国公众。但这一断言能否成立，从科学研究的观点来看，还是不能确定的。

(3) 实验结果受实验人员与实验对象主观的影响。实验假设往往引起实验人员一定的期望，产生一种期待实验结果与实验假设一致的自发倾向。这种倾向可能造成两种结果：第一，可能使实验人员自觉或不自觉地只注意那些与假设一致的现象，而忽视那些与假设不一致的现象，从而使搜集到的实验结果不全面或不真实。第二，可能引起实验人员自觉不自觉地诱导或暗示实验对象，使实验对象迎合实验人员的期望，发生那些与假设一致的现象，从而使实验结果产生偏向。例如，美国社会学者罗森塔尔与雅各布森1966年在一次预测学术成果的测验中，认为在18间教室的每一间中有20%的孩子，是该项测验的高分获得者。其实，孩子们是随机地被挑选出来的，并没有占这样比率的高分获得者。但老师们被引导相信在每间教室中有20%的孩子是高分获得者。这些孩子在实验过程中显示了比较大的成就，符合教师们的期望。于是，罗森塔尔指出，实验人员被告知期望发现什么的与不被告知期望发现什么的相比，前者所取得的实验结果较为符合研究假设。[1]

防止实验人员的期望对实验结果产生影响的有效方法，是由实验人员之外的人把被实验者分派到实验组与控制组，使实验人员不清楚哪个组是真正的实验组。这叫"双盲"实验设计。按这种设计实验，实验人员在组织实验与搜集实

---

[1] [美]肯尼思·D.贝利：《现代社会研究方法》，上海人民出版社1986年版，第299～300页。

验结果时，就不会带倾向性了。

实验对象在实验期间的个体发育会影响实验结果。例如，仅仅由于个体发育，接受实验的学生可能会对社会政治事务变得更加热心或更加悲观，社会政治行为变得更趋极端或更为成熟。实验对象在实验期间，可能受重大社会事件的影响而改变态度、观点。因而，对于某一种态度、观点的实验研究只有在实验因素介入而其他条件仍旧的情况下进行再度量，才是比较理想的。

二、实验法的种类

1. 实验室实验

实验室实验是在某种严格指定与控制的人工环境中进行的实验。在这种研究中，与调查课题无关的其他变量，都被隔离开。实验室实验成败的关键，是研究者能否创造出一种接近自然情势的实验室情境。创造这种情境的最好办法是对实验对象提出相当有趣的但又相当困难的任务。使实验开始时具有独特的游戏性质。研究者要使实验人员与实验对象的行为尽可能地自然。

例如，1974 年美国斯坦利·米尔格莱姆关于权威与服从的研究。他随机选取实验对象，把他们安排在装有“伏特计”的房间内。并告诉他们隔壁有“受惩罚者”。实验开始，先由实验人员扮演的“学习者”执行“电击”的命令。当这些“学习者”对完成任务(“电击”)表示畏缩时，研究人员让真正的实验对象去完成这一任务。研究人员不断地要求真正的实验对象提高电压。结果发现，不管隔壁的“受惩罚者”(实际上是实验人员)如何恳求与尖叫，还是有大约三分之二的实验对象把电压提高到红色危险线(表示超过此电压有生命危险)，其余的实验对象则拒绝接受提高电压打击“受惩罚者”的命令。

实验室实验的情境比较纯粹，标准化程度高，可以为不同的实验对象在不同时间内接受实验，提供完全相同的情境。实验室实验的缺点，是难以创造同现实世界的变量具有相同作用力的实验变量，难以判断实验结果与现实生活一致性的程度，另外还存在“欺骗”“虐待”等道德问题。

2. 实地实验

实地实验是在现实生活中进行、只控制部分条件的实验。社会调查中常用实地实验，而较少采用实验室实验，因为实地实验的结果是现实生活逻辑的一种表现，在社会理论研究与社会实践活动中都具有重要的价值。实地实验包括严格控制的实地实验，较少控制的实地实验。

(1) 严格控制的实地实验举例:美国的"霍桑实验"

1924年11月至1927年4月,一些研究人员在美国芝加哥西方电气公司进行实验研究。他们选择的自变量是工作环境,因变量是生产率。研究人员将一部分工人作为控制组,固定照明亮度;将另一部分工人作为实验组,变化照明亮度。实验结果表明,当增加实验组的照明亮度时,产量提高了;当降低照明亮度时,实验组的产量非但没有随之下降,反而继续升高。这说明照明度与生产率之间并没有因果关系。埃尔顿·梅奥(Elton Mayo)教授等在1927年至1932年期间继续实验,他们选择工作时间为自变量,生产量为因变量。他们先确定了正常条件下控制组的产量;然后在厂方管理人员的同意与支持下,逐渐缩短工作日,方法是缩短实际工作时间、增加工作中间的休息时间。在此过程的每一实验阶段的结束点,都对产量进行一次度量。结果发现,随着工人们工作时间的减少,也即工作条件的改善,生产能力提高了。以后研究人员进行相反的实验,逐渐增加工作时间,在每一实验阶段的结束点度量产量。增加工作时间,对工人来说意味着工作条件的恶化。结果却令人意外,生产量仍然继续增长。这一结果表明,因变量(生产量)的变化不是自变量(工作时间)变化的结果,而是实验中别的一个自变量变化所引起的。研究人员后来发现,这个引起生产产量变化的自变量是企业中"人的关系"。参加实验的工人们(即实验组),在实验过程中受到较以前更好的对待与尊重,有了一些自由发表意见的机会,他们的非正式的人事关系有所改善。从而,不管工作条件怎么变化,都能维持较高的效率。通过这一实验,研究人员提出了一个假设:人都有社会联系的本能,需要与人合作,需要良好的人际关系;如果能够满足工人们的这一本能,生产效率就会提高。[1] 后来,这一"社会人"假设被广泛地引入社会学等学科的应用研究,被应用于企业管理等实践活动中。这个实验的理论意义与实践意义,是告诫资产阶级如果他们能利用工人间非正式的组合和企业中的人事关系,使职工安分守己,满足于日常的社会生活,那么工人阶级的不满与反抗意识就可能减弱,就会保持与提高资本主义的生产效率。

(2) 较少控制的实地实验举例:"圣迭戈实验"

欧文·格茨奥格1966年在美国圣迭戈县进行了一次实验研究。他研究的课题是:《民主党人竞选活动对民主党候选人得票率有何影响》。他选择了五个不同的地区,在每个地区分别选择两个选区作为实验区,两个区作为控制区;在实验区内民主党人积极从事选民登记活动,在控制区内民主党人不从事选民登

〔1〕〔美〕梅奥:《工业文明的社会问题》,商务印书馆1964年版。

记活动。每个地区这样的四个选区人口相当、地理位置相邻;都存在民主党人与共和党人的竞争。实验区内民主党竞选工作人员办理登记手续,控制区内选民自办登记手续。结果发现,实验区内民主党人的数目比控制区内民主党人数目要多,民主党候选人的得票率也高。这说明,由竞选工作人员办理登记比选民自己登记,更有利于增加党员人数、增加该党候选人得票率。

有些社会学者提出,还有一种没有控制的"自然实验",在这种实验中,研究人员预先不选择也不准备自变数,研究人员只是观察和等待他们感兴趣的变化。没有控制的"自然实验"只能属于观察法,而不是实验法。任何实验方法都必须有控制,都必须准备自变数。例如,我国的深圳,在改革开放初期实施了一些特殊的政策。如果说这是一种实验的话,这一实验的主持者、研究者选择的自变数是特区优惠政策。又如,美国实行联邦制,48 个州可以制定与实施部分独特的法规等,这对于美国政治家来说,48 个州成为不同的"实验区"。起初,美国政治家也正是把联邦制作为一种"实验"来看的。中国的深圳特区、美国的 48 个州,如果某些方面是实验对象的话,对于关心这些实验对象的学者来说,它们则是没有控制的"自然实验"。因此,如果要把"自然实验"列为实地实验中的一种特殊方法,那么只能界定它是范围广泛、由政府高层领导直接控制的社会实验。

三、实验法的基本程序

实验的一般程序包括七个阶段:

(1) 建立假设;

(2) 建立实验组与控制组;

(3) 选择自变数与因变数;

(4) 前测,即实验前对实验组与控制组的度量;

(5) 实施实验刺激(即让自变数出现与发挥作用);

(6) 后测,即实验后对实验组与控制组的度量;

(7) 确定自变数与因变数的关系。

例:在一项研究中,研究人员试图证明如下假设:一个有犯罪倾向的少年如果能经常得到一个成年人热忱友好的忠告,他就可能避免犯罪。研究人员对孩子们进行筛选,建立控制性实验的两个组各 235 名,每个组具有犯罪倾向与无犯罪倾向的少年数量相同。其中一组为实验组,一组为控制组。然后,在 4~8 年的时间内,让实验组的孩子接受成年人一对一的忠告,而对控制组的孩子没有这样做。研究人员在实验结束后的若干年中对孩子们进行追踪调查,发现忠告在少年犯罪中没有重大作用。[1] 也就是说，对少年犯罪影响大的因素，不是成年人的忠告，更可能是贫穷、失望、不良传媒等。

四、实验的设计

1. 单一实验组的实验设计

单一实验组实验是只有实验组而没有控制组的一种简单实验方法。同一个组在自变数出现与作用之前是实验中的“控制组”，在自变数出现与作用后就是实验组。因此，单一实验组实验是对同一对象在某种措施实行前后的一种观察比较。这种实验只适宜在其他因素很少变化的情况下使用。

单一实验组的实验设计：

(1) 假设：E→B

(2) 选择一组实验对象：M

(3) 前测：a、b、c、d 在 T 时刻导致 K

(4) 实验刺激：E

(5) 后测：a、b、c、d、E 在 T_1 时刻导致(K+B)

(6) 实验效应：后测-前测

(7) 实验结论：E 是 B 出现的原因。

单一实验组实验的逻辑，是把实验对象前后测之间的变化全部归之于实验刺激。在实地实验中，某一组人前后测之间的变化，有时除了受到实验刺激外，还受到其他社会因素的作用，因而把同一些客体前后测之间的变化全部看做是实验刺激的结果，就不正确了。但实验对象在前后测之间很少受到实验刺激以外的其他因素影响时，单一实验组实验可以发挥它的作用。

例：种族歧视实验

(1) 假设：了解黑人在美国历史上的贡献将会减少对黑人的偏见。

(2) 选择一组实验对象：随机挑选 100 名白人。

(3) 前测：了解实验对象歧视黑人的程度。

(4) 实验刺激：给实验对象放映一部描述黑人在科学、文化、军事、政治和社会发展中对美国贡献的电影纪录片。

(5) 后测：了解实验对象歧视黑人程度的变化。

(6) 实验效应：后测-前测。

---

[1] 〔美〕弗·斯皮卡蒂：《美国社会问题》，社会科学出版社 1986 年版，第 484～485 页。

(7) 实验结论：实验对象的种族偏见程度下降了，假设得到证明。

2. 一控制组实验设计

一控制组实验是具有一个实验组与一个控制组、进行平行对照研究的一种实验方法。一控制组实验的基本环节如下：

(1) 建立假设。

(2) 建立实验组与控制组，两个组的成员是在某标志上相似的人群。

(3) 前测：对实验组与控制组分别度量。

(4) 实验刺激：只对实验组实行实验刺激。

(5) 后测：对实验组与控制组分别度量。

(6) 效应：$后测_{实验组} - 前测_{实验组} = 差_{实验组}$

$后测_{控制组} - 前测_{控制组} = 差_{控制组}$

$实验效应 = 差_{实验组} - 差_{控制组}$

(7) 实验结论：实验组不同于控制组的变化，是实验刺激所引起的。a. 当实验效应为 0 时，说明实验刺激对于实验对象没有影响；b. 当实验效应不等于零时，说明实验刺激对于实验对象有影响。

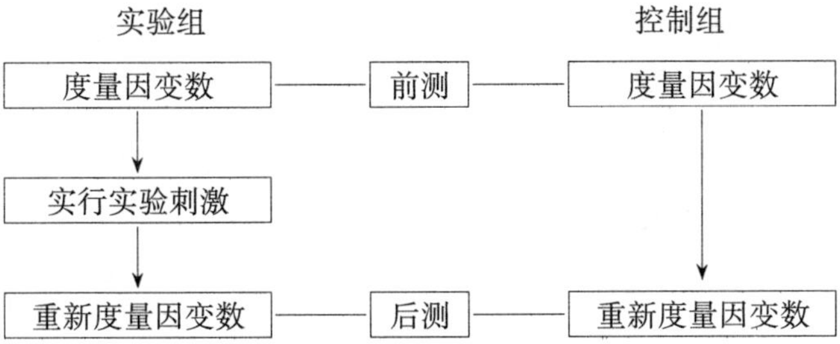

图 10－2　一控制组实验设计图示

例：某厂工资制度改革实验

(1) 假设：改革现行工资制度有利于调动工人的劳动积极性。

(2) 自变数：新工资制度；

因变数：生产率。

(3) 实验组：某厂一个车间的全体工人；

控制组：同厂另一个车间的全体工人。

(4) 前测：实验前 2008 年实验组、控制组人均日产量都为 10.5 件。

(5) 实验刺激：实验组实行新的工资制度；控制组仍实行原工资制度。

(6) 后测：2009 年实验组人均日产量为 15.2 件；控制组人均日产量为

11.4件。

(7) 实验效应：实验效应 = $差_{实验组} - 差_{控制组}$

$$= (15.2 - 10.5) - (11.4 - 10.5)$$
$$= 4.7 - 0.9$$
$$= 3.8(件)$$

(8) 实验结论：新工资制度比原工资制度更能调动工人的劳动积极性。

3. 两控制组实验设计

在一控制组实验中，当实验效应(净差)不等于零时，可能纯粹是实验措施实行的结果；也可能不纯粹是实验措施实行的结果，即除了实验刺激之外，前测本身也可能是实验组变化的原因之一。在一控制组实验设计中，没有考虑前测的作用，因而不能肯定或排除前测是否是因变数变化的一个根源。为了能够确定前测的作用，必须建立两个控制组与一个实验组(如表10-4所示)。

表10-4 两控制组实验的主要环节

主要环节	实验组	$控制组_1$	$控制组_2$
前　测	有	有	无
实验刺激	有	无	有
后　测	有	有	有

两控制组实验的主要特点有：

(1) 第二个控制组没有前测，但实行实验刺激。因而，这个控制组中的变化只能归因于实验刺激，即$控制组_2$的效应仅有实验刺激效应。

(2) $控制组_1$只有前测而没有实验刺激，因而$控制组_1$的变化只能归因于前测，即$控制组_1$的效应仅有前测效应。

(3) 实验组既有前测又有实验刺激，因而实验组的变化归因于前测与实验刺激，即实验组的效应既有前测效应又有实验刺激效应，还有前测与实验刺激的相互作用效应。

(4) 控制组的总效应 = $(后测_{控制组_1} - 前测_{控制组_1}) + (后测_{控制组_2} - 前测估计值_{控制组_2})$。$控制组_2$没有前测，前测值怎么估计？由于$控制组_1$、$控制组_2$与实验组在实验前是相同的，因而$控制组_2$如果进行前测的话，其前测值和$控制组_1$、实验组的前测值应该是相等的或相近的。我们可以用实验组与$控制组_1$的前测值二者之平均数作为$控制组_2$的前测估计值。

(5) 实验组的总效应 = 后测$_{实验组}$ − 前测$_{实验组}$

(6) 实验组中前测与实验刺激相互作用效应 = 实验组总效应 − 控制组总效应 = (后测$_{实验组}$ − 前测$_{实验组}$) − [(后测$_{控制组_1}$ − 前测$_{控制组_1}$) + (后测$_{控制组_2}$ − 前测估计值$_{控制组_2}$)]

例:研究人员在某工厂进行两控制组实验

实验刺激为工厂领导下车间班组蹲点劳动。前测、后测都使用100个关于领导问题的偏见量表,实验对象每个肯定性回答为1分。假定实验组与控制组$_2$的前测值(人均偏见程度)均为70分。实验刺激实行后,实验组的后测值为45分;控制组$_1$的后测值为65分;控制组$_2$的后测值为55分。如下表:

表10-5　某工厂两控制组实验情况　　(单位:分)

主要环节	实验组	控制组$_1$	控制组$_2$
前测值	70	70	无
实验刺激	有	无	有
后测值	45	65	55

根据以上数据,可作如下计算:

实验组总效应 = 70 − 45 = 25(分)

控制组总效应 = (70 − 65) + (70 − 55) = 20(分)

前测与实验刺激相互作用效应 = 实验组总效应 − 控制组总效应 = 25 − 20 = 5(分)

4. 三控制组实验设计

两控制组实验虽然考虑了前测在实验过程中的作用,但没有考虑实验刺激与前测之外的外部因素的作用。为了确定与隔离外部因素的影响,必须建立三控制组实验设计。如表10-6所示:

表10-6　三控制组实验的主要环节

主要环节	实验组	控制组$_1$	控制组$_2$	控制组$_3$
前　测	有	有	无	无
实验刺激	有	无	有	无
后　测	有	有	有	有

三控制组实验的主要特点有:

(1) 第三控制组既无前测又无实验刺激，因而第三控制组发生的任何变化都归因于外部原因。则外部原因效应 = 控制组$_3$ 的效应 = 后测$_{控制组_3}$ − 前测估计值$_{控制组_3}$。我们可以用实验组与控制组$_1$ 二者前测值之平均数作为控制组$_3$ 的前测估计值。

(2) 控制组总效应 = 控制组$_1$ 效应 + 控制组$_2$ 效应 + 控制组$_3$ 效应 =（后测$_{控制组_1}$ − 前测$_{控制组_1}$）+（后测$_{控制组_2}$ − 前测估计值$_{控制组_2}$）+（后测$_{控制组_3}$ − 前测估计值$_{控制组_3}$）

(3) 实验组总效应 = 后测$_{实验组}$ − 前测$_{实验组}$

(4) 实验组中前测与实验刺激交互作用效应 = 实验组总效应 − 控制组总效应 =（后测$_{实验组}$ − 前测$_{实验组}$）−〔（后测$_{控制组_1}$ − 前测$_{控制组_1}$）+（后测$_{控制组_2}$ − 前测估计值$_{控制组_2}$）+（后测$_{控制组_3}$ − 前测估计值$_{控制组_3}$）〕

例：研究人员在某工厂进行三控制组实验。实验刺激为工厂领导下车间班组蹲点劳动。前测、后测都使用 100 个关于领导问题的偏见量表，实验对象每个肯定性回答为 1 分。假定实验组与控制组$_1$ 的前测值（人均偏见程度）均为 70 分。实验刺激后，实验组的后测值为 45 分，控制组$_1$ 的后测值为 65 分，控制组$_2$ 的后测值为 55 分。控制组$_3$ 的后测值为 68 分。如表 10－7：

表 10－7　某工厂三控制组实验情况

主要环节	实验组	控制组$_1$	控制组$_2$	控制组$_3$
前测值	70	70	无	无
实验刺激	有	无	有	无
后测值	45	65	55	68

根据以上数据，可作如下计算：

实验组总效应 = 70 − 45 = 25（分）

控制组总效应 =（70 − 65）+（70 − 55）+（70 − 68）

= 22（分）

前测与实验刺激相互作用效应 = 25 − 22 = 3（分）

5. 两实验组与一控制组实验设计

两个实验组与一个控制组实验的设计特点，是在两个实验组中实行不同强度或数值的实验刺激。其典型的设计模式如表 10－8 所示：

表 10－8　两实验组—控制组实验典型设计

主要环节	实验组$_1$	实验组$_2$	控制组
前　测	有	有	有
实验刺激	有(强)	有(弱)	无
后　测	有	有	有

6. 两自变数实验设计

以上讨论的均是一个自变数的实验设计。如果选择两个自变数进行实验，则需要多个实验组。当每个自变数均为一个值时，至少需要两个实验组(见表10－9)。当每个自变数均为两个值时，至少需要四个实验组。如表10－10所示：

表 10－9　两自变数(单值)实验典型设计

主要环节	实验组$_1$	实验组$_2$	控制组
前　测	有	有	有
实验刺激$_1$	有	无	无
实验刺激$_2$	有	有	无
后　测	有	有	有

表 10－10　两自变数(双值)实验典型设计

主要环节	实验组$_1$	实验组$_2$	实验组$_3$	实验组$_4$	控制组
前　测	有	有	有	有	有
实验刺激$_1$(A)	有	有	无	无	无
实验刺激$_1$(B)	无	无	有	有	无
实验刺激$_2$(A)	有	无	有	无	无
实验刺激$_2$(B)	无	有	无	有	无
后　测	有	有	有	有	有

五、自变数作用的识别方法

1. 单独区别法

单独区别法的逻辑程序是：

(1) 控制组：因素 a、b、c、d、e 系统是产生社会现象 K 的复杂原因。

(2) 实验组：因素 a、b、c、d、E 系统是产生社会现象 (K+B) 的复杂原因。因此，因素 E 是社会现象 B 产生的原因。

可写成如下逻辑形式：

∵ a、b、c、d、e→K

a、b、c、d、E→K+B

∴ E 是 B 发生的原因

2. 偕变法

偕变法的逻辑程序是：

(1) 控制组：因素 a、b、c、d、e 系统是产生社会现象 K 的复杂原因。

(2) 实验组$_1$：因素 a、b、c、d、e_1 系统是产生社会现象 K_1 的复杂原因。

(3) 实验组$_2$：因素 a、b、c、d、e_2 系统是产生社会现象 K_2 的复杂原因。

(4) 实验组$_3$：因素 a、b、c、d、e_3 系统是产生社会现象 K_3 的复杂原因。

因此，e 的变化是使 K 变化的原因。

可写成如下逻辑形式：

∵ a、b、c、d、e→K

a、b、c、d、e_1→K_1

a、b、c、d、e_2→K_2

a、b、c、d、e_3→K_3

∴ e 的变化是使 K 变化的原因。

六、建立实验组与控制组的方法

建立实验组与控制组的方法，也即是实验对象的分配方法。实验对象分配的基本原则是：各组尽可能相同。具体方法有：

1. 同类分配法

所谓同类，是指具有多种相同特征（例如年龄与文化程度等）的人们。如果建立一个实验组与一个控制组，则把具有完全相同特征的实验对象配成对，然后把其中一人分配在实验组，另一人分配在控制组；如此不断进行，直至达到两个组分别需要的人数。例如，把 23 岁、文化程度高中的两个人配对，24 岁、大学文化程度的两个人配对，25 岁、大学文化程度的两个人配对，等等；然后，从每对中抽一人进实验组，另一人进控制组。或者，把实验对象先分成甲、乙两个子集，当从甲子集中抽出一人时，从乙子集中抽出一个与之具有相同特征的人，然后把他们分别分配到实验组与控制组中去。

如果建立两个实验组与一个控制组，或一个实验组与两个控制组，则把具有多种相同特征的实验对象三个一组地配成子集，然后把他们分别分配到三个组中去，直至三个组都达到需要的人数。

如果建立三个以上的实验组与控制组，则把三个以上具有多种相同特征的人构成一个集合，然后把每个集合中的人分别分配到三个以上的实验组或控制组中；如此不断进行，直至达到实验组与控制组所需的人数。

同类分配法的缺点，是具有独特特征的实验对象找不到配对、配集合的伙伴，因而就不能被用于实验之中。要克服这一缺点，可采用随机分配法。

2. 随机分配法

使用随机方法把实验对象分配到实验组与控制组中去，有利于实验组与控制组的因变数以及其他因素保持同一性。随机选择实验对象需要一个有相当规模的抽样框(以便表现出大数定律的作用)，一般不少于 300 人。研究人员先把适合实验的人组成抽样框，然后编制一份名单表，使用随机方法从名单表中抽取一定数量的人群构成实验组与控制组。

3. 频数分布法

同类分配法是按多个特征将两个实验对象配对，然后分别分配到实验组与控制组的方法。频数分布法则是将单一特征相同的实验对象，按相同的频数分配到实验组与控制组的方法。频数分布法要求实验组与控制组的变数的平均值完全相同，要求该变数的值的分布在实验组与控制组中完全相同。例如，实验组的平均年龄为 30 岁，控制组的平均年龄也为 30 岁；实验组中有 28 岁、30 岁、32 岁等，控制组中有 26 岁、30 岁、34 岁等。不仅实验组与控制组中的平均年龄相同，而且年龄的分布也有相同的平均方差等。

第十一章 隐蔽法

使用问询法与现场法时，接受访问、观察或实验的被调查者，实际上都可能改变自己的一些行为。在公开度量的过程中，调查者与被调查者总会有这样或那样的作用与反作用，调查者只能采取某些方法尽量降低对被调查者的影响。使用隐蔽度量方法，调查者同被调查者在时空上完全隔离了开来，因而没有相互作用。隐蔽法在当代社会调查研究中的应用也有明显的发展。

第一节 文献法

一、文献法的意义与特点

文献法是搜集和分析记录着一些社会现象的载体的一种调查研究方法。文献是人们专门建立起来的储存与传递信息的载体，是人们从事各种社会活动的记录。载体与社会现象是文献的基本要素，载体是文献的外在形式，一定的社会现象是文献的内容。文献是社会调查研究中不可缺少的信息源（或称情报源）。

文献法在社会研究中十分受重视。马克思为写作《资本论》，共阅读与研究了 1 500 多种书刊。列宁在《俄国资本主义的发展》一书中，引用了 400 多种文献资料；为写作《帝国主义是资本主义的最高阶段》一书，摘录了 146 本外文书，以及 232 篇国外文章。有人作过统计，列宁在他的著作中共提到 16 000 多种书籍、小册子与报刊。可见，文献法在社会研究中具有重要作用。

文献法具有如下特点：

1．文献法没有时空的限制

这是一个优点。文献法超越时间的特点，表现为它可以研究几十年甚至几百年、几千年前的历史现象；超越空间的特点，表现为它可以研究任何一个国家与地区的社会状况。使用文献法的研究者可研究那些不可能亲自接近的研究对象。例如，我们现在要想研究唐代佛教对社会生活的影响，只有通过查阅大量史籍才能进行具体描述与分析。在国外，有许多实证研究历史上社会现象的实例。例如，1968 年美国社会学家兰兹等人想研究工业革命前美国的婚姻家庭。这个时期的人都不存在了，因而对美国独立前 13 个州的杂志的分析，几乎是惟一的资料来源。使用这种方法，可在相当大的程度上打破财力、人力的限制，研究比较大量的他人观察实验所涉及到的社会现象。

2. 文献法没有反应性问题

问询法与现场法会带来被调查者掩饰、改变行为等反应性问题，使用文献法则不可能发生这类问题。这也是一个优点。文献不会因研究者的主观偏见而改变，也不会因研究者不同而改变，它始终是一种稳定的存在物。文献中有许多现场参与者的回忆、专家的评论等资料，在一般的问询与观察调查中还难以形成这样有价值的资料。这就为研究者客观地分析一定的社会历史现象提供了条件。

3. 文献法比较方便与节省

文献一般集中存放在档案馆、图书馆、研究中心等地方，随时可以去查阅、摘录；花费主要是交通费与复印费等。

4. 文献法没有个人的局限性

对于特定的研究者来说，个人获得第一手资料的范围总是很有限的，而文献是许多人形成的资料，可能涉及广泛的范围。从而，使用文献法可以克服研究者亲身调查的局限性，扩大视野，进行更加全面的分析与概括。例如，1987 年法国社会学者 A. 佩尔谢隆使用有关统计资料，说明法国青年人是一股真正的政治势力。在 1986 年 3 月大选前夕，法国 18～24 岁的青年人占全体选民的近 15%；在对 16～22 岁的青年人的民意测验中，有 62% 的人认为失业最应反对，49% 的人认为恐怖主义是他们最忧虑的问题，远远甚于他们对个人前途的考虑。这些数据与情况都是现成的。佩尔谢隆根据这些现成的材料，概括出法国青年人政治态度与政治观点的四种表现形式。[1]

5. 文献法具有不完全性，并难以排除非真实成份

文献对于社会调查研究来说，是一种不完全的资料，因为文献的各个作者并

---

〔1〕〔法〕A. 佩尔谢隆：《法国青年和政治》，载法《法兰西文献：摘录与研究》1987 年第 4843 期。

不都按照同一个主题与要求记录社会现象。往往出现这样的情况:研究者需要的材料太简单,不需要的材料却很详细。有时,文献之间可以相互补充;有时,任何文献都没有某个内容的专门记载。文献法的主要缺点,除了具有不完全性之外,还在于某些文献夹带着个人偏见与虚假成分。这可能是某些文献的作者为了一定的个人私利而有意地掩盖或歪曲事实真相,也可能是其他人为了一定的目的而掩盖或修改有关信息。

二、文献的分类

(1) 根据文献的外在形式(载体),文献可分为:

书面文献:即用文字记载的资料。书面文献包括:出版物,如报刊、杂志、书籍;档案,包括会议记录、备忘录、大事记等案卷;个人文献,包括日记、信件、笔记、自传、供词等。

图像文献:即用图像形式反映一定社会现象的文献。包括电影片、电视片、图片、照片、绘图等。

有声文献:即用声音反映一定社会现象的文献。包括唱片、录音磁带、光盘等。

(2) 根据文献的内容,文献可分为:

党与政府的正式文件与档案。包括国家的法律条文、政策文件,及其制定过程中的会议记录等,以及其他重大活动记载。党和政府有些正式文件与档案,往往要滞后一段时间才能成为社会研究者可以利用的文献。例如美国虽然许多州和城市早就公布了《阳光法》,这些法律规定,政府机构审议的所有问题,除了涉及私人的部分以外都必须公开;但实际上美国的社会学家与政治学家并不能轻易地获得政府实际活动的书面记录。在我国,使用政府正式文件与档案,既具有滞后性,又需要经过一定的审批手续。

社会组织与团体的文件与档案。包括企业、工会、妇联、共青团等的正式文件、简报、报表、会议纪要等。社会研究人员使用这类文献所受的限制要明显地少于第一类文献,因而这类文献被更广泛地使用。

社会研究文献。指其他社会研究人员的调查纪实、研究报告等。例如,当代美国社会学家霍曼斯为了研究人类群体的属性,使用了其他社会学家写的五个调查报告:《我们,提克皮亚人》(R.菲尔斯,1936)、《管理和工人》(F.罗斯列思本杰、W.迪克逊,1939)、《在一个工业公司中的干劲测量》(G.阿伦谢格、D.麦克里杰,1942)、《街角社会》(W.F.怀特,1943)、《一个农村社区结构的变化》(D.L.哈契，1948）。[1]

私人材料。包括私人信件、日记、回忆录、自传等。W.托马斯和F.兹纳涅茨基利用50个家庭成员的754封信，利用波兰青年弗拉杰克·维日宁斯基本人专门撰写的300页履历材料等私人材料，写成《在欧洲和美洲的波兰农民》（1918～1920）。[2]

（3）根据文献内容加工的程度，文献可分为：一次文献，即作者本人直接根据所见所闻而撰写的材料；二次文献，指对一次文献进行初步加工整理的文献，如文摘、索引等；三次文献，即在二次文献基础上继续进行加工整理的文献，如综述、述评、辞典等。近年来，二次文献电子化发展较快，世界上许多大型文摘杂志都同时发行电子版。同时，一次文献也开始电子化，出现了电子杂志、电子书籍与电子报纸等。美国阿雷特公司出版的《美国学术百科全书》即是电子版书籍，全书32 000个词条，16 000张插图，均可借助电脑阅览。

三、文献搜集的步骤

1. 筛选

筛选就是根据研究目的选择有用的文献类型与篇目。首先，对有可能得到的文献进行分类（按外在形式、内容等），从中选择适合于研究使用的一种或几种文献类型。然后，在选出的文献类型中浏览文献目录（如没有现成的文献目录，则需要研究者自己制作目录）。目录是查找文献的向导。目录一般有卡片式的分类目录、书名目录、作者目录、主题目录四种。最后，把全部目录区分为使用价值高、较高、低以及没有价值四种类型。

2. 标记

对那些具有较高价值、准备使用的文献进行精读。首先，是对书中有关内容做记号，即做标记。常用的几种标记方法如下：[3]

着重号	· · ·	表示关键性的字。
直　线	———	表示比较重要的内容。
曲　线	～～～	表示特别重要的内容。
夹　线	≈≈≈	定义或经典论述。

〔1〕 宋林飞：《当代西方社会学》，辽宁教育出版社1990年版，第208～211页。

〔2〕 W.托马斯、F.兹纳涅茨基：《在欧洲和美洲的波兰农民》，纽约，1958年英文版。

〔3〕 水延凯等：《社会调查教程》，中国人民大学出版社1988年版，第154页。

惊叹号	!	表示对某些内容欣赏。
问　号	?	表示对某些内容有疑问。
三角号	△	表示文献中并列的观点。
双圈号	。。	表示文献中重要内容的结束。

3. 摘录

从文献中抄录或浓缩有关内容，叫摘录。摘录主要有两种形式：一是指示性文摘，即对题目、作者、出处、主题等进行概括。这种类型的文摘一般为几十个字，不包括具体的材料、数据、内容等。二是报道性文摘，即对文献的主要内容、主要观点、主要材料、主要数据等进行叙述。这种类型的文摘一般为几百个字。有些社会调查研究项目，直接采用报道性文摘。

4. 鉴别

对于准备使用的文献进行真伪、可靠程度的判定，即鉴别。在文献搜集过程中这是一个重要的环节。一般通过对同类、同年代文献的相互比较，对文献作出鉴别。根据鉴别，研究者可对文献进行取舍。

5. 分类登录

根据研究目的对文献资料进行分类。例如，我们在研究"先富起来的少数人"时，把搜集来的资料分成：(1)合法致富，其中又分成集体劳动、个体劳动、雇工经营致富等类型；(2)非法致富，其中又分成倒卖、走私、受贿、贪污、盗窃等类型。

四、内容分析

文献分析有两种主要的方法：(1)定性分析，即对文献内容进行深入的分析，对文献包含的社会事实进行说明与解释；(2)定量分析，即把用文字表示的资料转变为数量表示的资料的形式化方法。文献的定量分析，又称内容分析。

内容分析有三个基本环节：

1. 抽取文献样本

首先，是抽取一定的文献载体，如某些书籍、某些种类与日期的报纸、某些期数的杂志等。要分析中国报刊的社论，可先把报刊按级别、地区等分层，然后从中抽取一定数量的报刊作为样本。

2. 确定分析单位

分析单位也即内容单位。常用的分析单位有词汇、主题等。例如，了解不同历史阶段中报纸上重要词汇(如"社会稳定")及其出现的频率,研究社会的中心价值。例如,以小说的主题为分析单位对有关小说所反映的爱国主义、理想主义、爱情或人际矛盾等主题进行统计,研究当代中国小说反映社会实际的程度。

国外社会研究者常沿用贝雷尔森提出的五种分析单位:字词或专门术语、主题、特质、段落、条目。

3. 文献内容数量化

文献内容数量化的主要方法有:

(1) 对某种信息出现的次数进行计量。例如,统计某报刊社论中"恐怖主义""改革""不折腾"等词汇出现的次数。

(2) 对某种信息在载体中出现的位置、篇幅进行计量。例如,对新闻在报纸中的位置打分,头条位置打最高分,其他逐步次之。也可以对不同主题的新闻在报纸中所占的篇幅进行打分,篇幅越大,打分越高,反之越低。

内容分析范例:

例:消费品广告中的他人导向

美国当代社会学家S.M.多恩伯切与L.C.希克曼使用文献法,以长时间不间断地刊登广告的杂志为研究对象,通过对消费品广告的内容分析,验证了大卫·里斯曼的一个理论假设。现把研究程序概述如下:[1]

A. 理论:美国生活中存在着他人导向的历史趋势。

B. 理论命题:20世纪前50年美国消费品广告中他人导向的成分不断增加。

C. 操作化:

抽样:首先确定把1890~1956年各期《妇女之家》杂志作为抽样对象。然后从每一年中选取一期(共67期),再从67期中选取41期,样本就是这41期上的所有广告。

《妇女之家》杂志在67年中共发行了816期。抽样方法如下:先给每期编号,然后利用随机数表每年抽取一份。分析顺序也用随机方法确定。由于时间和资金的限制,只抽取了不同年份的41期,抽样量为5%。按随机确定的阅读顺序为:1926、1920、1902、1908、1922、1917、1953、1950、1914、1899、1932、1939、1954、1903、1952、1909、1890、1897、1907、1936、1931、1940、1934、1910、1929、1927、1912、1943、1924、1915、1895、1891、1944、1893、1931、1941、1900、1896、1951、1923、1946。

---

〔1〕〔美〕G.罗斯:《当代社会学研究解析》,宁夏人民出版社1988年版,第5~7页、第177~182页。

值得注意的是：阅读顺序的随机确定，可以有效地排除分析者在阅读过程中主观上分析标准变化所造成的误差。

分析单位：每条广告。

变量：对所应陈述的他人导向的六种类型建立起六项指标。这六项指标可以分为两大类：个人或群体认可的用语、声称使用某种产品有利于人际关系和睦的用语。

个人或集体认可的用语：

① 个人认可（如“波克穿密涅瓦牌衬衫”）；

② 群体认可（如“家庭妇女都喜欢胜家牌缝纫机”）；

③ 用数量表示的认可（如“2 500 多男子使用星牌刀片”）。

涉及人际关系方面的用语：

④ 积极方面，如“如果你使用‘雷顿’产品，他会更喜欢你”；

⑤ 消极方面，如“她的汗味使大家躲得远远的，她如果用了菊花牌香水就好了”；

⑥ 两者结合，如“吉姆的女朋友和他吹了，因为早点太糟，使他无精打采。当他吃了维泰式早点后，精神抖擞，又重新赢得了她”。

这些指标虽然都是间接反映了实际生活存在的他人影响倾向，但其优点是能够进行统计上的可靠性检验。注意，指标④、⑤、⑥是相互独立的，但对指标①、②、③，每个广告有可能被重复计数。因此，在综合指标中，重复计数的部分只计一次，这样可以消除由于广告被重复计数所带来的偏差。

统计：见表 11－1。

D. 结果分析：

比较 1890～1921 年间与 1921 年以后的资料，就可以发现其中存在的一个明显的转变，即趋向于易受他人影响的转变。由于研究发现了这一期间消费品广告中的他人导向成分有相当大的增长，因此，里斯曼的理论大体得到了证实。

表 11－1 《妇女之家》杂志上他人导向用语的广告比例

认可用语指标（%）					
年　代	广告数	指标$_1$	指标$_2$	指标$_3$	认可用语综合指标
1890～9	1697	2.8	3.0	1.6	6.6
1900～9	1296	2.6	5.0	2.6	9.7
1910～9	1138	1.6	4.8	5.0	9.8

续 表

人际关系用语指标(%)					
年 代	广告数	指标$_4$	指标$_5$	指标$_6$	人际关系用语综合指标
1920～9	1569	6.6	11.7	9.7	23.9
1930～9	502	6.8	12.4	9.2	21.5
1940～9	1088	7.1	5.9	6.6	17.3
1950～6	1102	6.6	6.4	7.6	15.7
1890～9	1697	0	0	0	0
1900～9	1296	0.1	0	0	0.1
1910～9	1138	0	0	0	0
1920～9	1569	0.6	0.4	0	1.0
1930～9	502	1.8	1.0	1.0	3.8
1940～9	1088	0.7	0.3	0.5	1.5
1950～6	1102	0.3	0.2	0.2	0.7

1940年以后，他人导向指标值的下降，用已有的分析手段还不能作出恰当的解释。对于20年代和30年代的峰值，有一种解释认为与下述情况有关：经济萧条动摇了人们对美国经济的信心，从而打破了原有的价值标准；一次大战后女权运动兴起，妇女们开始寻找新的价值标准。对于1940年以后他人影响指标值的下降，有一种解释是：广告手段日益巧妙化。我们的测量仅仅根据广告上的明确用语，这是因为我们关心统计上的可靠性。里斯曼指出：

尽管《妇女之家》杂志的读者阶层可能没有提高，但我相信他们的教育水平已经有了很大提高……随着读者教育程度增加，广告的手段也日趋巧妙……难道广告不是在更多地采用有礼貌的暗示而不是用直接的许诺与露骨的恫吓吗？

根据这种解释，上述下降趋势不是因为他人导向倾向的实际降低，而是由于分析技术的缺陷。只有采用更好的测量指标进行进一步的研究，才能证明这一点。

五、历史文献研究

以历史上的文献为研究对象，进行某种内容分析是一种重要的文献研究法。

现举一实例：

美国华裔社会学家杨庆堃教授利用中国的历史文献《大清历朝实录》，对晚清(1796～1911)期间每年的社会骚乱与当年的政治腐败、经济衰滞情况之间的关系，作了细致的定量分析。

他先设：

y = 每年社会骚乱程度

x = 每年经济衰滞程度

w = 每年政治腐败程度

各值计算公式为：

$y=\sum$(某骚动事件涉及范围)(持续时间)(参与人数)

$x=\sum$(灾害性质)(延续时间)(受灾面积)(实有影响率)(伤害民生的程度)

$w=\sum$(受惩官员人数)(官阶)(渎职方式)

其中社会骚乱程度(y)各因素的量度方法为：

参与人数：
- 人数不详 = 1
- 999 人以下 = 2
- 1 000～9 999 人 = 3
- 10 000 人以上 = 4

持续时间：
- 时间不详 = 1
- 一月之内 = 2
- 2～12 个月 = 3
- 13 个月以上 = 4

涉及范围：
- 少于一省 10%的县 = 1
- 一省 11%～50%的县 = 2
- 一省 50%以上的县 = 3

用同样的方法把政治腐败与经济衰滞程度也数量化，然后计算出相关系数：

$\gamma_{xy}=0.33$，这说明经济衰滞与社会骚乱有关。

$\gamma_{wy}=0.72$，这说明政治腐败与社会骚乱有关。

$\gamma_{xw}=0.12$，这说明经济衰滞与政治腐败有关。

究竟是政治腐败还是经济衰滞，对社会骚乱影响更大？相关系数 $\gamma_{wy}>\gamma_{xy}$，由此还不能对上述问题作出回答。需要进行控制，用标准化的多元直线回归方程式进行分析。

公式：

$$\beta_1 = \frac{\gamma_{xy} - \gamma_{wy} \cdot \gamma_{xw}}{1 - \gamma_{xw}^2}$$

$$\beta_2 = \frac{\gamma_{wy} - \gamma_{xy} \cdot \gamma_{xw}}{1 - \gamma_{xw}^2}$$

$$z_y = \beta_1 z_x + \beta_2 z_w$$

计算结果：

$$\beta_1 = \frac{0.33 - 0.72 \times 0.12}{1 - 0.12^2} \approx 0.24$$

$$\beta_2 = \frac{0.72 - 0.33 \times 0.12}{1 - 0.12^2} \approx 0.69$$

$$z_y \approx 0.24 z_x + 0.69 z_w$$

上述计算表明，w（政治腐败）比 x（经济衰滞）对 y（社会骚乱）的影响更大。因此，杨庆堃得出了一个“政治决定论”类型的结论。为了使研究更加准确，他又进行了时间落后的分析：

表 11－2　对社会骚乱影响因素的分析

y 落后的年期	γ_{xy}	γ_{wy}
0	0.33	0.72
1	0.31	0.69
2	0.25	0.68
3	0.30	0.59

此表说明，政治腐败与经济衰滞对社会骚乱的影响是同年的。[1]

六、现实文献研究

在现代，反映社会现实的信息源主要是报纸、杂志、书籍、网络等，其次才是个人与组织的文献。利用报纸、杂志等文献进行内容分析的社会研究，成为当代西方社会学一个新的发展潮流。

〔1〕 转引自李沛良：《社会统计学》（讲义）。

例如，美国社会学者瑞·方克豪瑟利用传播媒介，研究美国20世纪60年代所面临的重大社会问题。他把研究所涉及的时间定为1960年至1970年；信息源定为三种最著名的周刊，抽样时，使用了这个时期内出版的三种周刊的全部刊物，共1 716期；在编录方法上，直接采用了《读者指南》的编目。他把每期周刊上所有文章的篇名与篇数记录下来，统计结果及其同盖洛普民意测验所调查结果的比较情况，列表如下：

表11-3 美国新闻杂志与盖洛普调查关于各类问题重要性的排列顺序

社会问题类别	文章篇数	排列顺序	盖洛普调查关于各类问题重要性的排列顺序
越南战争	861	1	1
种族关系及城市骚乱	687	2	2
校园动乱	267	3	4
通货膨胀	234	4	5
电视及传播媒介	218	5	12*
犯罪	203	6	3
吸毒	173	7	9
环境污染	109	8	6
吸烟	99	9	12*
贫困	74	10	7
性(道德堕落)	62	11	8
女权	47	12	12*
科学与社会	37	13	12*
人口	36	14	12*

* 这些项目在盖洛普调查中未列入“重大问题”，故记为相同的顺序号；统计对象为20世纪60年代的报道。

通过计算，新闻报道的排列顺序同盖洛普调查关于各类社会问题重要性排列顺序的相关系数为0.78。[1] 这表明二者在反映美国20世纪60年代重大社会问题的顺序方面，有较大的一致性。

美国的约翰·奈斯比特订阅了美国各种各样的报纸，并雇佣一些人天天进行剪辑、分类整理。他使用这种方法写作了《大趋势》一书；之后不久他与阿布尔丹又推出了《新趋势——展望1986年以后的年代》等新著。他的方法是利用报

〔1〕〔美〕艾尔·巴比：《社会研究方法》，四川人民出版社1987年版，第231～232页。

纸这一信息源，在分析与研究大量资料的基础上，归纳出影响未来社会的趋势。在阿尔温·托夫勒的《未来的冲击》与《第三次浪潮》、甘哈曼的《第四次浪潮》、库马的《社会的剧变：从工业社会迈向后工业社会》等书中，都可以看到他们使用现实文献分析方法的印记。

第二节　痕迹法

一、什么是痕迹法

痕迹法是通过观察周围环境中特殊的痕迹来研究过去与当前社会现象的一种方法。例如，我们到图书馆观察各种图书的磨损程度，研究哪些图书较受欢迎，哪些不受欢迎。假如图书的磨损程度与实际阅读人数有某种一致性，即图书越是磨损严重，则实际阅读的人就越多。那么，这种研究就颇有意义。这种研究方法，接近于警察调查犯罪活动的某些手段，例如，通过分析嫌疑者鞋上沾的泥土来判断该人是否到过某地。

1966年，美国社会学者尤金·J.韦布等人开始将研究物质上痕迹的方法引入社会研究。他们在探讨这一方法时，先谈到了夏洛克·福尔摩斯的侦探故事：

雾大约刚刚消散。独身的夏洛克·福尔摩斯已经和他的老友华生医生见面了。两人向华生新购买的一个诊所走去。这个诊所位于由两个房间组成的一套供两家居住的房屋内，两个房间都是供出售的。福尔摩斯在用葫芦喝酒时简单地告诉华生说，他购买这个诊所是一个聪明的抉择。为什么？因为华生这一间房子的台阶要比其竞争对手那间房子的台阶磨损得更厉害。（台阶磨损得更厉害，表明这一诊所比对面的诊所有更多的求诊者）

韦布等人将物质上的痕迹分为两类：磨损，即物体上被人使用陈旧的情况；累积，即物体上被人积存物质的情况。从而，作为搜集社会资料的痕迹法包括磨损测量法与累积测量法。[1]

人们在社会生活中都同周围的自然环境与人工环境发生这样或那样的关系，留下各种物质上的痕迹。人们在社会活动中留下的痕迹，是研究人们社会活

〔1〕〔美〕肯尼思·D.贝利：《现代社会研究方法》，上海人民出版社1986年版，第370～371页。

动的宝贵资料，是痕迹研究法产生与发展的客观依据。通过痕迹研究，再现人们过去的社会行为，是对现场法、问询法的一种补充；是对某些难以或不能直接观察与询问的社会现象进行研究的一种有效途径。

二、磨损测量法

磨损测量法包括四个基本环节：

(1) 确定物体被人为磨损的标志，如书籍破页、掉角、沾秽等是磨损的标志。一般以人们某种社会行为发生时对实体的主要作用点作为磨损的标志，该社会行为是研究者感兴趣与准备研究的。

(2) 测量物体被人为磨损的程度，如台阶凹陷深浅是台阶磨损程度的标志。磨损的程度表明物体被人作用的情况。

(3) 建立物体磨损与社会行为属性的对应关系，如展览会地板的磨损程度与人们喜欢展览会的程度，是一种对应关系。

(4) 比较不同物体的磨损程度，或同一物体在不同时期的磨损程度，如候车室中放着各种杂志，其中磨损得比较厉害的杂志更受欢迎。

三、累积测量法

累积测量包括如下四个基本环节：

(1) 选择测量单位。即根据研究目的，选择有社会意义（不管这种意义是否积极、是否直接）的某种累积特征作为观察的基本单位。例如，词汇、句子或图画可以作为课桌上刻写涂画痕迹的测量单位。在社会调查研究中，选作测量单位的词汇、句子或图画，是有一定含义、可以理解的词汇、句子与图画。

(2) 搜集测量单位。例如，从厕所上抄录词汇、句子或图画。这些词汇、句子或图画，是涂写者某种心态的直接而且是无掩饰的表露。美国著名社会学者金西（Kingsey）曾搜集过公共厕所上乱涂乱写的词汇与句子。据我们调查，我国大学教室的课桌上通常是刀痕累累、笔痕如麻，其中的内容更是五花八门。

(3) 建立测量单位与一定社会属性的对应关系。有些累积测量单位直接表现一定的社会意义，有些累积测量单位则不能直接表现一定的社会意义。不管累积测量单位是否直接表现一定的社会意义，都需要把它们同某种社会属性建立对应关系。建立这种对应关系，对于那些不能直接表现一定社会意义的测量单位来说，是揭示隐藏在其背后的社会属性的过程；对于那些能直接表现一定社会意义的测量单位来说，是对这些社会意义进行初步整理的过程。例如，电视节目播放期间，测量城市用水量。用水度数是测量单位，与此测量单位相对应的社会属性，是电视受欢迎的程度。因为当电视节目精彩时，人们会停止使用厕所与其他用水的家务劳动，而集中精力观看电视。

（4）总体分析。即测量单位的汇总及其总体的社会属性研究。总体分析具有三级层次结构：一级分析，即把所有测量单位一一归入一定的社会属性类型；二级分析，即将各类测量单位的社会属性同一定的社会规范进行对照；三级分析，即探讨各类测量单位产生的原因。

“课桌文学”调查研究举例（摘要）：

A.“就拿上海一些大学的‘课桌文学’来说，就包罗万象，举凡学生关心的时事经纬，衣食住行，无所不有，其中尤以抨击时弊的‘政论’，引人注目。有的大学生说：我们需要议论。面对社会上的腐败现象、知识分子待遇等问题，以及涉及到自身利益的学校工作，我们有话要说。但人微言轻，无处可诉，只得找到课桌上来自由‘发表’言论了。”

“‘课桌文学’的繁荣，自然也值得我们的学校、社会深思。大学生只能到课桌上去发泄，这说明我们的言路还不广，甚至仍有堵塞的地方。如果能多开辟几条上通下达的言论渠道，疏通一些正当的却被堵塞了的言论渠道，也许‘课桌文学’就不会如此繁荣了。除了那些过火偏激的言论，‘课桌文学’的有些内容，也反映我们工作中的缺点和失误，这就更需要引起各级领导的注意。”[1]

B.“带着几缕迷茫和惶惑，我们来到中国人民大学，开始了对‘课桌文学’这一盛行于大学生中的民间文学的‘采风’。……课桌文学也不乏学生们的幽默和自嘲。‘横眉冷对秋波，俯首甘为光棍’，还有‘吸烟吧，它会给你带来幸福以及老婆’之类不无颓丧的情调。有一张课桌上赫然地写着‘我爱你，小姐！’‘快结婚吧，少女们。’这种超出幽默近乎猥琐的作品是否流露出了青年学生某种微妙的下意识？”

“我们在课桌文学中也似乎能体味到某些创造者们的情场失意和争斗。如：‘人人笑我痴，偏要痴到底’，‘你是皎洁的月亮，却给我冰冷的寒光；你是我心中的太阳，为何给我灼热的酷烈？’有一位署名 Jone 的作者，写下了这样的情场打油诗：‘一丝萌动/一缕闲愁/一江春水/两股温柔/太公钓鱼/愿者上钩/若有邪念/小心挨揍。’”

“如果我们前面实录的都还算是文学的话，那么我们要说，大学课桌上大多

---

〔1〕 蔡丽泽：《“课桌文学”及其他》，载《文汇报》1989年1月6日。

是胡言乱语的非文学,其中不乏有猥亵下流不堪入目的脏话。也有为考试作弊而准备的答案,更多的是随意胡写的'意识流'。"[1]

C. "南京市某大学,一教室课桌上刻有这样的文字:'女人是祸水'……至于厕所文学,更是俗不可耐,是地道的淫秽作品。"

"产生'四大文学'的原因是多方面的,最主要的恐怕是部分大学生的丧志,精神空虚,寻求一种补充,再就是自以为是,只要自己痛快,信手就画,抬手就刻,什么社会影响,什么公共财物,统统都不管。"[2]

---

[1] 蔡丽泽:《"课桌文学"及其他》,载《文汇报》1989年1月6日。

[2] 方延明:《讨伐"课桌文学"》,载《文汇报》1989年1月26日。

第十二章 网络法

20 世纪 90 年代，网络调查法成为西方社会科学研究领域一种新的数据采集方法。网络调查是指在网络环境下，以互联网为信息传递工具进行调查设计、资料搜集、分析等活动。网络正在成为人们获取信息的主要渠道，中国互联网络信息中心发布的《第 24 次中国互联网络发展状况统计报告》显示，截至 2009 年 6 月底，中国网民规模增长至 3.38 亿，其中手机网民 1.55 亿，宽带网民接近 3.2 亿。利用互联网开展的网络调查，正在成为一种流行的调查研究方法。

第一节　网络调查的设计

网络调查在我国现阶段的应用范围还受到一些限制。为了避免出现严重的选择性和代表性偏差，网络调查应是主要针对以网民为对象的社会调查项目。

一、网络调查的主要类型

1. 社会热点调查

时效性要求非常高的项目的调查，若采取常规调查方法，会因耗时过久而使调查变得毫无意义。针对网民群体对象的一些社会热点调查，适合采用网络调查方法，可以迅速了解他们的反映。例如，2006 年 5 月，清华大学公共管理学院危机管理课题组公布了《中国城市居民危机意识网络调查报告》。此次调查所指的危机主要包括自然灾害、事故灾难、公共卫生事件和社会安全事件四个方面。报告显示，我国公民普遍缺乏安全感，有 67.6%的人对危机管理现状不满意。被调查人群表现出了很强的不安全感，70%的调查对象认为国内突发性重大灾难爆发的整体趋势更加恶化或没有明显变化。对于恶化的原因，有近一半的调查对象将其归咎于政府的危机应对体制存在严重缺陷，缺乏完善的危机管理机制。有 67.6%的人对危机管理现状不满意，认为投入不足、重视不够、急需提高。对此，参与调查的清华课题组有关人员认为，有些事件的责任并不能完全归咎于部门的失职，政府跟普通百姓之间的沟通不畅也是重要原因。2008年8月5日人民网推出关于房价的调查，问题是："对于当前房价，你怎么看?"截至当日17时，53 251名网民进行了投票。结果显示，超九成网民认为当前房价过高，超出了百姓的承受能力。3.4%的网民认为价格由市场说了算，正常；1 115名网友认为房地产市场已经出现风险，政府应加强干预，占总票数的2.1%；另有0.1%的网友留言，发表了自己的具体意见和看法。

2. 政府信息调查

政府部门为了更好地把握经济运行与社会发展状况，更加及时地了解企业经营情况与社情民意，正在逐步推广政府信息调查，建立政府调查信息网络。网络调查已经成为政府开展社会调查的重要方式。例如，我国建立的5 000家工业企业的联网直接报送制度，使国家在现代网络技术的帮助下，可以直接从企业快速地搜集反映经济运行动态的各种信息资料，及时了解企业发展及经济发展中出现的新情况、新问题，为国家制定政策，进行宏观调控提供依据。

政府信息调查是了解民情民意和为民排忧解难的重要基础。天津市委信访办、督查室出台了《关于"人民网"等网上留言办理工作的规定》，明确提出对于网上给市主要领导同志的留言，要及时反馈办理情况，最长不超过15天。根据规定，天津市委信访办、督查室对网上留言办理情况每周进行汇总梳理，向市委主要领导同志报告。天津还建立留言办理情况通报制度和办理工作责任追究制度，每月对网上留言办理情况进行通报。对网上留言办理工作中出现推诿、扯皮，不按法律政策规定办事，工作不认真、不负责，造成失误或在社会上产生不良影响的，将予以通报批评。

美国次贷危机引发世界金融危机后，全球经济发展面临严峻挑战，对就业形势带来一定影响。为了解就业状况，2008年12月12日，浙江省人民政府在政府网站推出关于就业问题的网上调查，听取广大网民的看法和建议。截止2009年1月20日，共有4 548人参加调查。调查结果显示，89.12%的人认为"就业形势严峻，就业难"，45.33%的人反映"所在单位有裁员现象"，43.66%的人反映"所在单位有降薪现象"，60.79%的人赞成"政府应给予不裁员的企业更优惠的扶持政策"。

3. 网络基础数据调查

中国互联网络信息中心(CNNIC)从1997年以来，对互联网在中国的宏观发展状况进行了24次调查，对于动态地掌握互联网在我国的发展情况，提供有关决策依据有着十分重要的意义，同时也为其他类型的调查在网络上的开展提供了基础性统计数据。这些调查报告受到了国内外的重视，也是有关中国互联网发展统计引用率最高的调查报告。

CNNIC 在 2009 年 6 月 5 日至 6 月 30 日进行了第 24 次网上调查。将问卷放置在网站上，同时在政府媒体网站、全国较大 ICP/ISP 网站与各省的信息港上设置问卷链接，由网民主动参与填写问卷。回收问卷后，通过技术手段进行答卷有效性检验，筛除无效答卷。本次网上调查共收到有效调查问卷 57 000 余份。调查内容侧重于了解中国网民数量与结构特征、上网条件、网络应用、网民对互联网使用的态度等状况。调查内容包括网民的基本情况、上网行为、上网深度、上网体验等。调查显示，截至 2009 年 6 月底，中国网民规模达到 3.38 亿人，较 2008 年底增长 13.4%，上网普及率达到 25.5%。网民规模持续扩大，互联网普及率平稳上升。使用手机上网的网民达到 1.55 亿人，半年内增长了 32.1%，手机网民规模呈现迅速增长的势头。网民男女性别结构保持在 53∶47 的比例。我国网民结构在年龄上不断优化，呈现出成熟化的趋势。与 2008 年底相比，30～39 岁网民所占比重明显增大，半年来从 17.6%上升到 20.7%。另外，40 岁以上的网民规模整体有上升趋势，10～29 岁的年轻群体占比例下降明显。[1]

二、网络调查问卷设计

网络调查的问卷都依靠网页呈现，研究者可以开发自己的网络调查系统或者接受网络调查公司的服务。目前，国际上较为流行的网络调查平台包括 surveymonkey.com 和 www.zoomerang.com 等。这些网络服务商均为研究者提供统一的网络调查模板、丰富的问卷题型（如多选、单选、量表、开放式问题等）、便捷的数据收集和处理服务等。研究者只需要根据提示选择网络问卷的版式、颜色、字体、问题的类型，填入相应的问题及选项后，一个完整的网络问卷便可生成。

研究者可将网络问卷的超链接发给被访者，被访者直接在网络上完成问卷，后台服务器直接保存数据。一般的网络调查服务商都提供多种的数据保存服务，在调查研究结束后，研究者可以从服务器上下载预处理后的数据直接用于数据分析。

〔1〕 参见 2009 年《中国互联网络发展状况统计报告》，http://www.cnnic.com.cn/uploadfiles/pdf/2009/1/13/92458.pdf

尽管各种网络调查程序及服务商提供了较为统一的网络问卷设计模板，研究者在设计网络问卷时仍然要注意以下事项：

(1) 网络调查应有规范简短的欢迎页面和感谢页面。欢迎页面便是网络调查的首页，用于介绍本次网络调查的组织者，研究目的及被访者权益的保护等内容，同时也告知被访者该如何联系调查研究人员。感谢页面出现在调查的最后页，用来感谢被访者花费时间完成问卷。

(2) 不要将问卷中的所有问题都放在一张网页中显示，这不仅将降低网页的下载速度，让被访者花更多的时间等待，同样也会使得被访者在回答问卷时产生疲惫和倦怠，从而过早地拒绝合作。研究者应对问卷中的问题进行合理的组合和归类，使用多页网页显示问卷，每页的问卷都应在一屏内显示。

(3) 使用规范的信件格式撰写调查邀请函，函件必须有标题、日期、抬头、起首语、正文、结语、署名等。函件开篇使用正确的称呼并将被访者的姓名正确完整地显示出来。研究表明，在调查中，个性化的起首语，即表明信件接收者的姓名和性别，能够有效提高调查的回应率。函件正文用简单明了的语言介绍调查的目的、研究的组织方、研究的意义等，并介绍研究者如何获取被访者的联系方式，被访者该如何参与本次调查，调查预计会占用被访者的时间，以及被访者参与调查后能获得的奖励或者可能面临的风险。同时，正文应该介绍调查研究过程中研究者如何保护被访者的隐私权，并将联系人和联系方式标注在信件中，方便被访者联系调查组织。邀请函件最好是以调查组织的负责人的名义发给被访者，在落款时最好附有责任人的亲笔签名，用来提高函件的可信度和增强被访者对于本次调查的参与度。在整个调查过程中，研究者应多次联系被访者，以提高调查的回应率。

三、网络调查实施中的监控

在调查研究过程中，研究者应对整个调查过程进行监控，一方面了解调查的进度，另一方面也力求避免调查中的个体重复回答问卷和恶意点击等行为，最大限度地保证调查的质量。对于网络调查而言，目前有三种主流的调查监控方式：

1. IP 监控

这是一种最为简便的调查监控方式，即一个 IP 地址无法多次参与调查问卷。然而这种方式却又很多漏洞。在公用机房（如学校图书馆或者网吧），同一个 IP 会被多人使用，IP 监控会自动屏蔽掉很多有效的合法的样本个体参与到调查中来。同样，当个体换个 IP 地址或者使用代理服务器时，这种方式也无法避免重复回答问卷或者恶意点击的行为，从而对调查质量的监控便形同虚设。

2. E-mail 地址监控

这是一种常用于商业调查平台的监控方式，即一个 E-mail 地址无法多次参与调查问卷。当我们向被访者发出电子邀请函件时，系统自动对每一封函件进行追踪监控，当用户通过电子邮件中的超链接打开调查网页时，其完成问卷的进度被记录在数据库中。无论用户使用不同的 IP 或者电脑，他们的问卷填答行为都根据他们的 E-mail 地址进行记录。即每个 E-mail 地址只能完成一份调查问卷。这种方式避免了重复填答的行为，而且研究者还可以根据不同 E-mail 地址的填答问卷的程度向其发放提醒邮件或者致谢邮件。

3. 个人信息监控

个人信息监控为每个被访者设定一个独特的代码(在国内通常使用被访者的身份证信息或者学生证信息)，被访者在填答问卷前需要填入这个代码才能填答问卷。这种方式是一种比较完美的调查监控手段，然而要求较高的技术支持，数据库中必须先生成用户代码或者保存有被访者的个人信息(如身份证信息或者学生证信息)等。因此这种监控方式一般用于较为严格的政府调查或者资金和技术有保障的前提之下。

第二节　网络调查的常用方法

网络调查在当前世界上方兴未艾，随着互联网技术的发展不断出现新的调查形式。有些调查形式的代表性与准确性受到质疑，处于试验阶段。下面介绍几种较为流行的调查形式。

一、网页调查法

网页调查法是指将问卷放在网站的某个网页上，回答者只要登录网页就可以参与调查。该调查法主要有以下方式：(1)随意拦截法，即在门户网站随意发送 pop-up 式调查问卷给访问该站的用户；(2)志愿者调查法，通常是在访问率较高的门户网站或与调查主题相配合的专业性信息站点发布调查的信息，进入这些网站的访问者可以自由选择，点击进入调查问卷；(3)志愿者 panel 法，它是在网上招募志愿者建成一个 panel，根据研究需要，选择符合某一特征的被调查者，并通过密码或IP控制进入调查的样本;(4)滚雪球网络调查法,这种方法从一个已知属于目标总体的个体开始,访问、询问他们所知道的该群体中其他个体的资料,根据所提供的线索,选择此后的被调查者,这一过程会继续下去,形成一种滚雪球的效果,此调查方法的主要目的是借助网络的时效性和匿名性来对总体稀有事件或敏感性问题进行调查。[1]

具体的操作方法一般是给调查对象发送一份E-mail邮件或者在一些预期调查对象访问率高的网站上发布消息,说明调查机构及其地址和联系方式、调查目的、调查主题、调查可能需要的时间等,解释该调查的性质并邀请他们参加。邮件中附有调查问卷的超链接或者地址信息,只要点击该链接或在浏览器中输入地址,浏览器就会显示问卷页面,被调查者填写完后,只要点击"提交"按钮就可以完成,调查结果自动进入数据库。

网页调查法取决于被调查者群体的态度,调查专页所在的网页的访问率越高,反映调查对象总体意见的可能性越大。例如,2008年5月,人民网推出了关于无轨电车的调查,问题是:"兰州无轨电车'下岗'引争议,您认为城市公交要环保还是要美观?"截至5月9日10时,共有18 729名网友参与投票,其中47.3%的网友(8 854人)认为城市公交要环保,绿色出行是趋势,重建费更高。在参与本次调查的18 729名网友中,有5 680人投票"要美观,电线电杆影响市容,费用大",占30.3%;另有22.4%的人选择了"用现代技术手段对无轨电车进行改造"。

二、电子邮件调查法

电子邮件调查法是以目标人群的E-mail地址清单作为样本框,使用随机抽样的方法发放E-mail问卷,然后再对受访对象使用电子邮件催请回答。电子邮件调查法可以通过ASCII(文本格式)的E-mail和带附件的E-mail两种形式开展。文本格式的E-mail问卷期望回答者可以顺利反馈他们的信息,通常要求回答者用简单的符号代表选中的选项,以减少回答者的时间。

回收的问卷可以通过软件辅助分析。如果问卷问题少、样本量小、问题开放,就使用文本格式的E-mail调查。这类问卷的整理是通过人工的编辑和粘贴工作组合成为一个文件。数据录入比通常的程序更无规则,也更容易产生错误。带附件的E-mail问卷调查则是把问卷以附件的形式发送给回答者,附件通常是文档格式、网页格式或者软件程序。后一种问卷设计可以很复杂,如带复杂的逻

[1] 石类:《网络调查及其局限性分析》,载《宁波广播电视大学学报》2008年9月。

辑跳转功能，但很多人因害怕病毒而不会轻易接收或者打开不熟悉的程序，其文件大小比其他格式的附件大很多。

电子邮件问卷调查是一种更为主动的调查形式。这种形式具有邮寄问卷的性质。它调查成本低，使用方便快捷，可以控制调查对象的身份、数量，如果没有回复，还可以再发送，直至回复。随着信箱容量的变大，一次发送问卷的文件可以很大，大型的定量社会调查也可以实施。在调查实施中，还可以通过多媒体技术，向受访者展示包括问卷、图像、样品在内的多种测试工具。对特定网民的具体看法、行为模式、网络广告效果等可获得多方面的资料。

在样本框较为全面的情况下，调查结果可用于推论研究的总体。这种调查方式针对性强、速度快，其调查质量在很大程度上取决于抽样框的完备性和高回收率。

三、网络讨论法

网络讨论法是一种定性调查研究法，是小组讨论法在互联网上的应用。网络讨论法可通过多种途径实现，如BBS、QQ、MSN、网络实时交谈(IRC)、网络会议(net meeting)等，具体形式有在线深度访谈法(In-depth Interview Online)、在线焦点小组会谈法(Online Focus Groups Discuss)、网络会议法等。

在线深度访谈法这种形式的研究类似传统的深度访谈，由研究者对一人或者多人进行网络访谈，可以采用电子邮件或是利用实时音视频软件(Real-time Software)的方式进行访问。此法进一步可细分为三种：电子邮件深度访谈、实时音频深度访谈和视频深度访谈。在抽样方法上，与传统的深度访谈相似，它更多地注重研究目的的需要而不是样本的代表性，往往是寻找某个领域愿意接受采访的对象来进行访谈，可以采用传统的方法或通过电子邮件征求对方的同意。在传统访谈中，找到充分数量的、多样性的、分布在不同地理位置或不同时间域的被访者，并完成访问、记录、整理和分析。这往往是十分费时、费钱的；此外，要提供比较安全的、私人的和熟悉的访谈地点有时也很困难。在网上访谈中，在访问者和被访者都具备网上交流条件的前提下，对于文本，等于已经记录；对于语音，可以用录音软件进行录音，因此上述传统访谈中的困难大多不复存在。

在线焦点小组会谈法是美国的蒙顿博士和拉扎斯费尔德提出并首先使用的一种调查研究法。其主要特点是强调小组内成员间的互动，通过互动以了解参与者想(感觉到)什么、为什么这样想(感觉)，从而使研究者可以接触到参加者的观念、态度和意见等。小组会谈从某种意义上可以捕捉到人们意见的形成过程，这使得小组会谈在这方面优于其他调查或访谈方法。小组会谈的主要优点是可以在相对短的时间内，以相对少的费用，收集到大量的、丰富的、详尽的、能洞察人们内心态度的数据。小组会谈的缺点主要表现在讨论可能过于分散，或差异不够，导致分析困难；参加者中可能有些过于安静不说话，而个别人员又过于活跃以致控制了整个讨论的进程；小组会谈会对主持人的要求很高，对座谈的环境、地点、时间和设备等方面的要求也很严格。小组会谈可以是实时的，也可以是非实时的。在实时的会谈中，参加者可以通过群组聊天软件或者聊天室等来参与讨论，相互间的信息交流是立即展示的，实时的小组会谈具有快速、热烈、互动性强的特点。非实时的小组会谈不需要参与者同时参与讨论，可以在自己适当的时候去回答其他参加者的问题，或提出问题让其他人以后再作评论。因此，非实时的小组会谈可以克服各地时差不同、参与者数据录入速度不同的问题，特别是在需要详细的、经过思考的信息时比较适用。不过非实时的小组会谈是否属于真正意义上的小组会谈，有些研究者对此有不同的看法。

网络会议法是基于 Web 的计算机辅助访问，将分散在不同地域的被调查者通过互联网视讯会议功能虚拟地组织起来，在调查者的引导下讨论调查问题的调查方法。调查者把设计好的调查内容以网页的形式在固定的网站上公布，并在调查对象中征集与会者在约定的时间内进行网上座谈。这种方法与传统调查中的小组座谈法的核心方法是一致的，只是会议的地点不同。传统座谈法的所有被调查者必须在同一地方，而网络会议法的被调查者可以在不同的地点，只要在同一虚拟空间就行。因此，网络会议可以召集覆盖范围更广的人群，问者和答者均在各自独立的环境中，有利于对敏感问题的回答。这种调查方式可以用来对某项专题进行深入细致的研讨。

四、网络电话法

它是以 IP 地址为抽样框，采用 IP 自动拨叫技术，邀请用户参与调查。比如，可将 IP 地址排序，每隔 100 个进行一次抽样，被抽中的用户会自动弹出一个小窗口，询问其是否愿意接受调查，回答“是”，则弹出调查问卷；回答“否”，则呼叫下一个 IP 地址。这种调查方法类似传统调查方式中的电话调查，由被调查者自行决定要不要回应，这是自发性回应。自发性回应产生的样本可能有偏差。因为自发性回应样本吸引到的通常是对调查中的问题有强烈感受或有兴趣的人，这些样本不一定代表一般人的意见，对总体的代表性往往不足。

五、网络观察法

网络观察法是对网站的访问情况和网民的网上行为进行观察和监测。法国NetValue公司使用这种方法最具代表性，它的重点是监测网络用户的网上行为，称之为“基于互联网用户的全景测量”。它调查的主要特点，是首先通过大量的“计算机辅助电话调查”获得用户人口统计资料，然后从中抽出样本，招募自愿受试者，下载软件到用户的电脑中，记录被试者的全部网上行为。

在互联网环境中，研究者感兴趣的观察领域有：非言语的行为（如身体语言特别是面部表情）、空间行为（如与物理接近和距离有关的问题）、语言行为（如说了什么和怎样说的），以及其他语言行为（如说话的速度、声音的大小、中断的倾向、说话的口音等）。在网络环境下，较常见的是观察人们所表现出来的非语言行为或其他语言行为等，如研究者可以观察一些特定主题的论坛或是利用实时聊天方式开展同步会议的自然的谈话，仔细地观看并分析谈话者之间的互动关系。

网络观察法已经不是一般意义上的观察法，更多的是靠技术获得数据进行全面地分析，而所谓“观察”的任务完全交给了机器来完成，因此网络观察法有别于访谈法更多地依赖技术。但这种网络观察法很容易侵犯网民的隐私权，在网民毫不知情的情况下，利用软件对其进行观察，必然会侵害网民的权利。

第三节　网络调查的特点

与传统调查相比，网络调查有一定的优势，同时也有一些缺陷。因此，网络调查需要在实际应用中不断发展创新，尽量纠正其中的偏差。

一、网络调查的优势[1]

1. 网络调查的及时性和共享性

网络调查是基于 Internet 技术的一种调查，它可以迅捷地实施调查方案，比如电子邮件调查法，电子邮件的传输只需几秒钟，因此相对于传统的邮寄调查方式，其时效性大大提高。同时，网络调查的结果是开放的、共享的，被调查者可以和调查者一样使用调查结果，而且调查信息经过统计分析软件初步处理后，可以

〔1〕 曹俊文：《网络调查：调查方式的革命》，载《科技广场》2003 年第 7 期。

马上查看到阶段性的调查结果。这就保证了调查机构调查信息的及时性，这是传统方式所不能比拟的。

2. 网络调查的低成本性和高效率性

进行网络调查，无论是调查者还是被调查者，只要通过网络就可沟通交流。调查者在网站上发出电子调查问卷，提供相关信息，然后利用计算机对访问者反馈回来的信息迅速进行整理和分析。网络调查不需印刷调查问卷，调查过程中最繁重的信息采集和录入工作分布到众多网络用户的终端上完成，可以无人守候和不间断地接收调查表，这大大减少了调查机构人力、物力的耗费，一般完成相同信息量的搜集，在网络条件下比传统条件下要花费更少时间。

3. 网络调查的客观性和可靠性

网站访问者一般都是对网络调查有一定兴趣，对调查内容作了认真思考之后进行回复的，他们无须面对调查者，在一种轻松而从容的氛围中回答问题，不受调查人员或其他外在因素的干预或误导，这很大程度上保证了网络调查结果的客观性和真实性。同时，网络调查省去了传统调查的数据录入环节，从而减少了数据录入过程中易产生遗漏、编误等问题。在自动统计软件配合完善的情况下，可以在短时间内完成标准化的统计分析工作，保证了网络调查结果的可靠性。

4. 网络调查的超越时空性

网上调查不受空间的限制，通过互联网，问卷可以遍及世界各地，被调查者能够在足不出户的情况下，通过网络回答调查问卷。网络调查是 24 小时全天候的调查，这就与受区域制约和时间制约的传统调查方式有很大的不同。

二、网络调查面临的问题

网络调查也有局限性与缺点，主要存在以下问题。

1. 调查对象的代表性问题

样本代表性问题是网络调查中最为突出的一个问题。网络调查中的样本框不是全部人口，而只是网民或者部分网民。互联网用户只是社会人群的一部分，所以网络调查面临上网人员结构单一与网络应用范围偏窄的束缚。另外，网上调查由于对受访者的身份不做限制，任何一个上网的人都有可能成为调查的对象。从统计的角度看，针对不同内容的统计调查，应该对受访者的身份进行“甄别”。如果对于主动访问者的点击未给予限制，或者对访问者身份的识别存在明显的漏洞，那么样本的代表性就会有问题，调查结论的代表性受到影响。

2. 拒答问题

"拒答"是指被调查者有能力回答而未回答,拒答问题分为有意拒答和无意拒答。有意拒答主要存在于一些敏感性问题的调查,虽然调查员没有直接面对面,但是受心理的影响,还是会有不少人拒绝回答。无意拒答则是被调查者在填写调查问卷过程中因粗心大意而遗漏,或因网速慢、网络不稳定等导致拒答问题的出现。

3. 网络调查的安全问题

网络安全性是一个普遍存在的问题,基于 Internet 的网上调查也不例外。可以将网络调查安全问题分为三大类:一是网络调查系统与数据的安全问题,即在开展调查的过程中调查系统的服务器能否正常运行,服务器上的数据能否得以安全的存放。二是网络调查的保密性问题,即在开展调查的过程中调查单位的机密以及个人的隐私是否能够得到很好的保护,网络调查的数据和结果是否能够在正式公布之前不被泄漏。三是网络调查的精确性问题,即在开展调查的过程中能否防止某些利益集团对调查的不当干预和操纵而影响调查结果的准确性。[1]

随着计算机技术和互联网络的飞速发展,计算机网络资源已经越来越引起人们的重视,社会调查也越来越需要计算机技术的支持。计算机网络调查作为一种新型高效的社会调查模式,将随着互联网的发展与网民群体的扩大而不断进步,在社会研究领域发挥越来越大的作用,为社会调查研究工作的进步和精确化贡献力量。

第四节　网络调查的误差

一般认为,调查研究有四种误差[2]。对这些误差的判定方式,可以探讨网络调查的科学性及调查结果的有效性。

一、涵盖误差

涵盖误差(Coverage Error),指样本不能涵盖母体,从而导致调查结果无法反映总体人群的状况,其产生原因是由于总体人口中的某些人群没有被样本所覆盖。

---

〔1〕 曾五一、袁加军:《网络安全问题研究》,载《中国统计》2007 年第 11 期。

〔2〕 参见 Dillman, D. (2007). *Mail and Internet surveys: The tailored design, second edition — 2007 update*. Hoboken, NJ: John Wiley。

由于我国互联网普及率还较低，我国的网络调查往往面临较高的调查涵盖误差(Coverage Error)的风险。中国的上网普及率仅为25.5%。在我国网民人口结构中，10～29岁的网民占总网民的60%以上，低学历网民比例低于高中及以上学历的网民比例，另外城镇网民规模远远大于农村网民，东部网民规模也强于中西部网民规模。因此，在我国网络调查往往无法覆盖整体人群，大量的非网民被排除在调查抽样框之外，网络调查在人群涵盖面上的缺陷往往会导致调查结果的严重偏差，从而降低网络调查结果的有效性和科学性。根据目前我国网络普及的现状，网络调查目前仅适用于网络普及程度较高的人群，如学生、青年人或者文化程度较高的人群，不适合作为全国广泛人群调查的手段。

二、抽样误差

抽样误差(Sampling Error)，指样本与母体或者较大样本间的差异，从而导致调查结果不准确，其产生的原因是由于样本框架中的个体无法具有相同或者近似的几率被抽中为样本。一般而言抽样方式及样本大小会影响抽样误差的大小。当抽样方式足够随机，赋予样本框架中的每个个体以平等的机会参与到调查中，并且样本数量足够大，在理论上满足这两个条件便可以减小抽样误差的产生。

网络调查往往缺失一个合理的抽样框架(Sampling Frame)来对网民进行随机抽样。某些特殊的人群，如某些公司的雇员、大学生，往往会有惟一的电子信箱或者网络帐号以便于确定抽样框架。除此以外，研究者很难如获取随机电话号码样本(Random Digit Dial, RDD)一样获取一份互联网用户的完整名录。换言之，每个自然人拥有多个电子信箱帐号、多个网络帐号甚至对应多个网络接入电话号码，在这样的情况下研究者几乎无法寻找到一个与自然人完全并且惟一对应的抽样框架以保证每个自然人拥有平等的抽样几率。举例而言，假设某研究者要对某大型网络社区的用户进行问卷调查，为保证调查的科学性和有效性，研究者采用随机抽样的方式抽取研究样本。该网络社区共有1 000名网络用户，但具有2 500个网络注册ID。由于网络的匿名性，研究者只能通过网络ID名录抽取样本。然而有些用户注册有2个或者更多的ID，这些用户拥有更多的几率被抽为样本成员接受调查，从而产生严重的抽样误差。因此，在某种程度上，网络调查是很难实现理想的随机抽样的[1]。网络调查在抽样误差规避上的

〔1〕 Couper, Mick P. 2002. New Technologies and Survey Data Collection: Challenges and Opportunities. Paper presented at the *International Conference on Improving Surveys*. Copenhagen, Denmark.

缺陷是很多研究者在选择网络调查作为惟一独立的调查方式上的一个很大的顾忌。就目前而言，为减少抽样误差，我们应在某些拥有惟一电子信箱或者网络帐号的人群中进行网络调查，如大学或者公司组织内，而不建议在广泛的社会人群中进行大范围的网络调查，那样不仅调查涵盖误差极大而且抽样误差也会很大。

三、无回复误差

无回复误差（Nonresponse Error），指抽样样本中完成调查的人群和未回复问卷的人群在人口结构上的差别，从而导致调查结果无法有效且准确地反映样本。由于网络调查的回复率（Response Rate）普遍较低，从而导致网络调查较高的无回复误差，即完成网络调查的样本成员与未完成网络调查的样本成员在人口特性和结构上存在显著的差别，从而降低了调查结果的有效性。网络调查较高的无回复误差也是众多研究者不愿选择网络调查作为数据收集的一个重要的原因。然而网络调查较高的无回复误差大多发生在那些用电子邮件来联系被访者的调查案例中。电子邮件作为一种私人的联络方式，不同于普通邮件与电话交流，人们往往不愿意打开或者回复那些来自陌生人或者陌生组织的电子邮件。并且由于某些组织强大的电子邮件内部过滤系统，大量的电子邀请信件被电子邮箱系统过滤屏蔽，从而无法到达被访者。另外，由于网络调查往往需要被访者具有一定的电脑技能来完成问卷（如基本的网页浏览或者文字输入等技能），一些不具有或者不熟悉计算机的被访者可能拒绝或者不愿完成问卷，这样的情况也导致了较高的无回复误差。

为提高网络调查的回复率，降低无回复误差，目前，学界和业界提出了几种有效的方式：

（1）规范调查的电子邀请信件，如以有社会公信的调查组织的名义发出调查邀请，使用商用的信件模板，格式及内容保证简单明了，并在信件上签上调查负责人的亲笔签名等。

（2）在调查期间，发出多封电子信件，如调查前发出正规的电子信件告知被访者调查的目的及需要被访者所作的工作等；调查期间发出提醒信件，提醒被访者按时完成问卷；调查完成后及时发出感谢信件，感谢被访者的配合。

（3）使用多种联系方式（Mixed-mode Contacts），这是一种被证明为极大提高调查回复率的方式，即研究者不仅适用电子邮件的方式联系被访者，同时还给被访者寄出文本信件或者通过手机、电话等多种方式联系被访者，邀请被访者参与调查。

（4）保证被访者和调查研究组织间联系渠道的畅通，当被访者在回答问卷过程中遇到各种困难或者疑问时，能够最迅速地从调查组织方获得帮助。研究者应综合使用这几种方式努力提高网络调查的回复率，降低调查的无回复误差。

四、测量误差

测量误差（Measurement Error），指由于问卷问题本身的问题造成被访者在回答问卷中的误差，从而导致研究者无法获得真实的数据或者研究者获得的数据无法有效反映出研究意图，其产生的原因一般是由于不合理的问卷设计、不科学的访问程序，甚至是不合理问卷排版造成的[1]。

网络调查在减少测量误差方面尤其独特的优势：

（1）大大减少被访者的社会性期望反应（Social Desirability）的发生。调查研究中的社会性期望反应往往发生在有访问者介入的调查中（如人工电话调查、面对面访谈），被访者往往会主动猜测或者估计哪些答案是访问者所期望的或者是被主流社会价值观所认同的，从而提供那些符合社会期望的答案而刻意隐藏自己真实的想法或观点。网络调查没有访问者的介入，并且网络问卷调查提供了一个相对私密或者匿名的问卷填答平台，这些大大减少了问卷调查中被访者社会性期望反应的发生。

（2）有利于减小由人工访问者产生的测量误差。尽管我们在进行人工电话调查或者面对面调查时都需要对访问者进行标准化培训以达到访问过程的统一化，然而事实上由于人的差异性，我们无法完全消除每个访问者在访问过程中的差异。然而访问者在访问过程中的访问程序的差异、情绪上的差异、甚至语速或者清晰度上的差异都会影响被访者问卷的回答过程，从而增大调查的测量误差和影响调查结果的准确度。网络调查由统一的网页界面作为访问中介，排除了由于人工访问者产生的测量误差。值得注意的是，由于被访者的不同的电脑系统及浏览器等应用软件的不同，我们在做网络调查时应力求网络问卷在不同的电脑平台和软件中拥有统一标准的展示。

（3）被访者在完成网络调查时可以自己掌控回答的节奏和时间。在进行面对面调查或者电话调查时，访者一般都不能提供给被访者充足的思考时间，并且访问者也容易打破被访问者的回答节奏，往往造成被访者在回答过程中的紧张

---

〔1〕 Groves，R.（1987）. Research on survey data quality. *Public Opinion Quarterly*，*51*，S156～S172.

和仓促应答，降低了调查的数据质量。网络调查提供给被访者充分的思考和应答时间，免受访问者的干扰，被访者可以根据自己的应答节奏回答问卷。

我们在了解网络调查的四种误差以后，应考虑不同的调查研究目的和调查群体，尽量避免与减少误差，以保证社会调查研究的科学性和结果的有效性。

在使用网络调查时，应充分使用传统的调查方法，使二者相互补充。同时，网上调查应与网下调查结合起来，对调查结果进行印证、补充与修正。

第四编

终程方法

搜集资料的工作结束之后，就要开始处理资料。处理资料包括四个基本环节：(1)审核：即检查资料是否真实、标准、准确与完整。(2)整理：即选择一定标志将资料总体分成若干类。(3)汇总：即把资料单位一一归类，汇总技术包括手工汇总与电脑汇总。(4)分析：即呈现与解析资料及其社会意义。审核、整理、汇总、分析技术，是社会调查研究的终程方法的基本内容。本书对审核、整理、汇总技术不作详细介绍，重点探讨分析技术。也就是说，社会调查研究的终程方法主要是资料分析方法。

资料分析方法可以划分为定量分析方法与定性分析方法，也可以划分为描述、解释、预测与规范研究方法。前者是并列性分类，后者是递进式分类。二者交叉，形成多种应用于实际社会调查研究的资料分析方法。

资料分析方法类型矩阵表

	定量	定性
描述	√	√
解释	√	√
预测	√	√
规范	√	√

第十三章 描述法

社会调查研究的目的、结果一般都以描述对象的状况为起点，解释、预测与规范必须建立在描述的基础之上。社会调查研究成果的合理结构，应是以描述为基础，解释、预测与规范为上层的“金字塔”。只有从描述起步，才能攀登社会研究的高境界。

第一节 描述法的意义与层次

一、什么是描述法

描述法是通过呈现经过审核、整理与汇总的资料，说明研究对象“是什么”的一种方法。描述法具有三个基本要素：(1)经过审核、整理与汇总的调查资料；(2)研究对象；(3)描述技术，即说明研究对象“是什么样”的手段。

描述的对象，是社会事实，而不是理论观点。社会事实是通过直接或间接、公开或隐蔽的度量而获得的。因此，描述法始于观察，而不是始于先验性的假设。

描述的内容，是社会现象与问题形成、存在、变化的具体情况。例如，恩格斯以描述为主写作的《英国工人阶级状况》，详细记叙了英国工人恶劣的劳动条件、生活环境与非人待遇，读起来令人震撼。描述社会具体现象可以或详或略，但客观、准确、全面地记叙社会现象的本来面目是描述法最基本的科学标准。

描述是解释、预测、规范研究方法的基础，是探索社会奥秘的第一步，而且是不可缺少的一步。如果不走这一步就试图去解释社会现象，那么只能去猜测与臆想。有了完整、准确的描述，才有可能形成正确的解释、预测与规范设计。

二、描述法操作项目

描述法的操作过程一般包括如下六个项目：

1. 描述目的

面对经过审核、整理与汇总的资料，究竟呈现哪些资料、如何呈现那些资料，都是由描述目的决定的。一般来说，描述目的是整个调查研究目标系统的分目标系统，即其中的一个组成部分。描述目的是通过呈现资料而试图达到的社会效果。例如，通过呈现大量污染的事例，说明工业化的负效应，提醒人们重视环境保护与治理，推进科学发展，即是描述的目的。

2. 描述对象及其范围

描述对象一般是个人、组织或群体，也可以是某一个社会事件。如果是个人、组织与群体，则需要先确定他们的规模及地区分布范围。如果是某一社会事件，则需要先确定波及的范围、参与的人数等。搜集来的资料在描述之前要经过审核、整理与汇总，因此描述的对象及其范围并不一定与搜集资料的对象及其范围等同。如果舍去了一些不准确或无价值的资料，描述的对象范围就可能会缩小；有时，根据描述目的，也可能缩小对象范围，只描述所搜集资料中的一部分对象。一项资料搜集活动的对象范围，可能成为若干种描述的对象。

3. 描述单位

描述单位与资料搜集单位可能相同，也可能不相同。例如，一个调查研究项目共统计汇总了10 000份随机样本的家庭婚姻资料。观察单位是个人，描述单位则扩大为社会阶层，呈现各阶层的家庭婚姻状况。

4. 描述的时间范围

描述的时间范围是描述对象有关社会特征存在与变化的时间总长度。描述的时间范围不是随意确定的，一般要考虑时间范围的意义，即应选择具有较佳意义的时间范围。例如，描述我国农村集镇的变化状况，如果资料允许，较好的一种选择是把1978～2009年作为描述的时间范围。因为这一时间范围包括我国改革开放与治理整顿的各个完整阶段，有利于描述改革开放与治理整顿对农村集镇的影响。

5. 描述主题

这是描述内容的中心价值。客观地描述是否可以“无主题”？我们认为，任何描述都是有主题的，只是主题的形式可能不同。描述的主题形式有两种：一是显性主题；二是隐性主题。用明确的观点表述一定社会事实的社会意义，或一定的社会事实具有明显的倾向性，都属于显性主题的存在形式。隐蔽在一定社会事实背后的社会意义,只有通过读者的思维才能把握,则属于隐性主题的存在形式。如果以1978～2009年为描述的时间范围,以农民生活水平的提高为描述内容,其描述的主题就是肯定我国改革开放政策为农民带来的福利。

6. 描述的类型

描述可以是总体描述或分类描述,可以是定量描述或定性描述。

三、描述法的层次结构

1. 现象性描述

这是最基本的描述性研究,目标仅仅在于准确地表述社会存在的方式。现象性描述是为了帮助人们客观地认识描述对象。例如,李路路等对我国中间阶层的居住特点作了如下描述:在单位社区和商品房社区中,主要居民为中间阶层和社会下层成员,而且二者之间的比例相差不多。两个阶层的差别仅在于:在未经改造的老城区中,大多数居民都是社会下层的成员,在那些环境较差的社区中,社会下层成员的比例也远远超过中间阶层和自雇佣者阶层。也就是说,由于社会下层成员数量庞大,虽然有超过一半的成员居住在单位社区和商品房社区,但在那些未经改造的老城区及合并社区中,其主要成员仍然是社会下层。[1]

美国的R.尼科尔斯与D.卡内基曾著文描述了美国当代的百万富翁。他们写道:美国约有100余万个百万富翁,每一百户中就有一个。随着百万富翁人数的增长,美国百万富翁像土生土长的干洗商,而不像好莱坞刻画出来的形象。典型的百万富翁是靠自己努力取得成功的,而且大多数都60岁出头,其中不到10%是在40岁以下。几乎所有的百万富翁都是白人,男性——或他们的遗孀——都以老式方法赚钱,并不舍得轻易花钱。在美国,医生、律师和公司总经理可能是最有威望的职业,但他们挣钱却不是最多的。小型企业主比专门职业者有着多得多的成为百万富翁的机会。约15%的百万富翁在上12年级前就离校了,只有63%的人上过1年大学。教育与文凭并不总是有助于发财。年届六旬时,在商人中将会有两倍于医生的人变成百万富翁。艺术家、演员、运动员在致富的人中不到1%,有巨大抱负的百万富翁一般都不在大公司工作。85%的百万富翁都拥有自己的企业或在一家私营公司里拥有股份,大部分财源来自提供

〔1〕 李路路、王宇:《当代中国中间阶层的社会存在:社会生活状况》,载《江苏社会科学》2009年第1期。

基础劳务与产品。靠自己努力取得成功的百万富翁嗅觉灵敏，他们十分注意市场需求。他们虽然以敢冒巨大的风险出名，但他们从来不会把超过他们财产总数的10%的钱拿出去冒险。〔1〕

西方社会学家往往是通过现象描述的研究成果而步入社会学界，或者开始经验社会研究的。所以，这种描述在当代西方社会学文献中十分丰富。下面，再举一例。有位法国社会学者指出，当代发达工业社会中存在两种十分突出的社会现象：离群索居与孤独感。随着城市的建立出现了一批独身生活的人，这些人又随着城市人口集中化而逐渐增加。最近30年，独身生活的人数急剧上升。法国1983年独身生活的人数已占全国家庭总数的三分之一。上了年纪的老人、独身者和离婚后的妇女，在当代的核心家庭中再也无立足之地和可担当的角色，从而成为生活在现代家庭周围的"卫星人"。受到这股潮流冲击和影响的不仅是成年人和老年人，还有儿童。父母离异、家庭破裂和单亲家庭等，使儿童的心灵受到极大伤害，情感和性格变得更加脆弱。妇女也不例外。目前，越来越多的妇女过着寡居或独居生活。〔2〕

2. 本质性描述

较深入的描述性研究，目标不仅仅在于准确地表述社会存在的方式，还在于对社会现象作进一步的概括。深层描述对于人们来说，能从中得到更多的启发。美国的M.马格内特最近以"金钱社会"为题对美国社会进行了如下描述：

20世纪80年代的美国人普遍沉迷于金钱的追求。在这个金钱至上的社会里，其他一切价值观念都黯然失色了。生活中的这类例子比比皆是。例如在股票市场兴旺发达的20年代，债券与投资尚不能成为餐桌上太太小姐们谈论的话题；但是如今，人们几乎处处谈论金钱，谈论着他们为买房子、游艇或油画花了多少钱，作了多大一笔交易，这笔交易能赚多少钱，等等。70年代的通货膨胀所带来的痛苦和创伤尽管小得多，但也同样使许多美国人变得目光短浅。他们的教训似乎是，为了生存就必须积蓄金钱和避免欠债；在手头的金钱还没有变成一堆废纸之前，就尽量买、买、买。通货膨胀不仅使美国人的经济观发生了很大变化，道德也发生了变化。随着更多的人靠投机买卖去发财，人们越来越意识到个人经济上的运气有如中彩票，它与努力工作、自我约束或为人类的幸福所作的贡献关系甚小。因此每当其他人获得了某种东西时，人们不禁自问："我为什么没有？

〔1〕〔美〕《美国新闻与世界报道》，1986年1月13日，第43～45页。

〔2〕〔法〕G.博德：《离群索居与孤独感：具有现代特色的外貌》，载《法国社会事务评论》1987年第2卷。

我也有权得到。”这种观念上的变化必然导致对金钱更加不择手段地追求。金钱成了划定人们社会地位的手段和依据。当人们都在拼命赚钱以图获得某种社会地位时，获得该社会地位的代价也就越来越高。相当富有的人自有他们的办法。例如他们可以很快地用钱买到五花八门的社会地位，包括得到某种明显的地位。上述事实也说明，金钱社会没有排除那些有坚实基础的、值得尊重的价值观。但是，金钱社会已经扩展到填补某种真空。因此，问题不在于人们过于看重金钱，而在于他们能够看重的其他东西如此之少。他们不知道除了金钱之外，还有什么可值得看重的东西。[1]

显然，这种描述比现象描述要深刻得多。下面，我们再从一份类似的描述性研究论文中摘引部分内容，读者可以观察到其中的描述方法：

在今天的法国，出现了一种热衷乡村文明的思潮，由于它正好出现在现代文明取代乡村文明的时代，所以也就特别引人注目。地区主义感兴趣的是重新为这种农业社会构造一个现代神话而不是认识它。它代表的是一种新的无知，而这种无知正好有利于它所反对的那种国家权力结构，这是一种尚古主义同分权主义假民主融为一体的思潮。在当代工业化的城市中，乡村生活已成为人们普遍追求的一种理想生活方式，地区主义正好利用了这点。它构造的理想模式毫不考虑经济、社会、历史诸因素的限制，总是试图复兴那种“古朴”的农业社会，即使这损害农民的利益。地区主义仇恨巴黎的资本主义，但对地方上的资本主义则持容忍态度；它对城市的仇视同时也表现在它有一些信徒对那种学究式的城市文化的轻视上。由于物质财富的迅速积累，生活在后现代文明之中的人发现他们正面临一种社会的灾难：丰裕中的贫困。从前城乡典型特点是物质生活的贫困，寿命的短暂；而今天，一旦基本需要获得了满足，丰裕及社会普遍安全便成了更重要的了。然而，这种丰裕可能是瞬间的和脆弱的，地区主义所鼓吹的“返回农业文明中去”的口号，是解决不了当代所面临的挑战的。[2]

例如，李强这样描述我国改革开放以来社会结构的变化趋势：如果用一句话概括改革开放30年来我国社会分层结构的最主要变化，可以说，变化的基本特征是从以“社会身份指标”来区分社会地位向以“非身份指标”来区分社会地位的方向转化。改革前中国社会分层的特点是非财产型的，即区分社会地位高低的标准不是财产、经济收入的多少，而是一种特殊的身份指标，包括政治身份的区

---

〔1〕〔美〕《幸福》，1987年第116期第1卷。

〔2〕〔美〕克洛德·卡尔努赫：《地区主义的失乐园——法国后现代文明的危机》，载《目标》（美国）1986年第67卷。

别、户籍身份的区别、工人与干部身份的差异等。从社会分层的角度看，改革以后的最大变化就是，原有的身份制度或身份体系逐渐瓦解或衰落，出现了重大的变迁。[1]

第二节　描述的定量方法

社会事实具有量与质两个方面，描述社会事实既需要定量分析，又需要定性分析。定量描述是使用统计、数学与计算机对社会事实的规模、数量、相互关系进行数量化呈现的方法，可以精确、清晰地呈现社会事实。使用定量技术是描述方法科学化的重要途径。正如当年马克思所指出的那样："一种科学只有成功地运用数学时，才算达到了真正完善的地步"[2]。例如，通过对计划生育和一胎化政策实行以前人们生育行为的研究，可以发现生育行为和职业、文化程度有密切关系。从总体上看，知识分子家庭的子女普遍比工农家庭的少，用定性方法只能得出这样一个概略的认识，但如果使用定量方法进行统计调查，就可以把这种关系提炼成为一个数学方程式：$y=4.38-0.16x_1-0.08x_2$。y 代表一位妇女生育子女的数量，x_1 代表文化程度，x_2 代表职业地位，4.38 代表当时全社会每个妇女生育子女的平均数。可以看出，提高职业地位是不容易改变的因素，而文化程度可以逐步提高，每提高一级文化程度可以减少 0.16 个孩子，所以要想不靠行政命令控制人口数量，必须提高整个民族的文化水平。[3]

一、统计表的资料显示

使用统计表显示汇总资料，是很常用的一种描述方法。在社会调查研究报告中，应适当使用统计表、统计图，较为直观与形象地显示调查资料。现举例说明三种最常用的统计表。

1. 简单表

简单表是显示未作分组的资料的统计表。例如，将我国城镇居民医疗保健支出情况列表如下：

---

〔1〕 李强：《改革开放 30 年来中国社会分层结构的变迁》，载《北京社会科学》2008 年第 5 期。

〔2〕 保尔・拉法格：《回忆马克思》，载《回忆马克思恩格斯》，人民出版社 1957 年版，第 73 页。

〔3〕 苏驼主编：《社会调查基础知识》，湖南科学技术出版社 1987 年版，第 171 页。

表 13-1　我国城镇居民医疗保健支出情况

年份	平均每人支出(元)	年份	平均每人支出(元)
1990	25.67	2005	600.85
1995	110.11	2006	620.54
2000	318.07	2007	699.09

资料来源:《中国统计年鉴》(2008),中国统计出版社。

2. 简单分组表

按某一标志将总体分组,然后列成的统计表,即简单分组表,如表 13-2,显示按城乡分组的我国居民国内旅游消费情况。

表 13-2　我国城乡居民国内旅游消费情况

年　份	人均国内旅游花费(元)		
	城镇	农村	总计
2000	679	227	427
2005	737	228	436
2006	766	222	447
2007	907	223	483

资料来源:《中国统计年鉴》(2008),中国统计出版社。

3. 复合分组表

按两个以上标志将总体分组,然后列成的统计表,即复合分组表,如表 13-3:

表 13-3　2007 年我国城镇居民家庭生活消费支出构成　　(单位:元)

项目	总平均	最低收入户	低收入户	中等偏下户	中等收入户	中等偏上户	高收入户	最高收入户
消费性支出	9 997.47	4 036.32	5 634.15	7 123.69	9 097.35	11 570.4	15 297.73	23 337.33
食品	3 628.03	1 904.09	2 451.15	2 942.78	3 538.30	4 229.78	5 062.13	6 439.53
衣着	1 042.00	360.89	565.19	776.85	1 017.66	1 278.22	1 579.06	2 162.63
居住	982.28	469.05	605.01	718.26	873.89	1 095.36	1 436.69	2 290.13
家庭设备用品及服务	601.80	163.91	282.51	385.04	545.18	716.89	967.68	1 597.44
医疗保健	699.09	281.13	378.69	501.69	646.52	861.43	1 108.59	1 472.54

续 表

项目	总平均	最低收入户	低收入户	中等偏下户	中等收入户	中等偏上户	高收入户	最高收入户
交通通信	1 357.41	314.24	548.82	710.05	993.43	1 420.31	2 467.69	4 815.64
教育文化娱乐服务	1 329.16	445.71	646.99	877.36	1 172.43	1 544.20	2 092.01	3 526.23
杂项商品与服务	357.70	97.29	155.79	211.66	309.95	424.19	583.88	1 033.17

资料来源:《中国统计年鉴》(2008),中国统计出版社。

二、定类尺度的描述

定类尺度的描述方法,包括比例、百分比与比率的计算与呈现。

1. 比例

某类的数值除以总体的数值,即得某类的比例。其公式为:$P=\frac{f}{N}$(P 为比例,f 为某类的个体数目,N 为总体的数目)

例:某县农户调查样本共 11 266 个,其中纯农户 4 201 个,半农户 5 944 个,离农户 1 121 个。求纯农户、半农户、离农户的比例。

解:

$$\text{纯农户}:P_1=\frac{f_1}{N}=\frac{\text{纯农户数}}{\text{总农户数}}=\frac{4\,201}{11\,266}\approx 0.373$$

$$\text{半农户}:P_2=\frac{f_2}{N}=\frac{\text{半农户数}}{\text{总农户数}}=\frac{5\,944}{11\,266}\approx 0.528$$

$$\text{离农户}:P_3=\frac{f_3}{N}=\frac{\text{离农户数}}{\text{总农户数}}=\frac{1\,121}{11\,266}\approx 0.100$$

2. 百分比

比例乘以 100 即等于百分比值。

$H=P\times 100$(H 代表百分比,P 代表比例)

例:

表 13-4 某县农户情况

	集体企业户	家庭副业户	个体外出户	混合户	总 计
百分比(%)	74.7	6.5	8.7	10.1	100.0

3. 比率

两个数值之比，即是比率。在总体中，某类个体数与另一类个体数相除，就得到一种不同于比例的比率。例如，在一调查项目中，研究者共访问了1 000名工人，其中男性工人为600名，女性工人为400名，则男女工人的比率为：

$$600/400 = 1.5 : 1$$

又如，某市2007年犯罪人数为1 098名，2008年犯罪人数为1 321名。则犯罪人数的增长比率为：

$$(1\,321 - 1\,098) \div 1\,098 \approx 0.20$$

三、定距尺度的初步描述

定距尺度的描述方法，包括全距、组距、频数、频率等值的计算。

1. 全距

全部数值两端之差，即为全距。在收入、消费、贫富等研究中，全距常被使用。例如，某社区最高收入户的年人均收入为177 210元，最低收入户的年人均收入为5 000元，则这个社区的人均收入全距为：177 210 − 5 000 = 172 210(元)

2. 组距

一组数值两端之差，即为组距。组距描述包括等距描述与不等距描述。例如，在收入资料的显示中，可采用等组距与不等组距相结合的描述形式（如下表）。

表13－5　某地区职工月工资情况

月工资(元)	人　数	月工资(元)	人　数
600元以下	0	2 700～3 000	1 234
600～900	135	3 000～3 500	2 918
900～1 200	275	3 500～4 000	1 267
1 200～1 500	612	4 000～5 000	1 325
1 500～1 800	896	5 000～6 000	983
1 800～2 100	910	6 000～7 000	513
2 100～2 400	1 013	700～10 000	121
2 400～2 700	1 173	10 000以上	32

3. 频数与频率

频数是某数值在组中出现的次数。频率是各组单位数在总体数中的比率，如下表：

表 13－6　2000～2007 年我国城乡人口数与构成比例

年　份	总人口(万人)	城乡人口构成			
		城　镇		乡　村	
		人口数(万人)	比重(%)	人口数(万人)	比重(%)
2000	126 743	45 906	36.22	80 837	63.78
2001	127 627	48 064	37.66	79 563	62.34
2002	128 453	50 212	39.09	78 241	60.91
2003	129 227	52 376	40.53	76 851	59.47
2004	129 988	54 283	41.76	75 705	58.24
2005	130 756	56 212	42.99	74 544	57.01
2006	131 448	57 706	43.90	73 742	56.10
2007	132 129	59 379	44.94	72 750	55.06

注：本表各年人口未包括香港、澳门特别行政区和台湾省的人口数据。

四、集中趋势描述

社会调查研究对象的整体规模和水平，就是该对象总体的集中趋势。在所搜集资料的各数值中，找一个数值来代表全体数值，即集中趋势的描述。用集中量值来代表全体资料数据，是认识对象总体特征的一种基本方法。表示集中趋势的数值有平均值、众值、中位值等。

1. 平均值

(1) 简单平均值

由原始资料计算简单平均值的公式是：

$$\overline{X}=\frac{X_1+X_2+X_3+\cdots\cdots+X_n}{n}=\frac{\sum X}{n}$$

例:某单位 6 个职工的月工资分别是:760、970、1 050、1 130、1 400、1 800 元。平均每个职工的月工资为:

$$平均月工资 = \frac{760+970+1\,050+1\,130+1\,400+1\,800}{6} = 1\,185(元)$$

(2) 加权平均值

加权平均值也较常用。其计算公式是:

$$\overline{X} = \frac{X_1 f_1 + X_2 f_2 + \cdots\cdots + X_n f_n}{f_1 + f_2 + \cdots\cdots + f_n} = \frac{\sum Xf}{\sum f}$$

其中,f 为权数,也即次数。

由分组资料计算加权平均值的公式是:

$$\overline{X} = \frac{\sum X_m f}{\sum f}(其中,X_m 是组中值)$$

例:某单位职工的月工资为 760 元的有 8 人,970 元的有 10 人,1 050 元的有 4 人,1 130 元的有 6 人,1 400 元的有 5 人,1 800 元的有 4 人。则这个单位职工的加权平均值为:

$$\overline{X} = \frac{760\times8+970\times10+1\,050\times4+1\,130\times6+1\,400\times5+1\,800\times4}{8+10+4+6+5+4}$$

$$= \frac{40\,960}{37} \approx 1\,107(元)$$

2. 众值

众值是总体中最普遍出现的标志值。从单项式分组数列中确定众数,比较简单。如在上例中,众数为 970 元。在组距分组数列中,众值的计算比较复杂,其计算公式为:

下限公式:$m_0 = L + \frac{\Delta_1}{\Delta_1+\Delta_2}\times d$;上限公式:$m_0 = U - \frac{\Delta_2}{\Delta_1+\Delta_2}\times d$

其中 m_0 代表众数;L 代表众数组的下限,U 为上限;Δ_1 代表众数组次数与以下一组次数之差;Δ_2 代表众数组次数与以上一组次数之差;d 代表众数组的组距。现举例说明众数的计算方法。

表 13－7　某工厂职工月工资情况

职工月工资(元)	职工人数
500～600	25
600～700	41
700～800	83
800～900	176
900～1 000	184
1 000～1 100	202
1 100～1 200	314
1 200～1 300	304
1 300～1 400	523
1 400～1 500	407
1 500 以上	289
合　计	2 548

$$m_0 = 1\,300 + \frac{(523-304)}{(523-304)+(523-407)} \times 100$$

$$= 1\,300 + \frac{219}{219+116} \times 100$$

$$\approx 1\,300 + 65.4 = 1\,365.4(\text{元})$$

3. 中位值

中位值是按大小顺序排列起来的变量值中处于中间位置的那个数值。未经分组的原始数据的中位值所在位置的计算公式为：$\frac{N+1}{2}$

例:某单位 5 个职工的工资分别为 760、970、1 050、1 130、1 400 元。求其中位值。

解：中位值的位置：$\frac{N+1}{2} = \frac{5+1}{2} = 3$

即处于第三个位置的那个数值是中位值，为 1 050 元。

分组资料的中位值所在位置的计算公式为：$\frac{\sum f}{2}$

中位值的计算公式为：

$$M_d = L + \frac{\frac{\sum f}{2} - cf_{m-1}}{f_m} \times d \text{ 或 } M_d = U - \frac{\frac{\sum f}{2} - cf_{m+1}}{f_m} \times d$$

式中 L 代表中位值所在组的下限；U 为上限；$\sum f$ 代表总次数；cf_{m-1} 与 cf_{m+1} 分别代表中位值所在组以下组止与以上组止的累加次数；f_m 为中位值所在组的次数；d 代表中位值组的组距。

例：某单位 30 名职工的月工资情况如下表，求中位值。

表 13－8　某单位职工的月工资情况

月工资(元)	人　数	向上累加次数	向下累加次数
700～800	2	2	30
800～900	4	6	28
900～1 000	6	12	24
1 000～1 100	7	19	18
1 100～1 200	8	27	11
1 200～1 300	3	30	3

解：中位值所在组：$\frac{30}{2} = 15$，落在 1 000～1 100 分组中。

$$M_d = 1\,000 + \frac{\frac{30}{2} - 12}{7} \times 100 \approx 1\,000 + 42.9 = 1\,042.9(\text{元})$$

或　$$M_d = 1\,100 - \frac{\frac{30}{2} - 11}{7} \times 100 \approx 1\,100 - 57.1 = 1\,042.9(\text{元})$$

集中趋势描述例示：

下面是一位美国学者对中国社会不平等问题的研究。美国学者怀默霆及其合作者于 2004 年针对中国民众对当前社会不平等的看法进行了调查，调查收回 3 267 份有效问卷。

表 13－9　关于当前收入差距的态度(%)

	1. 非常不同意	2. 不太同意	3. 中立	4. 比较同意	5. 非常同意	N
穷人越穷，富人越富	3.8	15.3	20.9	34.3	25.8	3 258

续 表

	1. 非常不同意	2. 不太同意	3. 中立	4. 比较同意	5. 非常同意	N
不平等对有钱有势的人有利	3.8	15.0	30.2	37.3	13.6	3 263
不平等对社会安定有威胁	2.9	12.5	33.5	36.4	14.8	3 262
不平等违反了社会主义的原则	5.3	18.6	48.2	21.4	6.5	3 255

上面根据调查资料作出了集中趋势描述。研究者问受访者在多大程度上同意或者不同意表 13－9 中的陈述:“在过去 5 年里,富人变得更富,穷人变得更穷”。调查结果显示,表示“比较同意”的人占 34.3%,比选择其他选项的人数比例高,所以第四个选项就是众数。如果把选择 4 和选择 5 的比例合并,会发现大约有 60%的受访者比较同意或者非常同意这一观点。当被问及是否同意“社会中存在不平等是因为这种不平等对有钱有势的人有利”这一说法,同样的分析方法,有 50%的人同意,而不同意的人仅占 18.8%。怀默霆认为,“这些回答表明,社会上仍然普遍存在着一种疑虑——那些处于不平等金字塔最顶端的人,正在利用现有的制度为自己谋利”。对下面两个问题答案的集中趋势进行分析,可以看出大约 51%的人同意当前的不平等对社会安定有威胁。然而,只有 28%的人认为当前的不平等违背了社会主义的原则,答案的众数是选项 3,也就是说,接近半数的人对这项表述采取中立的态度。怀默霆认为,“这些回答可能表明,许多受访者认为当前的不平等过大,并不主要是因为他们相信社会不平等在本质上是不公平的,而更多是因为当前的不平等对维持一个和谐而稳定的社会带来了威胁”。[1]

五、离中趋势描述

各个变量与集中趋势的偏离程度,可以通过标准差、平均差、四分位差、异众比率等离中趋势描述方法来度量。

---

〔1〕 怀默霆:《中国民众如何看待当前的社会不平等》,载《社会学研究》2009 年第 1 期。

1. 标准差

(1) 由原始资料计算标准差,其计算公式为:

$$\sigma=\sqrt{\frac{\sum(x-\bar{x})^2}{n}}$$

例:某学校一学习小组5人的成绩分别为67、75、81、82、95分,求标准差。

解:

$$\bar{x}=\frac{\sum x}{n}=\frac{67+75+81+82+95}{5}=80(\text{分})$$

$$\sigma=\sqrt{\frac{\sum(x-\bar{x})^2}{n}}$$

$$=\sqrt{\frac{(67-80)^2+(75-80)^2+(81-80)^2+(82-80)^2+(80-95)^2}{5}}$$

$$=\sqrt{\frac{424}{5}}\approx 9.2(\text{分})$$

(2) 由分组资料计算标准差,其计算公式为:

$$\sigma=\sqrt{\frac{\sum(x_m-\bar{x})^2 f}{\sum f}}$$

例:某单位职工的工资情况如下表,求标准差。

表13-10 某单位职工工资情况

工资(元)	人数(f)	组中值(x_m)	离差($x_m-\bar{x}$)	离差平方$(x_m-\bar{x})^2$	$(x_m-\bar{x})^2 f$
900~1 000	2	950	-117	13 689	27 378
1 000~1 100	7	1 050	-17	289	2 023
1 100~1 200	2	1 150	83	6 889	13 778
1 200~1 300	1	1 250	183	33 489	33 489
合计	12				76 668

$$\bar{x}=\frac{\sum x_m f}{\sum f}=\frac{12\,800}{12}\approx 1\,067(\text{元})$$

$$\sigma = \sqrt{\frac{\sum (x_m - \bar{x})^2 f}{\sum f}} = \sqrt{\frac{76\ 668}{12}} \approx 79.9(元)$$

2. 四分位差

四分位差是将各个变量值按大小顺序排列，然后将此数列分成四等份，所得第三个四分位上的值与第一个四分位上的值之差。其计算公式为：

$$Q = Q_3 - Q_1$$

例：某科室 7 人的年龄分别为 24、29、35、38、41、55、57 岁，求其四分位差。

解：

$$Q_1 \text{ 的位置}:\frac{N+1}{4} = \frac{7+1}{4} = 2,\text{则 } Q_1 = 29(岁)$$

$$Q_3 \text{ 的位置}:\frac{3(N+1)}{4} = \frac{24}{4} = 6,\text{则 } Q_3 = 55(岁)$$

$$\text{则 } Q = Q_3 - Q_1 = 55 - 29 = 26(岁)$$

六、区间估计

随机抽样资料直接显示的是样本状况，为了从样本状况出发去推断总体情况，需要使用统计推断。根据样本值去估计总体的参数值，即是统计推断。统计推断包括点值估计与区间估计两种方法。社会调查研究中通常使用区间估计方法。

区间估计首先要在一定的标准误差范围内设一个可置信区间，然后把样本值推论为总体的参数值。

1. 总体平均数的区间估计

其计算公式为：$\bar{x} \pm t\mu$ 。式中 t 代表正态分布中的标准值，即与一定置信水平相对应的置信域端点值；μ 代表抽样平均误差。

抽样平均误差计算公式为：

$$\mu = \frac{\sigma}{\sqrt{n}}$$

例：某地区调查样本为 400 户，户均月收入 1 531 元，标准差为 30 元，置信水平为 95%，求总体平均数的置信区间。

解：

$$\mu = \frac{\sigma}{\sqrt{n}} = \frac{30}{\sqrt{400}} = \frac{30}{20} = 1.5(元)$$

总体平均数的置信区间为：$\bar{x} \pm t\mu$

$$= 1\,531 \pm 1.96 \times 1.5$$

$$= 1\,531 \pm 2.94$$

则 $1\,528.06 \leqslant \overline{X} \leqslant 1\,533.94$ 为95%可信度的置信区间，即某地区户均收入介于1 533.94元与1 528.06元之间，这一估计的置信水平为95%，户均收入不在这一置信区间的可能性为5%。

2. 总体百分数的区间估计

其计算公式为：$p \pm t\mu$

百分数标准误差公式为：$\mu = \sqrt{\dfrac{p(1-p)}{n}}$（式中 p 为样本百分数）

例：某地区有调查样本400人，超过70岁的人有40个，如果要求置信水平为95%，求该地区70岁以上人数占总人数的百分比的置信区间。

解：$\because\ p = \dfrac{40}{400} = 0.10, n = 400$（人）

$$\therefore \mu = \sqrt{\frac{p(1-p)}{n}} = \sqrt{\frac{0.10(1-0.10)}{400}} = \sqrt{0.000\,225} = 0.015\text{（人）}$$

总体的置信区间为：

$$0.1 \pm 1.96 \times 0.015$$

$$= 0.1 \pm 0.0294$$

$$0.070\,6 \leqslant P \leqslant 0.129\,4 \text{ 或 } 7.06\% \leqslant P \leqslant 12.94\%$$

即该地区70岁以上人数占总人数的百分比的置信区间为7.06%至12.94%。

第三节　描述的定性方法

一、印象描述

印象描述是特写式地记叙社会现象与问题的一种描述方法。在社会调查研究报告中这种方法比较常用。印象描述通常是对调查对象部分外部特征的描述，而不是对调查对象全体特征的描述。它一般只作为调查资料显示的一种补充成分出现在调查报告中。

例 1:英国伦敦的“贫民窟”(恩格斯,1845)

“这是一堆乱七八糟的三四层的高房子,街道狭窄、弯曲、肮脏,热闹程度不亚于大街,只有一点不同,就是在圣詹尔士可以看到的几乎全是工人。在这里,买卖是在街上做的;一筐筐的蔬菜和水果(所有这些东西不用说都是质量很坏的,而且几乎是不能吃的)把路也堵塞住了,所有这些,像肉店一样发出一股难闻的气味。房子从地下室到阁楼都塞满了人,而且里里外外都很脏……这里几乎看不到一扇玻璃完整的窗子,墙快塌了,门框和窗框都损坏了,勉勉强强支撑着,门是用旧木板钉成的,或者干脆就没有……到处是一堆堆的垃圾和煤灰,从门口倒出来的污水就积存在臭水洼里。”[1]

例 2:美国纽约城的“贫民窟”(哈林顿,1962)

“这里的妇女很少,最突出的印象是男人们站立着、等候着和喝得烂醉的神情。”“在大风雪中,常常见有人躺在大街上,醉得不省人事。人们第一次看见人行道上直挺挺地躺着一个人,身上盖着薄薄的一层白雪,真不免大吃一惊,令人进退两难。这个人是死了呢?还是只不过喝醉了?”

“这里的最后一幕是医院和公共墓地。……记得有一次,我同‘天主教工人社’的一个人到那里去,曾经看到一幕不太典型的景象。那里有醉汉,有头昏眼花的老头子,有嘴唇裂得快要掉落的黑人妇女以及小孩子,等等。”[2]

例 3:中国的乞丐群落(刘汉太,1987)

“每一个城市都有乞丐精心选择的大本营,或是交通中心,或是风景胜地,或是偏僻地带,或是神秘洞穴。每当太阳洒下橙红的暮色,乞丐们便陆续朝那里集中,铺一领草席,展一卷塑料布,垫一块尼龙袋,抑或用破纸板、黑白布搭一个不挡风、不遮雨的帐篷,宛若茨冈(吉卜赛)部落……”

“茨冈部落的人很自在,很乐观,很陶然。他们都有钱,很少吃别人的残汤剩羹,尽量买可口的饭菜。有个年长的留着关羽一样胡须的乞丐,居然买了一盘一尺来长的糖醋黄河鲤鱼,一盘炒腰花,就着两瓶‘趵突泉’牌啤酒津津有味地品咂着。”

“中午至下午四点,乞丐们又聚到一起。三五成群,交头接耳,打牌下棋,嘻嘻哈哈。他听出,部落的成员来自五湖四海,口音有山东的、江苏的、河北的、山

---

〔1〕《马克思恩格斯全集》第 2 卷,人民出版社 1957 年版,第 307～308 页。

〔2〕〔美〕迈凯耳・哈林顿:《另一个美国》,世界知识出版社 1963 年版,第 108～109 页。

西的、河南的、浙江的、安徽的、广东的，还有东北三省的，几乎来自大半个中国。”

“这是一个二百平方米左右的小花园，四边已经坐满了人，黑鸦鸦一片。对面饭店的霓虹灯照着他们，就像一串孤魂。他们中，有老的，也有年轻的；有男的，也有女的；有脸上带疤的，也有没破相的；有胡子拉碴的，也有面目清秀的；有身上发臭的，也有干净清爽的；有断臂缺腿的，也有健壮如牛的；有喝得醉醺醺的，也有神志清醒的；有口出狂言……”[1]

二、概观描述

这是素描式地记叙研究对象总体面貌的一种描述方法。常常运用于呈现社会区域、社会集团的基本面貌与一般特征。

例 1：日本社会结构的概观（福武直，1972）

A. 人口向城市集中，在第一次世界大战以后更为显著，世界资本主义危机之后，由于伴随战时体制进展的重工业化和化学工业化，人口向城市集中更加厉害。人口向城市集中并不是采取均衡的形式在多数城市发生的。在靠近太平洋的偏西半部的工业地带，城市人口急剧增长。

尤其以首都东京为首的少数超大城市以及包括这些城市四周在内的大城市圈的人口越来越多，人口过密的弊害使人感到烦恼。

B. 农村在最近十多年间大量人口外流从事其他行业，农业人口现在仅占全部就业人口的百分之十五不到。这些外流出去的无疑是以青壮年为主体，于是引起了农业劳动力的高龄化和妇女化，同时使兼业农业户显著增加。如果说农业和农村濒临荒废，也不算夸张。在生产结构单一的地方，因不能兼搞其他生产而长期出外做工的现象已很普遍。在山村地区不可能全家离村继续维持生活，因而村落自行解体的情况也屡见不鲜。

C. 明治维新废除了士农工商的身份等级制度，然而现实中的身份等级制的意识长期残留下来。这一事实强烈地刺激着日本人立身处世的欲望，爬上高阶层的努力对日本的经济发展起到了有利的作用，并有力地限制了日本社会阶层结构平衡化的动向。

D. 小工厂主以及大商店主等中小企业者同上层勾结，与农村的中、小地主共同构成中间阶层，直接统治农民、工人、小商人、职员等下层大众。官厅公署的官吏、大企业的职员和教员等新中间层，比作为小主人的国民大众这个旧中间层

〔1〕 刘汉太：《中国的乞丐群落》，江苏文艺出版社 1987 年版，第 2～5 页。

还要少，但他们成为整个阶层结构中的一部分，起着统治阶层和旧中间层之间的媒介作用。

E. 各政党之间的对立，也不再仅仅是保守派政客间的分歧，即政治家也不是清一色的保守派了。旧中间层中的地主因“农地改革”而趋向没落，随着产业化的进展新中间层的比重增大，中间层对下层的统治权削弱了。下层中工人的地位有了提高，他们通过工会组织支持革新派政党。虽然仍旧是保守派统治，但在国家各级政权中至少保持三分之一以上的革新派势力，这是上述阶层结构变化造成的。

F. 国家政权的本身也受大资本的势力所控制，对国民大众有益的政治尚未形成。片面追求发展经济的目的，强调资本理论优于国民福利的理论。说是要贯彻这样一个理论：为了给国民分配“点心”，这个“点心”首先必须做得大，在“点心”做大之前下层大众只有忍耐。[1]

福武直把他的这些描述称之为“对现代日本社会全貌的一幅素描”。

例 2：美国“新中产阶级”的概观（米尔斯，1951）

A. 新中产阶级的一大部分都属于中下收入等级，但是不论社会的档次是怎样衡量的，男女白领职业者在现代社会中的分布几乎从上到下，无处不有。今天，白领阶层中三个最大的职业团体是学校教师、在商店工作的推销人员，以及各式各样的办公人员。目前各种白领职业者占美国中产阶级总体的一半以上。1870 年到 1940 年之间，白领工人从占中等收入等级的 15%上升到 56%，而老式中产阶级则从 85%下降到 44%。新的挣工资雇员的数量增加，则是由于工业结构导致了造就新中产阶级的各种专门职业的出现。

B. 自内战以来，职业的主要变化呈现出这样一种趋势：作为劳动力的一部分，处理各种事情的个人越来越少，而进行管理、处理符号的人却越来越多。这种对技能的需求变化是对不断增加的白领工人进行描绘的另一种方式，因为他们的特有技能是对纸张、金钱和人的管理。技能，一度曾是大部分工人的标志和特征，现在则属于机器和设计这些机器的工程技术精英了。机器撤换了不熟练的工人，使职业技术成为多余之物，并把机器操作的自动化摆到人们面前。在商业社会经历这些变化的时候，政府在各个方面任务的增加吸收了更多的人来对财产和人进行管理和服务。

C. 在 1890 年，白领职业团体的平均收入均为工资劳动者的一倍左右。在

[1] 〔日〕福武直：《现代日本社会》，黑龙江人民出版社 1982 年版，第 4～7 页。

30 年代中期，都市的三个阶层，企业主、白领和工资劳动者，在家庭收入的中位值上形成了明显的等级：白领雇员的收入中值是 1 896 美元；都市工资劳动者是 1 175 美元。在 40 年代后期（家庭收入中值），所有白领工人的收入是 4 000 美元，所有都市工资劳动者的收入是 3 300 美元。

D. 各白领职业团体的分化是社会性的，这比起工资劳动者和企业主来说可能更加明显。新式中产阶级的金字塔，就收入和名望而言，是叠加起来的，从第一层的底部几乎可以够到第二层的顶部。在白领金字塔内部有一个涉及年龄和性别的独特的权力模式。年轻的妇女一般要列在年纪较大的男性下面。在这个金字塔中，年轻、受过教育和生于美国等特征具有广泛的基础，由于这些特征，数以百万的办公室工作人员使新中产阶级十分明显地区别于其他阶级。[1]

米尔斯把以上描述称之为"一张他所作为一部分在其中生活的那个社会结构的概略性草图"。

三、类型描述

类型描述是对研究对象的基本特征全面进行分类记叙与分析的一种描述方法。类型描述方法在社会调查报告中很常用。

例 1：当前青少年犯罪的特点（张强、刘蕾，2007）

青少年犯罪呈现出以下几个特点：①低龄化。北京市对去年在押的 267 名未成年罪犯进行调查，从对犯罪的年龄统计中，15 岁犯罪的有 78 人，占 29.2%；16 岁犯罪的有 116 人，占 43.4%。也就是说十五六岁的未成年犯罪占 71.6%，这个年龄段被称为"易发犯罪的高危年龄"，又称"犯罪年龄"。②暴力化。青少年犯罪的性质比过去严重，这不在于数量和比重，而在于犯罪的严重性、危害性的增加。青少年犯罪的比重和程度都增加了许多。③团伙化。目前，3 人以上的团伙犯罪占青少年犯罪总数的 70% 以上。东方网记者从杭州西湖区法院了解到，2001 年 1～7 月份的青少年犯罪案件中 80% 都是团伙犯罪。团伙犯罪在一定程度上又助长了犯罪实施时的暴力程度。④智能化、成人化。目前，未成年人在犯罪手段上有些已经向智能化、成人化方向发展，并采用一些现代化的技术手段和方法进行犯罪。具体表现在犯罪嫌疑人伪造证件、信用卡，利用高科技手段破译和盗用他人密码窃取钱财，等等。[2]

---

〔1〕〔美〕C. 赖特 · 米尔斯：《白领—美国的中产阶级》，浙江人民出版社 1987 年版，第 84～97 页。
〔2〕张强、刘蕾：《社会学视野下的青少年犯罪及其社会控制》，载《法制与社会》2007 年 10 期。

例 2:美国的富裕类型(菲尔曼,1987)

第一等是真正富裕。有 1 千万或比这更多的美元收入,才称得上真正富裕的人。有这么多钱,离开工作岗位后仍可过奢侈生活,连孙子辈都不愁缺钱花。现约有 7 万户达到真正富裕,每 1 千户中还不到 1 户。有的富人花不完钱时,就拿出一些钱来捐款。第二等是富裕。富裕的生活意味着在城市最好的地区拥有一所宽敞的公寓,有保姆,孩子上私立中学,可选购高级轿车,并拥有原版的艺术品。这样的生活方式需要收入达到或超过 20 万美元。这样的家庭约有 60 万,一个家庭至少有 100 万美元的资产。联邦储备局估计美国目前大约有 130 万个百万富翁,比 20 年前增加 6 倍。第三等是富足。富足的生活意味着有一套舒适的房子和小型汽车,孩子能进高级私立大学,自己能任乡村俱乐部的会员,并偶尔赴国外度假。在大多数城市中,这样的生活方式需要最低限度的收入为 7.5 万美元,同时一个家庭还至少需要有 25 万美元的资产才行。美国约有 800 万个家庭可称为富足家庭。[1]

例 3:法国社会的穷人类型(巴尔特,1987)

第一类,是贫穷的劳动者,即一些有工作,但生活拮据的人。尽管他们有比较稳定的经济收入,或者妇女中有人有固定的收入,但常常被一些经济问题所困扰,并在社会和文化方面受到一定的限制。就收入而言,他们的收入最低,而且时常因一些意外如失业、离婚或子女出生,而使自己处于贫困边缘。第二类是新穷人,即从贫穷的劳动者中产生的,他们不再有固定的工资收入,以打临时工为生。这部分人不可能享受任何福利待遇,医药费几乎完全自理。他们有时会被劳动世界所接受,有时又被拒之门外,经常感到自己是一个失败者。这类人经济上无保障,时时刻刻受着贫穷的威胁,这种状况改变了他们的性格。第三类是一小部分穷人,即指那些经常处于乞讨和流浪状况的人。这些人甚至从事抢劫盗窃和装病骗钱。在人们眼里,这是一群社会上最肮脏和最卑劣的人:无业游民、流浪汉、妓女、犯人和酒鬼等。[2]

---

〔1〕〔美〕菲尔曼:《美国人有多少钱才算富裕》,载《幸福》1987 年 4 月 13 日。

〔2〕〔法〕M. A. 巴尔特:《法国社会的贫穷形式》,载《法国社会事务评论》1987 年第 2 卷。

第十四章 解释法

社会调查研究方法，画龙点睛之处在于如何对资料进行解释。社会调查研究成果质量高低，在很大程度上取决于解释力。因此，提高解释力是资料分析阶段的重中之重，是社会研究的重要目的。

第一节 解释法的意义与层级

社会调查研究的目标不在于记叙“是什么”，而在于说明“为什么”；不在于描述，而在于解释。解释，就是对研究对象为什么那样存在或变化的回答。换言之，解释是关于内在因素或外部因素对研究对象的作用作出的说明。尽管许多社会调查研究者往往把主要精力放在发现与描述社会事实上，但谁都不会放弃解释社会事实的努力。

社会调查研究作为一种科学形式，其目的是提供系统的确实可靠的解释。社会学者一直在试图明确地回答“为什么”的问题：为什么社会风气不正？为什么青少年犯罪率上升？为什么近几年来经济领域内干部犯罪现象突出？为什么社会不稳定？人们希望找到这些“为什么”的正确答案，就是期待解释。期待解释的热情，是人们从事社会调查研究的主要动力。

一、解释的特性

1. 可检验性

解释的对象是过去和现在的社会事件或社会状况，即已经发生和正在发生的社会事实。因此，解释是否正确，不仅可以进行逻辑的证明，还可以通过现实的社会活动进行检验。实践的检验往往不是一个人、一时一地所能完成的，而需要群众性的多次反复检验。经过检验是正确的解释，就是社会现象发生与变化的必然性，就是社会规律。社会调查研究的目标，主要在于揭示社会规律，探索遵循社会规律的社会生活与社会管理机制。

2. 不完全性

解释的内容是社会事件或社会状况"为什么这样"。任何社会事件或社会状况,发生与变化的原因是极其多样而复杂的。一定的社会存在形态是许多因素共同作用的结果。系统的解释,也只是用我们所能认识到的主要参量与因素,对一定的社会事实进行说明。一项社会调查研究项目的解释,一般都是不完全的,我们不可能把一定社会事件或社会状况发生发展的所有参量都揭示出来。即使是某些主要的参量与因素,也会受调查资料或我们认识能力的限制,而可能被遗漏。我们强调这一点,并不是对解释失去信心,而是主张对解释树立应有的正确观点。认识到解释的不完全性,并不降低我们追求解释的热情,而是促使我们更切合实际地确定解释的目标。同时,在已经掌握的调查资料范围内,尽可能寻找更主要的、更多的解释项。

解释的不完全性不等于片面性。片面性是只承认局部而否认其他的部分与整体。只承认某些参量,而否定其他参量的存在。解释的不完全性是由客观事物暴露有一个过程的特性,以及人们的主观认识总有一定的局限的特性所造成的。正是解释的不完全性,促使我们不满足于前人的调查研究结论,推动我们不断地调查研究新情况与新问题。

3. 解释的有效性

解释的结论是关于一定社会事件或社会状况发生发展规律的逻辑表述。这种规律性的表述,可以说明某一类社会事实,即有一定的解释力。对于社会事实的任何正确解释,都是有效的,解释的不完全性并不影响解释的有效性。解释的有效性,一方面在于正确反映社会事实发生与存在的规律,另一方面在于正确地引导人们适应与改善社会。解释是预测未来的社会事件与社会状况的基础,是寻找未来社会问题的对策的依据。有了客观的描述,有了正确的解释,就容易形成正确的预测,进行合理的社会设计。我们在描述方法上需要努力保证客观性,在解释方法上则需要努力提高有效性。社会调查研究者之所以对解释感兴趣,主要原因就在于解释的有效性。

二、解释的层次

解释包括解释项与被解释项。解释项包括两种命题:普遍性法则(通则)和陈述原始或先决条件的句子。被解释项是一种社会事实,社会学解释与其他学科的解释相似，具有三层次结构。

1. 充分解释

充分解释由三种成分构成：一是具有一定普遍性或概然性的通则；二是陈述先存条件的句子；三是关于被解释事实的实存描述。

先举一个自然科学中的充分解释的例子：如果我们要说明一根绳子为什么断了，可有如下解释：

〔**通则**〕 当超过绳子张力的重物置于其上，绳子则会折断。

〔**先存条件**〕 此绳的张力为100公斤。

〔**实存描述**〕 现有人将200公斤的物体悬挂于此根绳子上。

〔**结论**〕 因此绳子折断。

这样，就构成了充分解释。

在社会学中，也可以形成相似的充分解释。例如，要说明美国有些在职总统竞选连任为什么失败的问题，可有如下解释：

〔**通则**〕 在"痛苦指数"非佳状态下，民众对官方的不满情绪就会上升，在职总统就会失去部分选民的信任。

〔**先存条件**〕 在美国，通货膨胀率、失业率等总体处于上升状态，即为非佳状态"痛苦指数"。

〔**实存描述1**〕 1976年，美国"痛苦指数"处于非佳状态。当时，福特总统参加竞选，试图连任。

〔**实存描述2**〕 1980年，美国"痛苦指数"处于非佳状态。当时，卡特总统参加竞选，试图连任。

〔**实存描述3**〕 1984年，美国"痛苦指数"处于佳态。当时，里根总统参加竞选，试图连任。

〔**结论**〕 因美国"痛苦指数"处于非佳状态，所以福特、卡特惨遭失败。因美国"痛苦指数"处于佳态，所以里根轻易取胜。

在社会科学中，很难形成与自然科学同样严格意义上的充分解释。上例也不是一个严格的充分解释，只能认为其在主要原因方面，说明是充分的。因为在职总统竞选连任失败，还可能是由于外交、内政方面的失误，甚至个人的品德等方面的问题。

对于一个事实要进行科学的解释，基本途径就是证明该事实是某种普遍趋向中的一种具体存在。这种普遍趋向（通则）可以是全面归纳法则，也可以是统计法则。前者可用来作必然性的解释，后者可用来作可能性的解释。

2. 部分解释

社会现象过于复杂，对其存在方式的描述往往是不完全的。同时，发现社会现象的一般性定律与通则也十分困难。因此，社会学解释更多地属于第二层次的解释，即“部分解释”。如果解释项不完整，其法则不能完整地解释它的被解释项，就会形成部分解释。部分解释的特点，是它没有明确地或者完整地阐述解释所需要的所有通则。

例如，西方社会的离婚率日趋上升，当代美国的离婚率已上升到33%左右。为什么出现这一社会现象？下面是这一社会现象的解释项：

〔**通则**〕 个人极端利己与享乐主义的盛行会导致离婚率的升高。

〔**先存条件**〕 喜新厌旧、“用过即弃”、不愿负责的价值观念属于个人极端利己与享乐主义。

〔**实存描述**〕 当代西方社会的青年奉行喜新厌旧、“用过即弃”、不愿负责的价值观念。

〔**结论**〕 当代西方社会离婚率升高是因为许多青年奉行个人极端利己与享乐主义。

其中，“个人极端利己与享乐主义的盛行会导致离婚率的升高”，这一命题作为通则是正确的；但作为说明当代西方社会离婚率升高的原因，则是不全面的，如法规松弛、个性解放等也是当代西方社会离婚率升高的重要原因。

3. 解释雏形

解释雏形是没有明确阐述通则，或者所阐述的通则缺乏证明的一种解释，是一种不成熟但有启发性的解释。在社会调查研究中，这种解释占相当比重。

例1：为什么苏联有那样的政治特征（莱特斯，1954）[1]

〔**解释项**〕 “性格决定行动。”

〔**实存描述1**〕 布尔什维克具有个性特征。

〔**实存描述2**〕 布尔什维克的个性特征影响决策等政治行为。

〔**结论**〕 苏联政治的特征是由布尔什维克的个性特征决定的。

其中，“性格决定行动”只在很有限的范围内才可以成为通则。用“性格决定论”解释苏联政治，还缺乏必要的证明。

例2：为什么日本人在美国市场占上风

---

〔1〕〔美〕内森·莱特斯：《布尔什维克主义研究》，伊利诺斯自由出版社1954年版。

〔解释项〕（没有明确阐述）

〔实存描述〕“并不是所有人对日本来美国投资都热情欢迎，许多的制造商认为在美国出售的商品应在美国生产，指责日本人与美国人遵循的不是同一条规则。”

〔结论〕“日本人不公正地在市场上占了上风。”

其中，隐含的解释项是：在市场竞争中，不公正会导致得益的一方占上风。这一解释项没有被明确地表述与证明。

第二节　解释的定量方法

一、相关分析

1. 相关分析的意义

相关分析是对于两个变量之间关系的密切程度的一种测定方法。呈现两个变量之间相互影响的程度，可以是一种描述程序，也可以是一种解释程序。现代的社会现象越来越错综复杂，人们发现因果解释往往难以形成，于是转而把揭示两个事物相互之间关系的密切程度当做一种解释。虽然这种解释只是一种准解释，但对于人们认识特定的社会现象，还是有很大意义的。

社会现象之间存在着普遍的相互联系。从定量的角度来看，有些联系是事物之间确定性的关系，这种联系被称为函数关系；有些联系是事物之间不完全确定的关系，这种联系被称之为相关关系。相关关系也是事物普遍联系的一种形式。我们容易把事物的普遍联系仅仅理解为因果关系，甚至仅仅理解为因果长链。从某种意义上说，相关关系更客观地反映着事物“为什么这样”的问题。因为社会中的两个事物之间的关系，一般不是纯粹发生的，在两个变量发生不确定的关系时，还有许多变量同时也在与它们发生着不确定的关系。例如，乡镇企业发展与农民商品经济观念，它们之间的关系并不是单一的相互作用，乡镇企业发展不仅受农民商品经济观念的影响，而且同时还受劳动力自由程度、农村资金、社会关系资源等众多因素的影响。

相关分析一般在确定事物之间存在相互联系时，才使用相关系数计算等分析手段。同时，在测定了变量之间存在的相关关系之后，宜使用其他分析方法继续探索变量之间别的联系。

2. 相关图

在一个坐标系中，横坐标 x 代表一个变量，纵坐标 y 代表另一个变量；将调查资料对应的坐标点一一画在坐标系中，这些坐标点就构成散点图。

散点图主要有六种：

(1) 当变量 x 的数值增大时，变量 y 的数值也增大，坐标点的分布比较集中，呈 x、y 轴夹角的窄角平分线状，则成强正相关图。

(2) 当变量 x 的数值增大时，变量 y 的数值也增大，但坐标点的分布比较分散，呈 x、y 轴夹角的宽角平分线状，则成弱正相关图。

(3) 当变量 x 的数值增大时，变量 y 的数值减少，坐标点分布集中，呈 x、y 轴的窄对角线状，则成强负相关图。

(4) 当变量 x 的数值增大时，变量 y 的数值下降，但坐标点的分布比较分散，呈 x、y 轴的宽对角线状，则成弱负相关图。

(5) 当变量 x 的数值增大时，变量 y 的数值先增大，后来下降，坐标点的分布呈曲线状，则成非线性相关图。

(6) 坐标点很分散地分布在坐标系中，则成无相关图。

散点图可以说明变量间有无线性相关关系、相关的方向。要精确地反映出变量之间关系的密切程度，则需要计算相关系数。

3. 相关系数

社会调查研究中，较常用的相关系数，是说明两个变量之间线性关系的密切程度的数量分析指标。

相关系数 (γ) 值在 -1 至 1 之间。

(1) 当 $|\gamma|=1$ 时，说明 x、y 两个变量完全相关。其中，$\gamma=1$ 时，说明 x、y 两个变量完全正相关；$\gamma=-1$ 时，说明 x、y 两个变量完全负相关。

(2) 当 $0<|\gamma|<1$ 时，说明 x、y 两个变量存在一定的线性相关。其中，$1>\gamma>0$ 时，x、y 两个变量成正相关，说明 y 变量随着 x 变量的增加而增加，或缩小而缩小。当 $-1<\gamma<0$ 时，x、y 两个变量为负相关，说明 y 变量随着 x 变量的增加而缩小，或缩小而增加。

(3) $|\gamma|$ 愈接近于 1，则说明 y 变量与 x 变量的相关性愈强，密切程度愈高；$|\gamma|$ 愈接近于 0，则说明 y 变量与 x 变量的相关性愈弱，密切程度愈低。

(4) 当 $\gamma=0$ 时，说明 y 变量与 x 变量毫无关系。

相关系数 γ 的计算公式是：

$$\gamma=\frac{\sum(x-\bar{x})(y-\bar{y})}{\sqrt{\sum(x-\bar{x})^2\cdot\sum(y-\bar{y})^2}}$$

$$\text{或 }\gamma=\frac{\sum xy-\frac{1}{n}(\sum x)(\sum y)}{\sqrt{\left[\sum x^2-\frac{1}{n}(\sum x)^2\right]\left[\sum y^2-\frac{1}{n}(\sum y)^2\right]}}$$

例：根据1986年江苏省部分小城镇普查资料，工业生产水平、工业利润额同小城镇建设之间的关系，如下表：[1]

表14－1　1986年江苏小城镇建设相关分析

γ_{ij}（i \ j）	镇区人均占有建筑面积	镇区建筑密度
工业企业全员劳动生产率	0.297	0.451
工业企业产值利润率	0.014	0.222

表14－2　1986年江苏小城镇建设相关分析

γ_{ij}（i \ j）	镇区房屋建筑面积	1984年竣工的房屋建筑面积	1984年竣工的房屋建筑造价	自来水供应量
工业企业利润总额	0.886	0.830	0.764	0.836

上述两表说明，工业企业利润额同小城镇建设有正相关关系，即工业企业利润额愈高，小城镇建设情况愈好。工业生产水平与小城镇建设情况也有正相关关系，但显然不如工业企业利润额与小城镇建设情况的相关程度那么强。

二、回归分析

1. 简单直线回归分析

回归分析有多种方法，其中最常用的是简单直线回归分析。

〔1〕《小城镇区域分析》，中国统计出版社1987年版，第63页。

其方程式是：$y' = bx + a$

其中 b 是斜率，a 是截距，它们的计算公式是：

$$b = \frac{\sum (x-\bar{x})(y-\bar{y})}{\sum (x-\bar{x})^2}$$

$$= \frac{N(\sum xy) - (\sum x)(\sum y)}{N(\sum x^2) - (\sum x)^2}$$

$$a = \bar{y} - b\bar{x}$$

$$= \frac{\sum y - b(\sum x)}{N}$$

例：调查样本为10位青年，他们受教育年数与理想子女数如下表。求说明这些青年受教育年数与理想子女数相互关系的回归方程。

表14－3　青年受教育年数与理想子女数目的回归分析

青　年	受教育年数(x)	理想子女数(y)	xy	x^2	y^2
1	0	4	0	0	16
2	2	3	6	4	9
3	4	3	12	16	9
4	6	3	18	36	9
5	6	2	12	36	4
6	9	2	18	81	4
7	9	2	18	81	4
8	12	1	12	144	1
9	12	1	12	144	1
10	16	0	0	256	1
合　计	76	21	108	798	58

从表中可知：

$$\sum x = 76, \sum y = 21, \sum xy = 108, \sum x^2 = 798$$

$$\sum y^2 = 58,\ N = 10$$

则

$$b = \frac{10 \times 108 - 76 \times 21}{10 \times 798 - 76^2}$$

$$= \frac{-516}{2\,204}$$

$$\approx -0.23$$

$$a = \frac{21-(-0.23)\times 76}{10}$$

$$\approx 3.8$$

将 a、b 值代入简单回归方程式,则得:

$$y' = -0.23x + 3.8$$

2. 多因回归分析

只有两个自变项的多因回归方程式是:

$$y' = b_1x_1 + b_2x_2 + a_2$$

或 $$\hat{y}' = \beta_1 \hat{x}_1 + \beta_2 \hat{x}_2$$

其中 $$\beta_1 = \frac{\gamma_{y1} - \gamma_{y2}\gamma_{12}}{1-(\gamma_{12})^2}$$

$$\beta_2 = \frac{\gamma_{y2} - \gamma_{y1}\gamma_{12}}{1-(\gamma_{12})^2}$$

$$b_1 = \beta_1\left(\frac{S_y}{S_1}\right)$$

$$b_2 = \beta_2\left(\frac{S_y}{S_2}\right)$$

$$a_2 = \bar{y} - b_1\bar{x}_1 - b_2\bar{x}_2$$

例:某地区的失业率(x_1)、都市化程度(城镇人口比例,x_2)、平均教育水平(x_3)对犯罪率的影响。

据调查资料计算得:

$$\gamma_{y1} = +0.674,\ \gamma_{12} = +0.145$$
$$\gamma_{y2} = +0.532,\ \gamma_{13} = -0.352$$
$$\gamma_{y3} = -0.348,\ \gamma_{23} = -0.023$$

经计算得:

$$\beta_1 = +0.559$$
$$\beta_2 = +0.448$$

$$\beta_3 = -0.141$$

则得标准化回归方程式：

$$\hat{y}' = 0.559\,\hat{x}_1 + 0.448\,\hat{x}_2 - 0.141\,\hat{x}_3$$

即说明失业率（x_1）对犯罪率的影响最强；都市化程度（x_2）次之；教育水平（x_3）再次之，而且是负向的影响。[1]

三、因径分析

因径分析是测定多个变量之间因果路径的定量方法。因径分析包括下述几种类型的变量：

（1）外变量，即在因果网中不受其他变量影响的变项，如下图中的变项 x_1。

（2）内变量，即在因果网中受其他变量影响的变量，如下图中的 x_3、x_2。

（3）剩余变量，即对某一变量发生影响的所有未知变量，如 R_1、R_2。

（4）先决变量。即对某一变量发生影响的各个变量，如在下图中，x_2 的先决变量是 x_1；x_3 的先决变量是 x_1 与 R_1；x_4 的先决变量是 x_3、x_2 与 R_2。

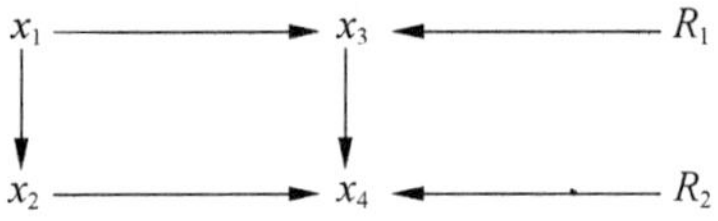

图 14－1　因径分析模型

例 1：三变量因径分析

据有关调查资料，个人的职业成就（x_3）受教育水平（x_2）、父亲的职业成就（x_1）的影响，构成以下因径图：

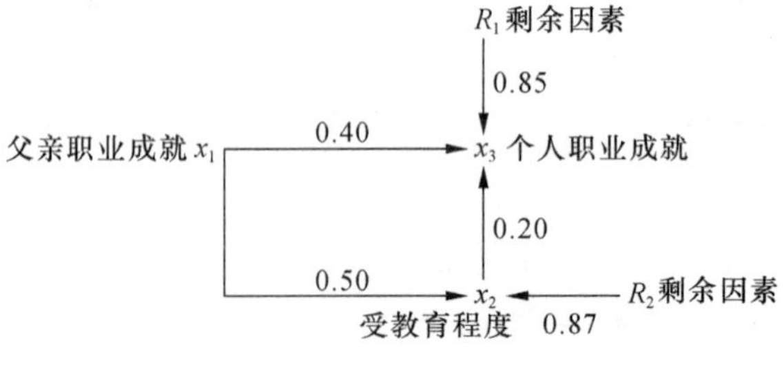

图 14－2　个人职业成就因径分析

〔1〕 李沛良：《社会研究的统计分析》，湖北人民出版社 1987 年版，第 231 页。

例 2：五变量因径分析

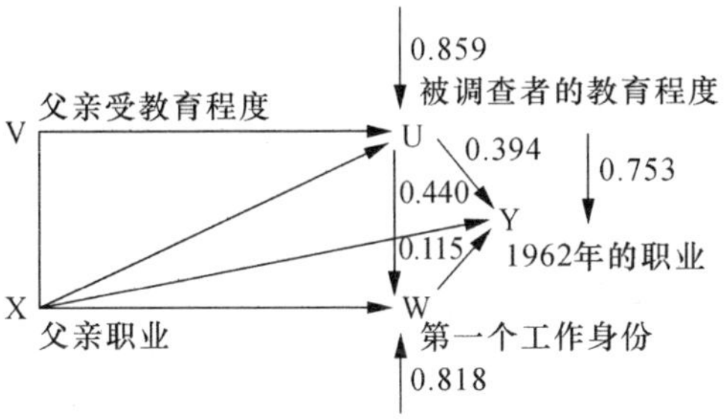

图 14－3　美国职业结构因径分析

美国当代著名社会学家布劳与邓肯应用"新因果论"对美国职业型结构进行了分析。他们的"新因果论"分析模型，包括五个变数：父亲的受教育程度（V）；父亲的职业身份（X）；被调查者的教育程度（U）；被调查者的第一个工作身份（W）；被调查者在 1962 年的职业（Y）。这五种变数之间因果关系的假设是：V 与 X 要先于 U、W 和 Y，因此是"因"。U 先于 W 及 Y，因此也是"因"。同时，把没有加以度量的"因"作为"剩余因素"。

在图中可以看到，剩余因素的值比较大，即还有相当大的因素没有度量。变数 W 还有 81.8%的"因"没有度量；变数 Y 还有 75.3%的"因"没有度量。这些没有度量的"因"的比重超过了已经度量的"因"。可见，这种分析的意义相当有限。剩余因素是一种"黑箱"。布劳与邓肯指出："我们距离做出可信的因果推断的距离还很远，这里所展示的各种方案最好被看做是第一次近似充分的因果解释。"〔1〕

李汉林、李路路采用因径分析的方法讨论了哪些社会因素对单位成员的满意度和相对剥夺感产生影响。研究中按照单位资源获取的制度化和非制度化方式分别建立模型图 14－4 和图 14－5。模型的变数包括收入水平、政治面貌、本人级别、相对剥夺感、资源大小、认可的获取资源方式以及不满意度。

从图 14－4 中可以看到以收入水平、政治面貌、本人级别、相对剥夺感、获取资源的制度化方式和资源大小为自变量，以不满意度为因变量，则可以解释 40.2%的差异；如果将获取资源的制度化方式改为非制度化方式的话，对不满意度的解释力则上升为 42.4%。说明单位成员会因自己获取和支配的资源较少，而产生不满意感，人们对单位的满意度与人们在单位中的资源占有情况有密切

〔1〕〔美〕P. 布劳、D. 邓肯：《美国职业结构》，1967 年英文版，第 172 页。

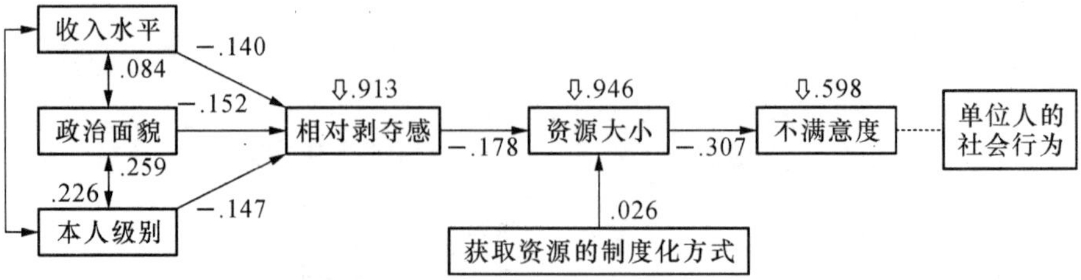

图 14－4　获取资源制度化的单位成员相对剥夺感路径依赖模型

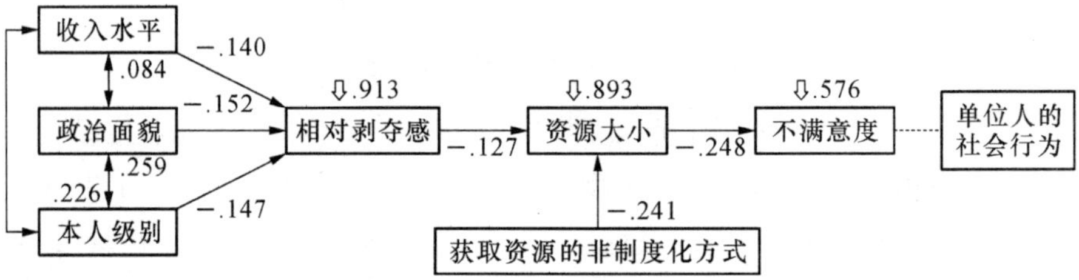

图 14－5　获取资源非制度化的单位成员相对剥夺感路径依赖模型

的直接相关关系。人们的相对剥夺感不是直接受资源获取和支配多少的影响，人们在单位组织中的收入、社会地位对人们的相对剥夺感具有显著的影响。因而，相对剥夺感较低的人是那些政治身份较高、权力较多、获取和支配资源也较多的单位成员，他们的既得利益促使他们倾向于采用制度化的方式来维持已获得的资源，不希望其他人采用非制度化方式获取资源。相对剥夺感、满意度等因素都会影响个人在单位中的行为方式，从而单位对个人的控制和个人对单位的依赖关系可以通过这些模型得到解释。[1]

第三节　解释的定性方法

一、因果分析

因果分析是社会研究中使用最普遍的一种解释方法，它旨在揭示研究对象产生的原因。作为社会研究对象的一定社会现象，是一种“结果”；这种“结果”形

〔1〕 李汉林、李路路：《单位成员的满意度和相对剥夺感——单位组织中依赖结构的主观层面》，载《社会学研究》2000 年第 2 期。

成的原因，就是解释的主要目标。社会现象的因果关系极其复杂，如果想用方程式来表示各种因果关系，目前还难以实现。但找出其中几个主要的因素，确定它们之间的关系，是可能的，而且这样做是推动社会研究的有效途径。

1. 因果分析的逻辑方法

寻找因果关系的逻辑方法有下列五种：

(1) 求同法

排列研究对象在不同场合出现的先行情况，如果各种场合中先行情况只有一种相同，则这一情况可能就是研究对象的原因。其公式是：

∵ A、B、C→a

A、D、E→a

A、F、G→a

A……

∴ A 可能是 a 的原因。

(2) 求异法

排列研究对象在不同场合出现与不出现的先行情况，如果在两种场合先行情况中只有一种情况不同，其他情况相同，则这一情况可能就是研究对象的原因。其公式是：

∵ A、B、C、D→a

B、C、D→非 a

∴A 可能是 a 的原因。

(3) 求同求异法

如果研究对象在几个场合出现时，先行情况中只有一个共同情况；研究对象不在另几个场合出现时，先行情况中没有这个共同情况。那么，这个共同情况可能是研究对象的原因。其公式为：

∵ A、B、C→a

A、D、E→a

A、F、G→a

A……

∵ B、J、K→非 a

C、J、L→非 a

D、R、P→非 a

……

∴ A可能是a的原因。

(4) 共变法

在某一现象发生变化而其他条件不变时，另一现象也随之变化，那么某一现象可能是另一现象的原因。其公式是：

∵ A_1、B、C→a_1

A_2、D、E→a_2

A_3、F、G→a_3

A_4……

∴ A可能是a的原因。

(5) 剩余法

某一复合现象是另一种复合现象产生的原因，当两者部分因素之间存在因果关系时，两者剩余下来的因素之间也可能存在因果关系。其公式是：

∵ A、B、C、D→a、b、c、d

∵ B→b

C→c

D→d

∴ A可能是a的原因。

2. 因果分析的基本模式

(1) 个性模式

这一模式目的在于通过列举大量的独特原因解释某一社会过程或事件。例如，解释某次战争。该次战争爆发的原因有：国内经济危机、民族主义、军备扩张、政治家个人恩怨与人格特质等许多具体因素。有的学者在研究拿破仑滑铁卢战役失败的原因时，对拿破仑与约瑟芬的婚姻及其家族矛盾也泼墨许多。

关于谣言产生的社会原因，有人指出了如下四条：社会动荡不定；社会控制削弱；官方信息权威性不足；群众的心理宣泄。在枯燥单调、令人厌烦的环境中，人们希望获得新鲜的、耸人听闻的，特别是调侃、嘲笑既得利益者的消息，用来作为茶余饭后的谈资笑料。

(2) 共性模式

这种模式不是去列举导致某一特殊社会过程与事件的多种原因，而是寻找一般的最为重要的因素。例如，法国有些社会学者于1961年对移居法国北部的波兰居民进行了研究。通过问卷调查，掌握了这些移民融合于法国社会的指数

(包括与法国人维持友好关系的程度与数量方面的信息,关于衡量经济成就、未来计划的合理性和正确性,以及将来返回波兰的愿望等方面的信息),得出了保持波兰传统的指数。并发现了二者的关系:保持波兰传统的指数与融合于法国社会的指数成正比例变化。对于这种结果,法国社会学者采用在西方其他国家的社会学者中流行的解释,即移民在接受国社会能达到的同化的主要因素之一,是在移居者周围的早到的群体(家庭、朋友等)对移居者的支持。一个人坚持波兰传统正是他成为早到的群体的一员的标志。这些群体的亲密关系并未受到损害,因而能够支持他努力融合到接受国的社会中去。[1]

当代西方社会学者在因果解释中,主要使用共性模式。许多社会学者对于某种类型的社会现象,不追求把多种主要原因一起找出来,而往往是对于某种类型的原因进行严格与深入的社会学研究。例如,当代西方社会学者在研究青少年犯罪的原因时,许多人对"亚文化群"十分感兴趣。他们发现,青少年的违法犯罪行为绝大多数属于集团或团伙活动。弗雷德里克·思雷舍对芝加哥 1 313 个团伙的研究(1927)报告,至今仍是西方社会学中的权威著作。思雷舍发现,他所研究的加入团伙的男孩子共同享有与社会主流文化不同的价值观念、情感和行为模式。一般说来,男孩子在很小的时候就加入团伙了,他们参加团伙的时间常常要延续到近 30 岁,甚至更久一些。年轻人与成年人共同享有一种贫民区亚文化;这种亚文化以某种方式促成了更为特殊的团伙亚文化;这种团伙亚文化又引起了不良行为。克洛华德和奥林对于青少年犯罪团伙的研究(1960),进一步提出了亚文化群(团伙)在青少年犯罪中的作用过程。他们指出,都市贫民区中存在多种形式的越轨亚文化群,孩子们身处其中,大孩子从成年人那里学会了犯罪的"手艺",变成了学习犯罪的徒工,在各种形式的职业或半职业性犯罪中逐级攀登着走向"成功"的阶梯。华尔特·B.米勒对于团伙影响青少年犯罪的解释(1974),进一步向前推进。他一方面确定不同城市中团伙的特征,研究团伙的相互作用;另一方面又试图解释都市结构与都市历史对团伙结构与行为的影响。[2]

自从经历法西斯恐怖统治之后,政治淡漠一度成为联邦德国社会学与政治学者热衷的议题。社会学者 K.霍恩通过两项社会心理学的著名研究范例,试图解释恐惧与政治淡漠的关系。第一项范例,是美国学者 S.米尔格拉姆关于人们受折磨时的顺从与拒绝的条件研究(1967)。该研究表明,主持试验的人越有权

---

〔1〕〔法〕雷蒙·布东:《社会学方法》,上海人民出版社 1987 年版,第 2～4 页。

〔2〕〔美〕杰克·B.道格拉斯、费兰西斯·C.瓦克斯勒:《越轨社会学概论》,河北人民出版社 1987 年版,第 89～109 页。

威，被试验者越会顺从试验程序。第二项范例，是美国学者 K.艾斯勒关于战争中通过训练与战前准备的士兵的研究（1960）。艾斯勒指出："在当代社会中起作用的一种方式就是抹煞个性，以遏止机制的反抗和屈从私利，并按照社会模式，而同内心微观世界相悖而行。"[1]霍恩从以上两个范例中得出结论：恐惧是政治淡漠的社会心理方面的原因。

西方社会学者对于某种类型的社会现象的个别原因的探讨，大多是合理与有益的。轻易地给他们戴上片面性的帽子是不公正的。只有在他们过分强调自己的发现而否认其他原因的探究，特别是否认比他们自己的发现更根本更主要的探究时，才是片面的、错误的。

二、功能分析

这是当代西方社会研究中最流行的解释形式之一。功能解释假定一个动态的系统的存在，系统的每一部分都具有一个功能，此功能对维持系统的动态绝不可少。假如能够显示解释项对实现维持系统所需要的功能是必要的，功能解释就算达成。

一般说来，功能解释最适于解释一个社会现象的存在，而难于解释现象的变化。现以美国 K.戴维斯和穆尔关于社会分层的研究（1945），作为功能解释的一个典型例子。被解释的问题是：为什么历史上所有的社会，实际上都至少有一个包括一个职业阶级等级制度的基本的分层体系，在这个等级制度中职位较高的人比职位较低的人领取更高的薪水，享有更高的声望？对于这个问题，戴维斯和穆尔的功能解释是：没有这样一个体系，社会就不能存在和运行。所有的社会都给予某些职位比其他职位更多的钱与声望，是因为不同的报酬与声望对社会有功能，是必要的。最少数量的、极端重要的、对社会发挥生死攸关的功能的职位，任何社会都是有的，只有相当少的人具有可被训练担任这些职位的才能与机会。由于这类职位对社会具有重要功能，并且只有少数人能承担它们，就有必要保证这些职位获得很高的薪水并具有巨大的声望；以便吸引有才能的人们接受这种必要的训练，并孜孜不倦地从事这种职位。M.图敏在谈到戴维斯与穆尔的观点时说："因此，在不同阶层中，在稀缺而又想要的物资的数量上及所获得的声望和尊敬的程度上的社会不平等，在任何社会中不仅具有积极的功能意义，而且是不

---

〔1〕〔美〕K.R.艾斯勒：《能干的战士》，载 W.米斯特贝格和 S.阿历克斯达编：《社会心理分析研究》第 1 卷，纽约 1960 年版，第 79 页。

可避免的。”[1]

当代社会学者研究社会组织与结构时，大量采用功能解释。例如，家庭为什么总是以某种方式存在于每个历史时期以及已知的所有社会中？对于这个问题，社会学者总的功能解释是：因为家庭在各种社会中都有它必要的功能。戴维·波普诺的具体解释(1983)是：在小规模的原始社会中，家庭在很大程度上是自给自足的，为它的大多数成员提供生活必需品。父母或长者向孩子们传授他们将来长大成人后所必需的技术，以及对与错的观念。宗教习俗渗透到家庭生活的各个方面。家长决定谁干什么，并解决成员之间的争端。在现代社会中，家庭的许多责任外移。学校和老师们负起了正式教育的主要责任，教堂和牧师接受了宗教的责任，而政府与警察操纵着社会控制的权力。但是，剩下的功能——社会化、慈爱、感情、伴侣关系、性生活的稳定以及经济协作——对于社会福祉仍是非常重要的。[2]

美国社会学家默顿对于美国“政治机器”的分析，是现代社会学中运用功能分析的典型。默顿指出，美国政治机构的特点是政治权力过于分散。所有公职都同时受到它涉及的权限以及任期的限制，中央政权的行动又受到地方政权的限制。这种情况便导致某些弊病。例如，政治权力分散使得一个大的铁路公司或电力公司很难从政府机构中得到允许其顺利完成某一项事业的决定。由官方政治权力分散而产生的弊病，多亏政党等“政治机器”所掌握的隐蔽的、集中的权力而得到补救。此外，“政治机器”作为一种非正式的权力又在选举、社会福利等方面起作用，还可以对政府施加压力、促使政府向工业家提供优惠，以便工业家增加利润、扩展市场，等等。

李友梅采用功能分析模式研究了上海白领作为社会结构组成部分的作用，认为上海白领阶层的形成所寄寓的体制背景、所关联的社会基础及其所能发挥的社会功能，与西方社会作为中产阶级主体的白领阶层相比有着很大的差别。上海白领群体不仅有职业危机感，还有一种来自市场领域的相对剥夺感，并处于西方生活、消费方式导向与现有收入水平之间的紧张之中。这三个相互叠加的因素使上海白领群体普遍感到了负担重重。他们因此把很多注意力放在了职业生涯的提升与财产的增值上，这种注意力分配结构对他们的社会和政治参与有着很大的消极影响。因此，白领发挥何种社会功能，既受到一些宏观结构因素，

---

〔1〕〔美〕肯尼思·D.贝利：《现代社会研究方法》，上海人民出版社1986年版，第645～647页。
〔2〕〔美〕戴维·波普诺：《社会学》，辽宁人民出版社1987年版，第186～192页。

如制度环境、社会资源分配机制、嵌入性的文化适应等方面的影响；又受到一些来自微观层面的因变量，如由经济压力带来的焦虑感、由不同生活经历带来的价值分化等方面的影响，有时还会与国外一些政治社会因素的影响相联系。[1]

三、意向分析

这是一种涉及动机、目标、价值、态度等内容的解释。这种解释隐含着两个假定：人们能够决定自己的行动；按照预定的方向有意进行行动。这两个隐含的假定是意向解释的前提。意向解释就是试图寻找引发人们行动与社会事件的动机等根源。

意向解释可以分为动机解释与价值解释。动机解释旨在说明人们发生一定的行动或者参与社会过程与事件的动机和目标。例如，社会为什么发展？有些社会学家运用动机解释来说明这个问题。例如，J.麦克莱兰认为，人需要有成就，是导致经济增长和文化发展的关键；具有高水平动机的人，工作做得更多，学习更快，而他们工作质量的提高主要不是靠物质奖励，而是靠所取得的成就感。善于估计自己主动冒险精神的程度并选择最优可能性，是旨在取得成功的革新家个性的动力。麦克莱兰认为，形成这种个性的机会条件包括男女平等运动的增加、家庭中父权的缩小、儿童夏令营等类型的儿童社会化，而不是形式上的工作职责。

价值解释旨在说明人们产生一定的社会行动或形成某种社会过程和事件的判断与态度。例如，为什么出现反犹太人的种族主义事件？不少西方社会学家运用价值解释来说明这个问题。1950年，阿多尔诺等人出版了《独裁人格》一书。作者使用了大量数据资料，指出：反犹的人一般都敌视其他少数民族，他们有种族优越感，喜欢自我赞美，并且把自己的父母理想化，他们不对自己的社会地位感到忧虑，有使用投射防卫机制的倾向。具有这类独裁人格的人往往是在家教严格、为社会地位忧虑、不容对权威有任何侵犯的家庭中成长起来的。西方社会学者对于这种解释，有反对的，也有赞成的。赞成这种解释的人认为，这一调查工作的结论是正确的，即反犹主义、种族优越主义以及独裁主义，这三种态度一般是同时存在的，这一点在以后的大量实质性调查中也可能是正确的。

---

[1] 李友梅：《社会结构中的“白领”及其社会功能——以20世纪90年代以来的上海为例》，载《社会学研究》2005年第6期。

四、发生分析

这是一种回溯解释，即从被解释对象较早时期开始的历史发展过程，来解释它为什么以目前的形式存在。例如，现今美国黑人语种中某些词汇和短语的使用，可通过从黑人被带到美国来当奴隶的时代起，回溯黑人英语的发展变化来解释。同样，现今美国天主教堂的礼拜仪式和习俗（包括礼拜仪式中英语的使用）可通过追踪美国天主教堂的发展来解释；现今的核心家庭形式可通过回溯工业革命以来家庭的发展变化来解释。[1]

例如，郑也夫运用发生分析的方法解释了中国和西方的民间社会团体何以存在不同的特点：中国古代城市移民的历史背景之一，是城乡间的流动是自由合法的。因此可以有组织、有策划，遵照制度化的模式（某种地域性专业）去进行。既然可以如此进行，组织方式自然在进城之前就产生了，因此其组织形式必然是以出发地——籍贯为基础的。与之对应，西欧中世纪城乡间的流动是不合法的。离开封建领地进入城市，实为逃亡。这种非法性决定了它不可能采取合法的组织形式，只能是个体行为，至少是非制度化的行为。而生存需要结成群体，如果进城后不能及时创造一种组织方式，便不可能形成一种新的文明，只能是乌合之众，作鸟兽散。一旦结成团体，就几乎一定是移民们自愿结成的团体。但这条道路却不是自愿走上的，而是不得已而为之；如果可能，他们会宁愿选择中国式的道路，因为后者削减了风险和未知。中国古代城市移民的历史背景之二，是城市中有既存的政治权力。它为城市提供了既存的秩序，同时也制约着城市居民的行为。即使城市中的官僚系统在城市管理上效率低下，失缺甚多，也不是民间团体可以放开手脚去填补的。民间团体在城市管理上只能小修小补，或是渐渐渗透，因为大动作首先依赖于政治权力的再分配。如皮雷纳说，西欧中世纪的市民阶级不是革命的，只是想要得到简单的让步。[2]

五、总体解释

这是一种在社会背景中考察与说明被解释项的方法。社会背景可以是组织团体、机构，也可以是整个社会。例如，艾森施塔特关于以色列的移民同化问题的研究是以家庭为总体的。恩尼斯对于个人投票行为的研究，是以某一行政区

〔1〕〔美〕肯尼思·D. 贝利：《现代社会研究方法》，上海人民出版社 1986 年版，第 629 页。
〔2〕郑也夫：《古代中西城市化与民间社团之比较》，载《北京社会科学》2001 年第 1 期。

的"选举气氛"为总体的。以整个社会为总体的解释也不乏其例，如法国社会学家吕西安·戈德曼（Lucien Goldmann）在《小说社会学》一书中，对于现代文学史上一种特殊的文学形式——小说，为什么地位越来越重要这一问题，作了如下解释：现代工业社会的经济组织，促使每个人都首先为日常生活而操心。默克多在《社会结构》一书中，提出了这样的假设：语言上的区别来自社会结构的区别。比如，存在姐妹共夫制的社会结构便倾向于将妻子与妻子的姐妹混同起来。

对于美国的两党制，美国政治社会学者有一个很流行的基本假设："美国的两党制是美国的选举制度，或代议制度的直接结果"。[1] 其中，美国选举制度是美国两党制的社会背景。法国社会学家莫里斯·多佛耶使用类似假设说："简单多数的单一票制度有助于两党制的产生"，"本书所规定的所有假设中，这种方法大概最接近真正的社会学法则"。[2]

六、区位分析

区位学是生物学的一个分支，它研究生物与环境的关系。它被应用于对社会现象的研究之后，便出现了人文区位学。人文区位学方法，就是把社会现象在地图上一一标明，研究某种社会现象与环境的关系，这种关系可以在环境的分布状态中反映出来。有些研究者使用地图进行社会问题的分析，这种地图被称之为"社会基图"，环境包括自然环境（山、河等）、社会环境（学校、街道、公路、铁路、工厂区、商业区、机关、公园、桥梁等），在这种地图上再标明某种社会现象（如自杀、犯罪、离婚、人口、职业成分、人才等）。从而，分析某种社会现象之所以出现的某种地理分布的社会原因。

区位分析主要用于城市社会学的研究。例如，有学者采用区位分析的方法研究了南京不同阶层居民的居住分化问题。居住分化是指城市社会结构的分化，是居住群体的居住生活方式差距、社会距离不断扩大的社会分化现象。居住分化是当代中国城市化进程中伴随着社会全方位转型不断深入而凸现的一种社会分化现象。研究者将 2005 年以前的房价进行分类，发现 5 000 元/平方米以上的高档商品房社区，集中在中心城区，大部分是在旧城改造基础上开发的，地价较高。3 000～5 000 元/平方米的中档商品房社区多分布在中心的外围地区，有一定的开发规模，且交通便利，如靠近南京即将开通的地铁沿线集聚了较多的

---

〔1〕〔美〕E. E. 沙茨谢纳德：《政党政府》，纽约，霍尔顿—莱因哈特—温斯顿公司 1942 年版，第 69 页。

〔2〕〔美〕莫里斯·多佛耶：《政党》，纽约，科学出版社 1963 年版，第 217 页。

4 500元/平方米左右的居住楼盘。3 000 元/平方米以下的商品房社区分布在江北地区和江宁部分地区，在中心城区没有分布，而不同收入水平阶层聚居的地区沿着这房价分布规律分布。研究者将房价信息和阶层类别信息同时呈现于一张地图上，形成了城市居住社区分化的社会生态图，用以解释分析城市的居住空间社会分化的原因和规律。[1]

〔1〕 张鸿雁主编、唐晓岚著：《城市居民分化现象研究——对南京城市居住社区的社会学分析》，东南大学出版社 2007 年版。

第十五章 预 测 法

描述、解释是为了说明过去或现在的社会过程与事件，或社会现状。预测则是为了描述与解释将来的社会事件或状态。预测法在现代社会研究中愈来愈显得重要，原因是现代社会发展变化速度加快。科学的社会管理与控制，需要科学的社会预测作为基础。如果我们不向历史学习，我们就将被迫重演历史。如果我们不研究未来、改变未来，我们就将被迫忍受未来，甚至更糟。

第一节 预测法的意义与新方法论

一、预测法的意义与发展

未来研究者并不拥有未卜先知的能力，不醉心于什么将发生、什么将不发生之类的说法，而只是致力于研究可供决策人员考虑的一系列选择。

有些未来研究者满怀变革社会的激情，想用某种方式改变未来；有些则专门研究预测未来各种事件的方法，较少关心变革。他们相信，预测技术可以帮助人们达到所追求的各种目标。有的则着重研究有关时间与知识的思辨性问题，比如什么是可知的或不可知的，关于未来的信息和关于现在或过去的信息如何对比，等等。有的着重于可能的未来，有的着重于概然的未来，又有的则着重于可取的未来。

现代社会制定可靠前景规划的需要，比以前任何时候更迫切。如果社会学家忽视这项工作，那么社会学这门学科帮助政府制定政策的作用就会大大减小。因此，社会学家对于社会预测不愿袖手旁观，而是越来越多地加入到这项工作中来。有人认为，社会学产生于对于预测的关心。贝尔和莫乌指出，努力促进探索未来的方法的发展，努力推动对于未来的探索是社会学家当仁不让的责任。

社会学在未来研究的某些领域处于领先地位。例如，社会学家吉尔斐兰(Gilfillan)不仅是现代西方社会科学界研究过去的预测准确与否的第一人，也是第一个公开宣称把社会预测研究作为终身事业的社会科学家。W. F. 奥格本(W. F. Ogburn)关于社会趋势的著作,1933 年《目前美国的社会趋势》一书是社会指数的最早来源。社会学是我国第一批召开专业会议讨论未来研究的学科之一;也正是这门学科,增设了最多的课程来讨论社会未来。

西方学者预测研究的重要领域,20 世纪 60 年代是在工程、经济学、物理学、化学与政治学领域。70 年代以来,重新侧重于社会和文化课题,社会学领域的预测研究蓬勃发展。美国社会学家阿尔温·托夫勒 1970 年出版了《未来冲击》一书,在美国等西方世界产生了强烈的反响。这本书既不谈性的问题,也不谈致富捷径,但人们却争相购买与阅读。"未来冲击"如今已经成为社会学者社会分析与批判的热点,成为大众传播媒介的常用语和人们的口头禅。这是当代西方社会学家确立面向未来的视角,以及未来研究达到一定水平的标志。

1967 年创设并领导未来研究机构"罗马俱乐部"的贝奇说过,只有人类才能以知识和社会的方法去思考未来。社会预测作为一种专业或业余爱好,近年来在西方国家成为一种新的引人注目的事业。过去,预测活动几乎是占星术师、神秘主义者、手相学家、预言家、巫师、风水先生、教士、占卜卖卦者和算命看相者的"专利"。现在虽然这些人还在影响着西方国家成千上万人的生活、工作与前途,但社会预测正作为一门科学,在社会学等学科的学者的努力下取得了不少实质性的进展,日趋精密。美国的韦恩·I. 鲍彻指出:"现在愈来愈多的人认识到,对各种可能的发展途径和各种潜在事件的可能性作尽可能细致的预测不仅是有益的,而且是十分必要的。事实证明,没有较为准确的比较负责的预测,某些很理想的机会就会失去,而某些现在规定的决策将会产生令人遗憾的甚至灾难性的后果。而在未来,这些后果迅速地物化,人们将自食其果。"〔1〕

对于社会实际超前反映的形式,目前流行的有如下几种:(1)乌托邦,即对未来社会进行神话般的设想。西方有些社会学家认为,对未来社会的乌托邦思想与创造,是人所共有的属性。美国社会学家麦克尔·哈林顿认为,乌托邦作为对真正合理社会的希望是通用的。〔2〕蒙福尔特试图把乌托邦想象为分析世界的方法,他写道:"乌托邦思想,是片面性的、明显的趋向性和兴趣,不完整性与不开通,和专门化是相对立的。利用乌托邦方法的人,应该把生活看做为……相关的

〔1〕〔美〕韦恩·I. 鲍彻主编:《预测和未来学研究》,美国联邦政府印刷所 1977 年印制,第 1 页。
〔2〕〔美〕麦克尔·哈林顿:《社会主义》,纽约,1972 年版,第 54 页。

整体，……一个活肌体。”[1](2)反乌托邦，即对未来社会持悲观态度而号召人们返回过去。从20世纪50年代开始，对资本主义前景理想化的未来社会学著作大量出版，与此同时，反乌托邦作品的数量也急剧增加。反乌托邦批评某些为垄断、侵犯人权的资产阶级制度辩护的言论，反对把资本主义未来涂上广告颜料的色调。(3)科学幻想，是凭直觉预料未来的一种反映形式。它与自然科学和社会科学的发展密切相关，同时又是社会预测的思想来源。(4)科学预见，即用科学方法预料未来社会实践及其结果。科学预见有两种形式，科学预言和科学预测。科学预言，是基于绝对可信度的、关于未来的非概率判断；科学预测是可信度较高的关于未来的概率判断。

我国做近年来也出现了一些社会学预测研究。例如，胡鞍钢等人2003年提出了“一个中国，四个世界”和“一个中国，四种社会”的分析框架，根据当前中国的地区差异和群体差异，指出在21世纪我们要解决两大问题，一是经济发展，从不发达到中等发达进而到比较发达，从低收入到中等收入进而到较高收入；二是社会转型，从传统社会形态走向现代社会形态，实现经济转型，从传统农业经济到工业和服务经济进而到知识经济。而中国经济和社会发展的地区差距背后是显著的知识水平的地区差距，这是制约中国未来长远的发展的瓶颈。因此，知识发展战略是中国在未来实现以人为本的、全面的、可持续的、协调发展的优先战略选择。[2]

社会学关于未来社会的研究，属于科学预测。社会学的预测性研究，就是根据社会历史资料和现代社会状况，运用科学计算方法分析与推测未来社会发展趋势、可能状态，为今后制定规划、决策与管理服务。

二、研究未来社会的新方法论

西方乐观的社会学者认为，按照真正科学的模式分析事实，就能正确地预测未来，而且可以实现社会的进步。悲观的社会学者则企图放弃这一观点，认为未来社会是不可预测的，社会学应当分析过去与现在。现在看来，越来越多的西方社会学者接受如下观点：既要摒弃乐观社会学对未来的强制计划性的观点，也不能同意悲观社会学不预测未来的观点。因为经验证明，人们不能像乐观派那样要求和强制社会顺利地产生变革，也不能像悲观派那样放弃对社会的预测，因为

〔1〕〔美〕L. 蒙福尔特：《乌托邦的故事》，纽约，1962年版，第5～6页。
〔2〕胡鞍钢、熊义志：《中国的长远未来与知识发展战略》，载《中国社会科学》2003年第2期。

这样做会导致制定对付危机的短见政策，造成新的危机。

近年来，一些西方社会学者指出，社会学在对未来社会的分析方面已陷入了危机，从而需要“发明”思考现今和未来社会的新的思想方法。他们正在开拓的新的途径有：

(1) 以近代史上的经济危机和各国之间的制约关系中出现的某些变化为主线，分析世界的结构、危机和周期。这基本上仍是以平衡与不平衡、平等与不平等原则解释工业社会周期性危机的模式。

(2) 以新出现的现象为基础进行未来研究。从宏观角度来看，新出现的现象有：新等级制度、新结构密度、新社会政治运动、新行会主义、新世界观、新价值观、国家的新作用、人际关系新准则、艺术上的新表现主义和新抽象主义等。

(3) 以社会学尚未涉及的问题为主进行未来研究。例如，生态学、环境、能源政策、和平主义、新技术及其在遗传、生物和精神方面的影响等。

(4) 以工业社会潜在的变革因素为主进行未来研究。工业社会潜在的变革因素是工业社会在未来发展和扩张中的主要动力。

(5) 以社会发生根本变化的现象为主进行未来研究。社会发生根本变化的现象有：个体化、政治观点和行为的多样化、生活方式更大的自主性等。〔1〕

西方国家有许多研究社会趋势的方法与流派。例如法国，20 世纪 60 年代流行社会统计学、社会指标研究、社会展望学；70 年代兴起社会计量学。20 世纪 80 年代末 90 年代初，法国一些社会学者联合进行研究，其目的是为了向人们提供一种能分析社会变化的主要趋势的学术工具。他们拟定了一个法国社会趋势表，起先列出 36 种趋势，后来增加到 81 种。〔2〕 在这 81 种趋势中，有的是“起因”趋势，也有的是“受影响”的趋势。重要的是分析有直接影响的趋势，以及各种趋势之间的相互关系和作用。通过分析各种趋势相互之间的关系找出其中影响最大即最主要的趋势，最后把这些趋势按主次顺序排列出来。分析的方法主要是系统的微观分析，但是除了作局部、专题性和按部门的微观分析之外，还应进行全局和整体的宏观分析。必须探讨起因，探讨趋势的发展力，判断哪些趋势有可能继续发展，哪些趋势只能维持现状，哪些趋势有可能消退。

---

〔1〕〔瑞士〕W. 菲谢、R. 厄特拉格、M. 维耶：《社会学如何面对未来》，载《瑞士社会学杂志》1986 年第 12 卷。

〔2〕〔法〕L. 迪尔内：《论法国社会趋势表：一种研究方法》，载《法国社会学评论》1985 年第 7～9 期。

第二节 预测的原则与方法

一、预测原则

美国社会学家丹尼尔·贝尔认为，社会预测的客观依据有两个：一个是规律性与重复性，另一个是连贯性与持续性。他的原话是："只要存在规律性发展和重复出现的现象（那都是罕见的），预测就有可能；或者存在持续发展趋势——这种趋势的方向（不一定是确切的轨道）可以用统计的时间系列加以测定，或者可以排列成历史发展趋向——那么，预测也是可能的。"〔1〕贝尔特别感兴趣的是"中轴原理"。中轴原理力图说明的不是因果关系，而是趋中性。贝尔指出，托克维尔在《古代政府》一书中，是以政权集中于国家之手这个中轴结构为依据的。在《美国的民主》一书中，平等是说明美国社会中民主思想传播的中轴原理。对于马克思·韦伯来说，合理化过程是理解西方世界从传统社会变为现代社会的中轴原理。对于卡尔·马克思来说，商品生产是资本主义的中轴原理，公司企业是它的中轴结构。中轴原理的价值，是它允许人们用多方面的立足点来设法了解社会变化。例如，以财产为中轴，美国和苏联之间就存在着一种矛盾的关系，一个是资本主义社会，一个是（中央集权的）社会主义社会；以生产和技术为中轴，苏联和美国都是工业社会，因此又多少是一致的。

预测可依据如下基本原则对未来事件作出设想：

(1) 连贯原则。社会学者按照这一原则，设想未来的社会体系像现在的社会体系那样，有些差别，但很多方面相似。同时，设想今天的社会变化的数量和程度，也将继续下去。

(2) 类推原则。社会学者按照这一原则，认为未来社会的社会体系、社会现象及其变化都按一定的模式运转，而特定的模式是可以认知的。

二、预测方法

社会预测的方法多种多样。1973年，美国学者进行了一次世界性的咨询调查，对于近一年半的各国学者预测研究项目中使用的方法作了统计，结果如表15-1：

〔1〕〔美〕丹尼尔·贝尔：《后工业社会的来临——对社会预测的一项探索》，商务印书馆1984年版，第8页。

表 15-1　预测性调查研究项目中所使用的方法

调查地区	美　国	北美与南美其他地区	西　欧	所采用的方法总数	占总数（总数:182）
含糊不清	15	0	7	22	12.1%
民意测验及其他调查方法	10	1	4	15	8.2%
建立模型	18	1	18	37	20.3%
趋势外推	8	0	4	12	6.6%
系统动力学	5	0	4	9	4.9%
研究方案报告和短论文	7	0	7	14	7.7%
历史性研究资料	15	1	9	25	13.7%
实验	10	1	4	15	8.2%
其他	8	0	0	8	4.4%
非专业的	16	1	8	25	13.7%

注:本表根据美国韦恩·I.鲍彻等著《预测和未来学研究》一书中的有关资料编制。

美国社会学家丹尼尔·贝尔认为,社会预测有三种类型:推断社会趋向;鉴别促成社会变化的历史"关键";预测主要社会体制内的变化。如果我们从预测方法上来考察,当代西方社会学者预测研究中经常使用的方法,可以归纳为三大类:外推法、专家法、模拟法。

1. 外推法

这是当代西方社会学者预测研究中最常用的方法。这种方法之所以具有科学性的客观依据,是因为过去、现在和将来社会发展趋势的相对稳定性与连贯性。当代西方社会学者常用的外推方法主要是:

(1) 简单外推法,即调查清楚基础期的稳定趋势,然后把这一趋势推广至未来的时间区间。

(2) 形态外推法,即确定未来需要解决的问题,以及解决这些问题的薄弱环节与缺少的信息,然后移向现实与过去的时间区间,寻找薄弱环节与信息。

(3) 情景外推法,即根据现有或某种规定的情势确定事件的逻辑程序,以便跟踪研究该情势在未来时间区间内的状况。情景外推法中出现了制图迭代法。

这种方法把来自不同方面的可靠程度不一的情景，通过迭代联成整体。社会发展的区域性以至全球性前景，通过许多局部情景的制图迭代法可以有效地进行推测。

(4) 类比外推法，即根据先发展的社会过程的状况，确定后发展的社会过程的相似现象。

(5) 时间序列外推法，即把过去社会过程的社会指标表达为动态序列，然后在回归和分析相关指标的基础上，把这种初始动态序列外推至未来社会。初始动态序列不容易完整，未来社会参量变化，是使用时间序列外推法的两大障碍。

西方社会学家把发达资本主义国家和发展中国家在物质福利方面所形成的差距，外推到今后一二百年。美国麻省理工学院罗达教授通过计算认为，发达国家和落后国家间人均国民收入 19 世纪初为 2∶1，而 20 世纪末为 20∶1。[1] 联合国社会发展研究所的学者通过计算认为，20 世纪末这种差距为 40∶1。[2] 而且，这种差距还在继续扩大。要达到"共同市场"国家 1965 年的发展水平，在资本主义条件下印度要花 196 年，伊朗要花 357 年。今天地球上的 50 亿人口中，几乎有四分之三是在亚非拉的发展中国家，不过这些国家生产的粮食略多于全球总产量的三分之一，外贸不到总额的五分之一，工业总值约占产值的 30%左右。[3] 戈登研究所的康恩、布劳恩和马丁尔在《下一个 200 年：美国和世界的前景》一书中预测，到 22 世纪末，发达国家和发展中国家在福利方面的差距将缩小到 4∶1。[4] 在使用外推法时，如预测年限很长，则难于把握未来社会参量的变化，容易陷入机械的推断中去。外推的时间区间（预测期限）一般不宜超过被外推趋势追溯时间的四分之一。过分增大被外推时间区间，则会使预测误差加速增大。外推法不宜用于长期预测与不定期长远预测，而只宜用于日常预测（1～2 年）、短期预测（5 年以内）和中期预测（15 年以内）。

美国社会学家阿尔温·托夫勒在使用外推法预测未来社会时，有强烈的变动、综合意识。他发表了一些很精彩的论述："无论遇到什么困难，我们必须克制自己免受直线的引诱。对于多数人，包括很多未来学者来说，明天不过是今天的延伸而已，他们忘记了那些多么明显有力的趋势，不会只作直线式的延伸。在它

---

〔1〕〔美〕罗达：《2000 年前后有的和没有的》，载美国《70 年代至 90 年代的世界经济秩序》，纽约，1972 年版。

〔2〕联合国社会发展研究所研究报告，1969 年版。

〔3〕〔苏〕《人口和生态预测：现代资产阶级概念批判》，莫斯科，统计出版社 1978 年版。

〔4〕〔美〕H. 康恩、W. 布劳恩、L. 马丁尔：《下一个 200 年：美国和世界的前景》，伦敦，1976 年版。

们达到顶点时，就会突变为新的现象。它们在改变了方向之后，停下来，再发展。因为有些事物即使现在正在发生，或者已经发生二百多年了，都不能保证是否将继续发展下去。”“未来，是在不断改变与变化的日常决策中，是在各种事物相互影响中形成的。”“因此，我们对于今后事物的态度，应该是寻找那些将震撼我们生活变化的细流，揭示它们之间的潜在联系，这不仅仅是因为涓涓细流本身有重要意义，还因为这些变化的细流可以汇成更浩大、更深邃、更湍急的大河巨川。”〔1〕

2. 专家意见征询法

在社会学预测研究中一般使用于超长期和不确定的预测。在使用该方法时，首先要确定具有预测方面相关知识的专家，评价专家们的擅长度与可比性，在此基础上选择一部分专家作为征询意见的对象；然后通过调查，收集专家的意见（最乐观的和最悲观的）。

3. 模拟法

收集某种社会过程大量可靠的初始信息，简化为由若干指标组成的数学式；然后通过电子计算机编制预测，得出被模拟过程的趋势。例如，德国社会学者韦德里希和哈格通过微分方程组，讨论两个国家集团间战争与和平的关系。其中，每个集团引入三个宏观变量：政治心理变量、物资装备变量、破坏变量。使用这种方法所得的预测结果，准确性很难保证，即使考虑得比较全面，仍然只能列出简单的方程组（模型）。并且，由于参数太多，定态解很复杂，而且结果不明显。同时，用计算机计算不同条件下系统的发展变化时，还要给出其余参数，而有些参数的变动本身就难于预测。有些模型建立者承认他们的模型是不真实的。例如，安东尼·唐斯说过：“模型并非想精确地描述现实。模型只重视其中的一些变项，而忽视了那些有某些影响的变项。”〔2〕

我国学者采用模拟法的预测数据分析人口红利与经济增长之间的关系。认为人口转变发生在很短的时间内这一事实，为中国提供了利用人口红利加速经济增长的机会，但同时少儿抚养比下降与老年抚养比上升之间的间隔也很短，使得总体抚养比，即少儿人口（0～14 岁）和老年人口（65 岁及以上）占劳动年龄人口（15～64 岁）的比例，只在相对短暂的时期内处于较低的水平，即在本世纪只会再继续一个较短的下降，最低点为 2013 年，随后将以老年抚养比提高为特征大

〔1〕〔美〕阿尔温·托夫勒：《第三次浪潮》，三联书店 1983 年版，第 183～186 页。
〔2〕〔美〕安东尼·唐斯：《民主政治的经验理论》，纽约，哈珀出版公司 1975 年版，第 3 页。

幅度回升。到2017年，在少儿抚养比仍然高达26.14%的情况下，老年抚养比超过14%。其结果是社会总体养老负担迅速加重，现实中将表现为劳动力资源减少甚至短缺，经济增长将无法享受人口出生率降低带来的好处。[1]

第三节　预测水平与特性

一、预测水平

埃里克·詹奇(Erich Jantsch)认为，预测起始于三个水平：战术水平、战略水平与政策水平。在战术水平上，预测讨论概率性活动的评估，这些活动或者实际上正在实现，或者在做出执行这些活动的决定之前，必须首先作出分析。在战略水平上，预测讨论验证，甚至创造可取的活动。在政策水平上，预测涉及预期的创造，预期的创造是不能演绎推理的。[2]

二、预测的特性

西方社会学者在未来研究中努力探索社会学方法的特性。例如，贝尔与莫乌为社会学者进行未来研究提出了十点“指导”：

(1) 不应该把研究对象看做是静态体系，应该看做是动态体系，这个动态体系在复杂的过去、现在、将来的相互影响中形成它的特性。

(2) 应该承认不确定性，凡是要处理不确定性，都应用概率方法处理，应考虑可能出现的不同的未来的发展。

(3) 调查研究者应该认识他的研究本身也在一定程度上影响未来。

(4) 应该考虑基本的社会价值。

(5) 应该注意在这些社会价值和社会与人民对这些价值相信程度之间明显的矛盾。

(6) 调查研究者应该明确地认识他的未来想象(和其他人的未来想象)可能影响研究结果。

(7) 应该考虑到前景规划建立在过去和现在状态之间的对比基础上的可

〔1〕 蔡昉：《人口转变、人口红利与经济增长可持续性——兼论充分就业如何促进经济增长》，载《人口研究》2004年第2期。

〔2〕 〔美〕韦恩·I.鲍彻等：《预测和未来学研究》，上海科学技术文献出版社1985年版，第94页。

能性。

(8) 调查研究者使用的理论或者其他说明方法应该主要用概念来构成，这些概念将影响所选特殊政策产生的结果。重点应由单纯的描述转向逐一列举控制的可能性。

(9) 在有可能检验未来时，就应尝试进行人为的表现前景方案的试验，以检验预测(即考虑插入法，把它置于某一事例中，看是否能得出符合预测的观念)。

(10) 应该利用瓦斯考(Waskow)的“可能措词”组成的声明，这个“可能措词”的声明是关于在其他情况不变的情况下，某些未来事件很少有可能发生，但是如果想要使事件发生，可以通过政治行为来影响。〔1〕

苏珊尼·凯勒(Suzanne Keller)提出了社会学用在未来研究中的八条“途径”：

(1) 帮助未来研究者避免“鲁宾逊·克鲁梭式的偏见”——不适当地强调“人”所需要的东西这一方面。

(2) 以单个的原因或单个的关键预测来代替模式化的复杂结构方面。

(3) 在社会学有关集体和社会结构的概念和信息方面，这些概念和信息帮助我们表现总的集合体以及它们与环境联系的形式。

(4) 在集中化趋势的方法和措施方面。

(5) 在测量典型的、少数的和不平常现象的方法方面。

(6) 在防止前景规划从给定的条件向无穷方向偏差方面。假如社会科学家倾向说似乎有一个永恒的过去，未来学者同样会说似乎有一个永恒的未来。

(7) 在产生对种族主义的认识方面。研究已经证明，一个人即便是受过专门训练和特别有意于不偏不倚的时候，要做到避免种族主义也是很困难的。史前社会的调查、第三世界的研究、妇女问题的讨论，以及其他方面都有种族中心主义的烙印。以上各个问题都是通过男性、白人，或者某一民族的特殊透镜来观察的。除非(未来学者)作出特殊的努力。

(8) 变化的途径。未来学家正在预测艺术、科学和生活习惯等许多变化；然而，对于变化的阶段或程序，或者哪些步骤和方法将会被引入，却极少有人注意到。他们也没有将这些变化和造成社会运动的途径相联系。〔2〕

当预测被运用于政策制定过程中去的时候，需要具备一定的特性。J. P. 马

---

〔1〕〔美〕韦恩·I. 鲍彻等：《预测和未来学研究》，上海科学技术文献出版社1985年版，第47页。

〔2〕同上书，第48页。

蒂诺(J. P. Martino)指出,这些特殊性有:

(1) 可靠性。预测的关键之一是可靠性。丧失可靠性的预测就不能提供行动基础。预测必须具备能够正确预测的信心(不管这些预测事件是概率的还是确定的)。在所希望取得的结果与所采取的行动之间,或与为达到此结果所使用的政策工具之间,一定要有可靠的联系。必须指出各种假设和事实对错误的灵敏度,以便提高可靠性。

(2) 远景范围。预测包含的远景范围应该是大得足以向政策制定者提供真正的选择余地。

(3) 酝酿时间。预测必须为作出惯例的安排,为组织过程的进行,为谈判的完成和为社会公众以及有关名流作出决策和选择提供充分的酝酿时间。需要对各种预测方法所预期的精确性、作为预测的时间长度的函数、各种预测方法所用的数据的不肯定性等等,作调查研究。需要有更好的方法,使在精确性和预测时间长度之间作更好的调整。

(4) 中间事件。预测必须鉴别中间事件,这些中间事件预料出现在执行政策中最初产生的障碍与达到政策目的之间。这些事件提供有关过去障碍的效果的反馈,并提供变化了的或其他障碍的错误信息。预测必须鉴别有待控制的一些事件。

(5) 完整性。预测应该表明对各种价值的影响,政策制定者或他的支持者认为,这些价值是重要的。另外,预测应指明空间和时间范围或它认为的截止点,并应估计超出截止点的程度。用识别特殊技术所存在盲点或破裂的倾向这样的办法,来减少对未知事件认识的偏差。预测者由于先前的研究结果,应该早就意识到在他正在采用的预测方法中隐藏着易犯的错误,因此他可以采取适当的方法回避它们。

(6) 清楚明晰。预测必须足够清楚地提供决策依据。如果对要发生的事件不清楚或者对要鉴别的事件本身不清楚,那么预测对政策制定者不能提供什么帮助。

(7) 机构。预测机构应和政策制定系统的机构相一致,以使颁布的总政策能够分解为互不关联的细政策,可以分配给专门的下属单位。

(8) 图像。"图像"预测必须能够激发和鼓舞那些实施政策的人们,以及那些支持实施政策的人们。这种情报不仅能用来预示各个团体可能的支持或反对;而且也可以描绘图像,这种图像在呼吁广大人民的支持方面往往能达到令人满意的效果。[1]

---

〔1〕〔美〕韦恩·I. 鲍彻等:《预测和未来学研究》,上海科学技术文献出版社 1985 年版,第 99～100 页。

第十六章 规范法

规范性研究的基本内容是“应该如何”。规范性社会研究是确定预定社会目标及达到预定目标而采取的行动与手段，以及对社会目标:行动与手段的合理性和可行性评价的过程。这个过程论证“应该如何”的方案，检验“应该如何”的假设。美国 R. M. 克朗指出，规范性研究的基本结论是:“如果你想得到某种结果，那么在特定条件下采取规定的行动，就会以某种确定的概率取得成功”〔1〕。

第一节 规范法的意义与作用

观察是为了预见，预见是为了管理。社会管理的主要形式，就是试图让社会按照人们一定的意愿运行。“社会应该怎样”的规范性研究，是当代社会调查研究真正的终极目的。

一、价值有涉

社会研究的规范性目的在社会研究中是内蕴的，往往被有意无意地遮掩着。许多西方社会学家，尤其是那些与自然科学保持密切关系的学者，坚持一种“价值无涉社会学”观点，认为社会学应以自然科学为榜样，因为自然科学具有“客观性”和“伦理中立”的原则。例如，比尔施泰特(Bierstedt)说:“社会学是一个范畴性的学科，而不是规范性的学科。这就是说，它将自己限定为陈述‘是什么’，而不是陈述‘应该或必须是什么’。作为一门科学，社会学必须对关于价值的问题保持沉默;它不能决定应该是什么方向，它不能对有关社会政策的事务提出建议。这并非说社会学的知识是无助于达到社会判断和政治判断的目的的，而只是说，社会学不能自己处理善与恶，对与错，好与坏，或任何其他关于人类价值的问题……正是这一准则，使社会学作为一门科学，显示出了它与社会哲学和政治

---

〔1〕〔美〕R. M. 克朗:《系统分析和政策科学》，商务印书馆 1987 年版，第 51 页。

哲学，与伦理学和宗教所不同的特色。”[1]

另外一些社会学者不赞成这样的观点。例如，古尔德纳（Gouldner）认为，“价值无涉社会学”，是一种神话；价值无涉的主张会使研究人员避开对社会有重大意义但有争议的社会问题，使之因无明确的道义责任而难于加以研究。[2] 现代西方社会学者的规范性研究直接受实用主义与功利主义方针的影响与指导。20 世纪初以来，欧洲社会学经历了一个“美国化”的过程。美国许多社会学家所抱的宗旨，是把社会学变成应对实际政策的手段。20 世纪 60 年代在美国兴起的社会学诊断学派，主张积极地干预现实，选择出影响当代社会生活的最合理的形式和方法。[3] 诊断学派呼吁社会学者更加留心研究过去，以便从中找到完善与改进现在的良方。[4] 诊断学派这类主张在西方社会学界十分普及。西班牙社会学者指出，实践社会学家与市场行情、统治上层的社会规划草案及措施有密切关系。总的说来，社会学是为辩护现存的社会制度而存在的。[5] “临床学家”一般不以雇主的观点与价值观点为目标，而是对它们进行批判分析，并得出独立的结论。而工程学家一般运用雇主可以理解的语言综合意见并提出建议，他们多半运用小范围的、廉价的询问方式，制定小团体的社会改造方案，编制计划以至进行工业品的工艺设计。

描述、解释与预测社会，最终目的是用这些知识去改造社会。改革开放以来，我国社会在经济持续增长的基础上取得了巨大的进展，小康社会正在来临，但也面临亟待解决的社会问题。目前，收入差距扩大化的趋势尚未扭转，社会不稳定的因素有所增加。低收入者、贫困群体的购买力不足，严重制约消费需求的扩大，贫富差距扩大已经成为影响社会和谐的一个重要根源。因此，加强规范性研究，促进社会建设，对于构建社会主义和谐社会具有十分重要的现实意义。

二、规范法的作用与困境

西方国家的政府部门关心的是民众的民意、生活方式、民族与种族冲突等，利用社会学者在这些方面的调查研究成果制定日常政策。同时，很多企业也雇

〔1〕〔美〕肯尼思·D.贝利：《现代社会研究方法》，上海人民出版社 1986 年版，第 37 页。

〔2〕同上书，第 38～39 页。

〔3〕〔美〕罗伯特·毕尔史泰特：《评论》，载《美国社会学》1965 年第 70 卷。

〔4〕〔美〕汉思·格恩、索尔·兰多：《历史与社会学精神的关系》，载《试验中的社会学》1972 年版，第 31 页。

〔5〕〔西班牙〕I.卡斯特曼等：《现代西班牙社会学》，载《国际社会科学》1979 年第 31 卷，第 2 期。

佣社会学专门人才作为“效率专家”,研究如何使雇佣工人更卖力、效率更高。“高效率”的背后是工人们忍受更大的压力、失业、酗酒与精神崩溃,等等。于是,另一些社会学者就来研究酗酒行为在工业中的事故,等等。正如美国一位社会学者所指出的那样,当工人起来反对他们劳动与社会生活的条件时,又有另一些专长于管理与控制的社会学家设法来消除这些“社会问题”。[1] 政府和私人企业付给这类应用社会学研究的资助金现已超过对基础理论社会学研究的拨款。

同时,规范性应用社会学研究也常常处境艰难。任何国家的社会学研究都程度不同地被社会政治势力所左右,很多课题被视为“政治禁区”和“社会学敏感问题”。一位阿尔及利亚社会学家悲观地说:“社会学被政治集团所玷污……社会被政府所全面控制,而根本不是研究的对象……”[2]

开展规范性研究,我们应该设法避免国外社会学者遇到的困境。例如,我国房地产市场的发展,住房制度政策改革使城市居民普遍分到了福利房,同时又有了改善住房的机会,大批质量更高、小区环境更好的商品房上市。有的开发商公开主张房地产为富人服务,我也研究房地产市场,则主张“建设大众房地产市场”。这是两种不同的价值定向与政策选择。

三、社会政策研究

社会政策学是有关国家与公民个人福利之间关系的规定,包括社会福利与社会保障政策、文化教育政策、医疗卫生政策、城市规划与住房政策、人口政策、劳动就业政策等。在欧洲,社会政策的最新发展是将“食品安全”放到了第一位。

学术界对于社会政策的理解经历了不少的变化。20 世纪六七十年代西方学术界主流意见认为,社会政策是由政府决策并实施的对市民福利有直接效果的政策,包括社会保险、社会救济、住房、教育等;到了 80 年代,社会政策被理解为“决定不同社会群体的资源、地位及权力的分配”;90 年代以来的社会政策内涵进一步深化,从资源分配发展到社会关系(地位及权力)的分配,而这些分配影响社会部门(家庭、学校、社会福利、教育、社区等)与经济部门(市场)之间的关系。[3] 社会政策概念的新发展是适应新的社会问题的需要而产生的,在目标取向上从集中于消费层次的社会资源分配扩展为包括社会关系分配,这是与社会排斥现

〔1〕〔美〕D. 丹尼尔斯:《北美社会学对中国适用吗?》,载美国《每月评论》1982 年第 12 期。

〔2〕〔美〕G. 萨巴、I. 加扎拉:《今日阿拉伯社会学:内部的观点》,载美国《社会学年度评论》1986 年第 12 期。

〔3〕王桌祺、Alan Walker:《中国的第二次革命》,商务印书馆 2001 年版,第 283 页。

象的出现直接相关的。影响社会排斥形成的因素是多方面的，如缺少工作机会、低学历、缺少技能、体弱、缺乏政治和社会参与等因素相互影响，导致社会关系弱化而陷入边缘困局。社会政策研究和实践的新走向，是帮助弱势社群与其他社群在获得基本的生存和能力发展资源上得到权力和地位的平等。

社会政策研究在中国也方兴未艾，这种新的发展态势根植于中国社会的政治经济转型。2003 年 10 月，中国共产党十六届三中全会提出了以人为本的科学发展观，标志着中国的政策导向开始发生重大改变，从偏重经济政策向重视社会政策转变。中国社会政策研究的内容，一是在介绍评述西方社会政策学及相关研究成果的基础上进行中国社会政策学基本概念和架构构建的尝试，二是分析中国社会政策缺失公平、公正的原因，三是探究如何加强社会政策的执行能力，尤其是关注农村、农民、农民工问题，保障农民的权利，推进扶助弱势群体的社会政策，建立必要的社会保障制度，正成为国人的基本共识。

社会政策学认为，在社会领域中，有六项公民权利是国家必须予以保障或满足的，它们是生存权、健康权、居住权、受教育权、工作权和资产形成权。对广大民众而言，上述六个方面的基本需求又是不可或缺的。这些社会权利所涉及的人的需求都处于“生理的需求”和“安全的需求”这两个较低的层次上。需求层次越低，就越接近人的自然属性。因而，政府应确保公民在社会领域基本权利的实现，政府和社会应给予制度性的保证和有效的社会支持，这就是社会政策追求的基本目标。

关于新的社会政策范式，中国学者有两种提法，一是承继美国学者梅至理首先提出的发展型社会政策，即以投资人力资本为核心，将个人、家庭、群体和国家等不同层面的利益和目标有机结合所形成的帮助个人、帮助国家的政策机制。[1]二是沿袭美国学者史乐山提出的资产社会政策，即在社会福利框架内所界定的个人资产的形成、积累以及保值增值的国家支持和社会干预政策。尽管两种提法不同，实质却很接近，即都认为新的社会政策范式不再仅以收入为本，不再仅仅强调社会再分配，而将社会政策视为一项社会投资，投资的对象是每个人及其家庭，投资的目标是提升人的能力以获得长效发展的机制。这种干预可以使市场的竞争机制更好地适应市场机制特别是劳动力市场的变化。这样的社会政策显然也包容和整合了经济政策，以适应社会发展的新需求。

社会政策研究专家在政府与公众，尤其是在政府与弱势群体之间扮演“中

---

〔1〕 张秀兰、徐月宾：《建构中国的发展型家庭政策》，载《中国社会科学》2003 年第 6 期。

介”角色十分重要。在政策制定过程中，公民参与非常重要。如今国际上常用市场理论中“用户”的观念来看待“政策对象”，其背后的理念即“用户是上帝”。但是在现实生活中，决策者要听到老百姓的“实话实说”并不容易。社会政策研究专家可以运用现代社会调查研究方法将公众的意见集中起来，经过定量的和定性的分析，实事求是地反映给决策者。专家们可以根据社会政策的理论提出可供选择的若干政策方案，以利于政府决策。以城市居民最低生活保障制度为例，一些社会政策学者参与了该项政策的制定，发挥了重要作用。从某种意义上说，和谐社会的核心问题是社会关系的和谐，这包括个人与个人之间的关系、个人与社会组织（政府、单位、社区、社团等）之间的关系、社会组织与社会组织之间的关系。社会政策是在广义的福利领域调整社会关系，尤其是个人与政府及其他社会组织的关系的重要工具。在构建和谐社会的过程中，社会政策研究将会有广阔的发展空间。[1]

第二节 价 值 定 向

规范性研究的主要形式之一，是确定社会问题解决的基本途径或社会改革的基本方向，即价值定向。这是社会调查研究者进行对策设计的必要程序。

价值定向，一般在现状的描述、解释或未来的预测之后进行，由一个或若干个立论构成定向命题或命题系统。

例 1：美国文化的价值定向研究（贝尔，1985）

〔**描述**〕 20 世纪 70 年代美国文化的基本特征，是对权威——职业化、专门技能、权贵人物、法律约束和道德传统——广泛采取怀疑态度，即对权威的反叛。这种反对既成事物与传统的文化，是现代主义。80 年代则出现了对现代主义的反抗，表现在采取比较喧闹形式的“道德多数派”“新右派”“基督教右派”和里根政府做出的各种努力，以及在学校推行祷告，拒绝给堕胎拨款，在教育中恢复“基础训练”，并从道德上辩解以作为政治立论的支柱。

〔**解释**〕 20 世纪 70 年代出现怀疑情绪的直接原因是越南战争。传统主义的根源在于美国的小城镇生活和它的原教旨主义新教。现代主义来源于极端个人主义，是城市中自由主义的发展。近年来对现代主义的反抗，是世界范围的潮

〔1〕 唐钧：《社会政策研究发展状况》，载《中国社会科学院院报》2007 年 3 月 6 日。

流的一部分。

〔**价值定向**〕 要想使现代西方社会维持稳定的社会秩序，只有通过贯彻自由主义的原则。这一原则强调个人和群体信念之间的差异，并在组成群体有权独立发展自身利益的理论和共同准则的普遍性之间取得平衡。对现代主义的反抗只能自相矛盾地通过恢复权威——由专业阶级赢得权威和政治权贵人物在道德方面的权威——来加以遏制，然而这仍不能解决问题。目前这种对现代主义的反抗，将推动对权威的攻击，而不能保证采取容忍态度和多元化，只会促使人们把权力或欺骗作为建立自己反动统治的原则，这就是作者所担心的威胁。〔1〕

例 2：流浪儿童救助保护能力建设（王思斌，2005）

〔**描述**〕 从现有调查资料来看，流浪儿童现象与家庭状况相关，也与地区有一定关系。虽然城市中也有少年（儿童）离家出走的现象，但流浪儿童群体则主要由农村的儿童构成。城市少年儿童离家出走，基本上是中小学生因受网络和社会思潮的影响，或在学习方面遭遇困难（如后进），受到老师和父母的批评而结伴出走。在某种意义上他们不是要出走流浪，而是要用出走来表现自己的反抗和表达自己的情绪。至于来自农村地区的流浪儿童则主要是由家庭原因所致，家庭的贫困、父母离异、父母对子女的管教方法不妥等原因将少年儿童排斥到社会上去流浪。在很大程度上儿童外出流浪是家庭状况恶化的外在表征，再加上农村基层组织涣散，不能对有问题的家庭进行合理的干预，于是儿童流浪现象发生。

〔**解释**〕 在流浪儿童问题上，虽然流浪儿童是行为主体，但他们自身并不是问题的主要成因，是贫困、家庭解组或解体等因素使他们沦为流浪状态，是农村基层组织和其他相关组织对儿童的保护不力使儿童对家庭的离心力强化，并导致他们出走和流浪。尽管每一个儿童外出流浪都有其特殊原因，但是在儿童流浪现象背后，都可以看出制度因素的重要影响。

〔**价值定向**〕 这里要考虑的不仅是机构中救助保护儿童的目前行为，而且还要考虑他们在离开机构之后的持续性的有助于他们发展的活动。在这些方面都需要新的视角，要更好地完成救助保护儿童的任务，需要在制度上加强救助保护系统的能力建设。〔2〕

例 3：农民工永久迁移意愿研究（蔡禾、王进，2007）

---

〔1〕〔美〕D. 贝尔：《对现代主义的反抗》，载(美)《公共利益》1985 年第 81 期。

〔2〕 王思斌：《流浪儿童救助保护能力建设》，载《中国青年政治学院学报》2005 年第 6 期。

〔**描述 1**〕 研究数据表明，在现行户籍制度下，愿意放弃土地并将户口迁移到打工城市的农民实际上只有25%，约三千万。外出打工的农民工规模与愿意将户口迁移到打工城市的农民工规模并不一样。

〔**描述 2**〕 我们的研究表明，农民工在城市户籍迁移问题上存在大城市偏好，来自本省的农民工比来自外省的农民工更愿意将户口迁移到打工城市，这意味着大城市选择偏好在本省农民工中更为普遍。

〔**描述 3**〕 虽然今年来城市社区建设开展得轰轰烈烈，但是居住城市社区中的农民工很少作为城市社区平等的一员被纳入社区建设的主体。而农民工的户籍迁移意愿表明，他们并非只是追求收入的经济人。

〔**价值定向 1**〕 实现农民工的户籍迁移将是一个逐步、有序的过程。主张农民工以土地换城市身份的观点值得商榷。因为，如果在现阶段全面实行土地换城市身份的政策，那么不仅会加大短期内人口城市化压力，而且是否能够保证农民工在失去土地保障后，可以依靠自身的人力资本和现行城市社会保障和社会救助制度维持他们在城市的生活也是值得怀疑的。

〔**价值定向 2**〕 优先在沿海大城市放开农民工的户籍迁移是不合适的，这会产生一种户籍迁移上的"马太效应"，使迁移城市最终难以承受"马太效应"下的迁移压力。

〔**价值定向 3**〕 要让农民工融入城市，与原市民和谐共处，就必须帮助他们熟悉城市环境、适应城市生活。而且，农民工在城市工作和生活中感受到的歧视、心理压力和困难麻烦越小，他们的户籍迁移意愿反而越会下降，从而可以减轻或延缓城市的户籍迁移压力。[1]

例 4：中国环境治理研究（洪大用，2008）

〔**描述 1**〕 中国的环境治理日益制度化。中国的环境法制建设正在逐步完善，中国目前已经形成了以《中华人民共和国宪法》为基础，以《中华人民共和国环境保护法》为主体，以环境保护专门法、与环境保护相关的资源法、环境保护行政法规、环境保护行政规章、环境保护地方性法规为主要内容的环境法律体系以及相关的环境标准体系。中国的环境保护机构不断健全，中国的职业环保人员持续增加。

〔**描述 2**〕 环境治理的成效非常有限，往往只能改善局部地区的局部问题，难以有效改善整体环境状况，中国环境危机的态势依然严峻，已对中国经济的进

〔1〕 蔡和、王进：《"农民工"永久迁移意愿研究》，载《社会学研究》2007年第6期。

一步增长和人民生活质量的进一步改善构成了重大威胁。

〔解释〕 中国日益制度化的环境治理为何失灵？现行环境治理所具有的早生性、外生性、形式性和脆弱性等特征是导致其失灵的重要原因。

(1) 中国环境治理的早生性。环境治理相对于我国经济发展的阶段、相对于社会整体的实际需求而言，表现出了某种程度的早生性。在很多时候，发展的合法性甚至要强于环保的合法性，因为追求发展的冲动而不惜牺牲环境的现象也就难以避免。

(2) 中国环境治理的外生性。中国的环境治理具有社会精英自上而下推动的特征，环境治理的制度创新并不是源于社会内部的、自下而上的诱致性制度变迁。直到 1992 年，中国环境保护年度计划指标才被首次纳入国民经济和社会发展计划；直到 2006 年，环境保护支出科目才被正式纳入国家财政预算。

(3) 中国环境治理的脆弱性。环境保护工作缺乏强有力的机制和手段，破坏环境的各种行为难以受到有效的责任追究，环境保护缺乏强大的社会力量支撑等。

〔价值定向〕 现有的环境治理主要依靠政府推动，公众作为环境治理的重要主体没有受到切实的重视，公众自觉参与环境治理还非常不足，同时面临着诸多条件与机会的限制。推动更加有效的环境治理，要有一个更具现实性的路径。那就是通过进一步保障公众理性的环境维权来促进公众对环境治理的参与。把公众纳入我国的环境治理实践中，借助公众理性维权行动的力量，不断改进我国的环境治理实践。〔1〕

第三节　政 策 设 计

当代社会学者不仅就控制一个国家内部的社会过程，同时就控制国际范围内的社会过程，向各国政府提供思想理论上的根据与实际建议，即既探索社会控制的理论，又研究社会控制管理的实际行动；既着眼于一个国家，又放眼于世界。理论研究与实际资料分析都可能导致政策设计，即把有关理论知识、方法技巧与专门资料，应用于决定政策、评价当前的政策或提出可供选择的政策方案。政策设计是价值定向的继续与发展。

---

〔1〕 洪大用:《试论改进中国环境治理的新方向》，载《湖南社会科学》2008 年第 3 期。

属于规范性研究的政策设计，与价值问题有密切的联系。这种联系表现在如下几个方面：(1)预定的目标，是受社会欢迎的。(2)选择的行动与手段是符合社会规范，可行、可用与有效的。(3)政策实施的结果，是与有关人和社会组织的价值一致的。所以价值定向在政策设计过程中具有重要的作用。以上三个方面正是进行价值定向时所要考虑与评价的基本内容。

例 1：中小学教育政策设计(科尔曼，1966)

〔**描述 1**〕 少数民族儿童刚入学上 1 年级时，在受教育方面就有严重的缺陷。

〔**解释 1**〕 这不是学校造成的，而是家庭和家庭环境所造成的。

〔**描述 2**〕 少数民族儿童到了读完 12 年级时，在受教育方面的缺陷就更严重了。

〔**解释 2**〕 这在一定程度上是由学校造成的。只有当学校削弱了儿童的社会出身对其上进机会的决定性影响时，学校才可以说是办得成功的。衡量学校教育的效果如何，要看它消除来自不同社会集团的儿童在起点上的差别的能力大小，但是学校并没有这样做。

〔**价值定向**〕 仅仅把钱投入到教育上处于不利地位的儿童所进的学校，以改善物质设备、图书、教学仪器等方面的条件，并不能解决问题。由于其他理由，仅仅用校车接送儿童或者采取其他形式上消除种族隔离的作法也是不够的(这种措施可能产生的一个副作用是，由于加强了按照学生的能力分科教育的方法，反而会加重学校中的种族隔离情况)。〔1〕

〔**政策方案**〕 惟一看来切实可行的政策，是既谋求改进黑人和其他在教育上处于不利地位的人的教育，而又不损害那些在教育上处于有利地位的人的教育。这意味着要制定一些新型的教育制度和措施，并大大增加教育经费——不仅增加处于不利地位的儿童的教育经费，而且增加其余儿童的教育经费。解决办法可以采取教育公费的形式，或者采取资助私立学校学费的形式(通过联邦政府的调节来保证学生种族的不单一性)，公立的(或者公家补助的)寄宿学校(像北卡罗来纳的高级学校)以及其他一些改革措施。〔2〕

例 2：第三世界发展对策研究(韦伯斯特，1983)

〔**解释**〕 竞争的思想与企业家精神是社会发展的动力。

---

〔1〕〔美〕詹姆斯·科尔曼：《教育机会的平等》，美国政府出版局 1966 年英文版。

〔2〕〔美〕詹姆斯·科尔曼：《平等的学校还是平等的学生?》，载(美)《公共利益》1966 年第 4 期。

〔对策1〕 把鼓励第三世界的对外贸易和引进外资放在首位，逐渐减少援助项目。

〔对策2〕 鼓励发展现代价值观与进取心，创造一种与现代经济组织的繁荣相适应的文化环境。

〔对策3〕 促进南方国家的发展，因为那里是推销北方国家制造产品的不可缺少与长期的市场。[1]

政策是要实行的，因而政策设计强调可操作性。也就是说，政策设计要具体，要能放在社会实际生活中执行。

例3：农村雇工经营对策研究（宋林飞，1987）

〔描述1〕 许多地区的基层干部对雇工现象大多因为"吃不准"而采取不管不问的态度。雇工经营户主则大多东张西望，因为担心"政策变"而隐瞒经营与盈利情况。因此，研究雇工经营的性质问题不仅有理论意义，而且还有实践意义。

〔描述2〕 根据江苏省扬州市44个雇主户的情况初步测定，平均1个雇主参加生产加工与经营管理的劳动大体相当于1.8个雇工的劳动。如果以劳动力人年计算，江苏省平均每个雇主户自有劳动力相当于3个雇工劳动力人年，加上3.3个雇工，共拥有6.3个雇工劳动力人年。

〔描述3〕 雇主占有雇工剩余价值的秘密隐藏在他们的收益分配之中，雇主的剩余价值率为135%。

〔描述4〕 农村雇工经营的形式可以概括为四种类型：(一)自营(扣除税款、集体积累等之后的纯收入全部归户主)；(二)承担(部分生产资料属集体所有，部分生产资料是承包者用个人获利添置的，要向集体提供固定资产折旧费、流动资金利息及利润分成)；(三)合股(大多是私人与私人合股，也有个别私人与集体合股的形式)；(四)挂牌(即名义上挂着集体办厂的牌子，实际上生产资料是私人的，经营活动与收入分配等也全部由生产资料所有者控制与支配；与自营雇主户的主要区别是向集体上交较多的积累)。第一种雇工经营形式属于私人经济；第二、第三、第四种经营形式则属于私人经济与集体经济混合的经济形式，也可叫做"半社会主义的经济"。

〔描述5〕 小业主转化为资本家，雇工人数和预付资本都有一个最低限额。

〔解释〕 为什么有些人愿意当雇工呢？一是为了得到较高的经济收入，因

---

〔1〕〔英〕安德鲁·韦伯斯特：《发展社会学》，大不列颠麦克米伦出版公司1986年英文版，第192页。

为目前农民承包土地收入较低；二是劳动力剩余，因为地少人多，土地经营一般不能使农民在其中充分就业；三是为了学技术，因为普通中学没有职业技术教育，许多青年想致富却没有技术。雇工是为了把自己的劳动力拿出去"卖一个好价钱"，雇工为了得到较之农业劳动更多的经济收入而去向雇主出卖自己的劳动力。雇工的劳动力就是一种特殊的商品，劳动力所有者把存在于他自身中的劳动力当做商品来出卖。

〔**价值定向 1**〕 雇工经营不失为吸收农村剩余劳动力与提高农民收入水平的一条有效途径。当雇工虽然不像当全民职工那样令人神往，对于茅屋里的贫困农民却是一条怀有种种希望的现实之路。

〔**价值定向 2**〕 只要农村劳动力还有剩余，只要农村商品经济还比较落后，雇工经营就有它独特的作用，就有它滋生活力的土壤。为了把农村剩余劳动力较多较快地转移出来就业，采用雇工经营这样有利也有弊的形式，比起西方工业革命中某些"痛苦的过程"，无疑要适宜得多。

〔**价值定向 3**〕 农村雇主户富了以后，有些户能主动兴办公益事业。对于雇工经营的评价，主要依据不是雇主是否兴办某些公益事业，而是他们是否损害或降低了雇工的利益。

〔**对策**〕 为了保护雇工利益，拟采取如下措施：第一，提高雇工工资；第二，改善劳动条件；第三，设立雇工保险；第四，制定一个《雇工经营法》，具体规定雇主与雇工的权利与义务，保护雇主与雇工的合法利益。〔1〕

例 4：消费模式与对策研究（孙立平，2009）

〔**描述**〕 2008 年世界金融危机爆发，中国所遭遇的危机和美国有所不同，是由有效需求不足引起的生产过剩危机。美国金融危机中那些最核心的要素、最核心的现象在中国几乎都不存在，如大面积房贷断供，金融机构倒闭、破产、被收购、被国有化等。

〔**解释**〕 我国从 20 世纪 80 年代末 90 年代初开始从生活必需品时代向耐用消费品时代转型，那时候生产过剩的因素就开始出现。到了 1997 年、1998 年，这个问题相对来说就比较突出了。但是那场危机程度很轻，加上采取了一系列的措施，尤其是当时住房这个市场开始形成，逐步就过来了。2005 年前后生产过剩又开始突显出来了，但是最终没有形成生产过剩危机。因为在全球化加快的过程当中，中国碰到了美国，这两家一拍即合，两家高度互补，这边生产大量的东西

---

〔1〕 宋林飞：《农村雇工经营定量考察报告》，载《南京大学学报》1987 年第 2 期。

卖不出去,那边过度的消费,你便宜一点卖给我,这样就解决了这两个国家各自的问题。但是现在美国出现了问题,原来解决中国生产过剩问题的条件就失去了,于是 2008 年开始中国的问题就突显出来了。

〔价值定向〕 扩大内需面临的是要解决耐用消费品消费的问题,要创造一系列条件,形成耐用消费品的市场,形成耐用消费品的消费模式。

〔对策〕 我们需要进行一系列的社会变革,包括强化政府职能、推动政府再分配的职能、推进基本公共服务、健全社会保障制度、促进财富的再分配贡献性,同时建立市场经济条件下利益抉择的机制,特别是利益表达和利益博弈的机制,促进中产阶层的发育等一系列的机制。我们要通过社会的变革、社会的改造形成一个新的社会,支撑一个新的经济时代——耐用消费品时代。一个社会真正要进入耐用消费品时代需要具备一系列的条件,至少得有一半以上的人口住到城市中来,能够形成最起码的基础设施,得有消费信贷,得有社会保障和基本公共服务作为社会信贷支撑的条件,还得有中产阶层逐步的发育,等等,这样才能使整个社会能够消费得起耐用消费品,能够真正进入耐用消费品时代。〔1〕

〔1〕 孙立平:《消费转型是发展的必然》,载《理论导刊》2009 年第 5 期。

第十七章 计算机统计分析软件的应用

现代社会研究经常会面临大规模调查样本和多个变量同时需要处理分析的情况,需要计算机辅助完成复杂的定量研究。社会研究资料的简单统计分析应用 Excel 软件就可以处理了,但对于社会研究资料深度的统计分析,则需要使用专业的统计软件完成。

现代社会研究使用的统计分析软件越来越多,目前,使用最广泛的统计分析软件有 SPSS、SAS、Stata 等。SPSS 是“社会科学统计软件包”(Statistical Package for Social Science)的简称,是一种集成化的计算机数据处理应用软件,是社会研究经常使用的统计软件,可以满足大多数社会统计分析的需要,而且操作相对简便。使用者仅需要关心某个问题应该采用何种统计方法,并初步掌握对计算结果的解释,就可以对数据进行定量分析。SAS、Stata 以及 HLM、Eviews、Pajek 等统计分析软件,是为专业研究与分析人员设计的,功能比较强大,但掌握的难度相应也大。

使用计算机软件对于社会研究资料进行统计分析,一般需要以下几个阶段:

第一,数据录入。将调查搜集的资料转化成计算机可以识别的数据,进行编码处理,然后按照统一的格式输入计算机。

第二,数据管理。数据录入计算机后,对所有数据进行整理,剔除个别信息缺失严重或明显失真的个案,检查个案类型的分布是否合理。

第三,初步统计分析。通过数据呈现反映社会研究对象的基本特点和各类别之间的差异,包括频率统计、列联表分析、均值比较分析、参数估计等,可以根据需要制作报表、绘制图形,可以了解数据的基本特点,形成对社会问题的初步假设或认识到运用某种数学模型进行分析的可能。

第四,深入分析数据。这是运用统计分析软件对假设进行检验或进行数理模型分析的过程,主要对数据进行相关分析、方差分析、卡方检验、回归分析、聚类分析、判别分析、因子分析以及线形模型、非线形模型、时间序列等数理模型分析。

第一节 SPSS统计分析软件包及其使用

SPSS集数据整理和分析功能于一体，囊括了各种成熟的统计方法与模型，能够为社会研究提供相应的统计分析手段。20世纪80年代开始逐步扩充应用范围，在我国社会科学研究领域也正得到广泛应用。SPSS的基本功能包括数据文件管理、统计图表分析、信息输出管理等。其分析过程包括描述性统计、自定义表格、均值比较、一般线性模型、相关分析、回归分析、对数回归、聚类与判别、数据简化、非参检验、生存分析、时间序列分析、多重响应、缺失值分析等大类，每类中又分多个统计过程，比如回归分析中又分线性回归分析、曲线参数估计、Logistic回归、ordinal回归、Probit回归、加权估计、两阶段最小二乘法、非线性回归和最优尺度分析等多个统计过程。

应用SPSS进行单变量的分析，可以对单一变量的平均数、众数、四分位数或标准差等进行统计，软件应用相对比较容易。多变量分析有一定难度，主要的多变量分析方法有多变量方差分析、主成分分析、因子分析、典型相关、聚类分析、判别分析、多维量表分析、线性结构方程、Logistic回归分析等。[1]

一、方差分析与相关分析

方差分析是同时分析和检验多组样本均值间的差异是否具有统计意义的一种方法。社会科学研究中经常会应用这种统计方法，如统计不同社会群体的收入是否存在显著差异，或者男性与女性求职成功率是否存在高下之分等问题，都可以使用方差分析方法去解决。

起步是进行单因素方差分析、均值多重比较和相对比较。进一步可以进行简单的多因素方差分析和协方差分析，分析各因素的主效应，以及分析各因素间的交互效应。

在General Linear Model菜单项下有四项：Univariate提供回归分析和一个因变量与一个或多个因素变量的方差分析；Multivariate可进行多因变量的多因素分析；Repeated Measure可进行重复测量方差分析；Variance Component可进行方差成分分析。通过计算方差估计值，可以帮助我们分析如何减小方差，以提高进一步

〔1〕 张文彤、闫洁：《SPSS统计分析基础教程》，高等教育出版社2004年版，第3～4页。

统计分析的准确性。

相关分析是两个变量线性关系的最基本度量。样本的相关系数用 r (correlation coefficient)进行表示。相关系数 r 的值在 -1 和 1 之间。r 的绝对值越接近 1,两变量的关联程度越强,r 的绝对值越接近 0,两变量的关联程度越弱。一般来讲,当样本量较大($n>100$),并对 r 进行假设检验,有统计学意义时,r 的绝对值大于 0.7,则表示两个变量高度相关;r 的绝对值大于 0.4,小于等于 0.7 时,则表示两个变量之间中度相关;r 的绝对值大于 0.2,小于等于 0.4 时,则两个变量低度相关。

现选择 CGSS2003 数据库中的两个定距变量举例分析。打开 SPSS for windows 界面,选择需要进行分析的数据库,在 Analyze 菜单 Correlate 中选择 Bivariate 命令,再在弹出的 Bivariat Correlations 对话框中选择需要分析的两个变量,随后在 Correlation Coefficients 框中选择相关系数的类型,共有 3 种: Pearson 简单相关系数、Kendall's tua-b 系数和 Spearman 等级相关系数,本例选用 Pearson 项,其结果运行如下表所示:

表 17 - 1　SPSS 软件输出的相关系数统计结果

		相对剥夺感	主观幸福感
相对剥夺感	皮尔逊相关系数	1	0.503(* *)
	双尾显著性水平检验		0.000
	样本总量	5 066	5 051
主观幸福感	皮尔逊相关系数	0.503(* *)	1
	双尾显著性水平检验	0.000	
	样本总量	5 051	5 874

* * 检验水平为 0.01 时相关系数显著。

表 17 - 1 显示相对剥夺感和主观幸福感的相关性系数为 0.503,说明这两个变量正向相关,相关程度中等。在这个数据的旁边有两个星号,表示用户指定的显著性水平为 0.01 时,相对剥夺感和主观幸福感的相关系数在统计学意义上是显著的。需要注意的是相关系数表明两个变量一定程度上存在联系,但并不意味着是因果关系。

二、多元线性回归分析

回归分析是处理两个或两个以上变量间线性依存关系的统计方法。它是最为常用的多变量统计分析方法。在多元线性回归分析中，SPSS 软件还可根据用户需要，选用不同筛选自变量的方法（如逐步法、向前法、向后法等）。

依然选择 CGSS2003 数据库中的变量作为例子，在 SPSS 软件的 Analyze 菜单下选择 Regression，在 Regression 的子目录中选择 Linear，此时弹出 Linear regression 选项框。

将因变量 Y（主观幸福感）选入 Dependent 之中，自变量 x_1（性别）、x_2（年龄）、x_3（受教育程度）选入 Independent(s)之中，此时，可根据需要按系统默认的“强制回归(Enter)”或者选择选择“逐步回归(Stepward)”“向前法(Foreward)”或“向后法(Backward)”，这些都在“Method(方法)”中选择，本例选择 Enter 方法，即将所有变量代入模型，不作剔除。接下来，可以点击 OK，结果就自动弹出来了，关键的有如下三个结果。

SPSS 结果中提供了一些参数用以判别方程的质量。其中 R^2 值是分析自变量与因变量联系的密切程度的参数，取值范围在 0～1，越接近 1 越密切。另一个较为重要的参数是对模型进行的方差分析结果，目的是检验回归方程是否成立。检验结果如果 P 值小于 0.05，可以认为方程成立，若大于 0.05 还不能认为方程成立，即在 5%的置信区间是否显著。

回归分析最主要结果体现在表 17－2 中，该表格显示的是回归方程及各自变量的回归系数，这里可以看到各个自变量对因变量的影响程度。B 值一栏是各自变量的回归系数估计值，Beta 值一栏是经过标准化后的标准回归系数估计值，Constant 是方程的常数项。SPSS 对常数项和各自变量的显著性都进行了检验，Sig 一栏就是检验结果。

表 17－2　SPSS 软件输出的回归方程

模型	非标准化回归系数		标准化回归系数	t	显著性水平
	B	标准差	Beta		
常数项	2.708	0.061		44.280	0.000
性别(男性)	－0.107	0.021	－0.067	－5.034	0.000
年龄	0.003	0.001	0.054	3.916	0.000
受教育程度	0.044	0.004	0.171	12.389	0.000

注：因变量为“主观幸福感”。

根据 SPSS 的分析结果，列出回归方程：$Y = 2.708 - 0.107 \times x_1 + 0.003 \times x_2 + 0.044 \times x_3$

方程的意义是，性别、年龄、受教育程度都对人的主观幸福感有显著的影响。其中男性幸福感比女性要低，随着年龄的增长幸福感有较小幅度的提高，人受教育程度越高，幸福感也会稍有提高。

三、二值 Logistic 回归分析

多元线性回归要求因变量必须是连续性的，社会科学经常要研究分类变量受到其他因素影响后的变化。SPSS 软件提供了 Logistic 回归分析，解决因变量是定类变量或定序变量时的情况。Logistic 回归模型是针对二分类或多分类因变量建立的回归模型，在社会统计分析中有着很重要的作用，其自变量可为定类或定量数据。与线性回归不同，Logistic 回归是一种非线性模型。

用 SPSS 软件进行 Logistic 回归分析，在 Analyze 菜单下选择 Regression 中的 Binary Logistic 标签，在对话框内选入因变量和自变量 Covaiates，程序大体和前面多元线性回归相同。如果选入的变量是一个多分类变量，SPSS 还可以把该变量转化为虚拟变量。

现以居民的主观幸福状况的研究为例，采用 CGSS2005 全国居民综合性调查数据库中的数据，考察自变量包括年龄、就业状况、婚姻状况以及教育程度，对居民主观上是否感到幸福的影响。按照前述步骤对这些变量进行 Logistic 回归分析，SPSS 软件会以图表的形式自动输出一系列参数，与多元线性回归的统计结果类似，这些参数主要用于描述样本的分布情况或检验模型、自变量的有效性或拟合优度。作出正确结论的前提是对模型有效性和拟合优度的检验必须通过，所以 SPSS 提供的这些检验表格十分重要，如本例对模型对数据的拟合优度、模型总体预测能力的检验结果都不理想。

表 17 - 3 是最终反映模型中各自变量的回归系数的表格，即一项研究最终通过解释这个表格的结果，来验证或推翻相应的假设。这一例中我们发现就业、婚姻、教育等因素有显著影响，相对而言婚姻的影响更大一些，但年龄因素的影响并不显著。

表 17 - 3 SPSS 软件输出的 Logistic 回归模型

	回归系数	标准误	沃尔德系数	自由度	显著性水平	Exp(B)
年龄	-0.002	0.002	1.369	1	0.242	0.998
就业状况	0.226	0.052	18.709	1	0.000	1.253

续 表

	回归系数	标准误	沃尔德系数	自由度	显著性水平	Exp(B)
婚姻状况	0.529	0.057	85.434	1	0.000	1.698
教育程度	0.053	0.005	128.705	1	0.000	1.055
常数项	-1.140	0.101	127.401	1	0.000	0.320

注:第一阶段进入模型的自变量为年龄、就业状况、婚姻状况、教育程度。

四、因子分析

因子分析就是将大量的彼此可能存在相关关系的变量再次综合,形成彼此相对独立的综合指标,从而减少自变量的多元统计方法。SPSS 提供了因子分析,这样既可减轻信息搜集的工作量,且各综合指标代表的信息互相独立,方便分析。

以对工作满意度因子分析为例,工作满意度可能有多个影响因素,因此在问卷调查中可能对工作环境、强度、安全性、收入、福利、与上司或同事的关系、晋升的机会、激励机制、自主性等十几个方面进行调查。如果直接利用这些作为自变量构造模型,则计算量很大,而且输出的结果是一张庞大的表格,研究起来较困难,另外如果这些变量之间存在共线性,则会降低模型的有效性。用 SPSS 对这些变量进行因子分析,可能会使研究得到简化。

在 SPSS 中选 Analyze 菜单下选 Data Reduction 中的 Factor 选项,然后在跳出的对话框中把对工作环境的评价等 11 个变量选入 Variables 栏中;在主对话框中,单击 Descriptives 按钮,展开相应的对话框。选中 Univariate Descriptives 复选项,要求显示单变量的描述统计量;选中 Initial solution 复选项,要求显示初始因子分析结果。在主对话框中,单击 Extraction 按钮,展开此对话框。在 Method 选择一个方法(如果是主成分分析,则选 Principal Components);在 Analyze 栏中选择 Correlation matrix 分析相关矩阵项;在 Display 栏中选中 Unrotated factor solution 复选项和选中 Scree plot 复选项。在主对话框中单击 Rotation 按钮,展开 Rotation 对话框。在 Method 旋转方法栏中,选择 Varimax,即最大方差旋转项;在 Display 栏中选择 Rotated solution 复选项。如果要计算因子得分就要点击 Scores,再选择 Save as variables(因子得分就会作为变量存在数据中的附加列上)和计算因子得分的方法(比如 Regression);之后回到主对话框(用 Continue)。这时点 OK,SPSS 输出一系列统计结果。

SPSS 的运算结果中输出了的每个变量的平均值、标准差等简单统计,并提供了一些参数用以决定样本是否可以进行因子分析,考察每个因子可以代表整个样本信息量的比例。结果中的 Initial Eigenvalues 参数为相关矩阵或协方差矩阵的特征值。这些值是用于确定哪些因子(或成分)应保留。本例前三个因子的特征值大于 1,前三个因子所解释的方差占总方差的 59%,提取出的前三个因子保留了 59%的样本信息,排在后面的因子保留的信息逐步减少。SPSS 还提供了表现各成分特征值的碎石图,可以直观地看出这一趋势。

因子分析的主要结果体现在 SPSS 输出的 Component Matrix 表格中。本例中这个表格为前三个因子的负载矩阵,用来表示原来的每个自变量分别在前三个因子中保留了多少信息。有时候仅通过这个矩阵很难分辨出某个变量在哪一个因子上负载相对较多,SPSS 还可以输出旋转之后的矩阵(表 17－4)。

表 17－4　旋转后的因子负载矩阵

	因子		
	1	**2**	**3**
对工作环境的评价	0.187	0.648	0.237
对工作强度大小的评价	0.003	0.594	0.424
对工作安全性的评价	0.021	0.523	0.441
对工作收入的评价	0.357	0.705	－0.062
对工作福利的评价	0.368	0.709	－0.104
对与上司的关系的评价	0.347	0.169	0.667
对与同事的关系的评价	0.160	0.022	0.804
对晋升的机会的评价	0.768	0.170	0.105
对激励机制的评价	0.751	0.269	0.057
对表现自己能力的机会的评价	0.773	0.117	0.208
对工作中的自主权的评价	0.663	0.161	0.226

注:采用主成分法提取因子;使用最大方差法旋转,经过 8 次迭代收敛。

表 17－4 给出了旋转后的因子负载矩阵。经过旋转后变量在各因子的负载分布比较清晰。第一个主成分对“对晋升的机会的评价”“对激励机制的评

价”“对表现自己能力的机会的评价”“对工作中的自主权的评价”四个变量有绝对值较大的负载系数，第二个主成分对“对工作环境的评价”“对工作强度大小的评价”“对工作安全性的评价”“对工作收入的评价”“ 对工作福利的评价”有绝对值较大的负荷系数，第三个主成分对“对与上司的关系的评价”“对与同事的关系的评价”有绝对值较大的负荷系数。根据这些变量的原始含义可以对三个因子进行命名。第一个因子主要涵盖了个人心理需求方面的因子，第二个因子主要涵盖了物质条件方面的因子，第三个因子主要涵盖了社会关系方面的因子。这样通过因子分析，可以把 11 个变量的影响浓缩为成为三个因子的影响。每个因子的得分可以记录在 SPSS 的数据库中，形成了三个新的更有代表性的变量。

第二节　Stata 统计分析软件包及其使用

Stata 是一个用于分析和管理数据的实用统计分析软件，能将统计和经济社会计量比较好地融合在一起，特别适合社会科学研究的数据分析。经过 20 多年的不断更新和扩充，Stata 先后经历了多个版本而日趋完善，也正受到越来越多的社会研究人员的欢迎。

一、Stata 的功能与数据管理

Stata 10.0 主要有 4 个版本：Small（小型版）、IC（标准版）、SE（专用版）和 MP（多处理版）。与其他统计软件的功能相比，Stata 不仅可以实现多种统计分析方法，如统计描述、假设检验、方差分析、主成分分析、因子分析、聚类分析等，还可以完成大量经济计量模型的分析，如经典单方程回归模型、联立方程模型、特殊因变量模型、时间序列模型以及面板数据模型，等等[1]。可以绘出散点图、连线图、区域图、条形图、区间图和矩阵图等，Stata 10.0 还提供了图形修改功能，将过去需要用命令或程序才能完成的任务变成了只要操作菜单就能完成了。还有便捷的在线升级和丰富的网络资源支持。

启动 Stata 后，将会看到一个工具栏和四个窗口：Review（回顾）、Variables（变量）、Results（结果）、Command（命令）。另外，还有一个图形输出窗口和程序

〔1〕 王勇群：《STATA 在统计与计量分析中的应用》，南开大学出版社 2007 年版，第 3 页。

编辑器。Stata 所有的运行结果都会在界面“结果”Results 窗口中显示；命令的输入则在 Command 窗口；Review 窗口记录使用过的命令；Variables 窗口显示存在于当前数据库中的所有变量的名称和定义。点击 Review 窗口，可以重新输入已使用过的命令；点击 Variables 窗口，可以得到需要的变量。上述四个界面的大小可以自由调节，也可以关闭。

Stata 的数据管理包括对变量的操作、对观察值的操作、对标签的操作以及数据的输入等。Stata 中支持的变量主要有数值变量和字符变量，二者之间可以相互转换。对于观察值可以用 generate 来生成新的变量，也可以用 replace 来替换已有的变量，删除变量或观察值用 drop 和 keep 来完成，添加标签使用 label 来实现。

Stata 的数据输入有三种方式，第一种是通过命令 input 输入，第二种是通过数据编辑器输入，第三种是通过从其他文件输入数据。Stata 自带的数据编辑器提供了输入数据及其便利的途径，可以完成数据的输入、排序，变量及观察值的删除。Stata 公司提供了一款名为 Stat/Transfer 的数据转换软件，可以完成多种不同格式的数据文件之间的相互转换。

二、统计分析示例

1. 基本描述统计

基本描述性统计包括均值、标准差、最大值、最小值、中位数、偏度和峰度等，通过 summarize Varlist 可以给出均值、标准差、最大值、最小值。命令 Tabstat Varlist 可以完成均值、中位数、标准差、偏度和峰度，点击 Summary statistics，进入基本描述性统计对话框，在 Options 选项中 Display additional statistics，可以在结果输出窗口看到 Stata 计算的结果。

2. 假设检验

Stata 可以完成单样本假设检验、双样本假设检验以及二项概率检验等。这里主要介绍双样本均值检验，比如要比较阿根廷和韩国 1988～1999 年间的人均 GDP 的增长率，对其作一个双样本均值检验。

点击 Statistics→Summaries，tables，tests→Classical tests of hypotheses→Two-sample mean comparison test，便弹出对话框，在对话框里选择要比较的两组样本，by/if/in 是对样本数据范围的操作，点击 OK，在输出窗口就可以出现双样本均值检验的结果了。

表 17-5　阿根廷和韩国人均 GDP 增长率均值假设检验结果

变量	观察值	平均值	标准误	标准差	95%置信区间	
阿根廷	12	0.079 662 8	0.055 074 2	0.190 782 5	−0.041 554 6	0.200 880 2
韩国	12	0.092 215 7	0.037 978 8	0.131 562 5	0.008 624 9	0.175 806 5
合计	24	0.085 939 2	0.032 740 7	0.160 396	0.018 209 9	0.153 668 5
均值差		−0.012 552 9	0.066 899 6		−0.152 317 4	0.127 211 7
均值差=阿根廷人均 GDP 增长率的均值-韩国人均 GDP 增长率的均值； t 值 = −0.187 6；萨特思韦特自由度 = 19.532 4； 零假设：均值差等于零，备则假设：均值差不等于零； 假设检验 p 值等于 0.853 1。						

数据来源：《国际统计年鉴》(1989～2000 年)数据整理而来。

从双样本均值检验的结果来看，阿根廷和韩国在 1988～1999 年平均人均 GDP 增长率的差异不显著。

3. 多元线性回归

多元回归模型在回归模型中属于比较简单的，但是在社会学研究中有着广泛使用的。它可以用来估计变量之间的关系。譬如，研究一个地区哪些因素影响着犯罪率，可以考虑将犯罪率作为因变量，将人均收入水平、居民受教育水平、警察数量、就业率等作为自变量，来构建一个多元线性模型。或者研究一个地区的污染情况，可以将二氧化硫排放量作为因变量，将城镇居民收入和贸易依存度作为自变量。

通过收集中国 1989 年到 2007 年的二氧化硫、城镇居民收入和贸易依存度的数据，运用 Stata 软件进行多元回归分析。打开 Stata 软件，导入数据，点击 Statistics→Linear models and related→Linear regression，弹出对话框。在 Dependent variable 栏中选择二氧化硫排放量(SO2)，在 Independent variables 栏中选择贸易依存度(Ltd)和城镇人均居民收入(pgdp)，点击 OK，结果如下：

表 17-6　二氧化硫排放问题线性回归结果

变量	系数	标准差	t 值	P 值	95%置信区间	
贸易依存度	−0.006 915 3	0.101 465 5	−0.07	0.947	−0.222 012 4	0.208 181 9
城镇人均居民收入	0.055 797 3	0.027 640 5	2.02	0.061	−0.002 797 9	0.114 392 4

续 表

变量	系数	标准差	t 值	P 值	95%置信区间	
常数	1654.567	251.914 6	6.57	0.000	1 120.532	2 188.602

观察值个数 19 个；
$F(2,16)=13.74$；P 值等于 0.000 3；
$R^2=0.632$；调整后 $R^2=0.586$；
残差平方根等于 219.03 。

数据来源：《中国统计年鉴》(1990～2008 年)整理而来。

表格中最后三行报告回归的斜率和截距的系数，相应的标准差、t 值和 P 值，同时给出 95%的置信区间。在表格左上方，报告了回归的总变异、解释变异和残差变异。表格中报告回归的 R 方和调整后的 R 方，其中 F 是自变量所有的系数都为 0(即自变量完全没有解释力) 这样一个零假设对应的 F 分布值。结果显示，贸易依存度对二氧化硫排量的影响不显著，而城镇人均收入对二氧化硫排放量的影响有着正的显著关系。

第三节　SAS 统计分析软件包及其使用

SAS(Statistical Analysis System)是一个用于统计分析的大型集成信息系统。SAS 的设计思想是为统计学家和科学工作者提供一个可以完成包括从简单的描述性系统到复杂的多变数分析的各种运算的统计工具，使人们有更多的时间和精力用于分析和解释计算的结果，而不必为如何获得这些结果花费过多的时间和精力。

一、SAS 软件包概述

SAS 软件包具备数据存取、管理、分析和图表绘制等多种功能，采取模块化设计，用户可以按照需要选择不同的模块组合。在社会学研究中，主要使用到的是 BASE SAS、SAS/GRAPH 和 SAS/STAT。因此，这里将简要介绍这三个模块。

1. BASE SAS 模块

它是 SAS 系统的核心，主要功能是承担数据管理任务，并管理用户使用环境，进行用户语言的处理，调用其他 SAS 模块和产品。BASE SAS 除了为 SAS 系统的数据库提供数据管理功能，还支持标准的 SQL 语言，基本的描述性统计，变量间相关系数的计算以及正态分布检验等。

2. SAS/STAT 模块

它基本涵盖了所有数理统计的分析方法，是国际统计分析领域的标准软件。它提供方差分析、线性相关和回归分析以及非参数检验等 26 个过程，每个过程还提供多种不同算法和选项。在多变量统计中，SAS/STAT 可以完成主成分分析、典型相关分析、判别分析和因子分析；在方差分析上，SAS/STAT 可以完成多种实验设计分析；SAS/STAT 还有结构方程模型分析的专用过程。可以说 SAS/STAT 模块的统计分析功能非常强大，能够满足不同用户的需要。

3. SAS/GRAPH 模块

它是强有力的图形软件包，可以将数据及其包含的信息以多种图形表达出来，如直方图、饼图、散点图、星形图、曲线图、三维曲面图、地理图和等高线图等。它提供一个全屏幕的编辑器，支持广泛的图形输出格式。

SAS 的界面主要有菜单和工具栏、SAS 资源管理器、日志、编辑器和输出窗口。SAS 软件包也存在一定缺陷，其在设计上主要面向专业用户，虽然也可以通过菜单完成简单任务，但操作仍以编程为主。

二、SAS 的数据输入与基本操作

SAS 以一个通用的数据(DATA)步产生数据集，通过调用不同的过程完成各种统计分析。一旦熟悉 SAS 编程语句，通过很少的命令即可以完成复杂运算。这里仅仅做一些简单的介绍，其目的在于让研究者对 SAS 有一个初步的印象。

1. SAS 的数据输入

SAS 的数据输入概括起来说，可以分为三类，第一类是采用电子表格直接录入；第二类是采用数据簿录入；第三类是从外部文件导入数据。

电子表格直接录入有两种方式：

第一种是将鼠标移到“工具”下拉菜单，然后点击“表编辑器”，弹出一个类似于 Excel 表格的数据输入表，然后进入下拉菜单“数据”中进行相关的数据操作。

第二种电子表格录入方法是将鼠标移到“解决方案”下拉菜单，点击“分析”中的“分析家”，便弹出数据录入窗口，同样进入“数据”对其进行相关的数据操作。

2. SAS 的基本操作

SAS 统计分析可以采用两种操作方法，一种是菜单操作，另一种就是采用编程的方法来完成。

运用下拉菜单操作是最为简单方便的，在一些不需要复杂统计分析的时候，下拉菜单操作的优势就体现出来了。用鼠标点击“解决方案→分析→分析家”，这样就进入了SAS/STAT 模块，弹出数据分析界面，可以进行图形和统计分析的操作。

SAS程序一般分为两个部分，第一部分是DATA，完成数据的统计分析中所需要的数据输入；第二部分是PROC，主要用来调用SAS分析的过程，譬如要算出数据的均值，需要调用PROC MEAN命令，要计算数据的频数，则调用PROC FREQ命令。

三、SAS应用的实例

下面是一个使用SAS进行因子分析的案例，这个案例在许多SAS软件教材上都被选用。[1] 数据反映了洛杉矶12个统计区的五项社会经济指标的情况。这五个变量分别是人口总数（POP）、教育程度（SCHOOL）、就业人数（EMPLOY）、服务业人数（SERVICES）和房价（HOUSE）。通过因子分析可以进一步分析代表五个变量信息的主成分，解释这些变量的内在联系。

将数据录入后，运行FACTOR过程，SAS会自动生成一系列表格。前面的表格分别给出了原变量的均值、标准差等基本统计结果和五个变量之间的相关系数矩阵。

SAS软件同时也给出各因子可以解释的变异数，也就是提取出来的各因子能够涵盖原数据多少信息。由于前两个因子负载的变异数已经达到93.4%，因此从FACTOR过程得出的结论是原数据中的大部分信息可以用这两个因子代表。

表17-7　SAS软件输出的因子负载表格

因子类型		
	因子1	因子2
人口总数	0.580 96	0.806 42
教育程度	0.767 04	−0.544 76
就业人数	0.672 43	0.726 05
服务业人数	0.932 39	−0.104 31
房价	0.791 16	−0.558 18

〔1〕董大钧主编：《SAS统计分析应用》，电子工业出版社2008年，第406～408页。

SAS 软件通过表格形式(表 17－7),给出的各个变量在提取的两个因子上的负载。由因子模型可见,第一个主成分对所有五个变量都有很大的正负载,第二主成分与人口和就业变量为正负载,余下的为负负载。

在 SAS 软件的 FACTOR 过程中再加上旋转的命令,经过旋转之后,得到的因子负载分布更清晰。发现教育与房价两个变量主要负载于第一个因子,反映洛杉矶地区的经济状况,而人口与就业人口主要负载于第二个因子,这个因子主要反映洛杉矶地区的人口状况。社会服务业从业人数在两个因子上都有一定负载,在经济状况因子上负载相对多些,反映服务业的发展主要与经济发达程度有关,也受人口规模的影响。

经过因子分析后,原来五个变量的信息更为凝炼地反映在两个因子上,一定程度上也消除了变量之间的共线性影响,根据经济状况因子和人口状况因子的得分,与其他变量建立模型,使分析更加简洁又有针对性。

第四节 Eviews 统计软件包及其使用

Eviews 统计软件能有效地处理时间序列数据,先流行于经济领域,后在社会政治领域的社会科学研究中越来越广泛地被应用。Eviews 可以利用强大的命令功能和大量的程序处理语言,进入命令窗口修改命令,将计算工作的一系列操作建立成相应的计算程序并存储,通过直接运行程序来完成社会科学研究资料的处理与分析工作。

一、工作文件的创建

Eviews 是以对象(Object)为基础建立起来的,对象包括序列、方程、模型、系数和矩阵等。所有对象都保存在工作文件中,因此使用时,首先要建立一个新的工作文件或从存盘中调用一个已经存在的工作文件。对象可以被命名,其名称将出现在工作文件窗口的目录中,同时对象将作为工作文件的一部分被保存。当工作文件被保存时,对象也同时被保存。

建立工作文件与工作文件页的主要目的是容纳数据集合。数据集合是包含一个或多个变量的一组观测值,如变量 GDP、投资、消费的观测值的时间序列,也可能是一个包含家庭收入或者群体性事件的观测值的随机样本。

第一,创建描述具有固定频率的时间序列工作文件。数据频率包括年度、半年度、季度、月度、周度、每 5 天一个星期、每 7 天一个星期；另外一个是特定的频率。选择频率时，要正确设置数据中观测值的间隔，以便使用可用的日历信息来组织和管理数据。

第二，创建描述非结构工作文件。非结构数据是没有指定日期的数据，它使用默认的整数标识符。对话框会提供一个空白区域用来输入观测值的个数，创建一个拥有 500 个观测值的工作文件。

第三，创建描述平衡面板工作文件。创建一个平衡面板结构时，要输入每个截面成员，这些成员具有相同的固定频率和相同日期的观测值。选定频率，输入起始日期和终止日期以及截面成员的个数(Number of cross)。

二、数据处理与基本回归模型

不同对象包含着多种不同类型的信息，如序列对象、矩阵对象、向量对象等主要包含数值方面的信息。而方程对象和系统对象包含方程或系统的完整的信息，除了包含用来做估计的数据外，还包含估计的结果信息、图对象和表对象包含数值的、文本的和格式的信息。对象中包含各种不同种类的数据，可以用不同的方法处理不同的对象。

1. 对象视图与对象过程

对象视图(Views)是表格和图像的窗口，它可以提供不同的方式来观察对象中的数据，如序列对象有表单视图(察看原始数据)、曲线图、柱状图、直方图、相关图，序列的其他视图还包括分布散点图、QQ 散点图、核密度图。利用序列的视图还可以进行简单的假设检验和统计分析。

对象过程(Procedure)通常以图表或坐标的形式显示在对象窗口中，与视图不同的是，过程改变对象本身中的或者其他对象中的数据。很多过程还创建新的对象，比如说序列对象含有进行平滑与季节调整的过程，该过程可以创建一个新的含有平滑以及调整后的数据的序列。方程对象的过程可以建立新的序列来包含残差、拟合值以及预测。

2. 基本回归模型

单方程回归是广泛使用的统计技术之一，Eviews 中基本回归技术用于说明并估计一个回归模型，进行简单的特征分析并在深入的分析中使用估计结果。在此基础之上，可以使用一些更高级与专业的技术，如加权最小二乘法、二阶段最小二乘法(TSLS)、非线性最小二乘法、ARIMA/ARIMAX 模型、GMM(广义矩估计)、GARCH 模型等。

Eviews 中的单方程回归估计是用方程对象来完成的。首先,要创建一个方程对象。在对话框中需要说明三件事:方程说明、估计方法以及该估计使用的样本。在编辑框中,说明方程的因变量(左边)、自变量(右边)以及函数形式。

说明方程的第一种基本方法是列表法,只能用于不严格的线性说明,即列出在方程中要使用的变量列表(因变量,表达式和自变量)。创建说明列表要先选定因变量和自变量,然后双击,选首先 Open/Equation,带有变量名的说明对话框将会出现。说明方程的第二种基本方法是公式法,用于说明非线性模型或带有参数约束的模型。这里的公式是一个包括回归变量和系数的数学表达式。Eviews 会在方程中添加一个随机附加扰动项并用最小二乘法估计模型中的参数。

估计方程首先是选择估计方法。进入对话框,就会看到下拉菜单中的估计方法列表。第二,是估计样本,Eviews 会用当前工作文档样本来填充对话框,使用者可以通过在编辑框改变样本。第三,是估计选项,Eviews 提供很多估计选项。这些选项允许进行以下操作:对估计方程加权,控制估计算法的各种特征等。根据矩阵的概念,标准的回归为:

$$y = X\beta + \varepsilon$$

三、应用实例

改革开放以来,随着经济的快速发展和人民生活水平的不断提高,居民的消费水平也不断增长。同时由于全国各地区经济发展速度不同,居民消费水平也有明显的差异。例如,2007 年全国城市居民家庭平均每人每年消费支出为 13 785.81 元,最低的甘肃省仅为人均 10 012.34 元,最高的上海市达人均 23 622.73 元。为了研究全国居民消费水平及其变动的原因,需要作具体的分析。影响居民消费支出的因素很多,如居民的收入水平、就业状况、零售物价指数、利率、居民财产、购物环境等都可能对居民消费有影响。为了分析什么是影响各地区居民消费支出的最主要因素,并分析影响因素与消费水平的数量关系,可以建立相应的回归模型去研究。

1. 模型设定

因为研究的目的是各地区城市居民消费的差异,所以应选择同一时期各地区城市居民的消费支出来建立模型。因此建立的是 2007 年截面数据模型,模型

的被解释变量 Y 选定为“城市居民每人每年的平均消费支出”。

影响各地区城市居民人均消费支出有明显差异的因素有多种，但从理论和经验分析来看，最主要的影响因素应是居民收入，其他因素虽然对居民消费也有影响，但有的不易取得数据，如“居民财产”和“购物环境”；有的与居民收入可能高度相关，如“就业状况”“居民财产”；还有的因素在运用截面数据时在地区间的差异并不大，如“零售物价指数”“利率”。因此这些其他因素可以不列入模型，即便它们对居民消费有某些影响也可归入随即扰动项中。为了与“城市居民人均消费支出”相对应，选择“城市居民每人每年可支配收入”作为解释变量 X。

作城市居民家庭平均每人每年消费支出 (Y) 和城市居民人均年可支配收入 (X) 的散点图，如图 17－1：

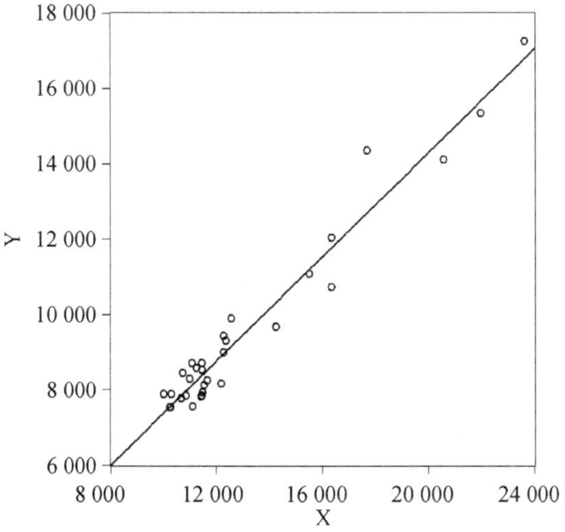

图 17－1　2007 年中国城镇居民消费支出与收入散点图

从图中可以看出，居民家庭平均每人每年消费支出 (Y) 和城市居民人均年可支配收入 (X) 大体呈现为线性关系，所以建立的计量经济模型为如下线性模型：

$$Y_i = \beta_1 + \beta_2 X_i + u_i$$

2. 估计参数

在 Eviews 主页界面点击“Quick”菜单，点击“Estimate Equation”，出现“Equation specification”对话框，选 OLS 估计，即选击“Least Squares”，键入“Y C X”，点“ok”或按回车，即出现如表 17－8 那样的回归结果。

表 17-8 2007 年中国城市居民消费与支出回归结果

变量	系数	标准误	t 值	P 值
常数	450.334 1	388.905 6	1.157 952	0.256 3
城镇居民人均年可支配收入	0.691 971	0.028 655	24.148 37	0.000
$R^2 = 0.952\,626$；调整后 $R^2 = 0.950\,992$； Akaike 信息准则为 15.553 70，Schwarz 准则为 15.646 21； F 统计值 = 583.143 9；p 值为 0.000；Durbin-Watson 值等于 1.933 633。				

在本例中，参数估计的结果为：

$$\begin{aligned} Y_i &= 450.3341 + 0.691971X_i \\ &\quad (388.9056) \qquad (0.028655) \\ t &= (1.157952) \qquad (24.14837) \\ r^2 &= 0.952626 \qquad F = 583.1439 \end{aligned}$$

3. 模型检验

所估计的参数 $\beta_2 = 0.691\,971$，说明城市居民人均年可支配收入每相差 1 元，可导致居民消费支出相差 0.691 971 元。

拟合优度的度量：由表 17-8 中可以看出，本例中可决系数为 0.952 626，说明所建模型整体上对样本数据拟合较好，即解释变量“城市居民人均年可支配收入”对被解释变量“城市居民人均年消费支出”的绝大部分差异作出了解释。[1]

对回归系数的 t 检验表明，城市人均年可支配收入对人均年消费支出有显著影响。

第五节 HLM 统计分析软件包及其使用

近几年来，多层模型分析方法与技术随着具有等级结构数据的出现而不断发展。它克服了单层模型技术在分析多层结构数据时的不足，使个体因素对因变量的影响从群体因素中分解出来成为可能，从而获得可靠的假定检验和参数估计；它还允许研究者回答一系列具有实际意义而传统模型方法与技术无法回

〔1〕 张晓峒：《EVIEWS 使用指南与案例》，机械工业出版社 2007 年版。

答的问题。多层线性模型的统计软件，包括 HLM、MIXOR、MLWIN、SAS 子程序 Proc Mixed、VARCL，目前最常见的多层分析软件是 HLM。

一、多层线性模型的优点

多层线性模型(HLM)是用于分析具有嵌套结构特点数据的一种统计分析技术，近年来在教育、管理等领域有相当广泛的应用。当对相同的观测对象进行重复测量时，可以将这些重复测量的结果本身看成是具有嵌套结构特点的数据。

与传统的回归分析相比，多层线性模型有五个方面的优点：(1)考虑了不同层次的随机误差和变量信息，其标准误差估计、区间估计和假设检验更加准确和有效；(2)可以通过计算不同水平变异在总变异中所占的比率，来确定不同水平对因变量的影响程度；(3)可以作为结构方程模型的拓展，来分析具有多层结构的潜变量之间的因果关系，建立多水平结构方程模型；(4)可以分析重复测量的数据，即将测量看做第一水平，将测试个体看做第二水平；(5)可以分析离散型的数据资料，如二项分布和泊松分布的数据等。[1]

二、多层线性模型的基本原理与应用领域

多层线性模型是一般线性模型的拓展，比如学校教育的效果，可以分解成第一层次为学生接受教学的效果，第二层次为老师教学的效果，都可以以学生考试的成绩来衡量。多层线性模型将传统线性回归分析中的误差按照这两个层次分解，第一层次是学生个体之间的差异，第二层次为老师不同教学水平带来的差异。直接将两个层次的差异在同一模型中体现出来，这种分析可以让样本更精确地代表整体的信息。虽然多层线性模型的参数估计方法与进行两次回归的方法有相似之处，但是它们的统计估计和验证方法是不同的，并且多层线性模型的参数估计方法更为稳定。

多层线性模型包括零模型、完整模型以及协方差分析模型随机效应回归模型等基本类型[2]。有些社会研究者把方程分解为由个体差异造成的部分和由组差异造成的部分。在这种情况下，使用在第一层和第二层都没有预测变量的零模型，即方差成分分析(Variance Component Analysis)就够了。完整模型是既包含第一层预测变量又包含第二层预测变量，从而可以通过理论建构来说明与

---

〔1〕 蔡永红、姜勤德：《统计新方法在社会科学领域的应用》，载《中国统计》2006 年第 3 期。
〔2〕 张雷等：《多层线性模型应用》，教育科学出版社 2003 年版，第 12～17 页。

解释总体变异是怎样受第一层和第二层因素影响的。比如，某些社会行为既受到学生特征（第一层的因素）的影响，又受到学校或者教师（第二层的因素）的影响，最简单的完整模型是只有一个第一层的预测变量和一个第二层预测变量的模型。

多层线性模型方法与技术主要应用在以下研究领域：(1)社会组织和社会管理研究中的大规模调查数据的分析；(2)个体追踪研究或多次观察的发展研究中的数据分析；(3)对研究文献进行定量分析；(4)利用多层模型较高的统计能力，弥补因层次一单位取样不足而造成的无法进行统计分析的问题，帮助回答层次一数据的问题。

三、多层线性模型的分析实例

下面以一项关于初中学生欺负行为的研究为例，阐述多层线性模型的应用原理。[1] 该研究通过问卷法、同伴提名法收集了 2 641 名初中生的各方面有关资料，而这些学生是隶属于 51 个班级的。把着眼点放在两个学生水平的变量上，一是结果变量——学生受欺负的状况（VIC），二是预测变量——学生的害羞度（SHY）。学生为第一层的单元，学生的害羞度（SHY）是第一层的预测变量；班级为第二层的单元，班级中男生的比例（MALE）、班级中平均的坏学生人数（BADC）、老师对欺负者的态度（BULT）、老师对学生的严厉程度（HARSHC），是第二层的预测变量。

这样，层次一的模型对每个学生而言就会有两个系数：截距和 SHY 斜率，其模型如下：$VIC = \beta_0 + \beta_1(SHY) + r$，即学生的受欺负状况 = 班级的平均分 + SHY 在班级内的效应 + 学生的独特性（残差）。在层次二，对班级差异的确定如下：$\beta_0 = \gamma_{00} + \mu_0$，即班级平均分 = 所有班级的总平均分 + 班级的独特性（与平均数的差异）；$\beta_1 = \gamma_{10} + \mu_1$，即 SHY 的组内效应 = 所有班级的 SHY 平均效应 + SHY 独特的组效应；$\mathrm{Var}(\mu_0) = \tau_0$，即组间平均数的变异；$\mathrm{Var}(\mu_1) = \tau_1$，即组间回归的变异；$\mathrm{Cov}(\mu_0, \mu_1) = \tau$，即组平均数与回归之间的协方差。

对班级之间的差异的解释如下：$\beta_0 = \gamma_{00} + \gamma_{01}(BADC) + \gamma_{02}(MALE) + \mu_0$，即 BADC 高的班级比 BADC 低的班级在学生受欺负状况上要严重吗？男生比例高的班级的受欺负状况与男生比例低的班级的不同吗？$\beta_1 = \gamma_{10} + \gamma_{11}(BULT) + \gamma_{12}(HARSHC) + \mu_1$，即老师对欺负者的态度的不同使学生本身的 SHY 和受欺

[1] 雷雳、张雷：《多层线性模型的原理及应用》，载《首都师范大学学报》（社会科学版）2002 年第 2 期。

负状况之间的关系强度上不同吗(此时控制 HARSHC)?学生水平的 SHY 与受欺负状况之间的相关会由于老师对学生的严厉程度的不同而不同吗(此时控制 BULT)?

对残差变异的解释如下:$Var(\mu_0)=\tau_0$,$Var(\mu_1)=\tau_1$,即在控制了这些预测变量后,班级之间还有方差吗?

上述多层线性模型通过统计软件 HLM 运算所得结果如下表(表 17-9):

表 17-9 固定效应

固定效应	系数	标准误	*T* 值	自由度	*P* 值
截距,β_0					
截距,γ_{00}	-0.529	0.173	-3.062	48	0.004
平均的坏学生人数,γ_{01}	0.448	0.046	9.750	48	0.004
男生的比例,γ_{02}	0.010	0.003	2.854	48	0.007
害羞度的斜率,β_1					
截距,γ_{10}	0.371	0.041	9.153	48	0.000
老师对欺负者的态度,γ_{11}	-0.086	0.042	-2.077	48	0.043
老师对学生的严厉程度,γ_{12}	-0.182	0.082	-2.223	48	0.031

可以看到,所有预测变量都对结果变量 VIC 的变异有显著的解释作用,班级平均的坏学生人数(BADC)对截距有正向影响。在控制了 BADC 的效应后,男生比例高的班级内,学生受欺负状况也严重些。从斜率来看,BULT 越高的班级,其斜率就越小;HARSHC 越高的班级,其斜率也越小。

表 17-10 随机效应

随机效应	标准差	方差成分	自由度	x^2	*P* 值
截距 β_0 的残差,μ_0	0.024	0.001	48	25.681	>0.500
害羞度斜率,β_1 的残差 μ_1	0.263	0.069	48	263.409	>0.500
层次-1,*R*	0.752	0.562			

同时，从表 17-10 可以看到，就平均受欺负状况而言，各班级之间没有显著差异，表明无需进一步探讨截距上可能有助于解释残余变异的班级水平的变量。对层次二的残差的估计(01263，$p=.000$)表明，对层次二单元的 SHY 斜率而言，存在明显的差异，表明还需要进一步研究来探讨斜率上可能有助于解释残余变异的班级水平的变量。

第六节 Pajek 网络分析软件及其应用

在生活和科研中有大量需要进行网络分析的关系型数据，这些数据难以用通常的 SPSS 等统计分析软件进行分析。Pajek 软件(Program Analysis for Large Network)可用于对大规模的社会网络进行分析，是一个网络分析和可视化的程序，可以处理大型数据集而设计的，可用于上千乃至数百万个结点大型网络的分析和可视化操作。

一、Pajek 的功能与数据对象

Pajek 软件最大的特点是可视化，把大规模社会网络直观地呈现出来，可以方便人们对复杂、抽象的数据进行分析。Pajek 软件可以对网络数据的结构进行修改，如网络可以被颠倒顺序，由有向图变成无向图，可以添加或删除联系，通过减少子网络或删除结点使网络简化。Pajek 有强大的图像处理功能，绘图窗口给用户很多选项来处理图表。

Pajek 支持将大型网络分解成几个较小的网络，以便使用更专业的方法进一步处理；执行分析大型网络有效算法(subquadratic)。通过 Pajek 可完成以下工作：在一个网络中搜索子网络(包括重要结点的邻居、核心等)；分析属于同一子网络的结点，并分别地显示出来，或者反映出结点之间的连接关系；将子网络抽象为一点，突出显示各子网络之间的关系；分析整个网络对某一子网络的影响，研究子网络变化的背景因素。Pajek 中的每个数据对象都拥有它自己的描述方法，用于描述、分析网络深度、网络核心或中心度，分析网络结点之间的关系类型(强、弱、连接、对称)与结构空洞。Pajek 提供纵向网络分析功能。结点在网络中存在的时间标志可以包含在数据文件中，从而可以研究社会网络的发展发展过程。

应用于 Pajek 软件分析的网络数据可通过四种方式输入：(1)小规模的网络

可以直接在 Pajek 程序中定义;(2)从其他网络文件中导入 ASCII 码格式的网络数据;(3)以其他兼容格式从软件包中导入数据;(4)打开 Pajek 项目文件(PAJ),它把所有不同的数据结构合并成一个文件。

Pajek 数据库中,包含如下六种参数,用这些参数可以描述所研究网络的基本特征:

(1) Networks(网络),指主要对象(结点和边)。在数据库中,网络有多种表现方法,可以是一对结点及其联系、一个结点对其他结点的联系序列,也可以是多个结点之间联系构成的矩阵等。

(2) Partitions(分类),它指明了每个结点分别属于哪个子网络。

(3) Permutations(排序),指将结点重新排列的顺序。

(4) Clusters(子网络),指相对独立成组的结点的子集,或者来自某一分类的所有结点。

(5) Hierarchies(层次),指按层次关系排列的结点,如“根结点”A 下面有两个子网络 B1 和 B2,则 B2 是一个“叶结点”,它又包含 C1、C2、C3 三个结点,这样的结构可以描述为层次结构。

(6) Vectors(向量),指明每个结点具有的数字属性(实数)。

Pajek 主窗口中的程序是根据输入时的数据类型来组织编排的,再通过排序、分类和向量等操作和计算,分别从不同角度反映结点及网络的性质,如结点组织顺序、类别和数字特性等。

二、Pajek 软件的实际应用

Pajek 在众多领域都有广泛应用。它可以处理关系型数据,还可以将处理后的数据输出供 SPSS 进一步统计分析,它的可视化功能可以将网络图绘制出来供肉眼观察,提供更直观的结果。目前应用 Pajek 软件研究的社会问题已经广泛应用于公共卫生与疾病控制、社会运动研究、犯罪控制与反恐、经济过程的社会影响因素分析等领域。

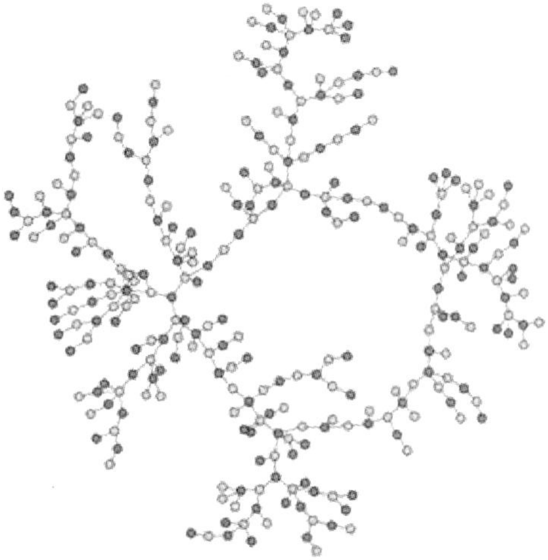

图 17－2　美国中西部地区某城镇青少年两性关系网络

Pajek 应用于公共卫生与疾病控制领域的研究,通过分析人际关系网络，从社会学角度解决问题。图 17－2 是美国中西部地区某城镇青少年两性关系网络。研究者希望从两性关系网络分析入手，研究艾滋病等性传播疾病的社会控制机制。该研究采集了 1993 年到 1995 年间 18 个月的数据。

图 17－2 中浅色点代表女性，深色点代表男性。研究表明，超过一半以上的学生报道自己存在性行为，这个网络的特点是在高中生的性关系网络中较少出现拥有很多性伴侣的成员，网络以一个接一个的方式不断延伸。[1]控制住关键结点上的成员，就可以避免性传播疾病的大规模爆发。同样的方法也可以分析吸毒和不良生活方式等的传播网络。应用 Pajek 对社会关系网络进行分析，为制定公共卫生与疾病控制政策提供了科学有效的依据。

在社会运动研究领域，应用社会网络分析可以研究相关历史事件参与者的人际关系及其作用，解释社会运动的微观运作规律。图 17－3 是一项对德国 1848～1849 年大革命参与者的相互关系网络的研究。[2] 图中显示了德国城镇埃斯林根（Esslingen）的数据，涉及 68 个历史事件和 1 200 多人。灰白色的点代表的是历史事件（涉及民主派、自由派和立宪派的相关事件）；其他有颜色的点代表的是不同的人，如学者（蓝色）、工人（红色）、农民（绿色）、手艺人（黄色）、企业

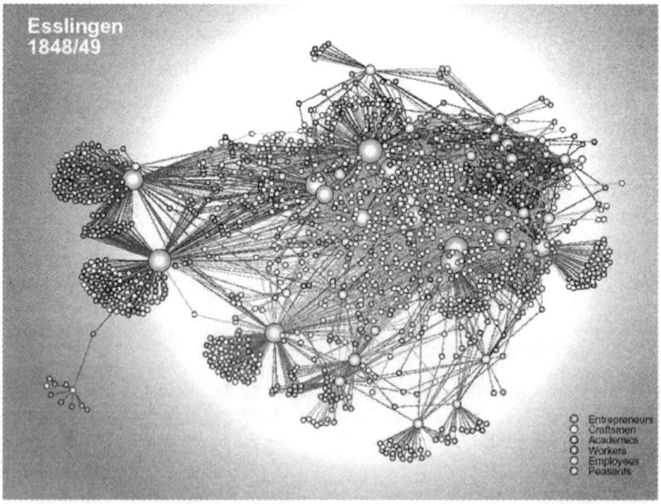

图 17－3　德国 1848～1849 年大革命参与者的相互关系网络

---

〔1〕 Bearman PS, Moody J, Stovel K. (2004) Chains of affection: The structure of adolescent romantic and sexual networks. American Journal of Sociology. 110(1).

〔2〕 Krempel L, Schnegg M. (2006) About the image: Diffusion dynamics in an historical network. Structure and Dynamics: eJournal of Anthropological and Related Sciences. 1(10).

主(粉红色)。作者通过研究发现,尽管宏观社会结构因素在社会运动过程中发挥重要作用,社会运动中社会网络的扩散作用也十分关键,个体所处的人际关系环境影响了其在革命中的行为。

近年来,利用计算机对社会网络分析的方法已经被西方社会科学研究者应用于犯罪防控与反恐领域。用结点代表恐怖分子或犯罪团伙成员,通过分析其手机通讯、电子邮件、信用卡交易、网络交易等信息,可以研究其网络的形态、特点,推断其核心成员,甚至预测其下一阶段行动目标,达到防控的目的。

利用 Pajek 软件还可以进行经济系统分析,研究社会因素对经济系统的影响,股票网络研究,不同颜色的结点代表不同种类的股票,连线代表股票之间存在资金关系,这样可以分析上市公司的行为及其互相影响。同样的方法也可以研究企业或国家之间的互动关系以及不同社会组织之间的互动关系。

第十八章 社会调查研究报告

调查资料经过分析，需要形成报告，即用书面形式，将描述、解释、预测、规范等方法处理资料所得的结果，明确地表现出来。

调查报告可以分为两类：一是工作研究报告，二是学术研究报告。前者以了解社会现实状况、解决社会问题为目的，以直接为实际工作与制定社会政策服务为特征；后者以揭示社会现象的内在规律为目的，以建构与检验一定的理论为特征。

描述、解释、预测与规范等分析资料的方法，是四种研究社会的视角。写作调查报告可以选择其中一个视角，也可以选择二至三个视角，还可以同时选择四个视角。从而，就形成了三种类型的调查报告，即单视角、复视角与全视角调查报告。

在整个社会调查研究活动与成果中，描述、解释、预测与规范设计这四种视角的使用频率，呈递减状态。描述性研究的出现频率最高，解释性研究次之，预测性研究更次之，规范设计最低。从而，整个社会调查研究的视角结构，呈金字塔形，其中规范设计处于顶层，解释与预测处于二、三层，描述处于金字塔基层。从我国的情况来看，描述方法及其成果目前还十分薄弱，需要迅速改变现状，以便更多更好地揭示我国丰富多彩的社会主义社会状况。

第一节 单视角法

只使用一种视角（或描述、或解释、或预测、或规范）的社会调查研究及其报告的方法，即是单视角法。在单视角的社会研究中，单纯地描述一定社会现象的调查报告最为常见。

例 1：关于法国单身妇女情况的描述

据法国人 R. 博施 1981 年调查，全法国有 35 万单身母亲负责抚养一个或几个孩子，单身父亲有 6.5 万人；同一时期，单身母亲有 11 万，负责抚养孩子的单身父亲有3.6万人。据1986年5月调查，18～25岁的男人中，已婚和姘居者占65%，声称不愿同女人生活的占1%，认为还没有准备好的男人占18%，同性恋者占4%，其余“多出来的没有对象的单身者”占14%。可见，并不缺少男人。那么，妇女们抱怨什么呢？她们抱怨缺乏男人感情上的保证，抱怨他们自私。当今的法国妇女往往到30岁才考虑结婚。过去年轻姑娘结婚较早，而现在她们延长了学习时间，然后还想自由地生活两三年。在45～49岁之间，有大学文凭的独身妇女是同一年龄组的独身男人的4倍。许多人到婚姻介绍所求偶。据对4万登记者的调查，一个具有大学水平的妇女，平均只收到5张回条，而一个男人可收到50张回条。因为大部分“智力资本”雄厚的男人都想要找到一个“美感资本”雄厚的女人，他们认为配偶双方才智相当并不是婚姻幸福的必要条件。〔1〕

例2：关于美国人幸福感的描述

又如，美国安格斯·坎贝尔经过几年调查，提出了一种描述：在美国，已婚的人一般比未婚的、分居的、离婚的和丧偶的人对生活要满意得多。但生儿育女并没有使人们感到更幸福。社区感也能提高人们对生活的满足，而且一般看来，在农村和小镇环境中比在城市中更能产生这种社区感。人们的收入水平与幸福感之间的关系并不大。〔2〕

例3：关于中国社会发展的描述

社会发展中实现程度较好的指标有平均预期寿命、百户城镇家庭拥有电脑数、卫生经费支出比例、教育事业费支出比例、每万人医生数。这五个指标2005年全国的实现程度已超过70%；平均预期寿命有27个省市区的实现程度超过了90%；卫生经费支出比例有16个省市区的实现程度达到了80%以上；教育事业费支出比例有9个省市区的实现程度达到了80%以上；万人医生数有13个省市区的实现程度达到了80%以上，上海、北京、天津、内蒙古、辽宁、吉林、新疆等7个省市区的实现程度达到了100%。

社会发展中实现程度较低的指标是城镇就业人员社会保险综合覆盖率和城市每万人拥有公共交通车辆，表明社会保障和公共交通建设有待进一步加强。城镇就业人员社会保险综合覆盖率总体实现程度较低，2005年全国实现程度为51.71%，其中西藏的社会保险综合覆盖率只有29.13%，为全国最低。城市每万人拥有公共交通车辆2005年全国的实现程度为43.10%，青海的实现程度为

---

〔1〕 法国《观点》周刊，1987年第759期，法文版。

〔2〕 〔美〕安格斯·坎贝尔：《美国人的幸福感》，纽约，麦格劳-希尔1981年英文版。

89.20%，北京的实现程度为88.20%，其余省市区的实现程度都在80%以下，有25个省市区的实现程度在60%以下，有15个省市区的实现程度在40%以下，发展公共交通的任务任重道远。[1]

单视角的社会研究中，也有比较专门的解释性研究、规范性研究、预测性研究。20世纪50年代，西方学者对西方组织情况出现悲观估计，称之为"过分约束社会"。有人指出，所谓"过分约束社会"的突出特点，是合理技术化的手段和社会目的脱节。当一切都是为了工具手段特别是组织手段的发展而繁荣时，社会就面临衰落的危险，正像一句古老的格言所说："生活创造秩序，而秩序不能创造生活"。六七十年代许多西方学者针对西方"过分约束社会"的弊端，提出了各种治疗方案。例如A.埃齐奥尼在《有力的社会》(1970)一书中指出："后现代化社会更多关心社会本身，而不是一味适应工具手段的逻辑社会。"他认为实现新的价值观和克服"过分约束"的保证，在于支配"社会政治过程"的管理艺术，这种管理艺术应该是能够把上面控制监督与公民意愿和赞同结合起来。

例4：关于国企工人群体意识的解释

我们在调查中发现，工人经历了下岗、失业以及"买断"等政策之后，产生了强烈的不公正感。这种不公正感主要来源于三种亲身体验。第一，国企改革前后工人生活的强烈对比；第二，工人与工厂管理层的生活状况的鲜明对比；第三，工人与其他社会群体的收入对比。

国企工人利益共识的产生是与两个进程密不可分的，一是国企工人的权利和利益被削弱的进程，二是国家法律制度和社会公共政策发展及推进的进程，而这两个进程都是在制度变迁中进行的。在劳动关系、工资制度、社会保障以及社会福利等制度的变迁过程中，我们可以看到，一方面制度变革削弱或剥夺了国企工人在计划经济体制时期所享有的权利和利益；而另一方面，新颁布的国家法律和社会政策又赋予了国企工人新的权利和利益，但是这种权利和利益由于企业管理者和地方政府的行为往往无法得以实现。正是在这一过程中，工人形成了新的利益共识。

工人针对企业管理者产生了怎样的冲突意识呢？第一，工人对企业管理者经营无方的抱怨；第二，对工厂管理者贪污腐败行为的愤恨；第三，对工厂管理者不落实国家政策的怨恨。[2]

---

〔1〕 宋林飞：《小康社会的来临》，南京大学出版社，2007年版，第305页。
〔2〕 吴清军：《市场转型时期国企工人的群体认同与阶级意识》，载《社会学研究》2008年第6期。

第二节 复视角法

当代社会研究者往往把描述性研究同解释性研究,或者预测性研究与规范性研究结合起来,多视角地研究与报告社会现实问题。

例 1:离群索居和孤独感(博德,1987)

〔描述〕 最近几十年独身生活人数急剧上升,到 1983 年已占全法国家庭总数的三分之一。独生者、上了年纪的老人和离婚后的妇女,在当代核心家庭中再也无立足之地和可担当的角色,从而成为生活在现代式家庭周围的"卫星人"。

〔解释〕 外部的因素,首先是工业化和城市人口集中化的出现使社会关系发生了深刻的变化。近几十年来,个人在经济上的独立导致许多人独居生活,不再需要求助于家庭。内部的因素主要在于主张个人自由"不可动摇"的西方文化。作者最后指出,这些导致人们离群索居和孤独感的外部原因和内部原因,都使人们无法在一起和谐地生活,从各方面增加了独居的可能性。但是从个人的角度看,孤独是一种痛苦,有碍于人的全面发展和"从他人的角度来看待和认识自己"。〔1〕

例 2:农民工在中国转型中的经济地位和社会态度(李培林、李炜,2007)

〔描述〕 从月工资收入的比较来看,农民工和城市工人的收入差距是十分明显的。农民工平均月工资为 921 元,只相当于城市工人平均月工资 1 346 元的 68.4%,而且 80%的农民工月工资在千元以下,甚至有 27%的农民工月工资在 500 元及以下。

农民工与城市工人的收入差距,受年龄、职业、地域、教育等各种因素影响,其中最重要的因素是人力资本,即受教育水平和工作技术水平。从受教育情况看,农民工中有 45%具有初中教育水平,但也有 25%只有小学教育水平,还有 13.3%未受过正式教育;而在城市工人中,约 70% 都具有高中以上的教育水平,有 34%具有大学教育水平。从所从事工作的技术水平来看,农民工中从事体力和半体力劳动的比例高达 83.3%,而城市工人有近一半人(49.2%)从事需要专业技能的工作。

在养老保险方面,农民工拥有养老保险的占 16.3%,城市工人占 67.3%;在

---

〔1〕〔法〕G. 博德:《离群索居与孤独感:具有现代特色的外貌》,载《法国社会事务评论》1987 年第 2 期,法文版。

失业保险方面，农民工拥有失业保险的占 6.2%，城市工人占 44.5%；在医疗保险方面，农民工能够报销部分或全部医疗费的占 28.4%，城市工人占 66.3%。

〔**规范**〕 第一，提高农民工收入水平的渠道，最重要的是提高农民工的受教育状况，加强农民工的职业培训，提高农民工的工作技能。第二，应当抓紧建立适合于农民工流动特点的社会保障体制，消除农民工在劳动力市场上的机会不平等。第三，应当促进和保护农民工的积极社会态度，把农民工作为新市民看待，取消农民工融入城市社会生活的体制性障碍，加强农民工对城市社会的认同。最后，中国的城市化不可能完全靠农民进城生活来解决，新农村建设的最终归结点，是生活在乡村地区的绝大多数人主要不再依靠土地种植收益，也能过上城市水准的生活。〔1〕

第三节　全视角法

全视角法是对特定社会现象同时进行描述、解释、预测与规范设计的社会调查研究及其报告的方法。实际应用研究比基础理论研究、专著比论文更多地使用全视角法。如果研究目标是规范性社会设计，那么，研究者往往采用全视角法。

例 1：美国代际冲突（史密斯，1987）

〔**描述**〕 在 1946 年至 1964 年之间出生的美国人约有 7 500 万人，这些生育高峰期内出生的人占目前美国全国总人口的三分之一左右。1965 年开始出现生育低潮。

〔**解释**〕 20 世纪 50 年代，生育高峰期内出生的人造成了学校校舍紧张，60 年代和 70 年代他们又颠倒了国内的鉴赏标准和价值标准。生育高峰期内出生的人与生育低潮期内出生的人，还有着种族上的差异，前者白人占多数，后者有色人种的比例升高。有色人种的年轻一代不会愿意用更多的钱去养活那些白皮肤的“老爷爷”“老奶奶”。

〔**预测**〕 生育高峰期内出生的人曾被要求缴纳社会保险金以支付其上一代人的退休金，因此他们可能会要求在自己退休后也享有同样的待遇。又由于他们的寿命可能比其上一代人更长，所以他们对医疗照顾、医疗保险和医疗津贴的

---

〔1〕 李培林、李炜：《农民工在中国转型中的经济地位和社会态度》，载《社会学研究》2007 年第 3 期。

要求更多。然而，在 1965 年开始的生育低潮内出生的人在数量上大大少于生育高峰期内的出生者，他们很可能拒绝承担这一沉重的负担。于是，这两代人都会感到自己受了骗，从而会展开一场恶战。

〔规范〕 为了避免这场内战的爆发，必须改革现有的赡养老年人的制度。这一改革应该从现在起就着手进行。无论是生育高峰期内的出生者、生育低潮期内的出生者，还是现有的 2 300 万退休者，都必须抛弃对社会保障的传统看法。认为每一代劳动者都应照顾其上一代的想法已经过时了。老年人将不得不自力更生。具体办法有四种：(1)重新规定"老年"的定义。由于医疗保健条件和劳动条件的改善，人们变得更年轻了，因此，应允许劳动者一直工作到 70 岁再退休。可以取消提早退休、减少提早退休人的退休金，或提高退休年龄，以此鼓励人们继续工作。(2)凡是为了解决自己退休后的收入问题而参加财政保障储蓄的劳动者均应享受更多的减税，以鼓励人们把更多的钱留做自己的养老金。(3)富有的退休者应向贫穷的退休者提供补助，大家共同分担赡养老人这一沉重的负担。(4)避免进一步扩大医疗保健开支。〔1〕

例 2：农村劳动力的剩余及其出路（宋林飞，1982）

〔描述〕 农业劳动力剩余的程度如何？我们试用公式 $G=\frac{A-F}{A}$ 来表示。G 表示剩余度，A 代表农村劳动力总数，F 代表农田耕作所需要的劳动力。其中 $F=\frac{\text{总耕地}}{X\text{ 亩}/\text{劳动力}}$，$X$ 亩/劳动力表示每个劳动力全年所能耕作的土地面积。确定 X 值是一个比较复杂的问题，涉及到两个参数：(1)每亩耕地需要的劳动日数（用 D 表示）；(2)每个劳动力全年所能完成的劳动日数（用 L 表示）。则：$X=\frac{L}{D}$。

经测算：江苏省南通县的农业劳动力剩余度 $G=56.8\%$。

〔解释〕 农村劳动力剩余的原因，一是地少人多；二是乡村工业吸纳机制弱；三是家庭副业不发展；四是季节性剩余。

〔预测〕 南通县农村劳动力剩余，预计在 1988 年以前有继续增长的趋势。这一预测的依据有三：

(1) 农业生产责任制节约出部分劳动力。

(2) 部分社、队办企业停工或关闭，使一些劳动力回流到农业上来。

(3) 生育高峰期的影响。

---

〔1〕〔美〕L. 史密斯：《代际之战》，载（美）《幸福》1937 年 7 月 20 日，英文。

〔**规范**〕 (1)加强对农村剩余劳动力的统计和对农村剩余劳动力转移工作的指导。(2)以开发和利用本地资源,作为扩大和巩固就业门路的主要途径。(3)城市和农村的领导机构在地区这一级合并起来,城乡的经济建设就能更好地协调发展。(4)要有近期和长远的规划。(5)加强社会保险,发展集体福利事业,进一步搞好计划生育,继续提倡一对夫妇只生一个孩子。(6)抓好农民职业教育,进行智力投资。[1]

〔1〕 宋林飞:《农村劳动力的剩余及其出路》,载《中国社会科学》1982年第5期。

附表一

随机数表

10	09	73	25	33	76	52	01	35	86	34	67	35	48	76	80	95	90	91	17
37	54	20	48	05	64	89	47	42	96	24	80	52	40	37	20	63	61	04	02
08	42	26	89	53	19	64	50	93	03	23	20	90	25	60	15	95	33	47	64
99	01	90	25	29	09	37	67	07	15	38	31	13	11	65	88	67	67	43	97
12	80	79	99	70	80	15	73	61	47	64	03	23	66	53	98	95	11	68	77
39	29	27	49	45	66	06	57	47	17	34	07	27	68	50	36	69	73	61	70
00	82	29	16	65	31	06	01	08	05	45	57	18	24	06	35	30	34	26	14
35	08	03	36	06	85	26	97	76	02	02	05	16	56	92	68	66	57	48	18
14	43	62	76	59	63	57	33	21	35	05	32	54	70	48	90	55	35	75	48
02	17	17	68	33	73	79	64	57	53	03	52	96	47	78	35	80	83	42	82
65	81	33	98	85	11	19	92	91	70	98	52	01	77	67	14	90	56	86	07
86	79	90	74	39	23	40	30	97	32	11	80	50	54	31	39	80	82	77	32
73	05	38	52	47	18	62	38	85	79	83	45	29	96	34	06	28	89	80	83
28	46	82	87	09	83	49	12	56	24	88	68	54	02	00	86	50	75	84	01
60	93	52	03	44	35	27	38	84	35	99	59	46	73	48	87	51	76	49	69
22	10	94	05	58	60	97	09	34	33	50	50	07	39	98	65	48	11	76	74
50	72	56	82	48	29	40	52	42	01	52	77	56	78	51	80	12	43	56	35
13	74	67	00	78	18	47	54	06	10	68	71	17	78	17	74	35	09	98	17
36	76	66	79	51	90	36	47	64	93	29	60	91	10	62	69	91	62	68	03
91	82	60	89	28	93	78	56	13	68	23	47	83	41	13	09	89	32	05	05
17	46	85	09	50	58	04	77	69	74	73	03	95	71	86	40	21	81	65	44
17	72	70	80	15	45	31	82	23	74	21	11	57	82	53	14	38	55	37	63
77	40	27	72	14	43	23	60	02	10	45	52	16	42	37	96	28	60	26	55
66	25	22	91	48	36	93	68	72	03	76	62	11	39	90	94	40	05	64	18
14	22	56	85	14	46	42	75	67	88	96	29	77	88	22	54	38	21	45	98
91	49	91	45	23	68	47	92	76	86	46	16	28	35	54	94	75	08	99	23
80	33	69	45	98	26	94	03	68	58	70	29	73	41	35	53	14	03	33	40
44	10	48	19	49	85	15	74	79	54	32	97	92	65	75	57	60	04	08	81
12	55	07	37	42	11	10	00	20	40	12	86	07	46	97	96	64	48	94	39
63	60	64	93	29	16	50	53	44	84	40	21	95	25	63	43	65	17	70	82

续　表

37	08	92	00	48	61	19	69	04	46	26	45	74	77	74	51	92	43	37	29
42	05	08	23	41	15	47	44	52	66	95	27	07	99	53	59	36	78	38	48
22	22	20	64	13	94	55	72	85	73	67	89	75	43	87	54	62	24	44	31
28	70	72	58	15	42	48	11	62	13	97	34	40	87	21	16	86	84	87	67
07	20	73	17	90	23	52	37	83	17	73	20	88	98	37	68	93	59	14	16
65	39	45	95	93	42	58	26	05	27	04	49	35	24	94	75	24	63	38	24
82	39	61	01	18	33	21	15	94	66	00	54	99	76	54	64	05	18	81	59
91	19	04	25	92	92	92	74	59	73	35	96	31	53	07	26	89	80	93	54
03	07	11	20	59	25	70	14	66	70	59	80	80	83	91	45	42	72	68	42
26	25	22	96	63	05	52	28	25	62	46	05	88	52	36	01	39	09	22	86
45	86	25	10	25	61	96	27	93	35	65	33	71	24	72	32	17	90	05	97
96	11	96	38	96	54	69	28	23	91	23	28	72	95	29	69	23	46	14	06
33	35	13	54	62	77	97	45	00	24	90	10	33	93	33	19	56	54	14	30
83	60	94	97	00	13	02	12	48	92	78	56	52	01	06	45	15	51	49	38
77	28	14	40	77	93	91	08	36	47	70	61	74	29	41	94	86	43	19	94
87	37	92	52	41	05	56	70	70	07	86	74	31	71	57	85	39	41	18	38
20	11	74	52	04	15	95	66	00	00	18	74	39	24	23	97	11	89	63	38
01	75	87	53	79	40	41	92	15	85	66	67	43	68	06	84	96	28	52	07
19	47	60	72	46	43	66	79	45	43	59	04	79	00	33	20	82	66	95	41
36	16	81	08	51	34	88	88	15	53	01	54	03	54	56	05	01	45	11	76
98	08	62	48	26	45	24	02	84	04	44	99	90	88	96	39	09	47	34	07
33	18	51	62	32	41	94	15	09	49	89	43	54	85	81	88	69	54	19	94
80	95	10	04	06	96	38	27	07	74	20	15	12	33	87	25	01	62	52	98
79	75	24	91	40	71	96	12	82	96	69	86	10	25	91	74	85	22	05	39
18	63	33	25	37	98	14	50	65	71	31	01	02	46	74	05	45	56	14	27
35	44	13	18	80	74	02	94	39	02	77	55	73	22	70	97	79	01	71	19
37	54	87	30	43	54	17	84	56	11	80	99	33	71	43	05	33	51	29	69
94	62	46	11	71	11	66	44	98	83	52	07	98	48	27	59	38	17	15	39
00	38	75	95	79	48	32	47	79	28	31	24	96	47	10	02	29	53	68	70
77	93	89	19	36	69	07	49	41	38	87	63	79	19	76	35	58	40	44	01

续 表

52	52	75	80	21	80	81	45	17	48	09	18	82	00	97	32	82	53	95	72
56	12	71	92	55	36	04	09	03	24	90	04	58	54	97	51	98	15	06	54
09	97	33	34	40	88	46	12	33	56	73	18	95	02	07	47	67	72	52	69
32	30	75	75	46	15	02	00	99	94	75	76	87	64	90	20	97	18	17	49
10	51	82	16	15	01	84	87	69	38	54	01	64	40	56	66	28	13	10	03
04	22	08	63	04	83	38	98	73	74	64	27	85	80	44	08	35	86	99	10
94	93	88	19	97	91	87	07	61	50	68	47	66	46	59	28	30	60	32	64
62	29	06	44	64	27	12	46	70	18	41	36	18	27	60	53	84	08	62	33
90	42	91	22	72	95	37	50	58	71	93	82	34	31	78	91	75	75	37	41
00	68	22	73	98	20	71	45	32	95	07	70	61	78	13	89	41	59	26	94
78	54	24	27	85	13	66	15	88	73	04	61	89	75	53	31	22	30	84	20
81	33	31	05	91	40	51	00	78	93	32	60	46	04	75	94	11	90	18	40
81	59	41	36	28	51	21	59	02	90	28	46	66	87	95	77	76	22	07	91
61	61	36	22	69	50	26	39	02	12	55	78	17	65	14	83	48	34	70	55
00	39	75	83	91	12	60	71	76	46	48	94	97	23	06	94	54	13	74	08
77	51	30	38	20	86	83	42	99	01	68	41	48	27	74	51	90	81	39	80
19	50	23	71	74	69	97	92	02	88	55	21	02	97	73	74	28	77	52	51
21	81	85	93	13	93	27	88	17	57	05	68	67	31	56	07	08	28	50	46
51	47	46	64	99	68	10	72	36	21	94	04	99	13	45	42	83	60	91	91
99	55	96	83	31	62	53	52	41	70	69	77	71	28	30	74	81	97	81	42
72	89	35	55	07	33	71	34	80	07	93	58	47	28	69	51	92	66	47	21
65	34	46	74	15	85	27	48	68	93	11	30	32	92	70	28	83	43	41	37
31	85	33	84	52	84	13	38	96	40	44	03	55	21	66	73	85	27	00	91
08	00	74	54	49	56	73	21	62	34	17	39	59	61	31	10	12	39	16	22
43	86	07	28	34	65	13	85	68	06	87	64	88	52	61	34	31	36	58	61
58	30	32	98	22	93	17	49	39	72	38	00	10	21	76	81	71	91	17	11
73	51	59	04	00	71	14	84	36	43	37	40	29	63	97	01	30	47	75	86
61	22	26	05	61	62	32	71	84	23	97	12	54	03	48	87	08	33	14	17
85	49	65	75	60	81	60	41	88	80	21	82	64	11	34	47	14	33	40	75
45	87	52	10	69	85	64	44	72	77	73	13	54	27	42	95	71	90	90	32

续 表

71	60	29	29	37	74	21	96	40	49	65	58	44	96	98	07	63	87	79	29
56	27	11	00	86	47	32	46	26	05	40	03	03	74	38	60	52	88	34	41
21	81	53	92	50	75	23	76	20	47	15	50	12	95	78	83	59	63	56	55
64	63	88	59	02	49	13	90	64	41	03	85	65	45	52	10	85	06	27	46
85	79	47	42	96	08	78	98	81	56	64	59	11	92	02	39	82	09	89	52
03	06	11	80	72	96	20	74	41	56	23	82	19	95	38	04	71	36	69	94
07	95	41	98	14	59	17	52	06	95	05	53	35	21	39	61	21	20	64	55
06	95	89	29	83	05	12	80	97	19	77	43	35	37	83	92	30	15	04	98
99	59	91	05	07	13	49	90	63	19	53	07	57	18	39	06	41	01	93	62
43	62	26	31	47	64	42	18	08	14	43	80	00	93	51	31	02	47	31	67
59	58	00	64	78	75	56	97	88	00	88	83	55	44	86	23	76	80	61	56
38	50	80	73	41	23	79	34	87	63	90	82	29	70	22	17	71	90	42	07
30	69	27	06	68	94	68	81	61	27	56	19	68	00	91	82	06	76	34	00
65	44	39	56	59	18	28	82	74	37	49	63	22	40	41	08	33	76	56	76
27	26	75	02	64	13	19	27	22	94	07	47	74	46	06	17	98	54	89	11
04	11	10	84	08	91	30	70	69	91	19	07	22	42	10	36	69	95	37	28
95	95	44	99	53	68	43	49	46	88	84	47	31	36	22	62	12	69	84	08
05	46	26	92	00	48	90	81	58	77	54	74	52	45	91	35	70	00	47	54
96	29	99	08	36	06	91	34	51	97	42	67	27	86	01	11	88	30	95	28
97	34	13	03	58	10	45	51	60	19	14	21	03	37	12	91	34	23	78	21
28	82	53	57	93	28	97	66	62	52	12	88	39	73	43	65	02	76	11	84
12	84	38	25	90	09	81	59	31	46	21	77	83	09	76	38	80	73	69	61
83	82	45	26	92	54	13	05	51	60	19	52	35	95	15	65	12	25	96	59
63	01	19	89	01	14	97	44	03	44	67	24	55	26	70	35	58	31	65	63
88	32	58	08	51	43	66	77	08	83	60	58	44	73	77	07	50	03	79	92
04	38	50	13	92	17	97	41	50	77	90	71	22	67	69	53	85	34	13	77
31	64	94	20	96	63	28	10	20	23	08	81	64	74	49	24	63	73	87	36
86	28	36	82	58	69	57	21	37	98	16	43	59	15	29	83	08	01	24	51
79	24	68	66	86	76	46	33	42	22	26	65	59	08	02	16	44	42	43	34
45	13	42	65	29	26	76	08	36	37	41	32	64	43	44	60	79	01	81	57

续 表

36	06	69	48	50	58	83	87	38	59	49	36	47	33	31	96	24	04	36	42
74	38	48	93	42	52	62	30	79	92	12	36	91	86	01	03	74	28	38	73
38	99	22	28	15	07	75	95	17	77	97	37	72	75	85	51	97	23	78	67
36	15	19	90	73	27	49	37	09	39	85	13	03	25	52	54	84	65	47	59
57	17	86	57	62	11	16	17	85	76	45	81	95	29	79	65	13	00	48	60
03	99	11	04	61	93	71	61	68	94	66	08	32	46	53	84	60	95	82	32
38	55	59	55	54	32	88	65	97	80	08	35	56	08	60	29	73	54	77	62
17	54	67	37	04	92	05	24	62	15	55	12	12	92	81	59	07	60	79	36
32	64	35	28	61	95	81	90	68	31	00	91	19	89	36	76	35	59	37	79
69	57	26	87	77	39	51	03	59	05	14	06	04	06	19	29	54	96	96	16
88	61	81	91	61	24	12	26	65	91	27	69	90	64	94	14	84	54	66	72
71	29	92	38	53	61	19	63	02	31	92	96	26	17	73	41	83	95	53	82
27	95	45	89	09	30	53	22	17	04	10	27	41	22	02	39	68	52	33	09
80	86	30	05	14	03	78	89	75	99	75	86	72	07	17	74	41	65	31	66
33	56	46	07	80	48	22	86	33	79	85	78	34	76	19	53	15	26	74	33
61	95	87	71	00	90	89	97	57	54	60	36	59	46	53	35	07	53	39	49
17	26	77	09	43	78	03	87	02	67	83	79	94	24	02	56	62	33	44	42
10	06	16	88	29	55	98	66	64	85	32	96	00	74	05	36	40	98	32	32
35	20	83	33	74	87	53	90	88	23	19	32	25	38	45	57	62	05	26	06
35	66	35	29	72	16	81	86	03	11	11	22	09	47	47	07	39	93	74	08
42	61	42	92	9	01	79	82	83	16	98	95	37	32	31	31	75	15	72	60
34	99	44	13	74	70	07	11	47	36	09	95	81	80	65	88	49	29	93	82
99	38	54	16	00	11	13	30	75	86	15	91	70	62	53	30	93	44	77	44
66	49	76	86	46	78	13	86	65	59	19	64	09	94	13	22	88	84	88	91
48	50	92	39	29	27	48	24	54	76	85	24	43	51	59	78	21	21	69	93
68	98	00	53	39	15	47	04	83	55	88	65	12	25	96	03	15	21	92	23
14	45	40	45	04	20	09	49	89	77	74	84	39	34	13	22	10	97	85	08
07	48	18	38	28	73	78	80	65	33	28	59	72	04	05	94	20	52	03	80
27	49	99	87	48	60	53	04	51	28	74	02	28	46	17	82	03	71	02	68
35	90	29	13	86	44	37	21	54	86	65	74	11	40	14	87	48	13	72	20

续 表

41	84	98	45	47	46	85	05	23	26	34	67	75	83	00	74	91	06	43	45
46	35	23	30	49	69	24	89	34	60	45	30	50	75	21	61	31	83	18	55
11	08	79	62	94	14	01	33	17	92	59	74	76	72	77	76	50	33	45	13
52	70	10	83	37	56	30	38	73	15	16	52	06	96	76	11	65	49	98	93
57	27	53	68	98	81	30	44	85	85	68	65	22	73	76	92	85	25	58	66
19	32	58	15	49	20	85	77	31	56	70	28	42	43	26	79	37	59	52	20
14	41	37	09	51	15	63	38	49	24	90	41	59	36	14	33	52	12	66	65
39	66	37	75	44	92	69	44	82	97	39	90	40	21	15	59	58	94	90	67
02	18	16	81	61	77	61	31	90	19	88	15	20	00	80	20	55	49	14	09
88	44	80	35	84	38	68	83	24	86	45	13	46	35	45	59	40	47	20	59
01	15	96	32	67	10	62	24	83	91	25	16	30	18	89	70	01	41	50	21
55	82	34	76	41	86	22	53	17	04	65	25	10	76	29	37	23	93	32	95
66	82	14	15	75	49	76	70	40	37	36	81	54	36	25	18	63	73	75	09
96	27	74	82	57	50	81	69	76	16	64	39	71	16	92	05	32	78	21	62
43	94	75	16	80	43	85	25	96	93	04	51	52	56	24	95	09	66	79	46
41	29	06	73	12	71	85	71	59	57	68	97	11	14	03	83	76	16	08	73
05	87	00	11	19	92	78	42	63	40	18	47	76	56	22	14	38	70	63	45
82	44	49	90	05	04	92	17	37	01	14	70	79	39	97	51	32	19	22	46
20	24	78	17	59	45	19	72	53	32	83	74	52	25	67	72	47	20	00	08
48	46	08	55	58	15	19	11	87	82	16	93	03	33	61	05	46	65	53	06
43	25	38	41	45	60	83	32	59	83	01	29	14	13	49	20	36	80	71	26
80	85	40	92	79	43	52	90	63	18	38	38	47	47	61	41	19	63	74	80
80	08	87	70	74	88	72	25	67	36	66	16	44	94	31	66	91	93	16	78
80	89	01	80	02	94	81	33	19	00	54	15	58	34	36	35	35	25	41	31
93	12	81	84	64	74	45	79	05	61	72	84	81	18	34	79	98	26	84	16
39	52	87	24	84	82	47	42	55	93	48	54	53	52	47	18	61	91	36	74
81	61	61	87	11	53	34	24	42	76	75	12	21	17	24	74	62	77	37	07
07	58	61	61	20	82	64	12	28	20	92	90	41	31	41	32	39	21	97	63
90	76	70	42	35	13	57	41	72	00	69	90	26	37	42	78	46	42	25	01
40	18	82	81	93	29	59	38	86	27	94	97	21	15	98	62	09	53	67	87

附表二

正态分布概率表

t	$F(t)$	t	$F(t)$	t	$F(t)$	t	$F(t)$
0. 00	0. 000 0	0. 30	0. 235 8	0. 60	0. 451 5	0. 90	0. 631 9
0. 01	0. 008 0	0. 31	0. 233 4	0. 61	0. 458 1	0. 91	0. 637 2
0. 02	0. 016 0	0. 32	0. 251 0	0. 62	0. 464 7	0. 92	0. 642 4
0. 03	0. 023 9	0. 33	0. 258 6	0. 63	0. 471 3	0. 93	0. 647 6
0. 04	0. 031 9	0. 34	0. 266 1	0. 64	0. 477 8	0. 94	0. 652 8
0. 05	0. 039 9	0. 35	0. 273 7	0. 65	0. 484 3	0. 95	0. 657 9
0. 06	0. 047 8	0. 36	0. 281 2	0. 66	0. 490 7	0. 96	0. 662 9
0. 07	0. 055 8	0. 37	0. 288 6	0. 67	0. 497 1	0. 97	0. 668 0
0. 08	0. 063 8	0. 38	0. 296 1	0. 68	0. 503 5	0. 98	0. 672 9
0. 09	0. 071 7	0. 39	0. 303 5	0. 69	0. 509 8	0. 99	0. 677 8
0. 10	0. 079 7	0. 40	0. 310 8	0. 70	0. 516 1	1. 00	0. 682 7
0. 11	0. 087 6	0. 41	0. 318 2	0. 71	0. 522 3	1. 01	0. 687 5
0. 12	0. 095 5	0. 42	0. 325 5	0. 72	0. 528 5	1. 02	0. 692 3
0. 13	0. 103 8	0. 43	0. 332 8	0. 73	0. 534 6	1. 03	0. 697 0
0. 14	0. 111 3	0. 44	0. 340 1	0. 74	0. 540 7	1. 04	0. 701 7
0. 15	0. 119 2	0. 45	0. 347 3	0. 75	0. 546 7	1. 05	0. 706 3
0. 16	0. 127 1	0. 46	0. 354 5	0. 76	0. 552 7	1. 06	0. 710 9
0. 17	0. 135 0	0. 47	0. 361 6	0. 77	0. 558 7	1. 07	0. 715 4
0. 18	0. 142 8	0. 48	0. 368 8	0. 78	0. 564 6	1. 08	0. 719 9
0. 19	0. 150 7	0. 49	0. 375 9	0. 79	0. 570 5	1. 09	0. 724 3
0. 20	0. 158 5	0. 50	0. 382 9	0. 80	0. 576 3	1. 10	0. 728 7
0. 21	0. 166 3	0. 51	0. 389 9	0. 81	0. 582 1	1. 11	0. 733 0
0. 22	0. 174 1	0. 52	0. 396 9	0. 82	0. 587 8	1. 12	0. 737 3
0. 23	0. 181 9	0. 53	0. 403 9	0. 83	0. 593 5	1. 13	0. 741 5
0. 24	0. 189 7	0. 54	0. 410 8	0. 84	0. 599 1	1. 14	0. 745 7
0. 25	0. 197 4	0. 55	0. 417 7	0. 85	0. 604 7	1. 15	0. 749 9
0. 26	0. 205 1	0. 56	0. 421 5	0. 86	0. 610 2	1. 16	0. 754 0
0. 27	0. 212 8	0. 57	0. 431 3	0. 87	0. 615 7	1. 17	0. 758 0
0. 28	0. 220 5	0. 58	0. 438 1	0. 88	0. 621 1	1. 18	0. 762 0
0. 29	0. 228 2	0. 59	0. 444 8	0. 89	0. 626 5	1. 19	0. 766 0

续 表

t	F(t)	t	F(t)	t	F(t)	t	F(t)
1.20	0.7699	1.50	0.8664	1.80	0.9281	2.20	0.9722
1.21	0.7737	1.51	0.8690	1.81	0.9297	2.22	0.9736
1.22	0.7775	1.52	0.8715	1.82	0.9312	2.24	0.9749
1.23	0.7813	1.53	0.8740	1.83	0.9328	2.26	0.9762
1.24	0.7850	1.54	0.8764	1.84	0.9342	2.28	0.9774
1.25	0.7887	1.55	0.8789	1.85	0.9357	2.30	0.9786
1.26	0.7923	1.56	0.8812	1.86	0.9371	2.32	0.9797
1.27	0.7959	1.57	0.8836	1.87	0.9385	2.34	0.9807
1.28	0.7995	1.58	0.8859	1.88	0.9399	2.36	0.9817
1.29	0.8030	1.59	0.8882	1.89	0.9412	2.38	0.9827
1.30	0.8064	1.60	0.8904	1.90	0.9426	2.40	0.9836
1.31	0.8098	1.61	0.8926	1.91	0.9439	2.42	0.9845
1.32	0.8132	1.62	0.8948	1.92	0.9451	2.44	0.9853
1.33	0.8165	1.63	0.8969	1.93	0.9464	2.46	0.9861
1.34	0.8198	1.64	0.8990	1.94	0.9476	2.48	0.9869
1.35	0.8230	1.65	0.9011	1.95	0.9488	2.50	0.9876
1.36	0.8262	1.66	0.9031	1.96	0.9500	2.52	0.9883
1.37	0.8293	1.67	0.9051	1.97	0.9512	2.54	0.9889
1.38	0.8324	1.68	0.9070	1.98	0.9523	2.56	0.9895
1.39	0.8355	1.69	0.9090	1.99	0.9534	2.58	0.9901
1.40	0.8385	1.70	0.9109	2.00	0.9545	2.60	0.9907
1.41	0.8415	1.71	0.9127	2.02	0.9566	2.62	0.9912
1.42	0.8444	1.72	0.9146	2.04	0.9587	2.64	0.9917
1.43	0.8473	1.73	0.9164	2.06	0.9606	2.66	0.9922
1.44	0.8501	1.74	0.9181	2.08	0.9625	2.68	0.9926
1.45	0.8529	1.75	0.9199	2.10	0.9643	2.70	0.9931
1.46	0.8557	1.76	0.9216	2.12	0.9660	2.72	0.9935
1.47	0.8584	1.77	0.9233	2.14	0.9676	2.74	0.9939
1.48	0.8611	1.78	0.9249	2.16	0.9692	2.76	0.9942
1.49	0.8638	1.79	0.9265	2.18	0.9707	2.78	0.9946

续 表

t	F(t)	t	F(t)	t	F(t)	t	F(t)
2.80	0.9949	2.90	0.9962	3.00	0.9973		
2.82	0.9952	2.92	0.9965	3.20	0.9986		
2.84	0.9955	2.94	0.9967	3.40	0.9993		
2.86	0.9958	2.96	0.9969				
2.88	0.9960	2.98	0.9971				

附表三

Z 检验表

常用的显著度(P)与否定域|Z|≥

P≤	|Z|≥	
	一端	二端
0.10	1.29	1.65
0.05	1.65	1.96
0.02	2.06	2.33
0.01	2.33	2.58
0.00 5	2.58	2.81
0.001	3.09	3.30